EVOLUTI[ON]
OF CURRENCY P[OLICY]

汇率的突围

管涛 / 著

中国出版集团
东方出版中心

图书在版编目（CIP）数据

汇率的突围 / 管涛著. —上海：东方出版中心，2021.1
ISBN 978-7-5473-1668-9

Ⅰ. ①汇… Ⅱ. ①管… Ⅲ. ①人民币汇率—研究 Ⅳ. ①F832.63

中国版本图书馆CIP数据核字（2020）第229026号

汇率的突围

著　　者　管　涛
策　　划　李　琳
责任编辑　李　琳
装帧设计　璞茜设计

出版发行　东方出版中心
地　　址　上海市仙霞路345号
邮政编码　200336
电　　话　021-62417400
印 刷 者　上海盛通时代印刷有限公司

开　　本　890mm × 1240mm　1/32
印　　张　12.5
字　　数　278千字
版　　次　2021年1月第1版
印　　次　2021年1月第1次印刷
定　　价　58.00元

目录

CHAPTER 2

2018 年 直面不期而至的对外经贸摩擦 049

CHAPTER 5

疫情应对与央行货币政策 191

CHAPTER 6

改革比刺激更重要 233

CHAPTER 8

EVOLUTION OF CURRENCY POLICY

CHAPTER 1

2017 年
汇率市场化改革的十字路口

自1994年汇率并轨，确立以市场供求为基础的、有管理的浮动汇率制度以来，人民币汇率形成市场化改革一直按照主动、渐进、可控的“三性”原则稳步推进。2015年“8.11”汇改之前，改革有进有退且进退自如。然而，“8.11”汇改之初，中国遭遇了资本外流、储备下降、汇率贬值带来的压力，人民币汇改二十年来首次遇挫。2017年成为中国跨境资金流动从净流出走向基本平衡的转折之年[1]，人民币兑美元汇率（以下如非特指，人民币汇率均指人民币兑美元双边汇率）第一次成功守住了7比1的心理关口。前些年，各界对人民币汇率政策颇多争议，现在正好可以结果为导向进行初步总结和反思。

1 中华人民共和国国务院新闻办公室，2018. 国新办举行2017年外汇收支数据情况发布会［EB/OL］.2018-01-18，http://www.scio.gov.cn/xwfbh/xwbfbh/wqfbh/37601/37775/index.htm。

第一节
人民币汇率逆转的政策与市场逻辑

2015 年“8.11”汇改以来，人民币汇率曾经一路单边下行。到 2016 年底，人民币汇率离破“7”仅一步之遥（见图 1-1-1 和图 1-1-2），外汇储备眼看也要跌破三万亿。但是，进入 2017 年，人民币汇率不仅没有破“7”，外汇储备也没有跌破三万亿。本节拟从微观和宏观的角度，结合政策与市场的逻辑对此进行分析。

一、全年人民币汇率震荡走高

2017 年，人民币汇率走势可分为六个阶段（见图 1-1-1 和图 1-1-2）。

图 1-1-1：2015 年初至 2017 年底人民币汇率中间价与美元指数走势
（单位：元人民币 / 美元）

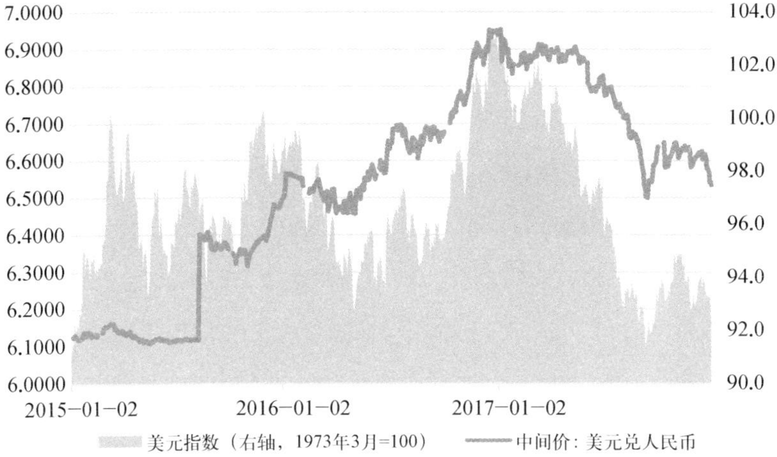

资料来源：中国外汇交易中心；WIND

图 1-1-2：2015 年初至 2017 年底境内外人民币汇率走势

（单位：元人民币 / 美元）

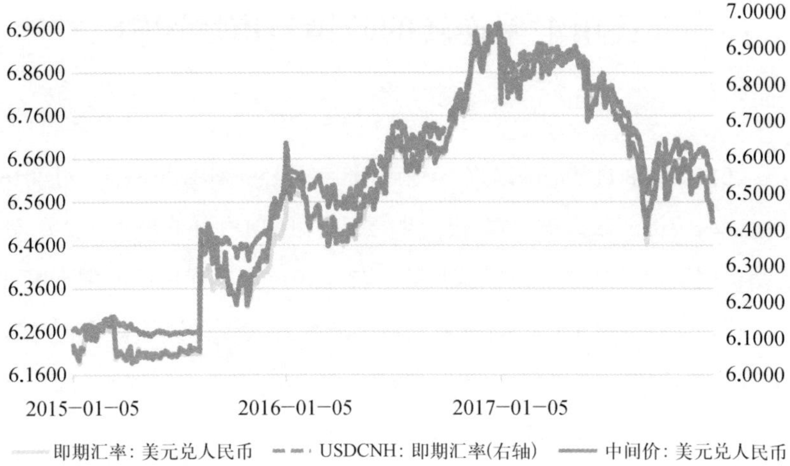

资料来源：中国外汇交易中心；WIND

注：境内即期人民币汇率为下午四点半银行间外汇市场收盘价。

第一阶段，重返 6.80 时代。2017 年 1 月 4 日、5 日，受境内跨境资金流出监管加强，以及境外人民币利率飙升、美元回调等因素影响，境外人民币 CNH 率先大幅反抽，最高升破 6.80。1 月 6 日起，境内人民币汇率中间价和交易价 CNY（指下午四点半收盘价）开始反弹，逐渐由 6.95 左右升至 6.83，但到 5 月中旬又逐步回落到 6.90 左右的水平。这一时期，CNY 收盘价基本处于当日中间价的偏贬值方向，CNH 相对 CNY 总体处于偏升值方向。

第二阶段，重返 6.70 时代。当市场正在逐步回落，趋于跌破 6.80 之时，5 月 26 日，外汇市场自律机制秘书处确认在人民币汇率中间价报价机制中引入“逆周期因子”，旨在对冲市场顺周期行为和更好地反映宏观经济基本面。市场憧憬央行将引导和容忍人民币汇率加速升值，CNH 再度率先大幅反抽，带动人民币汇率中间价和 CNY 升破 6.80。这一时期，CNY 收盘价基本处于当日中间价的偏贬值方向，CNH 相对 CNY 总体仍处于偏升值方向。

第三阶段，重返 6.60 时代。8 月 7 日，外汇局公布的二季度国际收支初步数据显示，剔除估值影响后，外汇储备资产意外转为正增长，提振了市场做多人民币的信心。8 月 9 日，人民币中间价和 CNY 升破 6.70。7—10 日连续四个交易日，收盘价均处于当日中间价的偏升值方向。截至 8 月 25 日，人民币汇率中间价再升 1%。但这一时期，CNH 又转为相对 CNY 的偏贬值方向。

第四阶段，加速升值，接连升破 6.60 和 6.50 关口。8 月 28 日到 9 月 8 日，人民币汇率中间价连日上调，累计升幅近 2.4%。市场理解，在美元指数一路走低的情况下，人民币汇率存在补涨的需要，而央行对此的容忍度提高，从而推动市场做多人民币的情绪更加高涨。8 月 29 日以来，人民币收盘价大幅收在当日中间价的升值方向，导致市场结汇盘蜂拥而出、购汇持续低迷。29 日，CNY 突破 6.60；30 日，CNH 也突破 6.60；9 月 7 日，CNY 和 CNH 又同时升破 6.50。这一时期，CNH 相对于 CNY 又转向偏升值方向。8 月份以来至 9 月 8 日，人民币汇率中间价上升 3.5%。

第五阶段，快速回调，再回 6.50 和 6.60。9 月 11 日以来，随着央行取消外汇风险准备，在美元走强（到月底较 9 月 8 日升值 1.9%）、季节性购汇高潮的背景下，人民币汇率震荡走低，CNY 和中间价先后跌破 6.50，25 日又跌破 6.60；到 9 月底，分别下跌 2.8% 和 2.0%。这一时期，CNY 基本在中间价贬值方向，CNH 围绕 CNY 上下波动。

第六阶段，围绕 6.60 双向波动。第四季度，美元指数下跌 0.8%，人民币汇率中间价、CNY 和 CNH 分别升值 1.6%、2.1% 和 2.1%。这一时期，CNY 相对于当日中间价，CNH 相对于 CNY 上下波动、时强时弱。

回顾全年：第一，人民币汇率中间价累计升值 6.2%，中国外汇交易中心口径（CFETS）的人民币汇率指数微升 0.02%（见图 1-1-3）。第二，绝大部分升值发生在 5 月底引入逆周期因子后。前 5 个月，人民币汇率累计升值 1.1%，汇率指数贬值 2.6%；6—12 月份，人民币汇率累计升值 3.4%，汇率指数升值 2.7%。第三，8 月份以前人民币升值主要是境外市场“空翻多”所致，8 月底 9 月初的升值则主要是境内市场力量驱动，是一个典型的逼空行情。

图 1-1-3：2017 年人民币汇率指数保持基本稳定

（单位：2015 年 11 月 24 日 =100）

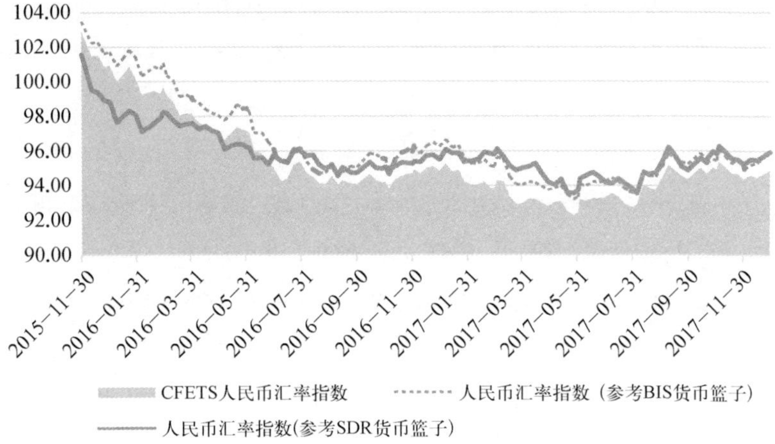

资料来源：中国外汇交易中心

二、升值的微观和宏观原因分析

（一）从微观来看，人民币升值把市场由美元多头逼成了空头

境内外汇市场是一个分层的市场，包括了银行间外汇市场（即中国外汇交易中心系统［CFETS］，又称同业市场或者批发市场）和银行结售汇市场（即银行对企业和个人买卖外汇的市场，又称零售市场）。

银行间市场是人民币汇率形成的市场，银行按照国家外汇管理的规定对客户办理结售汇，然后根据结售汇综合头寸的管理规定在银行间市场买卖外汇，参与汇率形成。银行结售汇被视为是代位监管，银行是银行间市场被动的交易者，通常不会主动开外汇头寸、赌汇率方向，而是结售汇客盘驱动的交易。因此，银行名义上是汇率决定者，实际上却是中间价的接受者。

银行在办理结售汇业务时，一般的做法是实时在银行间市场询价，然后在市场价基础上加减点向客户买卖外汇（大客户可以同银行议价，但价格优惠也主要体现在较小的买卖价点差上）。因此，银行结售汇市场是人民币汇率执行的市场，企业和个人是人民币汇率被动的接受者。

在上述市场结构下，人民币汇率中间价升值了 6%，却与外汇供求无关。2017 年，央行外汇占款减少 4 637 亿元，同比减少 84%；反映外汇市场主要供求关系的银行即远期结售汇逆差 893 亿美元，同比减少 76%。其中，仅有 8 月份，人民币汇率加速升值，当月银行即远期结售汇顺差 34 亿美元，其他月份均为外汇供不应求（见图 1-1-4）。

图 1-1-4：2014 年初至 2017 年底银行即远期结售汇差额及央行外汇占款变动额

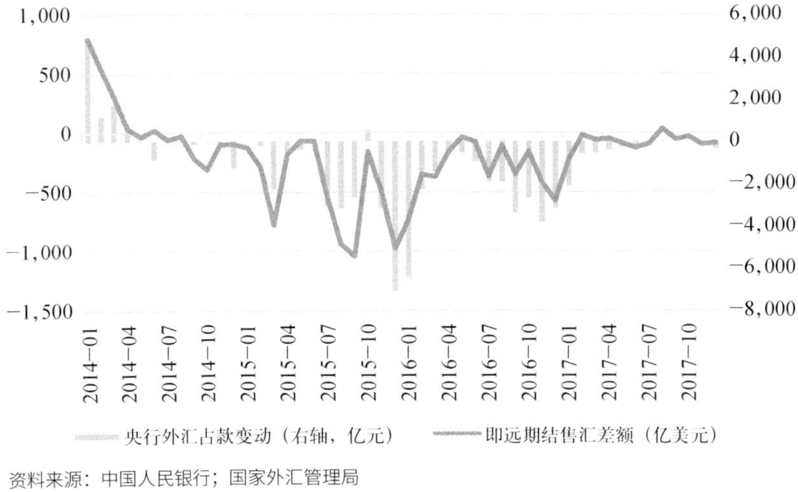

资料来源：中国人民银行；国家外汇管理局

（二）从宏观来看，天时、地利、人和支持了人民币升值

天时：没想到美元指数走势这么弱。2016 年全年美元指数升值 3.6%，其中最后两个月升值了 5.5%，这是外汇市场对于特朗普大选胜出后预期过高的典型的超调反映。进入 2017 年，特朗普政府的经济政策推进缓慢，特朗普政府本身也反对强美元，加上美联储货币政策正常化溢出效应减弱，特朗普交易大幅退潮。与此同时，欧洲政治选举平稳过渡，没有再出现类似 2016 年 6 月底英国脱欧公投通过的政治黑天鹅，日本和欧洲经济同步复苏，主要经济体经济走势和货币政策取向也没有进一步分化。在此背景下，2017 年，美元指数不强反弱，累计下跌了 9.9%，最多下跌约 11%（见图 1-1-1），跌幅堪比 1985 年广场协议当年。而无论根据“人民币汇率中间价 = 上日收盘价 + 篮子货币汇率走势”还是“人民币汇率中间价 = 上日收盘价 + 篮子货币汇率走势 + 逆周期因子”，其中都隐含着“美元弱、人民币强”的定价逻辑。2017 年美元指数意外回落，为人民币兑美元汇率企稳回升创造了有利的外部条件。

地利：没想到中国经济韧性这么强。2015 年 8 月和 2015 年底 2016 年初人民币汇率两波下跌，都与中国经济下行压力较大有关。然而，从 2016 年下半年开始，中国经济企稳迹象日益明显，中国制造业采购经理指数（PMI）在枯荣线以上运行，工业生产者出厂价格指数（PPI）恢复同比正增长（见图 1-1-5），经济增速触底回升，物价基本稳定，就业形势向好，企业效益改善。在此背景下，2016 年底开始，国家宏观调控的重点由“稳增长”转向“防风险”，货币政策由稳健略偏宽松转向稳健中性，金融监管加强。受此影响，境内人民币利率大幅走高，本外币正利差重新扩大（见图 1-1-6）。这主观上不是为了“稳汇率”，但客观上起到了抑制资本外流的效果。2017 年 5 月底引入

图 1-1-5：2012 年初至 2017 年底中国制造业 PMI 与工业品 PPI 同比变动

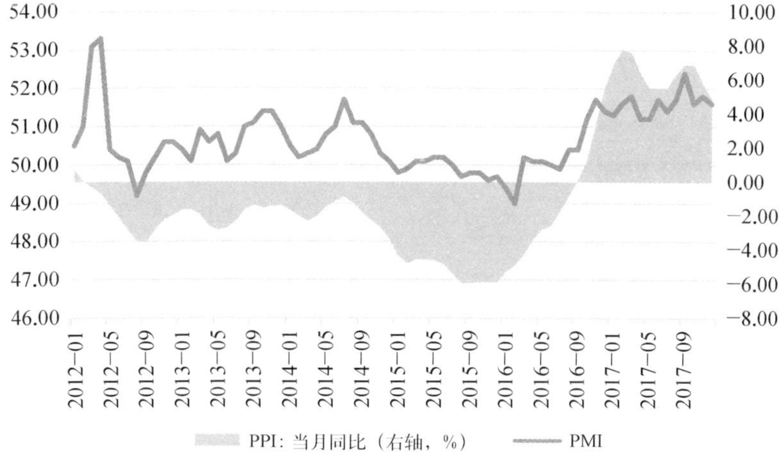

资料来源：国家统计局

“逆周期因子”，进一步加强了国内经济基本面变化对市场汇率预期的引导作用。

人和：没想到外汇政策效果这么好。2016 年底，针对外汇市场出现的恐慌性情绪，有关部门适时采取了加强跨境资本流动管理的措施，效果逐步显现。一方面，国内企业境外投资趋于理性。2017 年，商务部统计的非金融部门对外直接投资 1 201 亿美元，由上年增长 44% 转为下降 29%，其中，对海外房地产、酒店、影城、娱乐业、体育俱乐部等领域的投资基本归零。同期，非金融部门利用外商直接投资 1 310 亿美元，重新超过了境外直接投资（见图 1-1-7）。另一方面，个人购汇出现回落。2017 年，服务贸易购汇同比减少 14%，上年为增长 16%。再一方面，前期“扩流入”的政策开始见效。2016 年二季度至 2017 年底，外债余额累计增加了 3 461 亿美元，余额为 1.71 万亿美元，创历史新高；

图 1-1-6：2015 年初至 2017 年底中美国债收益率差
（单位：个基点）

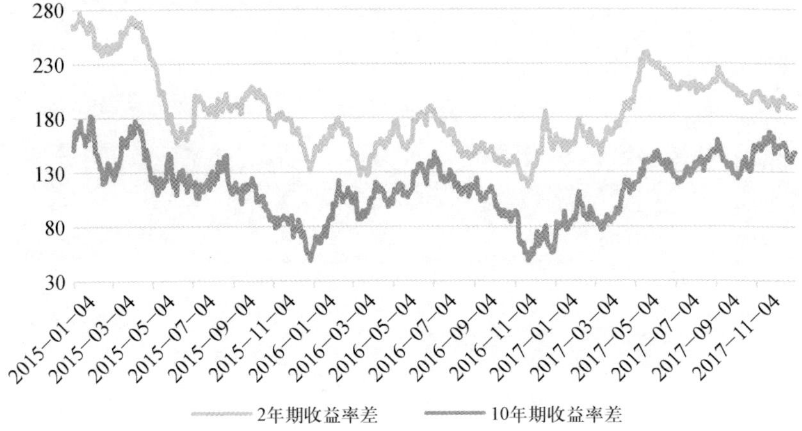

资料来源：中债登；美联储；WIND

图 1-1-7：2008 至 2020 年中国非金融部门跨境直接投资
（单位：亿美元）

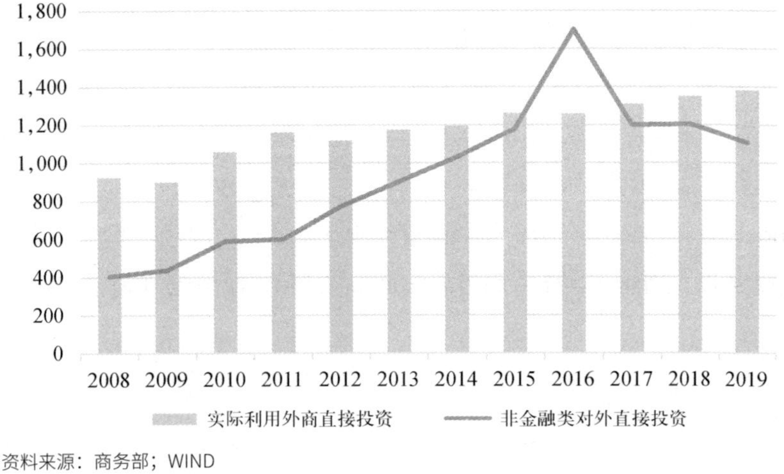

资料来源：商务部；WIND

境外增持境内人民币金融资产 9 824 亿元人民币，其中增持股票 6 037 亿元、债券 5 189 亿元（见图 1–1–8）。

图 1–1–8：2015 年初至 2017 年底境外持有中国境内人民币金融资产及外债余额

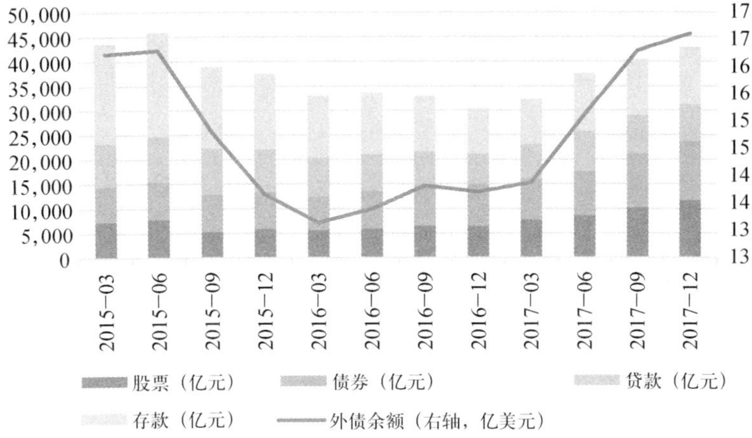

资料来源：中国人民银行；国家外汇管理局；WIND

三、人民币汇率升值的影响利大于弊

增强了汇率政策的公信力。在货币攻击压力下，有管理浮动的汇率“中间解”通常因为缺乏市场透明度和政策公信力，多重均衡容易出现坏的结果，而不能有效防止货币危机[1]。2016 年 2 月，有关方面披露人民币汇率中间价报价机制，创造性地解决了汇率“中间解”的透明度问题。所以，当年下半年人民币汇率第三波贬值，没有像 2015 年 8 月和

---

1 易纲、汤弦：《汇率制度“角点解假设”的一个理论基础》，《金融研究》，2001 年第 8 期，第 5—17 页。
管涛：《汇率选择“中间解”的中国样本》，《国际金融研究》，2017 年第 12 期，第 75—82 页。

2015 年底 2016 年初前两波那样，对国内股票市场和海外市场造成冲击。但由于境内的跨境外币收付的近 90% 都是美元（见图 1-1-9），人民币汇率的较快下跌依然引起了市场对于汇率维稳政策的质疑。2017 年人民币升值是对看空、做空人民币势力最有力的回击。最终，市场上的美元多头被迫大幅减持：2016 年 9 月—2017 年 6 月，国内企业累计增加境内外汇存款 824 亿美元，2017 年 7—9 月份累计减少外汇存款 253 亿美元（见图 1-1-10）。

促进了跨境资金的回流。价格信号是比任何道义劝说和行政管制都有效的市场调节工具。2017 年，由于大部分时间境外 CNH 相对境内 CNY 偏升值方向，吸引境内企业更多到境内结汇，跨境人民币流入同比减少 9%。在人民币升值信号的引导下，银行结汇同比增长 14%，代客跨境收入增加 7%。现实中，个人对于价格最为敏感。虽然 2016 年底监管部门加强了个人购汇信息的统计申报要求，但 5 万美元的年

图 1-1-9：近年来境内非银行部门跨境外币收付的美元集中度提高

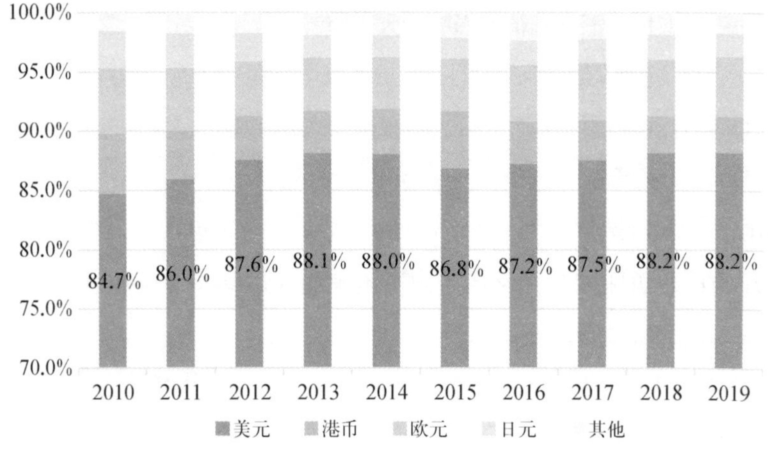

资料来源：国家外汇管理局；WIND

图 1-1-10：2017 年第三季度国内企业才开始大幅减持外汇存款

（单位：亿美元）

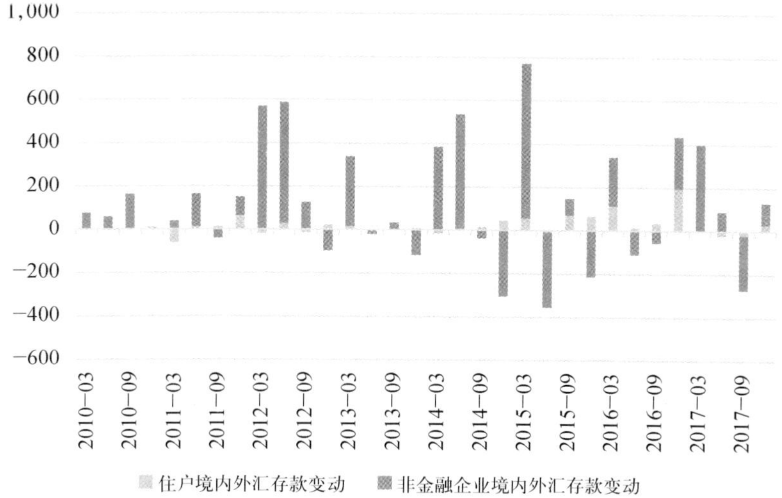

资料来源：中国人民银行

度购汇总额不变，只是相比以前购汇的手续增多。人民币升值以后，囤积外汇无利可图，境内居民个人早自 2017 年 2 月起就开始减少外币储蓄存款，前三季度累计减少 52 亿美元，上年同期为增加 166 亿美元（见图 1-1-10）。

改善了外汇供求失衡。2014 年“3.17”汇改，将银行间市场人民币汇率日间波幅由 ±1% 扩大至 ±2% 以后，人民币汇率由年初加速升值转为快速下跌，之后人民币由单边升值转为双向波动，全年即远期结售汇顺差和央行新增外汇占款较上年分别减少 74% 和 77%。“3.17”汇改的经验表明，人民币汇率双向波动不仅是可能的，也是有效的，有助于分化市场汇率预期、促进外汇供求平衡。2017 年人民币升值也打破了“8.11”汇改以来汇率单边下跌的局面，转为双向波动，全年银行即远期结售汇逆差和央行外汇占款下降均大为收敛（见图 1–1–4）。

放松了资本流动管理。尽管 2016 年也采取了加强本外币跨境资金流出真实性审核的措施，银行代客购汇减少 20%，但在汇率贬值的情形下，当年银行代客结汇也下降，代客结售汇逆差仍达到 3 195 亿美元的规模。为此，年底不得不进一步收紧跨境资本流动监管政策。2017 年，随着人民币汇率止跌回升，银行代客结汇转为同比正增长 15%；银行代客售汇自 5 月起也转为同比正增长，累计同比减少 1%，降幅较上年同期回落了 17.8 个百分点；银行代客结售汇累计逆差同比减少 78%，降至 690 亿美元（见图 1–1–11）。这为放宽跨境资本流动管理创造了条件。2017 年，“稳汇率”不仅没有进一

图 1–1–11：2017 年银行代客结售汇逆差快速收窄

（单位：亿美元）

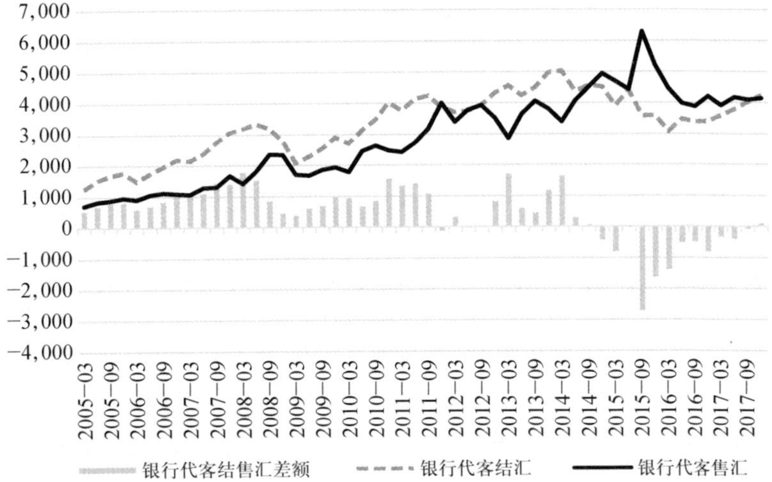

资料来源：国家外汇管理局

步收紧政策，反而随着外汇形势好转回归监管中性：9 月 11 日，将远期购汇外汇风险准备降至零，并取消了境外人民币业务清算行境内人民币存款的准备金要求；11 月起，非金融部门的对外投资也恢复同比正增长。

化解了资本流动冲击风险。2014 年以来，中国短期资本持续净流出（即国际收支口径的证券投资、其他投资与净误差与遗漏额合计），但 2014 年仅相当于基础国际收支顺差（即国际收支口径的经常项目与直接投资差额合计）−69%，2015 年升至−192%，2016 年进一步飙升至−376%。其中，2016 年，经常项目顺差减少 34%，但由于直接投资顺差转为逆差，基础国际收支顺差减少 57%，短期资本净流出减少 16%，外汇储备资产多减 31%。2017 年，国际收支口径的对外直接投资净流出减少 53%，利用外商直接投资净流入减少 4%，但跨境直接投资恢复净流入 417 亿美元。同期，经常项目顺差下降 4%，基础国际收支顺差增长 39%；短期资本流动净流出减少 78%，短期资本外流重新小于基础国际收支顺差，二者之比为−59%；外汇储备资产增加 930 亿美元（见图 1−1−12）。

造成了对出口企业的财务冲击。2017 年以来，人民币兑美元双边汇率升值了，但多边汇率依然保持基本稳定略有下跌，这意味着人民币兑美元升值并没有影响国内企业的出口价格竞争力。例如，2016 年底，人民币兑泰铢的汇率是 1 比 5.15，到 2017 年底跌至 1 比 5.05，下跌了 2.9%（见图 1−1−13）。从价格来看，中国产品相对于泰国还是有竞争力的。然而，在看空人民币的情绪主导下，国内企业对泰国出口后收入的美元没有结汇，当人民币兑美元升值 6% 最高超过 7% 的时候，显然这些持汇的企业蒙受了汇兑损失。但这是盲目做空本币的结果，而非汇率政策之过。

图 1-1-12：短期资本净流出是前期人民币贬值的主要压力

（单位：亿美元；%）

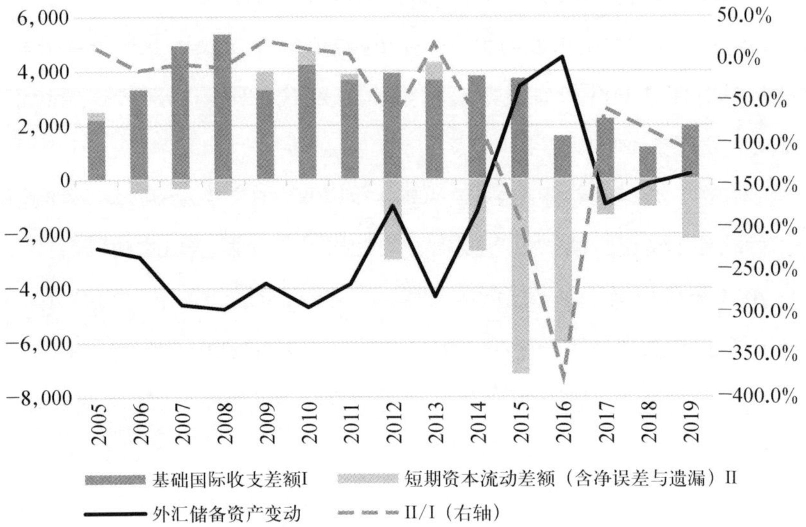

资料来源：国家外汇管理局

注：外汇储备资产增加为负值，减少为正值。

图 1-1-13：2014 年底至 2017 年底人民币兑泰国铢汇率中间价

（单位：泰国铢 / 元人民币）

资料来源：中国外汇交易中心

四、主要结论

第一，随着国内经济企稳、外部美元走弱，辅之以加强和改进跨境资本流动管理，2016 年底中央经济工作会议提出的保持人民币汇率在合理均衡水平上基本稳定的政策目标取得了超预期成功。反过来，人民币企稳回升进一步增强了汇率政策公信力，化解了跨境资本流动冲击的风险，并有助于放松跨境资本流动限制。

第二，一如 2012 年“4.16”汇改和 2014 年“3.17”汇改后的人民币汇率由单边升值转向双向波动，2017 年的实践再次证明，当前市场条件下，人民币汇率双向波动既是可行的也是有效的，有助于市场预期分化、外汇供求平衡。

第三，鉴于人民币汇率指数保持了基本稳定，人民币升值对国内出口企业的竞争力冲击有限，且主要是财务冲击。2017 年以来人民币汇率止跌回升，是又一次生动的汇率风险教育，教训弥足珍贵。企业应该进一步提高适应汇率双向波动的能力，树立正确的金融风险意识，专注主业，管理好货币敞口风险，不要用市场判断替代市场操作。

第二节
反思对中国外汇储备问题的讨论

1994 年汇率并轨以来，特别是 2005 年“7.21”汇改后，伴随着外汇储备的持续大幅积累，对于中国外汇储备多了还是少了，一直争议不断。但 2014 年中外汇储备见顶回落，2015 年“8.11”汇改之后加速下跌，直到 2017 年 2 月起才止跌回升。经历了这波外汇储备由涨到跌，再止跌回升的轮回，我们对于之前所争议的外汇储备问题可能有了更为深刻和清醒的认识。

一、外汇储备是留着用的，不是攒着看的

“8.11”汇改之前，不少人曾经抱怨外汇储备多了是个负担。其实，早在1994年汇率并轨当年，人民币汇率稳中趋升、外汇储备翻了一番之后，国内就开始讨论，外汇储备是不是多了？新增储备是来自贸易顺差还是热钱流入？[1]

到1997年底，当泰铢失守引爆的东南亚货币危机演变成席卷全球新兴市场的亚洲金融危机时，中国外汇储备增至1 399亿美元，相当于当年11.8个月的进口、短期外债余额的7.7倍，远高于1993年底相当于2.4个月的进口和1.6倍的短债余额的水平，同时也远超过了3—4个月进口支付能力和1倍短债偿付能力等传统外汇储备充足性的国际警戒标准（见图1-2-1）。

然而，当时中国政府认为，1 000多亿外汇储备，不仅要维护内地金融安全，还要支持香港金融稳定。所以，危机期间，中国承诺人民币不贬值，但对1 400亿美元外汇储备规模严防死守[2]。1998—2000年，外汇储备规模反而增加了257亿美元（见图1-2-2）。

而且，长期以来，中国政府对外汇储备问题还有一个认识，即当今世界风云多变，在错综复杂的国际环境下，推进改革开放和发展，保障

---

1 朱镕基：《朱镕基讲话实录（第二卷）》，人民出版社2011年版，第89—93页。
管涛、曾卫京：《当前外汇管理面临的几个新问题》，《管理世界》，1995年第4期，第79—83页。
方文：《论中国外汇储备的适度规模》，《国际金融研究》，1995年第4期，第31—34页。

2 朱镕基：《朱镕基讲话实录（第二卷）》，人民出版社2011年版，第350—351页；第137—138页。

图 1-2-1：中国传统的外汇储备充足性指标

资料来源：海关总署；国家外汇管理局

注：(1) 短债偿付能力 = 外汇储备余额 / 短期外债余额；(2) 进口支付能力 = 外汇储备余额 / 年进口额 ×12 个月；(3) 因统计口径调整，2001 年前后以及 2015 年前后的短债偿付能力不可比。

图 1-2-2：中国外汇储备余额及其变动

（单位：亿美元）

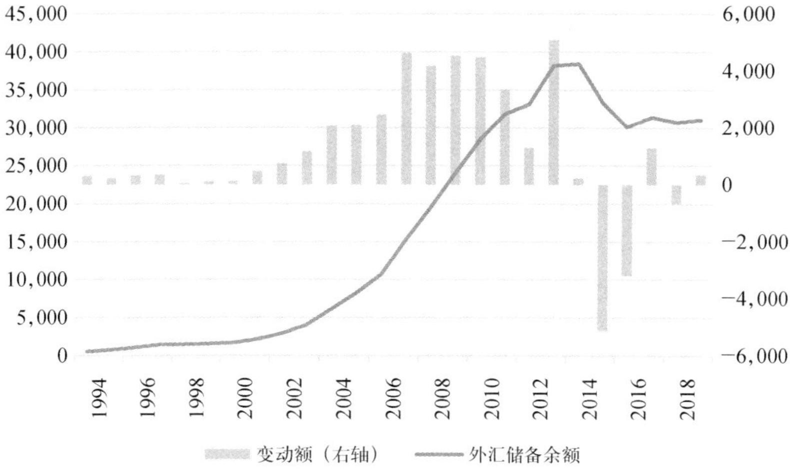

资料来源：国家外汇管理局

国家经济安全，必须有相当规模的外汇储备，应对各种不测之需，确保中国抵御冲击的宏观调控能力[1]。

以前对此体会一直不深，因为即便是亚洲金融危机最困难的时候，政府提出的目标依然是“汇率稳定、储备增加”。2015 年“8.11”汇改后，股票市场与外汇市场、境内市场与境外市场的震荡叠加，人民币汇率市场化改革遇到了前所未有的挑战。从 2014 年 7 月至 2017 年 1 月，中国外汇储备下降了近万亿美元，其中约 2/3 是“8.11”以后发生的。

之所以用外汇储备来稳汇率，主要是早在 2006 年底中央经济工作会议就明确指出，中国国际收支的主要矛盾已经从外汇短缺转变为贸易顺差过大、外汇储备增长过快，并提出必须把促进国际收支平衡作为保持宏观经济稳定的重要任务[2]。所谓“国际收支平衡”,就是外汇储备既不增加、也不减少，中国政府既不追求国际收支顺差越大越好、也不追求外汇储备越多越好。2006 年底，外汇储备 1.07 万亿美元，到 2014 年 6 月底又额外增加近 3 万亿美元。

正如周小川行长 2017 年初“两会”答记者问时所言：“外汇储备下降也是一个正常的现象，因为我们本来也不想要那么多，所以适当的有所下降，也没有什么不好的。易纲行长过去说，储备的东西是干什么的？储备的东西就是要留着用，而不是攒着看的，所以这也是一种正常的事”[3]。

虽然消耗大量外汇储备来稳定汇率也不无副作用，但避免了形势失

---

1 朱镕基：《朱镕基讲话实录（第四卷）》，人民出版社 2011 年版，第 263—264 页。戴相龙：《领导干部金融知识读本（修订本）》，中国金融出版社 2001 年版，第 276—277 页。

2 人民日报，2006. 促进国际收支平衡是宏观调控的重要任务［N/OL］.2006-12-14. http://inance.ce.cn/macro/gdxw/200612/14/t20061214_9756295.shtml。

3 中国人民银行，2017. 中国人民银行行长周小川等就“金融改革与发展”答记者问［EB/OL］.2017-03-10.http://www.pbc.gov.cn/goutongjiaoliu/113456/113469/3269620/index.html。

控，为改革和调整争取了时间。前期升值压力下超额积累的外汇储备，用在资本集中流出时平抑外汇供求，以丰补歉、削峰填谷，正是管理浮动的应有之意。

其实，这一思路早在2010年底周小川行长提出“池子”理论时就已现端倪。他11月初在财新峰会上指出，“短期的投机性资金要进来的话，希望把它放在一个池子里，而不让它泛滥到整个中国的实体经济中去。那么，等到它需要撤退的时候，把它从池子里放出去，让它走。这样的话，在很大程度上，在宏观上能够减少资本异常流动对中国经济的冲击”。之后，他进一步指明外汇储备就是典型的“池子”[1]。

二、保外汇储备不是保规模，而是保信心

2014年初，当中国外汇储备规模不断创历史新高时，“中国巨额的外汇储备实际上是国家的一个沉重负担”的说法甚嚣尘上。2016年底，当中国外汇储备距破3万亿仅一步之遥时，市场上曾经掀起了保汇率还是保储备之争。一派观点认为，人民币汇率浮动是常态，对中国经济影响不大，浮动了也贬不到哪去，不值得一保，而外汇储备是辛辛苦苦攒下来的国民财富，应该倍加珍惜；另一派观点则认为，3万亿外汇储备还是太多了，外汇储备减少是好事，是“藏汇于民”，有助于提高外汇资源使用效率，有助于稳定人民币汇率、减少外汇管制[2]。

---

1 霍侃、张宇哲、刘志洁和王紫雾，2010. 周小川“池子”［J/OL］. 新世纪，2010-11-15.http://business.sohu.com/20101115/n277633168.shtml。
单妍，2010. 周小川界定“池子”否定“超发”［N/OL］. 上海证券报，2010-12-16.http://business.sohu.com/20101216/n278324971.shtml。

2 万得资讯，2016. 保卫3万亿外储关口？还是保汇率？［N/OL］.2016-12-08.http://snap.windin.com/ns/findsnap.php?id=391350916&device=ios&terminaltype=wwt.m&version=6.6.2。
孙维维，2017. 稳汇率还是保外储？这是一个问题［N/OL］. 第一财经日报，2017-03-16. http://www.yicai.com/news/5247340.html。

然而，保汇率与保储备实际上是一体的，都不是水平问题而是信心问题。如果不用外汇储备，就没人关心外汇储备够不够用。比方说，没人关心美国的外汇储备够不够用，因为美元汇率是自由浮动的；亚洲金融危机期间，也没人议论中国的外汇储备够不够用，因为政府并不试图用消耗外汇储备的方式来支持汇率稳定。唯有用到了外汇储备，才会有人关心储备够不够用。尽管之前没到 3 万亿时，就说中国外汇储备多了，但从 4 万亿跌到 3 万亿时，却又开始担心储备不够用。2016 年底，外汇储备的下降与人民币贬值交织在一起，正在形成贬值预期自我强化、自我实现的恶性循环，才引出了保汇率还是保储备之争。外汇储备越降，持续的时间越长、下降的规模越大，对市场信心的负面冲击就越大。

上次亚洲金融危机期间，中国政府同时提出既要保汇率、又要守储备，其在逻辑上是自洽的。因为当时政府认清了这两个问题的实质，即二者都不是绝对水平或规模问题，而是市场预期或信心问题[1]。亚洲金融危机之后，外汇储备的增减规模，更是成为国内外金融界审视中国经济稳定性以及衡量货币政策和汇率政策调控能力的主要信心指标[2]。

保汇率和保储备的目标最终同时圆满达成。跨入 2017 年，先是境内外人民币兑美元汇率逐渐企稳回升，不仅没有破“7”，反而累计升了 6%，最多升了 7%。而外汇储备在 1 月份跌破 3 万亿之后，自 2 月份起止跌回升，全年涨了 1 294 亿美元。最终，不仅汇率保住了，储备也保住了。

---

1 朱镕基:《朱镕基讲话实录（第三卷）》，人民出版社 2011 年版，第 137—138 页。
2 戴相龙:《领导干部金融知识读本（修订本）》，中国金融出版社 2001 年版，第 276 页。

具背后的政策与市场逻辑是，在内部经济企稳、外部美元走弱的基本面因素帮助下，虽然外汇市场依然供不应求，但人民币对外升值增强了汇率政策公信力，逐渐把市场美元多头变成了美元空头，抑制了资本外流，鼓励了资本流入。当然，外汇储备企稳也进一步稳定了市场预期，反过来又进一步支持了人民币汇率的稳定（详见本章上节的讨论）。

此外，保汇率还是保储备之争，还忽略了应对资本流出冲击的外汇政策选项有三个，除了汇率贬值、储备干预之外，还有资本流动管理（详见本章下节的讨论）[1]。根据 IMF（国际货币基金组织）提出的外汇储备适度性新标准，考虑资本管制因素，赋予广义货币供应量（M2）的外汇储备影响权重将对折，从 10% 降至 5%[2]。

三、束缚央行手脚的不是外汇储备，是汇率政策

从国际上看，外汇储备既有财政部门持有，也有中央银行持有，还有财政部门与中央银行共同持有三种模式，并不存在所谓统一的国际惯例。相对而言，中央银行持有外汇储备是更为普遍的做法，而且，除极个别情况（如加拿大）外，不论是财政部门还是央行持有，外汇储备的经营通常都是委托给央行（见表 1-2-1）。根据表 1-2-1 的抽样结果统计，2016 年底，全球由央行持有并经营外汇储备的总规模占到全球外汇储备总规模的 82%；即使剔除中国，该比例也占到 75%。同期，前十大储备持有经济体所持外汇储备占到全球外汇储备的 70%，除日本和中国香港外，其他都是由央行持有并经营外汇储备。

---

1 管涛：《汇率的本质》，中信出版集团 2016 年版，第 20—28 页。

2 IMF, 2015. "ASSESSING RESERVE ADEQUACY—SPECIFIC PROPOSALS"［R］. April. http://www.imf.org/external/np/pp/eng/2014/121914.pdf。

表 1-2-1：部分国家和地区外汇储备持有与经营机构

	持有机构	经营机构	2016 年底外汇储备余额（亿美元）	全球前十大排名
澳大利亚	中央银行	中央银行	472	
博茨瓦纳	中央银行	中央银行	72	
巴　西	中央银行	中央银行	3 539	8
加拿大	财政部门与中央银行	财政部门与中央银行	729	
智　利	中央银行	中央银行	405	
中　国	中央银行	中央银行	30 105	1
哥伦比亚	中央银行	中央银行	462	
捷　克	中央银行	中央银行	828	
欧元区	中央银行	中央银行	2 609	
欧央行	中央银行	中央银行	526	
匈牙利	中央银行	中央银行	258	
印　度	中央银行	中央银行（商财政部门）	3 366	9
印度尼西亚	中央银行	中央银行	1 103	
以色列	中央银行	中央银行	974	
日　本	财政部门	中央银行	11 578	2
韩　国	中央银行	中央银行	3 617	7
拉脱维亚	中央银行	中央银行	35	
马来西亚	中央银行	中央银行	876	
墨西哥	中央银行	中央银行	1 677	
新西兰	中央银行	中央银行	153	
挪　威	中央银行	中央银行	604	
阿　曼	中央银行	中央银行	203	

续 表

	持有机构	经营机构	2016 年底外汇储备余额（亿美元）	全球前十大排名
俄罗斯	中央银行	中央银行	3 080	10
泰　国	中央银行	中央银行	1 636	
突尼斯	中央银行	中央银行	61	
土耳其	中央银行	中央银行	922	
沙　特	中央银行	中央银行	5 261	4
新加坡	财政部门	中央银行	2 439	
瑞　士	中央银行	中央银行	6 349	3
英　国	财政部门	中央银行	1 120	
美　国	财政部门	中央银行	392	

资料来源：IMF（2003）；IMF（2017）；WIND

注：(1) 加拿大的外汇储备都是由政府持有。其中，外汇储备中的流动性资产（约为外汇储备总额的 90%），一部分以外汇基金账户（EFA）的形式（主要是政府发行外币债券形成的外汇储备）由财政部经营，另一部分是由央行经营。(2) 欧元区一部分外汇储备是由原主权国的央行持有和经营，一部分是由超主权的欧央行持有和经营。

国内有人呼吁，中国外汇储备应该改央行持有为财政部持有，其理由之一是提高货币政策的独立性。然而，制约央行货币政策独立性的是汇率政策，而非外汇储备。例如，欧央行持有和经营欧元区部分外汇储备，但其货币政策目标是稳定物价，实行通胀目标制，欧元汇率自由浮动，持有外汇储备无损欧央行是世界上最为独立的央行之信誉。澳大利亚、新西兰也是这方面的典型代表。

如前所述，中国政府早在 2006 年底就做出了外汇储备较为充裕的基本判断，不追求外汇储备越多越好。但后来为了缓解资本大量流入带来的升值压力，而不得不超额积累外汇储备，以避免人民币汇率过快升值，进一步冲击中国出口，影响就业，进而影响社会稳定。正如周小川行长所说："我觉得中国作为一个经济大国，更重要的还是考虑中国整个宏观经济的整体情况，不会是过度基于外部经济或者资本流动来制定我们的宏观经济政策"[1]。外部平衡（外汇储备增减）必须服从和服务于内部平衡（经济增长、物价稳定、增加就业），所以，中国放弃了外汇储备目标。

2013 年之前，中国以外汇储备增加来阻止人民币汇率升值。同期，尽管央行采取了提高存款准备金率、发行央票与商业银行货币掉期等方式，来对冲外汇占款增加所投放的流动性[2]。但是，这些操作只能影响货币乘数，却不能充分对冲央行资产负债表扩张本身所带来的刺激性影响。最高时，外汇占款占到央行总资产的 80% 以上，相当于国内生产总值（GDP）的 60%，M2/GDP 快速上升（见图 1–2–3）。全社会流动性过多，通胀压力和资产泡沫风险时隐时现。

"8.11"汇改之后，随着中国跨境资本转为集中流出，外汇储备减少、外汇占款下降，这又对央行资产负债表产生了收缩的效应（见图 1–2–3）。鉴于存款准备金率的调整可能形成资产负债表效应且信号意义较强、制约较多，央行转而借助正逆回购操作、中期借贷便利（MLF）、常备借贷便利（SLF）、抵押补充贷款（PSL）、短期流动性调节工具（SLO）等，提供不同期限的流动性，保持了市场流动性的合理适度[3]。

---

1 周小川，2016. 央行行长周小川 2 月 26 日记者会实录［*/OL］.2016–02–26.http://www.askci.com/news/finance/2016/02/26/149376c5j.shtml。

2 张晓慧：《国际收支顺差下货币政策工具的选择》，《中国金融》，2011 年第 9 期，第 29—31 页。

3 张晓慧：《货币政策回顾与展望》，《中国金融》，2017 年第 3 期，第 12—15 页。

图 1-2-3：中国 M2、央行总资产及外汇占款变动情况
（单位：%）

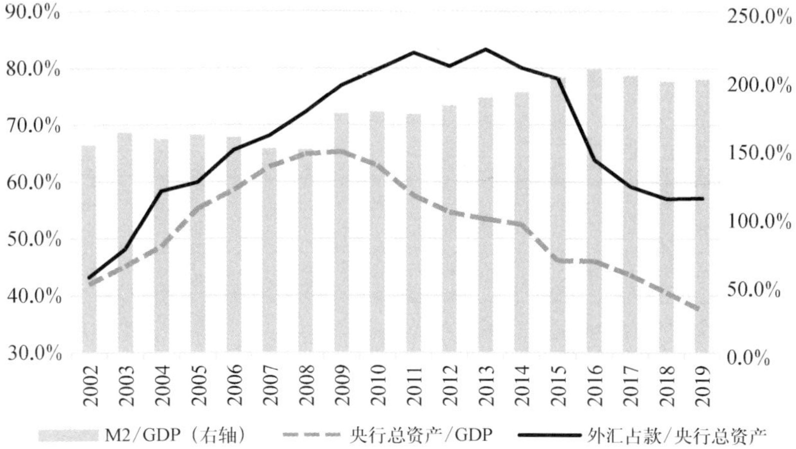

资料来源：中国人民银行；国家统计局；WIND

当然，即便前期外汇储备增加制约了央行货币政策独立性，也不能把外汇占款增多完全当作坏事情。自 1995 年停止财政赤字向央行透支以后，央行基础货币投放要么是国内信贷渠道（如对存款银行债权和非货币金融机构债权），要么是外汇占款渠道。在 1994 年汇率并轨之前，中国外汇短缺，央行货币投放渠道主要是对商业银行的再贷款（谢多，1998）[1]，属于纯信用投放（见表 1-2-2）。1994 年以后，伴随着外汇储备增加，外汇占款成为货币投放的主要渠道（回收再贷款一度作为对冲操作手段），这是以外汇储备作为支持，较之于以前的纯信用投放，未尝不是一种进步。

1 谢多：《国际收支盈余与中央银行对冲操作》，《国际金融研究》，1998 年第 3 期，第 19—23 页。

表 1-2-2：2016 年底人民银行资产构成

（单位：亿元）

	2016 年底	相当于总资产比重	1993 年底	相当于总资产比重
国外资产	229 796	66.9%		
其中：外汇（中央银行外汇占款）	219 425	63.8%	1 431	10.5%
对政府债权	15 274	4.4%	1 582	11.6%
对其他存款性公司债权	84 739	24.7%	9 609	70.3%
对其他金融性公司债权	6 324	1.8%	251	1.8%
对非金融公司债权	81	0.0%	682	5.0%
其他资产	7 497	2.2%		
总资产	343 712	100.0%	13 673	100.0%

资料来源：中国人民银行；谢多；WIND

2008 年金融危机以后，中国能够迅速跃升世界第二大经济体，国际收支盈余造成的外汇占款渠道的货币创造功不可没。为了支持经济的较快增长，在国内以间接融资为主的金融市场结构下，货币信用扩张是必然结果。虽然这并非没有后遗症，但我们不可能只要经济成长的好，而不要信贷膨胀的坏。实际上，当遭遇欧美主权债务危机冲击，2011 年底至 2012 年中，中国跨境资本转为阶段性净流出，国际收支趋于基本平衡，外汇占款增长放缓的情况下，央行自 2013 年起就综合运用多种货币政策工具，灵活调节流动性，保持货币市场稳定运行[1]。

此外，前些年央行积累外汇储备还被外界诟病的一个问题是，因

1 张晓慧：《新常态下的货币政策》，《中国房地产业》，2015 年第 Z1 期，第 29—31 页。

人民币升值而蒙受汇兑损失[1]。然而，"8.11"汇改后人民币汇率较快下跌，这一状况得到扭转。如果从央行的角度算小账，无疑最近人民币汇率的变化是有利的。但如果从整个社会算大账，则前期人民币汇率快速下跌造成市场恐慌，影响海内外对于中国经济和金融的信心，跨境资本流动冲击风险上升，则于国家整体来讲是不利的。显然，以贬值手段来谋求央行外汇储备持有的账面收益，既造成利益冲突，也是一种玩火行为。

四、主要结论

第一，任何政策选择都是有成本的，关键是政府在兼听则明、从善如流的同时，还要保持政策的定力，目标确定以后，手段、工具与目标保持一致。

第二，雄厚的外汇储备是自中国改革开放以来积累的宝贵财富，确实增强了我们的抗风险能力和纠错能力。当然，任何事情有利就有弊，其代价是延误了汇率市场化改革，影响了货币政策操作。

第三，在金融全球化背景下，外汇储备是一个信心指标，其变化具有向下刚性。增强抵御跨境资本流动冲击风险的能力，关键还是要迈出汇率市场化的惊险一跃，淡化汇率波动的政策涵义，增强对汇率波动的市场容忍度。

第四，外汇储备是财政还是央行持有，没有统一的国际惯例。制约中国货币政策的并非央行持有外汇储备，而是稳定汇率的政策操作。当前亟须建立健全央行退出外汇市场常态干预后的货币投放机制，强化货币纪律，以更充分享受汇率浮动带来的好处。

---

1 牛娟娟，2011. 人民币升值不会直接导致外汇储备损失［N/OL］. 金融时报，2011-05-07，001 版。

第三节

反思中国跨境资本流动管理问题

2015 年“8.11”汇改以来，中国曾经遭遇资本大规模集中流出。期间，对于是否要采取资本流动管理措施，一度争执不下。直到 2016 年底，外汇形势更加严峻后，才出台一些较为严厉的措施。随着 2017 年中国跨境资本流动冲击风险得到有效遏制，为我们反思前期许多关于资本流动管理措施的讨论提供了实证支持。

一、加强资本流动管理是不得已的选择

从季度数据看，中国于 2014 年二季度就发生了跨境资本净流出（见图 1-3-1）。但 2015 年二季度以前，境内外汇差较小，市场既没有很

图 1-3-1：中国季度国际收支主要项目构成

（单位：亿美元）

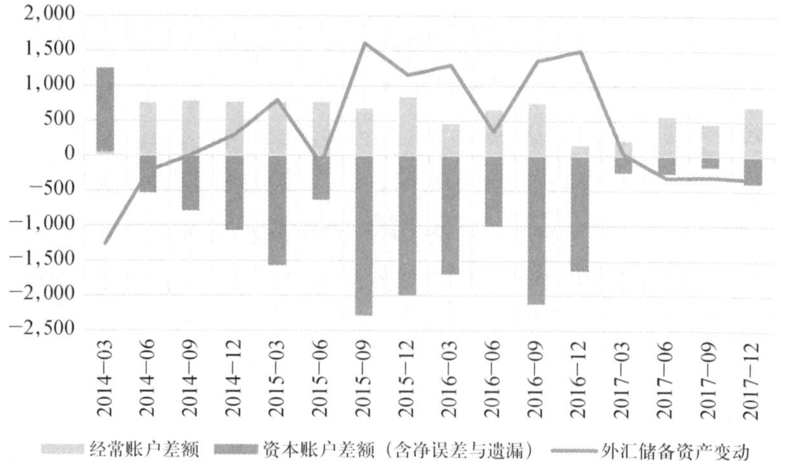

资料来源：国家外汇管理局；WIND

强的汇率升值预期，也没有很强的贬值预期，当期资本项目由内流转为外流，主要受国内经济下行、外部美元走强的影响，资本外流与经常项目顺差规模大体相当，外汇储备资产变动不大。

2015 年三季度以后，国内金融持续动荡，市场恐慌情绪蔓延，境内外汇差扩大（见图 1-3-2），出现了较强的贬值预期，资本外流急剧放大，超过了当期经常项目顺差规模，造成储备下降、汇率贬值。理论上讲，资本流动超过经常项目成为国际收支平衡的重要影响因素，说明人民币汇率已经具有资产价格属性，容易出现过度升值或者贬值的汇率超调。

图 1-3-2：境内外人民币兑美元汇率及其差价

（单位：元人民币 / 美元；个基点）

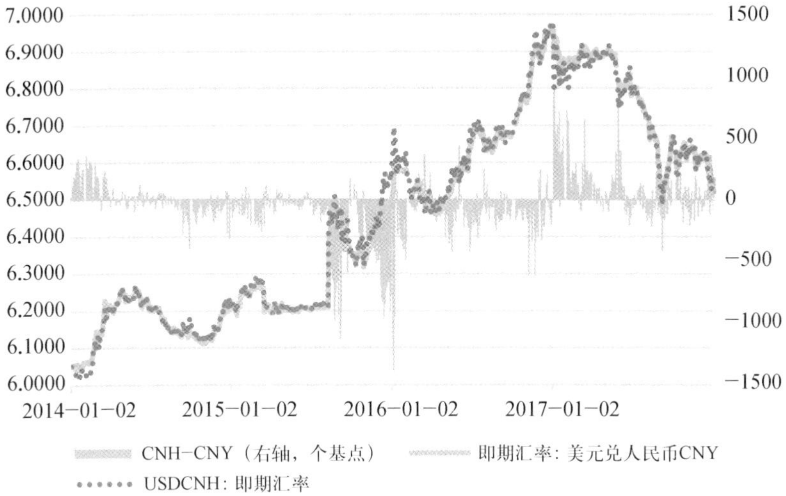

资料来源：中国外汇交易中心；WIND

注：即期汇率 CNY 为境内下午四点半银行间市场人民币汇率收盘价。

从跨境资本流动的期限结构看，中国已呈现明显的多重均衡特征。自 2014 年二季度起，短期资本（即国际收支口径的证券投资、其他投资和净误差与遗漏合计）开始持续净流出，与基础国际收支顺差（即国际收支口径的经常项目与直接投资差额合计）之比，2014 年为 69%，2015 年为 192%，2016 年为 376%（见图 1-3-3）。

图 1-3-3：中国季度短期资本流动状况

（单位：亿美元；%）

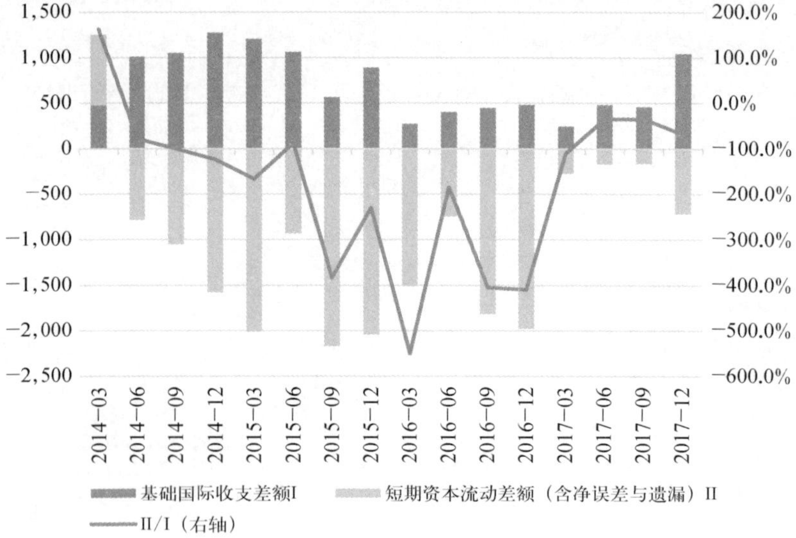

资料来源：国家外汇管理局；WIND

汇率市场化是要发挥汇率的杠杆调节作用。所谓汇率杠杆调节，应该是汇率越跌，卖外汇的越多、买外汇的越少。但在普遍看空的市场情绪驱动下，当时却出现了人民币越贬，境内企业和家庭持汇购汇动机越强的现象，这显示汇率杠杆作用失灵。

此时，政策上面临两种选择：要么让价格出清市场，则必然是人民币汇率过度贬值，但其产生的国内金融后果和国际溢出影响具有较大不确定性；要么采取数量干预，包括抛售外汇储备和加强资本流动管理，但外汇储备越降，对市场信心冲击越大，有可能形成预期自我强化、自我实现的恶性循环，限制资本流出则逐渐成为短期的政策选项。美联储对1980—2014年间37个出现资本流入枯竭（sudden stop）的案例研究结果显示，加强资本管制的新兴市场通常会重现资本回流，而不采取资本管制的新兴市场通常会面临资本外流冲击[1]。

现实中，面对汇率浮动、储备干预、资本管制的外汇政策“不可能三角”，中国是三个工具结合起来一起用[2]。2016年底，当距离人民币汇率破“7”、外汇储备破3万亿仅一步之遥时，中国转向主要依靠资本流动管理措施，包括规范境外投资、加强真实性审核、实施宏观审慎措施、强化统计监测、鼓励资本流入和结汇等。

二、资本流动不是该不该管，而是怎么管的问题

由于资本流动管理是干预市场，有悖于改革开放的方向，实施起来难免瞻前顾后、有所顾忌。然而，经历了亚洲金融危机和2008年国际金融危机的洗礼后，全球范围内对于资本流动管理更加包容[3]。2014年5月初，德国、法国等欧盟十国甚至达成一致，拟自2016年起开征金融交易税，以打击金融投机、增加政府税收及防范金融风险（但最终没有付诸实施）。

更为重要的是，资本流动管理本身也是门艺术，这方面中国有着丰富的实践经验。

比如说，2003年底，内地推出为香港银行办理个人人民币业务提供

1 David, Scott, 2017.China’s Capital Controls Appear to Arrest Flight, Stabilize Currency [J] . Economic Letter, DALLAS FED.Vol12, No 12. November.

2 管涛:《汇率的本质》，中信出版集团2016年版。

3 李超:《国际货币基金组织资本流动框架的转变及其启示》,《国际经济评论》, 2013年第5期，第9—18页。
余永定、张明:《资本管制和资本项目自由化的国际新动向》,《国际经济评论》, 2012年第5期，第68—74页。

清算渠道，通过遴选人民币业务清算行、签订清算协议等市场化方式，基于商业自愿原则，将内地监管要求在尊重“一国两制”、金融自由的前提下，传递到香港[1]。由于香港个人人民币业务平稳起步，2004年就扩大到了澳门，个人人民币业务本身也不断提高限额、放宽限制，并扩展到点心债、CNH市场等新业务，之后才有2009年的跨境贸易人民币结算试点。其实，在试点香港个人人民币业务时曾被质疑，人民币在境内都乱象丛生，境外就更难管了。但是，相关部门与香港方面通力协作，通过精心设计、周密安排，在风险可控前提下为跨境人民币业务逐渐打开了空间。从这个意义上讲，越是有争议的改革开放措施，就越要大胆假设、小心求证，唯有不出乱子，才能够逐渐凝聚共识，稳步推进（详见本书第八章第四节“香港个人人民币业务推出的台前幕后”的讨论）。

再如，亚洲金融危机期间，中国政府承诺人民币不贬值，但没有采取消耗外汇储备的方式来稳定汇率，而是加强和改进外汇管理。1996年底，中国已接受《国际货币基金组织协定》第八条条款义务，实现了人民币经常项目完全可兑换。当时，遵守经常项目可兑换原则，一方面，抓住可兑换管对外支付不管流入的规则，严格出口收入强制调回管理，打击出口逃汇；另一方面，利用可兑换不能限制汇兑但允许真实性审核的规定，通过开发银行、海关、外汇局联网的进出口报关单联网核查系统，用技术手段堵住了货到付款项下假报关单进口骗购外汇的漏洞；再一方面，坚持资本项目部分可兑换原则，严格限制购汇对外投资和提前偿还外债[2]。

再比如，2010年和2013年，外汇局两次启动应对外汇异常流入的应急预案，运用银行结售汇综合头寸管理政策，抑制远期结汇和国

1 人民日报，2003. 央行：香港不是人民币离岸中心，仅满足旅游消费［*/OL］. 2003-11-20.http://finance.sina.com.cn/g/20031120/0722526552.shtml。

2 管涛：《汇率的本质》，中信出版集团2016年版。

内外汇贷款的过快增长，缓解了外汇供大于求的矛盾[1]。“8.11”汇改后，引入远期购汇缴纳外汇风险准备金、境内非居民人民币账户缴纳存款准备金等宏观审慎措施，遏制了远期购汇的过快增长和跨境人民币的异常波动[2]。

三、客观评价跨境资本流动管理的作用

加强改进资本流动管理，为汇率改革和调整争取了时间。受2016年底出台规范企业对外投资并购、加强个人购汇信息统计申报、强化本外币跨境资金流动真实性审核等一揽子措施影响，2017年伊始，市场普遍预期的购汇高潮落空，离岸人民币流动性抽紧、利率飙升，加之国际市场美元走软，1月4日、5日境外人民币汇率CNH连续反弹，6日带动境内人民币汇率回升，揭开了全年人民币汇率成功逆袭的序幕。

规范企业境外投资有效化解了短期资本流动冲击风险。2017年，国际收支口径的对外直接投资净流出1 383亿美元，同比减少36%；外来直接投资净流入1 661亿美元，减少5%；跨境直接投资累计净流入278亿美元，上年为净流出417亿美元。在经常项目顺差下降4%的情况下，因为对外直接投资重新回归理性，基础国际收支顺差（即国际收支口径的经常项目与直接投资差额合计）增长39%。同期，短期资本净流出规模骤降78%，短期资本净流出与基础国际收支顺差之比为59%，远低于上年376%的水平（见图1-3-3）。短期资本净流出重新小于基础国际收

---

1 易纲:《把握当年有利时机外汇管理“稳中求进”》,《中国外汇》，2012年第1期。
国家外汇管理局国际收支分析小组，2012.2011年中国跨境资本流动监测报告[EB/OL].2012-02-23.http//www.safe.gov.cn/000014453-2012-00053。
国家外汇管理局国际收支分析小组，2014.2013年中国跨境资本流动监测报告[EB/OL].2014-02-25.http//www.safe.gov.cn/000014453-2014-00027。

2 中国人民银行货币政策分析小组，2016. 专栏3：强化针对外汇流动性和跨境资金流动的宏观审慎政策 . 中国货币政策执行报告（二〇一五年第四季度）[EB/OL].2016-02-06。

支顺差，促成外汇储备资产止跌回升，维护了国家金融安全。2017 年，包含估值影响的外汇储备余额增加 1 294 亿美元，上年为减少 1 294 亿美元，外汇储备再次站稳在 3 万亿以上。

当然，对于资本流动管理措施的作用应该客观评估。2016 年，以加强真实性审核的方式强化了资本流动管理。但在全年人民币兑美元汇率下跌 6% 以上的情况下，银行代客购汇较上年减少 20%，结汇也减少 14%，逆差收窄 38%，依然高达 3 195 亿美元。2017 年，人民币兑美元升值 6% 以上，这较好解决了有管理浮动的汇率“中间解”的政策公信力问题。全年，银行代客购汇同比仅下降 1.1%，结汇增长 17.4%，逆差 690 亿美元，减少了 78%。

四、主要结论

第一，应对资本流动冲击的汇率、储备和管制三个外汇政策工具各有利弊，政府必须排出政策目标的优先顺序。事实上，考虑到人民币大幅贬值有较强的负溢出效应，消耗外汇储备又会进一步打击市场信心，国际社会未对中国政府加强资本管制措施提出异议，只是要求相关执法的一致性和透明度[1]。

第二，资本流动管理要讲求技巧。要熟悉、了解国际规则，在遵守规则的基础上，充分运用规则提供的空间，实施资本流动管理。要有别于国际收支危机状态下的国际收支保障条款，遵守已经承诺的国际义务[2]，

---

1 IMF, 2017. Article IV Consultation—Press Release; staff report, and statement by the executive director for the People's Republic of China［J］. IMF Country Report No. 17/247. August 15, http://www.imf.org/en/publications/cr/issues/2017/08/15/people-s-republic-of-china-2017-article-iv-consultation-press-release-staff-report-and-45170.

2 IMF, 2016. Articles of Agreement［M］. Washington DC. the International Monetary Funds, http://www.imf.org/external/pubs/ft/aa/pdf/aa.pdf: 51。
冼国明、陈建国:《WTO 多边投资框架中的例外条款与国际收支安全保障》,《国际贸易》，2003 年第 7 期，第 46—49 页。

如不应限制外商投资企业利润汇出，不应限制进口对外支付，对于前期外国资本流入应允许其按规定有进有出、来去自由，等等。要多尝试市场友好型的资本流动管理措施。

第三，辅之以可信的价格信号，可提高资本流动管理的有效性。2016年下半年，在人民币双边汇率下跌、多边汇率稳定的情况下，资本外流、储备下降、汇率贬值的压力剧增，资本流动管理不断收紧。而1994年汇率并轨以来，应对资本流出冲击的外汇管理成功实践，都是在人民币不贬值情况下取得的。2017年的情况是，人民币兑美元升值，市场信心恢复，最终保汇率与保储备目标同时达成。

第四，资本流动管理只应作为临时性的应对手段，一旦市场趋稳应及时调整。鉴于跨境资本流动的顺周期性和超调性，对于跨境资本的过度或者异常波动，采取一些直接或间接的管理措施，市场可以理解。但如果形势已经改观，相关政策继续保留，则反而不利于稳定市场预期。2017年9月以来，相关部门采取的一系列取消临时性调控或管制措施，回归政策中性的做法，就得到了海内外的高度肯定。

第五，资本流动管理只是争取时间，不能替代必要的调整与改革。2017年外汇形势超预期改善，与国内经济触底企稳不无关系，这稳定了市场预期。同时，在宏观调控重点转向“防风险”的背景下，货币政策稳健中性，金融监管普遍加强，推高了市场利率，扩大了本外币正向利差，客观上抑制了资本外流。更长远地看，要扩大金融对外开放，走出资本流动管理时而控流出、时而防流入的周而复始，关键还是要继续深化汇率市场化改革，最终降低对资本流动管理措施的依赖。

第四节
“第三只眼”看“8.11”汇改

笔者参与过 1994 年、2005 年、2012 年和 2014 年四次汇改，但在 2015 年“8.11”汇改之前离开了外汇局。居于政府和市场中间，笔者试图用客观、中立、平衡和理性的“第三只眼”看问题。无疑，作为旁观者来讲，跌宕起伏、峰回路转的“8.11”汇改是一个很好的样本，厘清其中的政策和市场逻辑，也算是为更好完成深化汇率市场化改革的任务略尽绵薄之力了。

一、市场公信力是汇率政策成功的关键

关于什么是最优的汇率选择（包括汇率制度和汇率政策），一直是有争议的问题。许多国家特别是新兴市场和发展中国家因为汇率选择不当，而遭遇了货币贬值、债务违约并发的国际收支危机甚至金融危机、经济危机、社会危机。最终的国际共识是：固定、浮动和有管理浮动汇率各有利弊，没有一种汇率选择适合所有国家以及一个国家的任何时期[1]。

话好说事难办。上述共识在实际操作中的问题是，政府的任何政策选择都是排他的，又因为任何选择都有利弊，所以，政府不论怎么做都可能被批评。比如说政府选择了有管理浮动，就放弃了固定和浮动带来的好处，那么这就是有管理浮动的机会成本，就是被

---

1 Frankel, J., 1999. No Single Currency Regime is Right for All Countries of at All Time［R］NBER Working Paper, No.7338。

外界批评的理由。好在最后检验政策对错的是结果，汇率选择是以成败论英雄。

亚洲金融危机期间，亚洲货币出现多米诺骨牌效应，中国曾经面临人民币汇率是固定、浮动还是有管理浮动的选择题。中国政府在危机伊始就对外庄严承诺“人民币不贬值”，将人民币兑美元汇率基本稳定在8.28左右的水平，临时放弃了有管理浮动汇率安排，拒绝了人民币竞争性贬值的诱惑。这为阻止信心危机传染，维护亚洲乃至国际金融稳定做出了重要贡献，赢得了国际社会的高度评价，并奠定了人民币新兴世界强势货币的地位。

但世上没有免费午餐。人民币随美元对主要贸易伙伴货币升值，增加了中国出口企业的困难，加剧了国内通货紧缩趋势。显然，“人民币不贬值”并非唯一解，甚至可能不是最优解。但最终获得成功，使得之前的一切付出都是值得的，“人民币不贬值”就是正确的汇率政策。事实上，不论汇率市场化还是金融对外开放，都是充满争议的话题。只能以成败论英雄。

2015年“8.11”汇改，叠加不久前国内股市异动的影响，中国遭遇了一波较大规模的资本集中流出。这一次，中国选择了有管理浮动，坚持让人民币汇率参考一篮子货币调节，随美元在国际市场波动而反向波动。但是，正如当时易纲行长2001年在《汇率制度“角点假设”的一个理论基础》一文中所言，有管理浮动这种汇率“中间解”存在透明度和公信力的问题，在货币攻击的情况下，多重均衡容易出现坏的结果，耗尽外汇储备，最终货币崩溃[1]。

---

1 易纲、汤弦：《汇率制度“角点解假设”的一个理论基础》，《金融研究》，2001年第8期，第5—17页。

“8.11”汇改以后，为了解决有管理浮动的透明度问题，外汇市场自律机制秘书处于 2016 年初披露了人民币汇率中间价的报价机制（即中间价 = 上日收盘价 + 篮子货币汇率），这改善了央行与市场之间的汇率政策沟通。2016 年下半年，当人民币随着国际市场美元走高而震荡下跌时，并没有像前两次那样冲击国内股市和海外市场。因为大家理解，人民币贬值是因为美元太强，而不是在竞争性贬值。但鉴于境内近 90% 的跨境外币收付都是美元（见图 1–1–9），人民币兑美元双边汇率而非多边汇率（即汇率指数）的波动，还是对市场预期和财务状况有着重要影响。2016 年底，笔者在对外解读中央经济工作会议精神时就提出，增加汇率政策可信度是深化人民币汇改的关键[1]。

什么叫经济政策的可信度？显然，应该是让相信政策的人不亏钱甚至赚钱，不信政策的人不赚钱最好亏钱。为什么 2017 年人民币汇率维稳能够取得超预期的成功？归根到底，就是因为很好地践行了这个原则。2017 年 5 月底，外汇市场自律机制秘书处宣布引入“逆周期因子”，以对冲外汇市场的顺周期行为和更好反映国内经济基本面，此举非常关键，拿回了汇率调控的主动权。

2017 年就是在市场总体看空人民币、外汇依然供不应求的情况下，趁着美元走弱，让人民币对美元升值 6% 以上，完爆看空、做空人民币的境内外机构和个人，促成市场预期分化，人民币汇率由单边下跌转入双向波动，外汇供求趋于平衡。实际上，虽然全年人民币汇率中间价升值，但收盘价相对当日中间价贬值的天数依然占到 70% 多，对中间价升

---

1 人民日报海外网，2016. 管涛：提高汇率政策可信度是深化人民币汇改的关键［N/OL］. 2016–12–28，http://m.haiwainet.cn/middle/3540923/2016/1228/content_30607099_1.html。

值是累计负贡献八毛多钱。可见当时的市场顺周期力量有多强，引入“逆周期因子”显示了汇率调控的高超艺术。

与此同时，保汇率还是保储备的争论也迎刃而解。因为不论保汇率还是保储备，都不是保具体水平或规模，而是保信心。汇率稳住了，储备自然也就保住了。2017 年，剔除估值影响后，外汇储备增加 930 亿美元，上年为减少 4 487 亿美元，化解了跨境资本流动冲击风险。

二、汇率市场化需要顺应市场尊重市场

搞市场化汇率，需要了解市场运行情况，遵循规律、顺势而为。许多外汇收支的数据信息丰富，不论对市场还是对政府来讲，都有着重要的经济和政策涵义。比起很多道听途说、只言片语的故事，总量的外汇数据更能帮助我们做出准确的判断和应对。

一如，2015 年和 2016 年中国遭遇的储备下降、汇率贬值，主要是由资本大规模外流所致。2015 和 2016 年，每年国际收支口径的资本净流出（含净误差与遗漏）超六千亿美元，远超过同期每年两三千亿美元的经常项目顺差（见图 1-3-1）。这表明人民币汇率已不是由贸易收支决定的商品价格，而是由资本流动驱动的资产价格，资产价格就是容易相对经济基本面出现过度调整，即汇率超调。

再如，从期限结构看，短期资本集中流出是当时储备下降、汇率贬值的主要原因。2015 年和 2016 年，国际收支口径的短期资本流动（即证券投资 + 其他投资 + 金融衍生品 + 净误差与遗漏）逆差相当于基础国际收支顺差（即经常项目 + 直接投资）的两到四倍（见图 1-1-12）。理论上讲，短期资本流动通常受市场情绪驱动，容易偏离经济基本面，出现多重均衡的结果，即：在给定的基本面情况下，资本既可能流入也可能流出，汇率既可能升值也可能贬值。并且，在普遍看空时，市场选择

性地相信坏的消息，导致汇率过度贬值；反之，亦然。因此，汇率是否均衡对于政府很重要，但对于市场并不重要。对于市场来讲，对还是错就是看空的赚了还是看多的赚了。

又如，从交易性质看，境内机构和家庭资产重新配置（即藏汇于民）是资本外流的主要渠道。从国际收支数据看，仅有 2015 年中国利用外资项下（即负债方）是净流出，但 2016 年起又恢复了净流入，对外投资项下（即资产方）则一直净流出，而且远超 2015 年的规模（见图 1–4–1）。这表明境内机构和家庭资产配置是做空人民币的主要力量，它们关心的不是贸易竞争力而是风险调整后的境内外或本外币资产收益差异，因此稳定在岸市场对于人民币的信心至关重要。我们看到，2016 年，当人民币兑美元跌幅超过本外币资产无风险收益差以后，关于排队

图 1–4–1：中国季度非储备金融账户资产和负债方净额

（单位：亿美元）

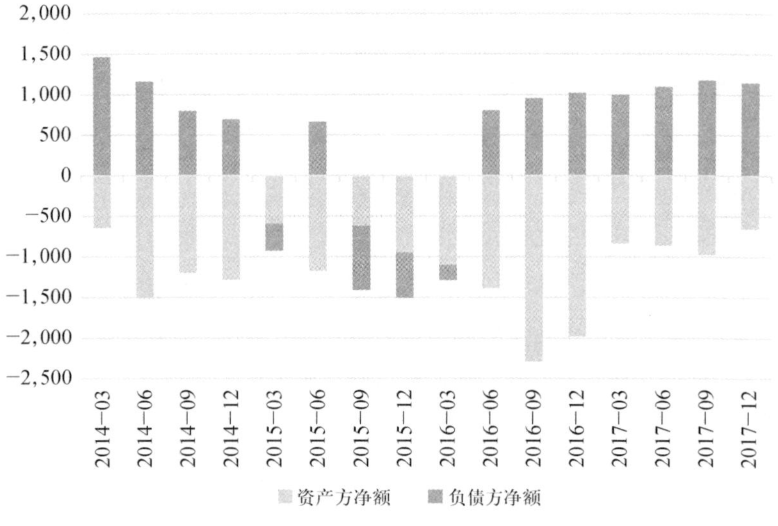

资料来源：国家外汇管理局；WIND

买 5 万美元的市场传闻就多了起来；2017 年，当人民币兑美元升幅超过出口利润率以后，境内企业纷纷美元多头转空头，大幅削减外汇存款（见图 1-1-10）。

三、应对资本流动冲击要目标也要工具

当外汇供不应求的时候，可以采取价格手段出清，让汇率贬值。如果不想汇率贬值，就要用数量手段出清，如抛售外汇储备干预。如果又不想外汇储备下降，那么就只有采取加强资本流动管理的措施。加强资本流动管理，包括扩流入和控流出。通常市场处于贬值恐慌时，资本流入有限，因此，一般要采取控流出的措施。

我们不可能既要汇率不贬，又要储备不降，还要继续开放。笔者称之为外汇政策的“不可能三角”。它不是“蒙代尔不可能三角”或“三元悖论”的简单变体，因为外汇储备干预与货币政策独立性并不完全相关。2016 年底发生的保汇率还是保储备之争，就不是因为担心货币政策的独立性而起。

早在 2016 年 4 月接受媒体采访时，笔者就提出，在前述“不可能三角”中，汇率、储备和管理三种工具各有利弊，没有绝对的好坏之分[1]。其实，这一方面是警告市场主体，不要挤兑外汇储备，将政府逼到墙角；另一方面也是提醒相关部门，需要对最坏的情形早做准备。按照丁伯根法则，政策工具应该多于政策目标。

但真实现状是，一个工具通常要兼顾多个目标。那么，在“不可能三角”中必须排出目标的优先次序，但绝不可能既要、又要、还要，因为那就变成了只有目标没有工具（见表 1-4-1）。

---

1 全景网，2016. 管涛：四大因素影响人民币汇率［*/OL］.2016-04-18，http://www.p5w.net/news/gncj/201604/t20160418_1419202.htm。

表 1-4-1：亚洲金融危机与“8.11”汇改后应对资本流出冲击的政策选择

时期 工具	亚洲金融危机期间	“8.11”汇改以后
汇率政策	无（人民币兑美元汇率中间价基本稳定在 8.28 元人民币 / 美元。直到 2005 年 7 月 21 日汇改，将人民币汇率一次性升值 2.1%，由 8.276 5 升至 8.11 元人民币 / 美元）。	有（参考一篮子货币调节，将人民币兑美元市场汇率稳定在一个区间。到 2017 年底，人民币兑美元汇率中间价较 2015 年 8 月 10 日下跌 6.4%，在岸市场汇率（CNY）和离岸市场汇率（CNH）分别均下跌 4.6%；BIS 口径的人民币汇率指数 NEER 和 REER 分别下跌 7.2% 和 7.6%）。
储备干预	无（除个别月份外，基本没有动用外汇储备干预市场。到 2000 年底，外汇储备余额 1 656 亿美元，较 1997 年底增加了 257 亿美元）。	有（动用外汇储备支持汇率稳定是重要措施。到 2017 年底，外汇储备余额 3.14 万亿美元，较 2014 年 6 月底的高点回落 8 533 亿美元，其中 2015 年 8 月以来累计减少 4 899 亿美元，占到 57%）。
资本管制	有（1. 加强经常项目对外支付的真实性审核；2. 严格资本项目用汇管制；3. 加大外汇执法力度，严厉打击逃汇和骗购外汇）。	有（1. 鼓励资本流入和结汇；2. 引进宏观审慎措施；3. 加强跨境资金流动的真实性审核）。

资料来源：作者整理

亚洲金融危机时期，我们选择了人民币不贬值，同时也不想抛售储备稳汇率，所以，当时在不违背经常项目可兑换原则的前提下采取了加强和改进外汇管理，打击出口逃汇和进口骗汇，限制资本项目用汇的措施。这次应对始于 2014 年下半年的资本流出冲击，起初主要运用外汇储备干预，因为早在 2006 年底中国政府就提出外汇储备够用了，把促进国际收支平衡作为保持宏观经济稳定的重要任务，之后还额外积累了近 3 万亿美元储备。“8.11”汇改以后，又增加了汇率工具，让人民币汇率参考篮子货币调节，随美元走强而兑美元贬值。之后，由于储备下降、汇率贬值的压力较大，又引入了宏观审慎和加强真实性审核的措施。形成了三个工具一起运用，共同应对资本流出冲击的局面。

到2016年底，人民币汇率距破“7”、外汇储备离破三万亿美元仅一步之遥时，市场陷入恐慌，“人无贬基”“中或最赢”等看空情绪高涨，保汇率还是保储备争执不下。这时，如果选择让人民币一浮到底，则必然是人民币过度贬值（如同2014年的俄罗斯卢布崩盘），对国内外都会带来诸多不确定甚至是破坏性的后果。对于继续消耗外汇储备，早在2016年初达沃斯世界经济论坛上，国际货币基金组织总裁拉加德女士就暗示这不是一个好的主意[1]。因为外汇储备是否充裕，并非一个绝对的客观经济指标，还在于市场的主观感受。储备下降越多、持续越久，对市场信心的负面冲击就越大。

这时，“不可能三角”中的目标优先次序就显而易见了，既不想汇率超跌，又不想储备下降，那么剩下的就只有加强资本流动管理，尤其是阶段性地控制资本流出了。当然，管理不是蛮干，要讲求方式方法，要尊重国际义务。

按照前述“不可能三角”的逻辑，复盘2017年外汇政策成功的秘诀，就是“管理＋升值”。一方面，加强资本流动管理尤其是加强对企业海外并购的管理，为汇率调整争取了时间。另一方面，人民币升值又提供了可信的价格信号，进一步强化了管理的效果，甚至为后期放松监管创造了条件。

国际社会对于中国前期采取的措施给予了充分理解。国际货币基金

1 新浪财经，2016. 黑田东彦：呼吁中国实施更严格的资本管制措施［*/OL］.2016-01-25，http://finance.sina.com.cn/roll/2016-01-25/doc-ifxnuwfc9447909.shtml。

组织从未因此指责过中国，也不认为这会影响人民币作为特别提款权（SDR）篮子货币的地位，而只是强调应该注意政策的透明度和一致性。

四、管理国际收支风险要预测更要预案

当年在外汇局的时候，我们运用公开信息，准确预见了2011—2012年欧美主权债务危机对中国冲击的开头，并运用内部数据成功预测了这次冲击对中国影响的结尾，为当时外汇政策提供了决策依据。2012年，中国遭遇了1998年以来少有的资本外流，但我们处变不惊，抓住市场预期分化、外汇供求平衡的有利时机，推出了一系列改革措施。如取消了对银行收付实现制结售汇综合头寸下限管理的要求，改为配合扩大人民币汇率浮动区间改革，对综合头寸实行正负区间管理。

2014年底，我们又判断，当内部经济下行叠加外部美元走强的冲击时，中国国际收支有可能会遇到大麻烦，并建议要拟定应对资本流出的预案。2015年初，在中国经济50人论坛年会上，笔者还就此做了发言，媒体对此做了报道[1]，在海内外引起广泛讨论。

离开外汇局以后，笔者继续关注外汇市场变化。在2015年7月初股市异动后不久，就撰写报告《警惕今天的股市变成明天的汇市》，提示国内外汇市场风险。有一位朋友在“8.11”汇改后说，你太厉害了，竟然提前一个月就预见到了这次汇市动荡。

实事求是地讲，虽然有上述成功纪录，但没人能保证自己永远正确。笔者的体会是，不论对于市场还是政府来讲，在情景分析、压力测试基础上拟定应对预案更为重要。尤其是跨境资本流动受到内外部不确定、不稳定因素的影响较多，预测难度更大。

1　新浪财经，2015. 管涛：当下形势与亚洲金融危机时期相似［N/LO］.2015-02-14，https://finance.sina.com.cn/hy/20150214/180721555313.shtml。

关于预案的好处，有这样一个例子。2008 年全球金融危机爆发后，中国曾经遭遇过短暂的资本流出冲击。按照国务院危机应急办的要求，2009 年，外汇局报送了“应对外汇收支异常流出的预案”。但是，由于各国联合干预、共同刺激，国际金融市场迅速企稳，特别是美国开启首轮量化宽松（QE）以后，2009 年底中国重现大规模资本回流。于是，我们又按要求报送了“应对外汇收支异常流入的预案”。预案中设置了启动的门槛和拟采取的措施，由于事前已经同相关部门会签，一旦触发门槛，外汇局只需向国务院报备以后就可以采取措施，这大大提高了政策响应能力。2010 年 10 月和 2013 年 5 月，外汇局启动了应对资本异常流入的预案，分别针对远期结汇大幅增加和国内外汇贷款异常增长，并取得了较好的效果。

这次“8.11”汇改后出现的汇市震荡也凸显了预案的重要性。本身，改革就意味着改变，改变就是不确定性，不确定性即是风险。尽管事前做风险评估，我们预判利大于弊、风险可控，但对哪怕是小概率的风险事件也要提前有所准备，从最坏处打算争取最好的结果。

记得 2015 年 9 月 28 日下午，参加中国经济 50 人论坛组织的讨论时，笔者作为第三届论坛成员有幸发言，谈了对当时外汇形势的看法。我预测未来一个时期，国内外汇市场演进可能有三种情形：第一种情形是，凭借过去多年央行建立起来的市场声誉，市场依然相信央行有意愿也有能力将汇率稳定在任何水平上，鉴于投机的息差成本较高，市场参与者有可能逐渐退出货币攻击。第二种情形是，如果出现一些好消息如国内经济企稳回升、美元汇率回调等，这将改善市场预期，央行的货币阻击战就有可能取得基本面的支持。第三种情形是，如果现行汇率水平遭受市场的持续攻击，那么央行就会继续消耗外汇储备。因为境内外投资者可以较低的成本（利率、汇率）获得人民币，这将令外汇干预面临很大挑战。尤其要高度关注当外汇储备规模跌近或跌破一些整数关口时的市场反应。笔者提示，对于未来形势的严峻性要有充分的思想和措施准备。

上述情景分析的方法不仅对政策有用，对市场也是有用的。2016 年 4 月份接受媒体采访的时候，当时美元走弱，人民币汇率参考一篮子货币调节运行平稳，大家都以为最坏的时刻已经过去了。但笔者在预测未来人民币汇率走势时明确表示，人民币汇率参考一篮子货币调节的概念刚刚提出，实际运行中具体操作需要经历市场波动的检验。随着美联储加息，美元进入上升周期，可能会对人民币汇率带来影响，并提醒企业要控制好货币敞口[1]。如果企业照此操作，应该可以规避下半年人民币兑美元下跌 5% 以上带来的汇兑损失。

1 全景网，2016. 管涛：四大因素影响人民币汇率［*/OL］.2016-04-18，http://www.p5w.net/news/gncj/201604/t20160418_1419202.htm。

EVOLUTION OF CURRENCY POLICY

CHAPTER 2

2018 年

直面不期而至的对外经贸摩擦

真可谓“一波未平一波又起”。人民币汇率才于2017年逆转了“8.11”汇改以来的单边下跌走势，2018年又遭遇了中美经贸摩擦骤然全面升级的冲击。这种冲击来自两个方面，一个是中美贸易纷争加剧，市场避险情绪上升，人民币汇率承压；另一个是人民币汇率问题重新纳入中美经贸磋商的主要议程，市场担心美方对人民币汇率升值重新施压。到2018年底，我们第二次成功守住了7比1的重要心理关口。

第一节
润物无声的汇率市场化改革又一年

2017 年底，中共十九大提出要深化汇率市场化改革。2018 年，在国内经济下行、中美贸易摩擦、美元指数升值背景下，人民币兑美元汇率先涨后跌，最高时升至 2015 年“8.11”汇改启动时的水平附近，最低又到了重要心理关口。但期间，市场预期稳定，资本流动有序，外汇市场进一步走向成熟，汇率市场化基础更加夯实。

一、全年人民币汇率双向波动明显加大

是年，人民币汇率走势大开大合、先涨后跌，最高升破 6.30，接近“8.11”汇改人民币汇率启动之初的水平，最低又跌破 6.90，第二次跌到了 7 附近。一年时间，人民币汇率基本将“8.11”汇改以来的走势大体复制了一遍（见图 2–1–1）。

第一阶段为年初至 4 月初，国内经济开局良好、美元继续走弱，人民币汇率延续 2017 年的反弹走势继续震荡升值。1 月份，中间价升值 3.2%；2、3 月份高位盘整，升破 6.30；4 月 2 日升至 6.276 4（“8.11”汇改当天为 8.229 8），年内最高升值 4.1%，自 2016 年底以来累计升值 10.5%。

第二阶段为 4 月初至 6 月中旬，随着经济下行压力重现、中美贸易纷争升温、美元指数企稳回升，人民币汇率转为下跌。4 月 23 日跌破 6.30，5 月 29 日跌破 6.40。但在 6 月 15 日之前，由于收盘价相对当日中间价总体偏强，人民币汇率指数继续走强。其间，中间价较上年底累计升值 1036 个基点，其中收盘价相对中间价偏强累计贡献了 1824 个基点（见图 2–1–2），中国外汇交易中心口径指数升值 3.2%。这反映了境内外汇市场的另一种顺周期性。

图 2-1-1：2017 年初至 2018 年底人民币汇率中间价走势
（单位：元人民币 / 美元）

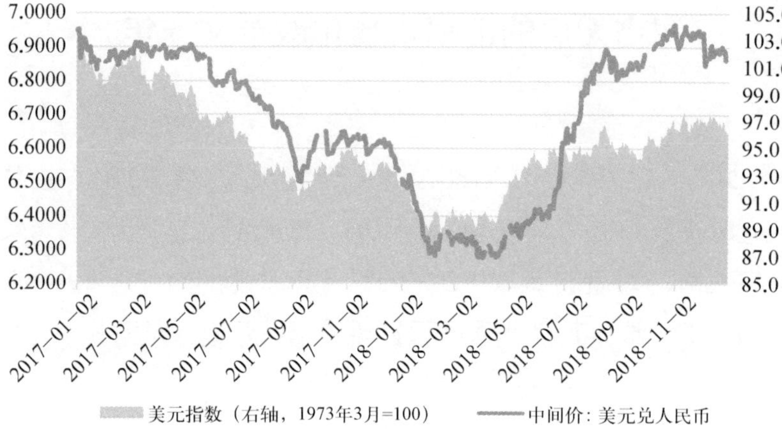

资料来源：中国外汇交易中心；WIND

图 2-1-2：2017 年初至 2018 年底境内人民币汇率收盘价相对中间价的偏离
（单位：元人民币 / 美元；个基点）

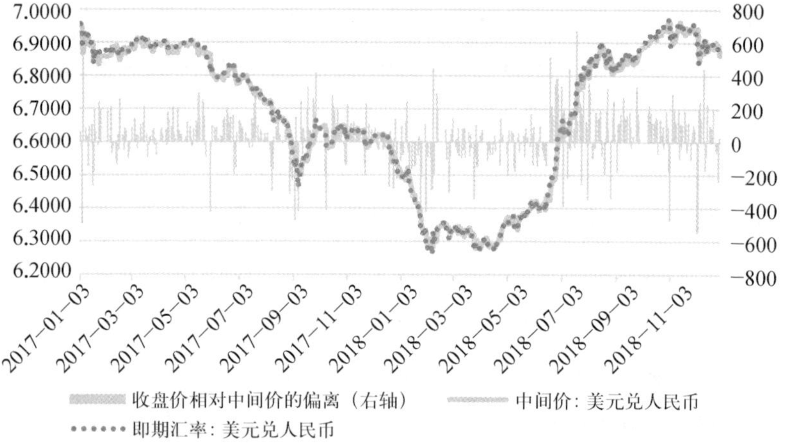

资料来源：中国外汇交易中心；WIND

注：（1）即期汇率为境内银行间外汇市场下午四点半收盘价；（2）收盘价相对当日中间价偏离为正，意味着收盘价相对中间价贬值；为负，意味着收盘价升值。

第三阶段为6月19日至8月3日，以6月15日美方公布第一批中国进口商品加税清单为标志，中美贸易摩擦全面升级，叠加美联储加息、美元走强和国内经济下行，人民币汇率加速下行，于6月底抹去前期所有涨幅（见图2-1-1）。6月26日、29日，7月19日、25日，中间价分别跌破6.50至6.80四个整数关口。到8月3日，美元指数较6月15日上涨0.4%，人民币汇率中间价下跌5.9%，合计四毛钱（4016个基点），其中收盘价相对中间价偏弱累计贡献了两毛五分钱（2546个基点）（见图2-1-2）。同期，CFETS指数下跌5.3%，于7月中旬抹去前期所有涨幅。境内外汇市场重新转为贬值环境下的顺周期行为。

第四阶段为8月初以来，有关方面以恢复对远期购汇征收外汇风险准备（8月3日宣布）和重启逆周期因子（8月24日宣布）等形式，调控境内外汇供求和人民币汇率。截至12月28日，美元指数较8月3日上涨1.2%，人民币汇率中间价下跌0.5%，合计三分钱（310个基点），其中收盘价相对中间价偏弱累计贡献了近三毛钱（2888个基点）（见图2-1-2）。可见，如果没有采取前述宏观审慎措施，人民币汇率将会下跌更多。10月9日，中间价跌破6.90；11月13日，中间价最低跌至6.962 9，低于2016年12月16日的低点6.950 8；12月4日之后，借阿根廷二十国集团（G20）峰会上中美两国元首会晤达成共识之东风，中间价反弹至6.90左右（见图2-1-1）。于是，市场又开始激辩，要不要守“7”？是保汇率还是保储备？

全年，美元兑人民币汇率中间价年内高点相对低点的最大涨幅为11%，远高于2015至2017年分别为6.3%、7.7%和7.0%的水平。在国际货币基金组织公布的八大外汇储备货币中，2018年人民币汇率的最大波幅排第五位（见图2-1-3）。

图 2-1-3：八大主要外汇储备货币的年内最大波幅

（单位：%）

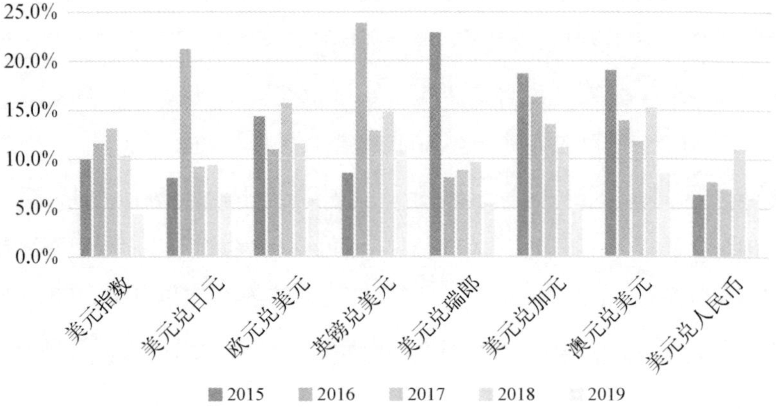

资料来源：美联储；WIND

注：（1）美元兑人民币汇率为中间价；（2）年内最大波幅为主要货币兑美元汇率的年内高点相对于年内低点的偏离。

二、境内外汇市场进一步走向成熟

一方面，政府对汇率波动的容忍度增强。2018 年 1 月 9 日新年伊始，外汇市场自律机制秘书处宣布暂停使用汇率中间价报价机制中的逆周期因子，回归汇率政策中性。当时，人民币汇率正延续 2017 年以来的升势。有人解读，此举是央行认为人民币已经升值到头。但当月人民币汇率就升了 3% 以上，前述观点被立即证伪。

笔者早在同年 2 月底曾经解释汇率政策中性，应该是指汇率调控不是替市场选择汇率水平，而是防止汇率过度或者异常波动。其中，所谓“过度波动”，就是存在较强的升贬值预期，较大的外汇供求缺口；所谓“异常波动”，就是升值时削弱出口竞争力，影响国内经济稳定，贬值时造成市场恐慌，影响国内金融稳定[1]。

1 全景网，2018. 管涛：逆周期因子与汇率政策中性［N/OL］证券市场周刊，2018-02-28，http://www.p5w.net/weyt/201802/t20180227_2083912.htm。

在 4 月份以前，人民币汇率较快升值，甚至在 6 月中旬后人民币汇率下跌而汇率指数继续升值时，央行都没有干预，是因为尽管同期外贸顺差有所下降，但中国出口价格和数量均保持了较快增长（见图 2-1-4），显示 2017 年以来的升值无损出口竞争力。进入 4 月份以后，人民币汇率转跌，乃至在 6 月中旬中美贸易冲突全面爆发后加速下跌，央行继续恪守汇率政策中性。因此，这波人民币汇率下跌是市场结果而非政策意图，是同期美元反弹和收盘价总体偏弱共同作用的结果。

图 2-1-4：2018 年中国出口价格和数量均保持较快增长

（单位：上年同月 =100）

资料来源：中国海关总署；WIND

直到 8 月 3 日晚，针对美方 7 月 10 日宣布的第二批 2 000 亿美元中国进口商品加税清单，中方宣布了关税报复措施。稍早于此消息发布，为预防对外汇市场产生的负面冲击，央行宣布 8 月 6 日起恢复征收外汇风险准备。8 月底，外汇市场自律机制秘书处又重启了逆周期因子。但迄今为止，虽然人民币汇率又到了重要的心理关口，有关部门除恢复了部分宏观审慎措施外，没有采取新的资本管制措施。现行外汇管理，都是老政策的延续而非新举措。

另一方面，市场对汇率波动的适应性也在提高。“逢高（贬值）卖出、逢低（升值）买入”的汇率杠杆调节作用正常发挥。全年，人民币汇率中间价累计下跌 4.8%，个人和企业没有恐慌性抢购和囤积外汇，反而合计减少境内外汇存款 701 亿美元；以收汇结汇率衡量的市场结汇意愿同比上升 2.4 个百分点，以付汇购汇率衡量的市场购汇动机同比上升 0.5 个百分点（见图 2–1–5）。其中，第一季度，中间价上涨 3.9%，个人和企业合计增加境内外汇存款 181 亿美元，收汇结汇率较上季回落了 0.5 个百分点，付汇购汇率回升了 2.0 个百分点；4—12 月份，中间价下跌约 8.4%，个人和企业合计减少外汇存款 881 亿美元，结汇意愿比第一季度提高了 4.1 个百分点，购汇动机回升了 2.1 个百分点。

图 2–1–5：2018 年人民币汇率杠杆调节作用基本正常发挥
（单位：%）

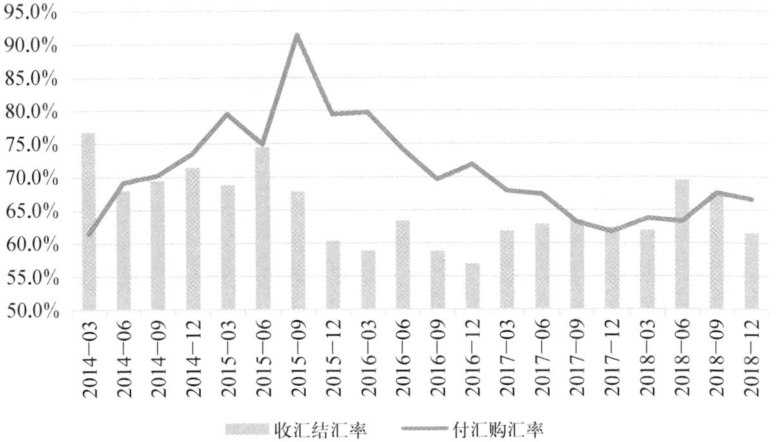

资料来源：国家外汇管理局；WIND

这轮人民币汇率急跌没引发市场恐慌，一是人民币汇率弹性增加，及时释放了升贬值压力，避免了升贬值预期的进一步积累。二是前期做空人民币者损失较大，市场行为趋于谨慎。如反映个人购汇的服务贸易购汇较上年减少 4.4%，其中 4 ～ 12 月份同比减少了 6.2%。三是经过前期调整，民间部门货币错配有较大改善。2018 年 6 月底，非储备性质的对外净负债为 1.18 万亿美元，较 2015 年 6 月底下降 1.20 万亿美元，与 GDP 之比回落了 12.9 个百分点（见图 2–1–6）。四是人民币汇率转向双向波动，有意识和条件的企业大都做了风险对冲。2018 年 3 ～ 7 月间，中间价累计下跌 9%，市场未到期远期净购汇余额仅增加了 55 亿美元；2015 年“8.11”汇改当月，因猝不及防的贬值引发市场恐慌，该头寸翻了一番，增加了 504 亿美元（见图 2–1–7）。

图 2–1–6：“8.11”汇改以来民间部门货币错配大为改善
（单位：亿美元；%）

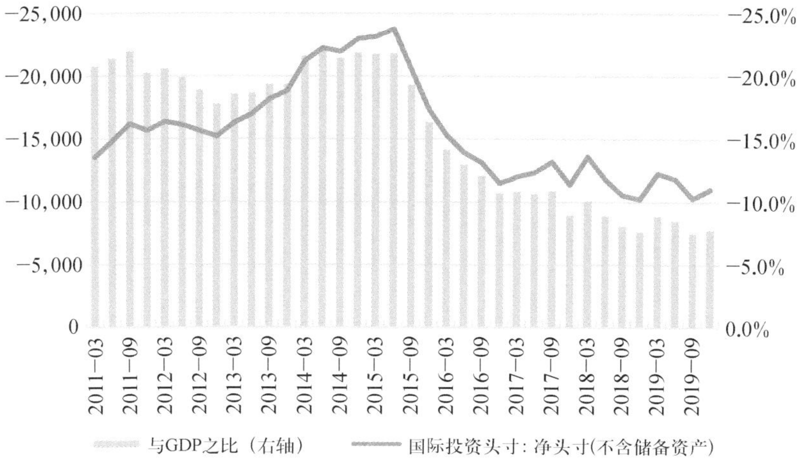

资料来源：国家外汇管理局；国家统计局；WIND

注：（1）非储备性质对外金融净资产 = 对外金融净资产–储备资产。（2）分母（年化）GDP 为往前滚动 4 个季度累计值。（3）如果为正，表明对外净资产；如果为负，表明对外净负债。

图 2-1-7：2018 年境内外汇供求关系保持基本平衡

（单位：亿美元）

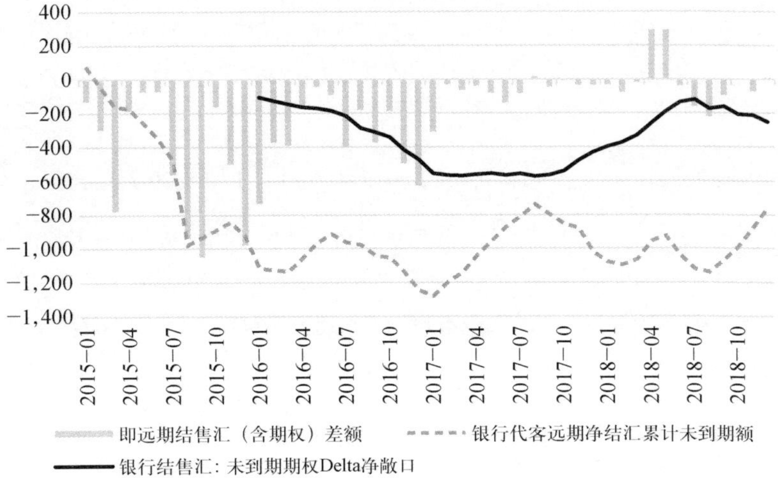

资料来源：国家外汇管理局；WIND

注：(1) 银行即远期结售汇（含期权）差额 = 银行结售汇差额 +（期末银行代客远期净结汇累计未到期额–期初银行代客远期净结汇累计未到期额）+（期末未到期期权 Delta 净敞口–期初未到期期权 Delta 净敞口）；(2) 2016 年 1 月（含）之前数据不包括期权交易。

三、人民币贬值不等于资本集中外流

2015 年和 2016 年人民币汇率持续单边下跌时，伴随着资本外流、储备下降，跨境资本流动冲击风险近在咫尺。但今时不同往日，2018 年人民币汇率相对年内高点跌幅较大，却未引发大规模资本外流。

境内外汇供求关系基本平衡。全年，反映境内主要外汇供求状况的银行即远期结售汇（含期权）顺差合计 119 亿美元，较上年减少 86%。其中，6—12 月份，人民币汇率抹去前期升幅转为下跌，累计跌去 6.5%，银行即远期结售汇（含期权）累计逆差 574 亿美元，但月均逆差不足百亿，远低于前期贬值较快时动辄成百上千亿的规模（见图 2-1-7）。

国际收支自主平衡格局巩固。各季，经常项目与资本项目（含净误差与遗漏，下同）顺逆差交替出现，外汇储备资产（剔除估值影响，下同）不论增减规模均不大（见图 2–1–8）。全年，经常项目累计顺差 255 亿美元，较上年减少 87%，与 GDP 之比为 +0.2%，资本项目（含净误差与遗漏）逆差 66 亿美元，减少 94%；外汇储备资产增加 182 亿美元，减少 80%。而 2015 年和 2016 年，由于资本外流规模远超当期经常项目顺差，外汇储备资产分别下降了 3 423 亿和 4 487 亿美元。

图 2–1–8：中国国际收支自主平衡格局进一步形成

（单位：亿美元）

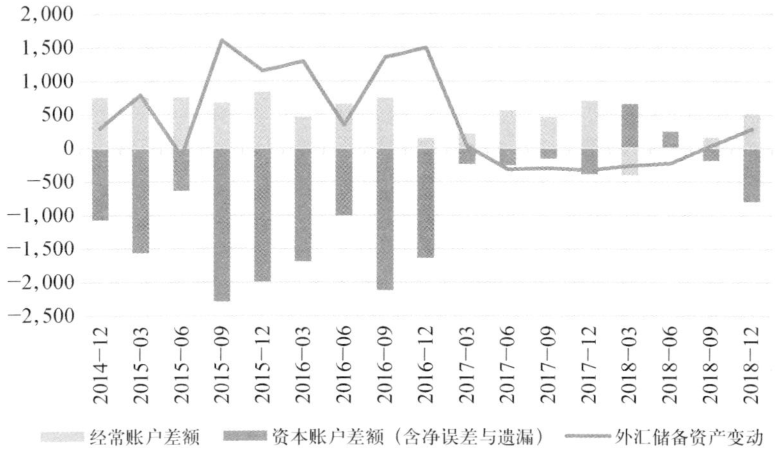

资料来源：国家外汇管理局；WIND

注：外汇储备资产增加为负值，减少为正值。

汇率急跌并未触发资本流动冲击。在中美经贸关系紧张局势下，关于外资跑路、内资迁厂的市场传闻不绝于耳，但全年国际收支口径的对外直接投资净流出仅增长 3%（上年同期为下降 64%），外来直接投资净流入增长 42%，跨境直接投资净流入增长 232%（见图 2–1–

图 2-1-9：直接投资接棒经常项目成为国际收支平衡的稳定器
（单位：亿美元）

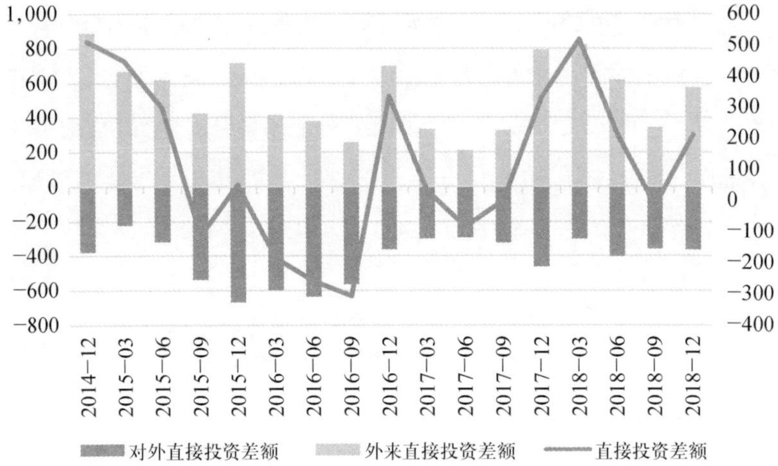

资料来源：国家外汇管理局；WIND

9，详见本章第五节的讨论）。直接投资项下净流入大幅增加，部分抵消了经常项目由顺差转为逆差的影响，缓解了基础国际收支顺差的下降。同期，基础国际收支顺差 1 178 亿美元，减少 47%；短期资本流动净流出（含净误差与遗漏，下同）990 亿美元，减少 25%；短期资本净流出与基础国际收支顺差之比为 84%，较上年回升了 25.0 个百分点，但远低于 2015 年和 2016 年分别高达 192% 和 376% 的水平（见图 2-1-10）。

资本外流主要受市场情绪驱使。第三、四季度，资本项目由前两季的顺差转为逆差，且大于经常项目顺差，导致外汇储备资产累计减少 312 亿美元。这主要是因为短期资本流动在第一季度短暂净流入后，又转为持续净流出。第三、四季度，短期资本净流出与基础国际收支顺差之比分别为 122% 和 139%（见图 2-1-10）。而短期资本流动容易

图 2-1-10：短期资本重现净流出但影响总体可控
（单位：亿美元；%）

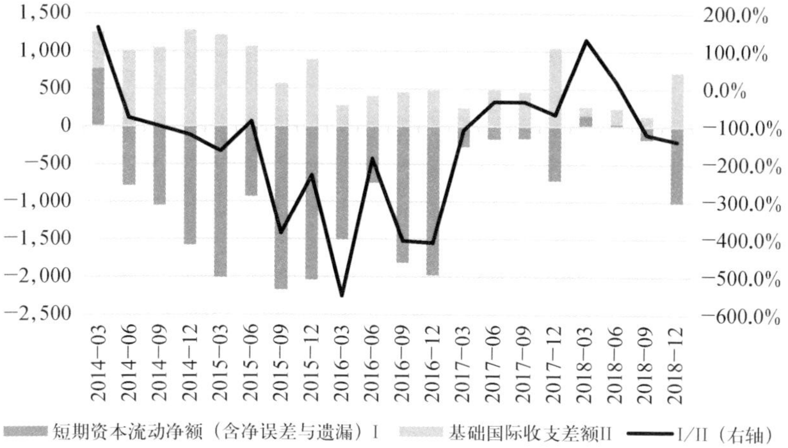

资料来源：国家外汇管理局；WIND

注：（1）短期资本流动差额 = 证券投资差额 + 金融衍生品交易差额 + 其他投资差额 + 净误差与遗漏额；（2）基础国际收支差额 = 经常项目差额 + 直接投资差额。

受市场情绪的影响而偏离经济基本面，导致外汇市场出现多重均衡状态的汇率超调。这再次印证了我们的判断，即下半年中美贸易纷争对人民币汇率主要是因为不确定性增加造成的心理冲击，而人民币仍属于风险资产。

四、人民币汇率下跌为何有惊无险

2018 年以来，人民币汇率市场化改革有序推进，人民币兑美元汇率呈现先涨后跌的双向波动。截至 8 月底，人民币汇率中间价跌破 6.80 比 1，自 4 月初的高点回落了约 9%，交易价则再次触及了前期低点，市场又开始激辩要不要保“7”这个汇率水平，以及保汇率还是保储备。然而，这次市场反应与前些年相比大相径庭。以下，用数据说话，能够帮助我们更好理解外汇市场发生了哪些变化。

（一）汇率有贬值却无很强贬值预期

本轮人民币汇率调整，离破“7”仅一步之遥。但下跌过程中，市场预期基本稳定。从香港市场一年期无本金交割远期（NDF）人民币兑美元溢价幅度看（NDF可拆解为利率平价和汇率预期），其隐含的人民币汇率贬值预期约为1%，远低于2015年和2016年贬值较多时动辄4%～5%的水平（见图2-1-11）。

图2-1-11：境外1年期NDF人民币兑美元隐含的汇率预期
（单位：元人民币/美元；%）

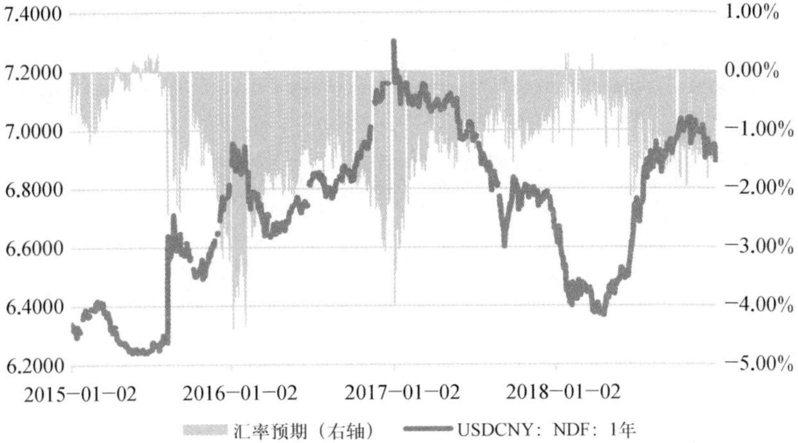

资料来源：中国外汇交易中心；WIND
注：数值为正代表人民币兑美元汇率贬值预期，数值为负代表升值预期。

（二）资本外流有压力但前期已有所释放

中国资本外流的主要渠道是利用外资减少（也称“债务偿还”，负债方）和对外投资增加（也称“藏汇于民”，资产方）。而正如周小川行长2016年2月13日接受媒体专访时所表示的，很难把投机与正常的财务管理完全区分，但外向型企业的结售汇策略选择和负债结构调整总是会见底的[1]。其深层次含义是，境内不可能把所有资产都换成外汇资产或境外资产，也不可能把对外债务全部归零，到某个程度后，资本外流就会趋于收敛，届时外汇储备的下降压力也会得到化解。

现阶段，一方面，“债务偿还”基本见底。2017年底，中国广义外汇存贷比（即外汇贷款/外汇存款）为106%，狭义外汇存贷比（即境内外汇贷款/境内外汇存款）为62%，远低于2015年7月底分别为146%和107%的水平（见图2-1-12）。另一方面，“藏汇于民”也有相当进展。2017年底，以非金融类企业“对外直接投资存量+贸易信贷资产+外汇存款”与非金融企业人民币存款之比衡量的非金融企业资产美元化程度为31.1%（见图2-1-13）。

图2-1-12：中国广义和狭义的外汇存贷比

（单位：%）

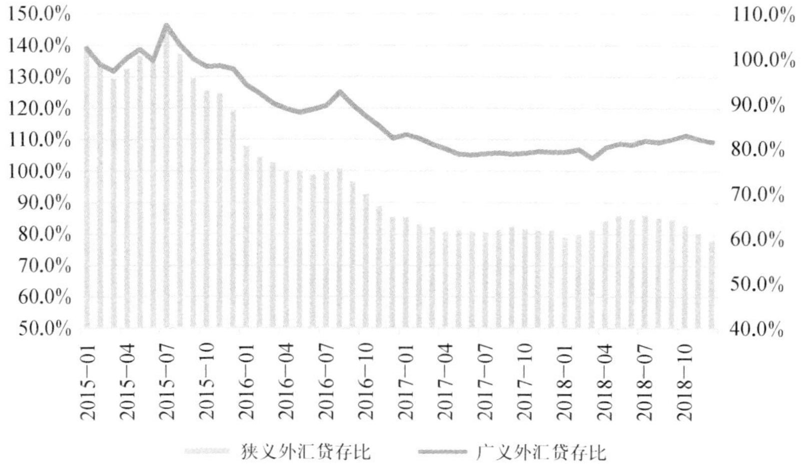

资料来源：中国人民银行

1 中国人民银行，2016. 周小川行长接受《财新周刊》专访［EB/OL］.2016-02-13，http://www.pbc.gov.cn/goutongjiaoliu/113456/113469/3016856/index.html。

图 2-1-13：中国非金融企业资产美元化程度

（单位：亿美元；%）

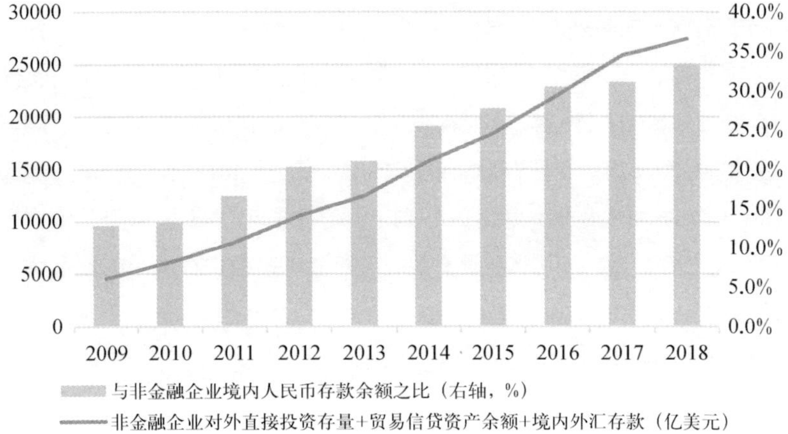

资料来源：商务部；国家外汇管理局；中国人民银行

（三）外债有增加却无明显货币错配风险

自 2016 年二季度起，中国外债余额又恢复正增长，短期外债与外汇储备之比由 2016 年一季度末 26.4% 升至 2018 年一季度末的 37.8%。但中国新增 5 598 亿美元外债中，银行部门新增外债 3 568 亿美元，占 64%（见图 2-1-14）。而银行举借外币债务，通常用于国内贷款或者境外放款，又或者是其他境外资产运用，较低货币错配风险。

（四）经常项目有逆差却难挡外资流入势头猛

2018 年前三个季度，中国经常项目累计为逆差，直到最后一个季度，经常项目顺差超过前期逆差累计，令全年经常项目录得少量顺差。然而，尽管中国内有金融市场震荡，外有中美贸易摩擦，但随着人民币股票和债券陆续纳入相关国际指数，境外配置人民币资产的兴趣不减。据人民银行统计，全年，境外持有境内人民币金融资产累计增加 5 612 亿元，其中净增持人民币债券资产 5 128 亿元（见图 2-1-15）。据外汇

图 2-1-14：中国分部门的外债余额及短债外汇储备偿付能力

（单位：亿美元；%）

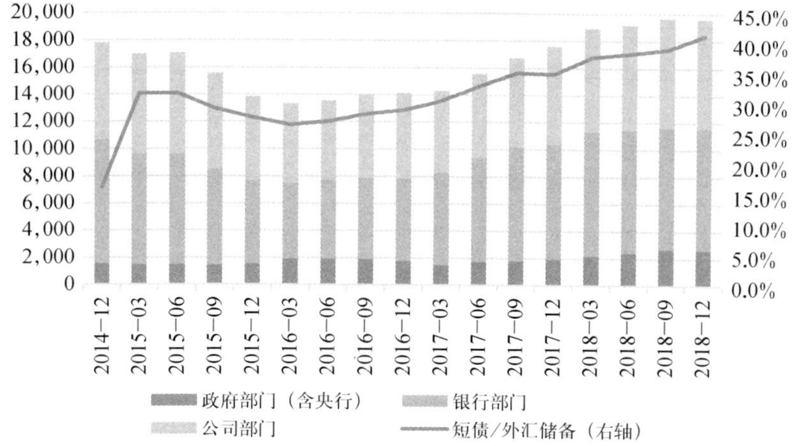

资料来源：国家外汇管理局

图 2-1-15：境外机构和个人持有境内人民币金融资产情况

（单位：亿元）

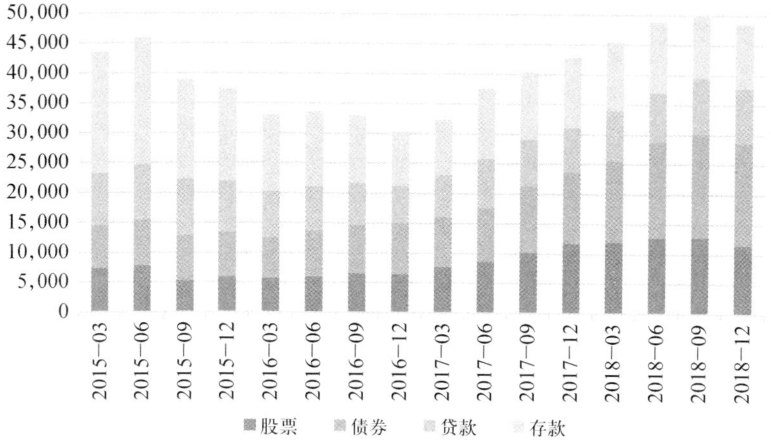

资料来源：中国人民银行

局统计，同期，中国国际收支口径的外来股票投资净流入增长 68%，外来债券投资净流入增长 13%，外来证券投资净流入增长 29%，贡献了跨境证券投资顺差增加额的 47%。

（五）政府在外汇市场的政策信誉重新确立

2015 年“8.11”汇改后，中国曾经遭遇高强度的资本流动冲击，到 2016 年底，市场掀起了保汇率还是保储备之争。2017 年，在国内经济企稳、外部美元走弱、外汇管理加强的背景下，通过引入“逆周期因子”、优化中间价报价机制，人民币汇率升值 6% 以上，一举解决了有管理浮动汇率选择的市场透明度和政策公信力问题，最终化解了跨境资本流动冲击风险。2018 年伊始就宣布暂停使用“逆周期因子”，回归汇率政策中性。8 月 6 日以后，又重启逆周期因子，到 12 月 28 日，美元指数上涨 1.2%，人民币汇率中间价下跌 310 个基点，其中收盘价相对中间价偏弱累计贡献了 2888 个基点。也就是说，如果没有逆周期因子调控，人民币汇率应该跌得更多，早就已经破“7”了。由于政府重塑了外汇市场声誉，现在不论境内还是境外、机构还是个人，都不敢肆意做空人民币。同时，因为汇率弹性增加，迅速释放了贬值压力，也避免了贬值预期的进一步积累。

综上所述，现在与“8.11”汇改初期相比，外汇市场环境变化巨大。总体上，在人民币汇率再度逼近前期低点时，汇率预期基本稳定，未出现市场恐慌。这主要是因为前期资本外流压力已有所释放，境内公司和住户部门的货币错配风险有所降低。而且，经历了 2015 至 2017 年外汇市场的剧烈震荡后，政府和市场对汇率波动的容忍度和适应性均有所提高。我们要避免固步自封、刻舟求剑，用老眼光看待和分析已经成长的市场，而要在新的起点上谋划深化人民币汇率市场化改革的新征程。

第二节
中美经贸磋商中的人民币汇率问题

2018 年 12 月初，中美两国元首二十国集团布宜诺斯艾利斯峰会会晤达成共识后，双方开展了紧锣密鼓的经贸磋商。从 2019 年 2 月底结束第七轮经贸磋商后发布的公告内容看，谈判取得重大进展，中美双方都特别提到了技术转让、知识产权保护、货币、服务和农业等问题。其中，双方关于货币或汇率问题达成协议引起了各方的猜测。在中国，有人称之为新广场协议，担心中国有可能重蹈日本之覆辙。这种警示不无善意，但过分渲染则可能有失偏颇，尤其要正确汲取广场协议的经验和教训。

一、汇率问题是国际经济政策协调的重要内容

汇率政策属于一国经济政策主权的范畴。但（双边）汇率是一种货币对另外一种货币的比价关系，汇率政策天然具有外部性。如从直接标价法看，1 美元兑换多少本国货币是本国的事情；从间接标价法看，1 美元兑换他国货币则是美国的事情。如果各不相让，则两次世界大战期间货币战、贸易战烽烟四起就是前车之鉴。这也是战后成立国际货币基金组织，协调国际汇兑事务的重要背景。该组织的主要职责之一，就是督促成员避免操纵汇率，获取不公平竞争优势的做法。

20 世纪 70 年代，布雷顿森林体系逐步瓦解，美元与黄金脱钩、各国货币与美元脱钩，国际货币体系进入固定汇率与浮动汇率并行的无体系时代。但美元仍是国际本位货币，美国可以利用美元的特殊地位对外

转嫁危机，以及肆意实施金融制裁等。其代价是，美元作为关键货币，陷入了 N–1 的困境，即其他国家都可以选择本币兑美元的汇率水平和政策，唯有美国不可以这样做。

浮动汇率最大的缺陷就是经常性的顺周期汇率超调。20 世纪 80 年代上半期，里根政府反通胀政策下的高利率、高汇率、高赤字就是经典案例。这才有了 1985 年 9 月的广场协议，西方五国重新协调汇率政策，让日本日元和西德马克兑美元大幅升值。广场协议后，日元汇率大幅升值，接着日本资产泡沫破灭、金融战败，经济长期停滞。广场协议被认为是美国遏制日本经济崛起的“阴谋”。自广场协议起，汇率问题重返国际经济政策协调的议事日程。作为本轮全球金融危机应对的国际平台，二十国集团首脑峰会多次在强调摒弃贸易保护主义的同时，明确提出要避免货币竞争性贬值。

美国财政部根据《1988 年综合贸易与竞争力法案》和《2015 年贸易便利与强化法案》，每半年发布一次《国际经济和汇率政策报告》，评估主要贸易伙伴的汇率政策。一旦被裁定为货币操纵国，美国就可以对相关国家所有进口商品加征报复性的关税。自 1994 年 7 月将中国列为货币操纵国后，美国再也没有将任何国家贴上货币操纵的标签。

二、“广场协议”的背景与现在人民币面临的压力不同

1998 年，席卷全球新兴市场的亚洲金融危机爆发，人民币汇率一度面临较大贬值压力。但随着危机逐渐平息，加之美联储为应对纳斯达克泡沫破灭和“9.11”袭击事件连续降息，2001 年底以后国际资本重新回流中国，人民币汇率重现升值压力。2002 年底起，以美国为首的发达国家在国际场合联合施压人民币汇率重估。这在中国引燃了新广场协议的讨论。为此，2005 年“7.21”汇改，一次性升值 2.1% 之

后，实行以市场供求为基础、参考一篮子货币调节、有管理的浮动汇率制度，官方对外宣传中特别强调了主动、渐进、可控的改革“三性”原则。

“7.21”汇改后，中国经常项目顺差与GDP之比不跌反升，外汇储备持续大幅增加。2007年6月，国际货币基金组织通过《对成员国政策双边监督的决定》，以替代1977年的《关于汇率政策监督的决定》，引入了“汇率根本性失调”的概念和“大规模、长期的经常账户赤字或盈余”等指标，更加突出对成员国汇率政策的监督。在联合施压人民币汇率重估的国际合奏曲中，2013年中国外汇储备余额创下增加5 097亿美元的纪录，2014年初人民币汇率交易价逼近6比1。在单边升值预期下，中国外汇市场已呈现汇率超调的特征。

2014年“3.17”汇改，将人民币汇率日波幅由±1%扩大到±2%后，人民币汇率转为双向波动，市场预期分化。下半年，由于国内经济下行、外部美元升值，中国资本外流压力加大，外汇供求小幅逆差，外汇储备持续减少。直到2015年“8.11”汇改，叠加国内股市异动、美联储加息预期，市场情绪突然逆转，资本大量外流、储备加速下降，人民币汇率出现了一波单边下跌行情。到2016年底，人民币汇率跌至7比1附近，市场开始激辩要不要守7，是保汇率还是保储备。

面对这种情形，中国一方面强调保持人民币汇率在均衡合理水平上基本稳定，另一方面逐步解决贬值压力下汇率有管理浮动遇到的挑战。首先，于2016年初披露了人民币汇率中间价报价机制，这解决了汇率政策的透明度问题。当年下半年，人民币汇率一路下跌没有再度引发“股汇双杀”，因为大家理解人民币弱是源于国际上美元太强。接着，于2017年5月底又在报价机制中引入了“逆周期因子”，以对冲外汇市场的顺周期行为和更好反映国内经济基本面变化。结果，在境内外汇供不应求，收盘价相对中间价总体偏弱的情况下，人民币汇率中间价不仅没有破“7”，反而升值了6%以上。这解决了汇率政策公信力问题，促成了汇率预期分化，促进了外汇供求平衡。

过去十多年来，中国一直在阻止人民币过快升值，积累了大量外汇储备。起初，国际社会并不能理解“8.11”汇改后，一个外汇储备大国、贸易顺差大国会骤然出现本币对外币值下跌，而认为中国在纵容或引导人民币贬值。2016年底美国大选时，特朗普还誓言当选后的首要任务是要制裁中国的货币操纵行为。后来，外界才逐步认识到，印象中的人民币汇率显著低估已经时过境迁，当下人民币汇率遭受的压力不是升值而是贬值，资本不是流入而是流出中国。

三、2018年外部环境复杂严峻但中国实现了汇率稳定目标

2017年人民币汇率止跌回升，打破了单边下跌预期。进入2018年，人民币汇率双向波动、弹性增加。1月9日，宣布暂停使用逆周期因子，回归汇率政策中性。4月中旬以前，由于美元指数惯性走低，人民币汇率继续升值。直到4月下旬，随着美元指数反弹，人民币汇率重新走低。但在6月中旬以前，市场情绪偏多，收盘价相对中间价总体偏强，人民币多边汇率的升幅甚至超过了双边汇率。

之后，形势急转直下。6月15日起，贸易谈判破裂，中美双方先后公布了相互加征关税的进口商品清单，这对中国外汇市场产生了较大心理冲击。市场避险情绪上升，收盘价对中间价转为总体偏弱。从6月19日至8月3日，人民币汇率中间价累计下跌5.9%，中国外汇交易中心指数贬值了5.2%。这体现了央行信守汇率政策中性的结果。也就是说，之前人民币升值时央行没有干预，之后下跌时央行也没有干预。

李克强总理2018年9月19日在夏季达沃斯论坛开幕致辞中指出，近期人民币汇率走势波动并非中国有意为之，因为人民币单向贬值对中国弊多利少，中国绝不会走靠人民币贬值刺激出口的路。中国坚持市场化汇率改革方向不变，不仅不会搞竞争性贬值，还要为汇率稳定创造条件。中国经济基本面稳健、国际收支平衡、外汇储备充裕，人民币汇率完全能够在合理均衡水平上保持基本稳定[1]。

中国说到做到。此次会议之前，就已采取了一系列宏观审慎、逆周期调节的措施。8月3日晚，宣布恢复对远期购汇征收外汇风险资本金；8月24日晚，对外披露做市商银行重启中间价报价机制中的“逆周期因子”。从8月6日至年末，美元指数上涨，人民币汇率中间价下跌三分一厘钱（合310个基点），其中收盘价相对中间价偏弱贡献了两毛九分钱（合2888个基点）。显然，即便不考虑美元升值带来的调整压力，仅收盘价偏弱就能令人民币汇率跌幅更大。

对于这一时期的人民币汇率加速下跌，美方高度关注。2018年7月份，美国财长对人民币汇率持续走弱发出警告，指出正在寻找中方是否存在汇率操控的迹象。8月底，他又表示，中国出手干预人民币是合适的。如果中方出手支持本国货币，那就不是操纵汇率。如果让人民币贬值，则不管是出于结构性原因或者出于实际操作，都是操纵行为。10月17日，美国财政部发布半年度《国际经济和汇率政策报告》，没有像外界传闻的那样将中国列为货币操纵国。这既是对前期中方汇率维稳工作的肯定，同时也避免了敏感时期进一步激化双边紧张的经贸关系。

1 中国政府网，2018. 李克强出席2018年夏季达沃斯论坛开幕式并发表特别致辞［N/OL］，2018-09-19，http://www.gov.cn/premier/2018-09/19/content_5323522.htm。

第三节
中美之间的相互贸易依存度研究

美国对华挑起经贸摩擦的一个重要理由是认为对华长期巨额贸易逆差吃亏了，而且，因为美国对华巨额贸易逆差，所以在贸易战中容易赢。然而，换个角度看问题，结论可能并非如此简单。

一、问题的提出

通常，衡量一国外贸依存度是用货物贸易进出口额比 GDP 总额。据此测算，中国外贸依存度自 2006 年达到 64.0% 的顶点后开始回落，到 2017 年降至 33.5%（见图 2–3–1）。这成为中国经济发展模式由出口导向转向内需导向为主的一个重要例证。

图 2–3–1：中美全口径外贸依存度对比
（单位：%）

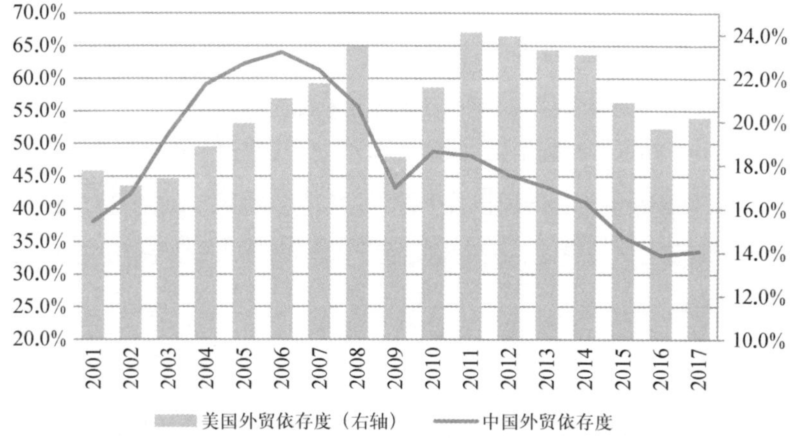

数据来源：中国海关总署；国家统计局；美国经济分析局；WIND

国务院原副秘书长江小涓提出，如果用进出口额比制造业增加值的话，则中国的外贸依存度改善程度不大。2006 年时最高达到 197.1%，到 2017 年有较大幅度的下降，但仍达到 114.2%（见图 2–3–2）。接着，江小涓进一步指出，中国总体经济对外依存度的下降靠的是服务业比重的提高和服务业比较低的对外依存度形成的，所以说这些年内需作用的增强主要源于服务业[1]。

图 2–3–2：中国进出口与制造业增加值之比

（单位：%；亿元）

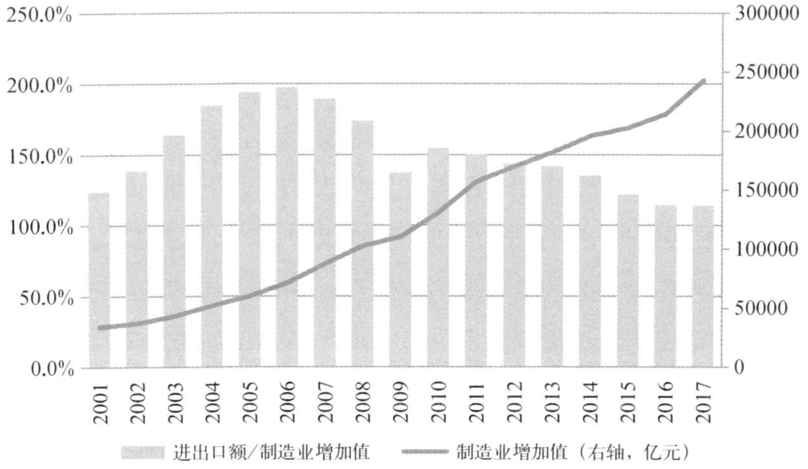

数据来源：国家统计局；中国海关总署；WIND

这给我们研究当前一国经济的整体和双边外贸依存度问题提供了一个新的视角，并可以从以下方面加以完善。

一方面，考虑到货物贸易进出口中不仅有工业品还有农产品，衡量

1 财联社，2018. 国务院原副秘书长江小涓：中美贸易服务业从长期看也会形成竞争关系［N］.2018-08-11，https://www.sohu.com/a/246569703_222256。

一国外贸依存度时，分母可以进一步扩大为一二产业增加值合计（简称为“非服务业增加值”）。为与常用的外贸依存度概念做区分，我们把“进出口额/GDP”称为全口径外贸依存度，把“进出口额/非服务业增加值”称为窄口径外贸依存度。

另一方面，考虑到进口和出口都与国内投资和消费有关，也都是国内经济增长的组成部分，而并非简单的贸易逆差就绝对拖累经济增长的逻辑，所以，也可以双边货物贸易进出口额与非服务业增加值之比，来衡量一国经济对另一国的外贸依存度。

运用上述分析框架来研究当前中美双边贸易关系，可以得出一些有意思的结论及经济涵义。

二、中美两国两种口径的外贸依存度对比

（一）从全口径外贸依存度看，中国高于美国。

2017年，中国全口径外贸依存度为33.5%，低于2001年刚加入世贸组织时38.1%的水平，但高于美国同期20.2%的水平。

2017年，中国对美全口径外贸依存度为4.8%，高于美国对华全口径外贸依存度3.3%的水平。但是，与2001年相比，中国对美国的外贸依存度下降了1.2个百分点，美国对中国的外贸依存度则是上升了1.2个百分点（见图2–3–3）。

（二）从窄口径外贸依存度看，美国高于中国，美国经济对中国的依赖程度则大于中国经济对美国的依赖程度。

2017年，中国窄口径外贸依存度为69.3%，低于美国的101.2%。此消彼长的拐点发生在2008年，当时中国为97.5%，美国为105.8%，此前的2003—2007年均是中国高于美国的水平。这反映了中国在全球金融危机之后，积极推动经济转型升级的成果，中国目前的窄口径外贸依存度与2001年64.7%的水平大体相当（见图2–3–4）。

图 2-3-3：全口径中美相互外贸依存度对比

（单位：%）

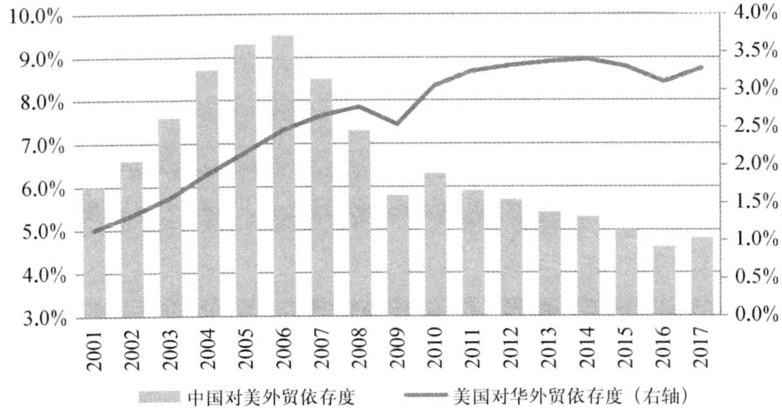

数据来源：中国海关总署；国家统计局；美国经济分析局；WIND

注：中国（或美国）对美（或对华）外贸依存度 = 中国（或美国）统计的对美（或对华）进出口额 / 中国（或美国）GDP。

图 2-3-4：中美窄口径外贸依存度对比

（单位：%）

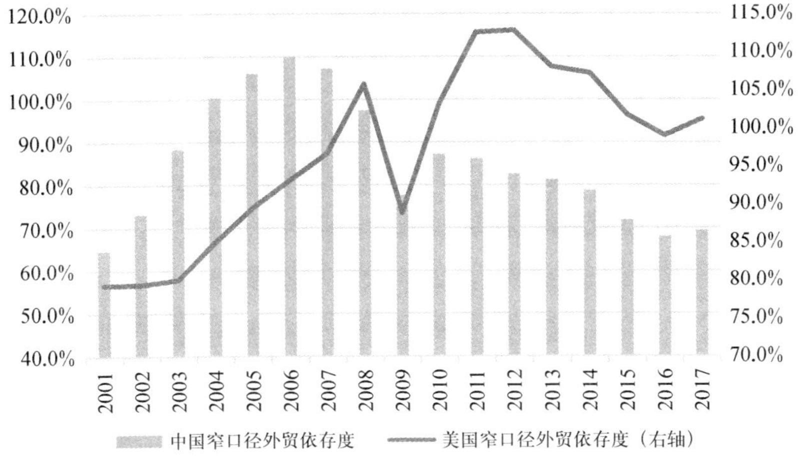

数据来源：WIND

注：窄口径外贸依存度 = 进出口额 / 非服务业增加值。

2017 年，中国对美窄口径外贸依存度为 9.9%，低于美国对华窄口径外贸依存度 16.4% 的水平。这个转折点也是发生在全球金融危机之后的 2009 年，当时中国是 10.9%，美国是 12.3%，美国对华窄口径外贸依存度首次超过中国对美外贸依存度，此前的 2001—2008 年都是中国高于美国（见图 2-3-5）。

图 2-3-5：中美相互窄全口径外贸依存度对比

（单位：%）

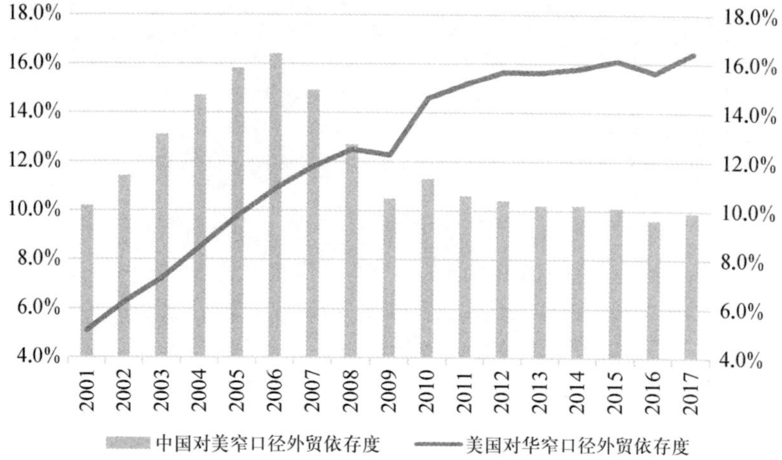

数据来源：WIND

注：中国（或美国）对美（或对华）窄口径外贸依存度 = 中国（或美国）统计的对美（或对华）进出口额 / 中国（或美国）非服务业增加值。

此外，无论用全口径还是窄口径的外贸依存度看，都是美国经济对中国的依赖程度上升，而中国经济对美国的依赖程度下降。事实上，双方外贸统计数据也印证了这一发展趋势：从中方看，对美进出口额在中国的占比由 2001 年的 15.8% 降至 2017 年的 14.3%；从美方看，对华进出口额在美国的占比同期由 6.4% 升至 16.2%。

三、口径差异揭示的贸易摩擦对两国经济的影响大相径庭

通常认为，贸易摩擦对顺差国来讲更为不利。然而，以外贸依存度而不是贸易差额来衡量一国经济对另一国的依赖程度可能更为科学合理。尤其对于美国来讲，因为美元的国际中心货币地位，美国扮演着全球“最后消费者”的角色，形成了“美国购买全球商品、全球购买美国国债”的国际经济“双循环”格局。所以，基于互利共赢、商业自愿基础上的进口和贸易逆差对美国来讲都不是绝对的坏事。不存在所谓美国对哪个国家逆差，就是美国吃亏。据美方研究结果显示，当前美国有260万个工作岗位与中美双边贸易有关，每个美国家庭从对华贸易中每年可以节省850美元。至于美国帮助顺差国重建了对方经济的说法，更是无稽之谈。

从全口径外贸依存度看，中国经济对美国的依赖程度大于美国经济对中国的依赖程度。由此自然得出，贸易冲突对于中国经济的伤害将大于对美国的伤害，贸易战美国非常容易赢。然而，从窄口径外贸依存度看，结论则截然相反，是美国经济对中国的依赖程度大于中国经济对美国的依赖程度。后者的经济涵义则似乎预示着，美国对华采取的单边主义的贸易保护措施，确有搬起石头砸自己的脚之嫌。

首先，如果不是歧视进口，而是将之与出口同等对待的话，显然，在贸易冲突中，不论中方是否采取反制措施，美国向中国进口商品加征关税，在打向中国的同时也就是在打向自己。尤其在全球供应链体系下，短期难以找到中国进口商品的替代者，则这种自伤程度就更高。显然，中方被迫采取的数量与质量相结合的反制措施，进一步加大了这种损害程度。正如纽约联储2019年11月份发布的一份研究报告所指出的，2018年6月至2019年9月的进口数据显示，中国输美商品的价格几无变化，也就是说，是美国企业和消费者在承担这些关税成本，估计

每年约 400 亿美元。[1]

其次，鉴于美国非服务业部门经济体量远小于中国（其产值约相当于中国的 2/3），很难讲美方受到的冲击就一定小于中方。特别是美国现在四面开火、广泛树敌，美国农业和制造业等实体经济部门更是严重承压。当美国贸易代表办公室就对中国进口商品加征关税多次举行听证会时，绝大部分与会代表齐声反对也就不难理解了。而美国扩大对华出口管制商品清单，以及将越来越多中国头部高科技企业纳入实体清单，往往造成美国相关公司的股价大跌。主要原因在于，这些公司的大量销售是面向中国市场，这些技术封锁措施伤害中国公司的同时，也在伤害美国公司的利益。

再次，哪怕大部分人不受贸易冲突的影响甚至是受益者，他们一般是“沉默的大多数”，而唯有利益受到损害的人，哪怕他们只是少数，才会表达不满、提起诉求。可以预见的是，后者将逐渐成长为越来越强大的遏制逆全球化浪潮的美国国内势力，进而通过游说或者选票影响美国政府的贸易政策，包括限制美国总统的贸易政策权力。

第四节
还原对 2019 年外贸进出口顺差反弹的预测

2018 年底 2019 年初，主流观点认为，在全球经济增速放缓、外需趋于疲软的背景下，因为中美贸易谈判中方承诺扩大从美进口，以

1 参考消息网，2019. 谁为特朗普关税买单？纽约联储报告显示：美企及消费者［N］.2019-11-25，http://www.cankaoxiaoxi.com/finance/20191127/2396377.shtml。

及中国扩大国内需求对冲外需减弱，2019 年中国外贸进出口顺差会进一步收窄。然而，我们预计，在国内经济稳中有变、变中有忧，经济面临下行压力的情况下，2019 年中国贸易顺差反而有可能较上年有所扩大，货物和服务贸易顺差增加，外需对稳增长形成支撑而非拖累[1]。

一、国内经济下行时中国多出现阶段性外贸顺差高点

1998 年，亚洲金融危机全面爆发，中国经济实际增长 7.8%，较上年回落 1.4 个百分点。当年，海关口径的外贸进出口顺差 435 亿美元，增长 8%，该规模直到 2005 年才被超越。同期，国际收支口径的货物贸易顺差 456 亿美元，增长 25%，该规模直到 2004 年才被超越（见图 2-4-1）。

图 2-4-1：中国经济增长与两个口径的货物贸易差额

（单位：%；亿美元）

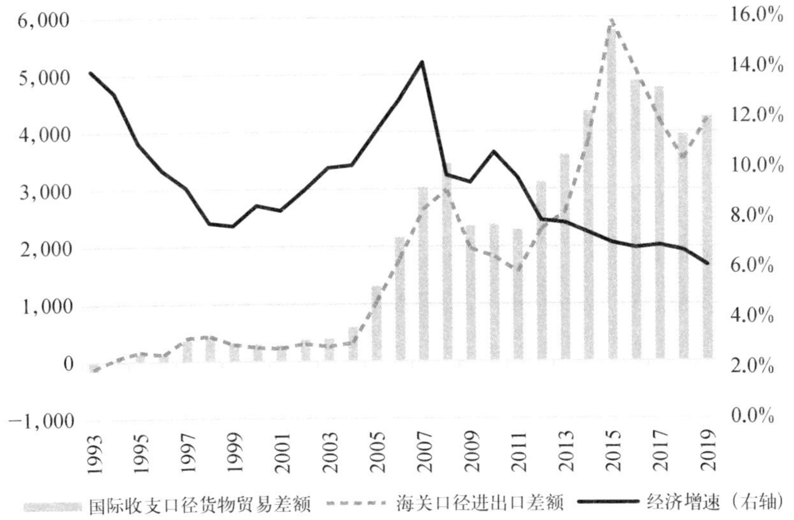

资料来源：国家统计局；中国海关总署；国家外汇管理局；WIND

1 管涛，2019.2019 年中国外贸顺差有望反弹［*/OL］. 第一财经日报，A11，2019-01-15。

2008年，受全球金融海啸、世界经济衰退影响，中国经济实际增长9.7%，较上年回落4.5个百分点。当年，海关口径的外贸进出口顺差2 981亿美元，增长13%，该顺差规模直到2014年才被超过。同期，国际收支口径的货物贸易顺差3 445亿美元，增长14%，该规模直到2013年才被超过。

2015年，中国经济实际增长6.9%，较上年回落0.4个百分点。当年，海关口径的外贸进出口顺差5 939亿美元，增长55%，该顺差纪录保持至今。同期，国际收支口径的货物贸易顺差5 762亿美元，增长32%，该顺差纪录保持至今。

二、2018年最后俩月外贸表现显示中国贸易顺差呈现扩大迹象

相关性分析的结果显示，2008至2017年危机以来的十年间，中国与世界经济增速差异的变化与中国外贸进出口差额（海关口径）变化呈负相关，相关性达到−0.655[1]。也就是说，中国经济增速高于世界经济增速是常态，但当中国与世界经济增速的缺口收窄时，通常当期中国外贸进出口顺差会较上年扩大。其原理是，中国出口对外需敏感、进口对内需敏感，当外需扩张的速度大于内需，或者外需萎缩的速度小于内需时，出口表现大概率将好于进口，进而导致外贸进出口顺差扩大。

据海关最新统计数据显示，以美元计，2018年，中国外贸出口较上年增长9.9%，进口增长15.8%，由于进口增速快于出口，进出口顺差3 509亿美元，下降16.4%。其中，11—12月份，出口累计同比下降0.5%，进口下降2.4%，进出口顺差987亿美元，同比增长6.9%（见表2-4-1）。

1 相关性分析的方法为：如果中国与世界经济增速差异较上年扩大取“1”，收敛则取“0”；如果中国外贸进出口顺差较上年扩大取“1”，收敛则取“0”。

表 2-4-1：2018 年中国外贸进出口同比表现

（单位：%）

	全　国			对　美			对非美		
	出口	进口	差额	出口	进口	差额	出口	进口	差额
前 10 个月同比	12.4%	20.2%	−22.9%	12.6%	7.6%	15.4%	12.4%	21.3%	−106.6%
后 2 个月同比	−0.5%	−2.4%	6.9%	3.1%	−30.7%	22.4%	−1.3%	0.2%	−14.4%
全年同比	9.9%	15.8%	−16.4%	10.8%	0.1%	16.7%	9.7%	17.3%	−81.3%

资料来源：中国海关总署；WIND

该年最后两个月的中国出口增速较前 10 个月回落 12.9 个百分点，下行趋势较为明显。但这不能简单用因担心中美贸易纷争升级、对美抢出口因素消退来解释。因为 11 至 12 月份，中国对美出口同比增长 3.1%，较前 10 个月回落了 9.5 个百分点，而对非美出口下降 1.3%，回落了 13.7 个百分点（见表 2-4-1）。所以，更为可信的原因是，全球金融环境紧缩叠加贸易局势紧张导致的世界经济增速放缓、外需趋于疲软所致。2018 年 10 月初，国际货币基金组织将 2018 年和 2019 年世界经济增长预测值均下调了 0.2 个百分点；早些时间的 9 月底，世界贸易组织将同期全球货物贸易增速分别下调了 0.5 和 0.3 个百分点。

该年最后两个月中国的进口增速较前 10 个月回落 22.6 个百分点，下滑更为明显。其中，中国自美进口同比下降 30.7%，较前 10 个月回落了 38.4 个百分点，而自非美进口增长 0.2%，也回落了 21.1 个百分点（见表 2-4-1）。因此，更为可信的原因是，继第三季度中国经济增长 6.5%，降至 2009 年第二季度以来的新低后，第四季度经济下行压力进一步显现，内需减弱，进一步抑制了进口需求。

三、在经济下行压力下2019年中国外贸顺差有望反弹

2018年底召开的中央经济工作会议指出，当前经济运行稳中有变、变中有忧，外部环境复杂严峻，经济面临下行压力[1]。与2018年7月底和10月底中央政治局会议公告相比，除强调“稳中有变”外，还点出“变中有忧”，显示经济形势较之前可能更为严峻。

在此背景下，主流观点认为2019年中国货物贸易顺差减少。主要理由：一是2018年关税措施下的“抢出口”行为，透支了中国对美出口潜力；二是如果根据中美两国元首会晤达成的共识能够达成协议，中方将大幅增加从美国进口采购，如果不能兑现，则美方将继续对中国进口商品加税；三是世界（包括美国）经济增长放缓叠加全球贸易局势紧张，将削弱对中国产品的外部需求；四是为对冲外需疲软，中国政府将采取扩大内需的措施，加上降低进口关税的影响，这将扩大中国进口。

但基于以下理由，我们预计2019年中国外贸进出口顺差有可能扩大而非减少。当然，不太可能像前三次那样创顺差规模的新纪录。

第一，中央经济工作会议在指出强化逆周期调节，继续实施积极的财政政策和稳健的货币政策，稳定总需求的同时，强调坚持推动高质量发展，以供给侧结构性改革为主线，坚持深化市场化改革、扩大高水平开放，继续打好三大攻坚战。这意味着2019年中国政府会增加对经济运行波动的容忍度，不大可能“大放水”“大刺激”。

第二，通过创建公平开放透明的市场规则和法治化营商环境，改善民营企业和小微企业融资困境，有助于促进民间投资和制造业投资进一步回升。但从广义货币供应和社会融资总规模低速增长的情况看，

1　共产党员网，2018. 中央经济工作会议在北京举行　习近平李克强作重要讲话［EB/OL］.2018-12-21，http://www.12371.cn/2018/12/21/ARTI1545386181641879.shtml。

提振市场信心、疏通货币政策传导机制恐难一蹴而就。而加大政府基建投资支出，一方面不可能扩张太快，另一方面基建投资的边际进口倾向较低。

第三，个税改革实施专项抵扣、提高起征点、优化税率结构档次，有助于降低个人税负，刺激个人消费。但因为近年来家庭债务负担上升较快，加之社会保障机制较弱、居民收入预期较差，因此，消费仍将是经济增长的重要拉动力量却不宜期望过高。如尽管 2018 年下半年国家将整车进口关税由 25% 降至 15%，但下半年起中国汽车市场开始呈现出持续扩大的负增长态势，全年国内广义乘用车销量较上年减少 6%，为逾 20 年来首次年度下跌；汽车和汽车底盘的进口数量累计同比下降 8%，上年全年为增长 16%。可见，决定进口多少的是国内需求，而不是进口关税。

第四，根据两国元首会晤达成的共识，中美贸易摩擦暂时休战，双边经贸磋商进展顺利，中方有可能承诺更多从美国采购产品，以改善中美贸易失衡。但是，中国能否实质增加自美进口，取决于美方能否输出中方需要的产品。同时，中国自美采购的增加，意味着中方有可能减少自其他国家和地区的进口。因此，对美贸易顺差减少，并不意味着中国贸易总顺差等量的下降。

第五，2018 年中国进口增速较快的一个重要原因是进口价格指数上涨较多。2018 年中国原油和成品油进口额合计同比增加了 836 亿美元，其中原油和成品油价格平均同比上涨 34%，该因素就贡献了原油和成品油进口合计增加额的 78%，相当于同期外贸总进口额增加额的 22%。2018 年底，国际商品价格尤其是能源类商品价格出现较大幅度下调。在全球经济放缓、需求减弱情形下，这一趋势在 2019 年有可能延续，这将平抑中国进口增速。

第六，据国际货币基金组织预测，2019 年中国经济增速将降至 6.2%，较上年回落 0.4 个百分点；全球经济增速 3.7%，与上年基本持平。如此，则 2019 年中国与世界经济增速的偏离将进一步收窄。根据前述历史经验，中国外贸出口的表现将大概率好于进口（无论增长还是下降），这有助于扩大中国整体外贸顺差。特别是如果中美经贸磋商能够达成协议，关税措施不进一步升级乃至取消，则对中国外贸出口将形成更大的利好。如果最终谈判破裂，美国追加关税措施，则可能减少中国对美出口，但中国将会增加对其他国家和地区出口，并减少与对美出口有关的进口，这也意味着中国对美贸易顺差减少不等于中国贸易总顺差等量减少。中国整体货物和服务贸易平衡依然取决于国内储蓄投资缺口，而不是双边贸易差额。

综上所述，2019 年，中国外贸进出口顺差有望反弹，这有助于推高整体货物和服务贸易顺差，进而将从“净出口”角度支持“稳增长”。但从交易角度看，货物和服务贸易顺差扩大却反映了国内相关消费和投资活动趋冷，因此，对国内整体经济形势仍不宜乐观，还需要采取其他的对冲措施。

第五节
国际收支数据不支持贸易摩擦加速中国产业外迁

2018 年以来，全球贸易局势紧张给中国乃至全球经济造成了巨大不确定性。理论上讲，因为贸易壁垒增加，外商来华投资减少、中国对外投资增加，是重要的金融传导渠道[1]。一般认为，这将引起全球价值链和产业链的重构，且整体对中国不利[2]。然而，商务部的统计显示：2018 年，外商来华直接投资（以下简称 FDI）流入 1 390 亿美元，较上年增长 3.0%（非金融类 FDI 流入增长 2.6%），2019 年非金融类 FDI 流入 1 381 亿美元，增长 2.4%；2018 年，对外直接投资（以下简称 ODI）流出 1 430 亿美元，较上年下降 9.6%（非金融类对外直接投资增长 0.3%），2019 年非金融类 ODI 流出 1 106 亿美元，下降 8.2%。

2019 年 11 月，商务部新闻发言人表示：当前虽然有少数东部沿海、外向型、附加值较低的外商投资企业出现了转移生产环节的现象，但这是市场机制作用引起的正常的企业经营行为，从总体上看，中国没有出现大规模外资撤离情况[3]。从国家外汇管理局（以下简称外汇局）编制的国际收支口径的 FDI 和 ODI 数据，可以帮助我们从另一个视角对前述情况进行交叉验证，更加全面清醒地把握趋势、认清形势。

一、商务部与外汇局对跨境直接投资的统计口径差异

（一）商务部与外汇局 FDI 统计口径的差异

目前，中国有商务主管部门和外汇管理部门各自负责的两套 FDI 流

---

1 管涛：《中国跨境资本流动冲击风险总体可控》，《中国外汇》，2019 年第 1 期，第 23—26 页。

2 蓝庆新、窦凯：《全球价值链视角下的中美贸易摩擦分析》，《经济社会体制比较》，2019 年第 5 期，第 73—83 页。
黎峰、曹晓蕾、陈思萌：《中美贸易摩擦对中国制造供应链的影响及应对》，《经济学家》，2019 年第 9 期，第 104—112 页。
张铁晴、李宏瑾：《中美贸易摩擦对中国全球产业链地位冲击的影响研究》，《黑龙江金融》，2018 年第 11 期，第 14—18 页。

3 商务部，2019. 召开利用外资专题发布会［EB/OL］.2019-11-18，http://www.gov.cn/xinwen/2019-11/18/content_5453282.htm。

量统计。尽管两个部门加强了统计工作协调，努力缩小数据缺口，但两部门的 FDI 统计口径仍存在诸多差异[1]：

一是商务部门只记录 FDI 流入而不反映外资撤资情况，外汇局却是当期国际收支口径 FDI 项下的流入、流出（如外资撤资转股）同时反映，所以，商务部是流量数据，而外汇局是国际收支口径的净流量数据。二是股权投资是外商直接投资的主要形式，包括新增股权投资（即用新钱投资）和现有外资企业的收益再投资（即用赚的钱投资）。后者由外汇局按季统计，商务部门仅掌握部分收益再投资转增股份的月度信息。三是国际收支口径的外商直接投资除股权投资外，还有外商投资企业与境外股东之间的关联贷款，商务部门不包括这方面的统计。四是近年来商务部门增加了金融业利用 FDI 的统计，但这只是部分情况，不含收益再投资和关联企业贷款。五是外汇局口径还包括了非居民境内购买不动产，商务部门口径不含此统计。此外，与商务部门的数据由地方统计汇总而成不同，外汇局是全国范围内超级汇总，避免了地方干扰，统计数据质量更有保障。

2018 年，外汇局国际收支口径（即净流量口径）的 FDI 净流入 2 035 亿美元，较商务部流量口径的 FDI 流入额高 46.4%；2019 年 FDI 净流入 1 558 亿美元，较流量口径的 FDI 流入额高 12.8%。

不同口径的统计数据不具有可比性。如联合国贸发会议（UNCTAD）发布的国别 FDI 流量口径数据，美国是由经济分析局

---

1 国家外汇管理局国际收支分析小组，2014，《2013 年中国国际收支报告》，第 10 页，www.safe.gov.cn/safe/file/file/20170726。
高敏雪、刘晓静：《官方统计不同来源的验证与衔接：以中国 FDI 统计为例》，《统计研究》，2009 年第 9 期，第 3—7 页。

（BEA）提供。美国经济分析局还同时负责国际收支统计，即净流量口径的 FDI 统计。即便是同一个部门生产的数据，这两套数据依然存在差异。2018 年，美国流量口径的 FDI 流入 2 518 亿美元，国际收支口径（即净流量口径）的 FDI 净流入 2 584 亿美元，后者高出 2.6%；2003 年，两者差了一倍多。

（二）商务部与外汇局 ODI 统计口径的差异

中国对 ODI 的流量统计也有商务主管部门和外汇管理部门各自负责的两套口径。相对而言，两部门的 ODI 统计工作协调更加密切，还会联合发布年度中国对外直接投资统计公报。但由于工作侧重点不同，两部门的 ODI 统计仍存在以下差异[1]：

一是商务部门只记录 ODI 流入，外汇局却是当期 ODI 项下的流出、流入（如转股撤资的回流）同时反映，所以，商务部是流量数据，而外汇局是国际收支口径的净流量数据。二是外汇局按季统计新增股权投资（即用新钱投资）和现有境外投资企业的收益再投资（即用赚的钱投资）情况，商务部门的月度数据中不含此信息，年度数据中才包括部分信息。三是国际收支口径的对外直接投资除股权投资外，还有境内母公司与境外投资企业之间的关联贷款，商务部门的月度数据中不包括这方面的统计，年度数据中才有部分信息。四是商务部门月度数据中不含金融业 ODI 的统计，年度数据才包括部分信息，但外汇局的口径季度数据包括了这部分内容。五是外汇局口径还包括了居民境外购买不动产的统计，商务部门口径不含此项统计（见表 2-5-1）。

1 国家外汇管理局国际收支分析小组，2014，《2013 年中国国际收支报告》，第 10 页，www.safe.gov.cn/safe/file/file/20170726。

表 2-5-1：商务部口径的月度与年度 ODI 统计数据对比
（单位：亿美元）

	月度非金融类对外直接投资年度累计值	年度对外直接投资流量					
		合计	投资性质			投资行业	
			新增股本投资	当期利润再投资	其他投资	金融类	非金融类
2008	407	560	284	99	177	141	419
2009	438	565	173	161	232	87	478
2010	590	688	206	240	242	86	602
2011	601	747	314	245	188	61	686
2012	772	878	311	225	342	101	777
2013	902	1 078	307	383	388	151	927
2014	1 029	1 231	557	444	230	159	1 072
2015	1 180	1 457	967	379	111	243	1 214
2016	1 701	1 962	1 141	307	514	149	1 812
2017	1 201	1 583	680	696	207	188	1 395
2018	1 205	1 430	704	425	301	217	1 213

资料来源：商务部；WIND

2018 年，外汇局国际收支口径（即净流量口径）的 ODI 净流出 1 430 亿美元，较商务部流量口径的月度非金融类 ODI 流出累计值基本持平，较商务部流量口径的年度 ODI（含金融类）流出额高 18.7%；2019 年，ODI 净流出 977 亿美元，较商务部流量口径的月度非金融类 ODI 流出累计值低 11.7%。

二、国际收支口径 FDI 和 ODI 净流动额的新变化

（一）FDI 净流入由升转降但外来股权投资净流入降幅较小

从国际收支口径看，2018 年，中国 FDI 净流入较上年增长 41.7%，

这显示在中美贸易纷争初期，中国 FDI 逆势增长的势头更加明显。进入 2019 年后，FDI 净流入同比下降 33.8%。

从资金来源看，外来股权投资净流入减少是主要原因。2019 年，较为稳定的 FDI 项下股权净流入 1313 亿美元，减少 29.4%，下降 547 亿美元，相当于 FDI 净流入总降幅的 68.7%；关联企业债务净流入 246 亿美元，减少 50.3%，下降 249 亿美元，相当于总降幅的 31.3%（见表 2-5-2）。

表 2-5-2：中国国际收支口径 FDI 净流入状况及其构成

（单位：亿美元；%）

	2018	2019	同比变动率	同比变动额	占比
直接投资负债	2 354	1 558	−33.8%	−796	100.0%
股权	1 859	1 313	−29.4%	−546	68.7%
关联企业债务	495	246	−50.3%	−249	31.3%
金融部门	176	184	4.7%	8	−1.0%
股权	149	159	6.6%	10	−1.2%
关联企业债务	26	25	−6.0%	−2	0.2%
非金融部门	2 178	1 374	−36.9%	−804	101.0%
股权	1 710	1 153	−32.5%	−556	70.0%
关联企业债务	468	221	−52.8%	−247	31.1%

资料来源：国家外汇管理局

注：股权项下包括新增股权投资和已有外商投资企业收益再投资。

从部门来看，非金融部门 FDI 净流入减少是主要渠道。2019 年，金融部门 FDI 净流入 184 亿美元，增长 4.7%，增加了 8 亿美元，相当于总降幅的−1.0%；非金融部门 FDI 净流入 1 374 亿美元，减少 36.9%，下降了 804 亿美元，相当于总降幅的 101.0%。而非金融部门 FDI 减少又主要是因为股权投资减少 32.5%，下降 556 亿美元，相当于全部门口径 FDI 净流入总降幅的 70.0%（见表 2-5-2）。

2019 年，国际收支平衡表中经常账户初次收入的“投资收益”项下支出 2 570 亿美元，同比下降 17.6%。外商投资企业的外方已分配并汇出利润、未分配利润和已分配未汇出利润是其重要组成部分，后两者简称“两未”利润。按照权责发生制的编制原则，“两未”利润借记经常账户为支出，同时贷记金融账户直接投资“负债”项下的股权投资（即收益再投资）或关联企业贷款为收入。结合 2019 年以来外商投资企业工业增加值和利润增长低于全国平均水平甚至为负增长，由此不能排除 FDI 股权投资净流入减少有可能是收益再投资下降所引起的，而不一定是外资集中撤资所导致。根据国家外汇管理局国际收支分析小组披露的信息，同期 FDI 项下新增资本金形式的股本投资还较上年增长 11%[1]。这印证了前述判断。

（二）ODI 净流出略有下降但对外股权投资净流出增长较快

从国际收支口径看，2018 年，中国 ODI 净流出额较上年增长 3.4%，不同于商务部流量口径 ODI 流出额下降 9.6%。但同期，中国对外新增股权投资净流出同比减少 17.1%，对外关联企业贷款净流出多增 281 亿美元，远高于同期 ODI 净流出增加 47 亿美元的规模。这显示在中美贸易摩擦升级初期，中国企业并未对外大规模产业转移。2019 年，ODI 净流出额由增转减，同比减少 31.7%，下降了 453 亿美元。

从资金来源看，对外股权投资净流出减少是主要原因。2019

1　国家外汇管理局国际收支分析小组，2020，《2019 年中国国际收支报告》，第 30 页，www.safe.gov.cn/safe/2020/0327/15828.html。

年，较为稳定的 ODI 项下股权净流出 849 亿美元，减少 24.8%，下降 280 亿美元，相当于总降幅的 61.8%；关联企业债务净流出 128 亿美元，减少 57.6%，下降 173 亿美元，相当于总降幅的 38.2%（见表 2-5-3）。

表 2-5-3：中国国际收支口径 ODI 净流出状况及其构成
（单位：亿美元；%）

	2018	2019	同比变动率	同比变动额	占比
直接投资资产	−1 430	−977	−31.7%	453	100.0%
股权	−1 129	−849	−24.8%	280	61.8%
关联企业债务	−301	−128	−57.6%	173	38.2%
金融部门	−208	−175	−15.8%	33	7.2%
股权	−200	−191	−4.2%	8	1.9%
关联企业债务	−8	16	−309.1%	24	5.4%
非金融部门	−1 223	−802	−34.4%	420	92.8%
股权	−930	−658	−29.2%	271	59.9%
关联企业债务	−293	−144	−50.8%	149	32.9%

资料来源：国家外汇管理局
注：股权项下包括新增股权投资和已有外商投资企业收益再投资。

从部门来看，非金融部门 ODI 净流出减少是主要渠道。2019 年，非金融部门 ODI 净流出 802 亿美元，同比减少 34.4%，下降了 420 亿美元，相当于总降幅的 92.8%；金融部门 ODI 净流出 175 亿美元，减少 15.8%，下降了 33 亿美元，相当于总降幅的 7.2%。而非金融部门 ODI 净流出减少又主要是因为对外股权投资净流出减少 29.2%，下降了 271 亿美元，相当于全部门口径 ODI 净流出总降幅的 59.9%（见表 2-5-3）；关联企业债务净流出减少 50.8%，下降 149 亿美元，相当于 ODI 净流出总降幅的 32.9%。由此可见，进入中美贸易纷争第二年，国内对外大规模产业转移的情况仍未发生。

三、跨境直接投资形势变化的对外经济影响

（一）动态地看，国际收支平衡的稳定性有所降低

中国坚持渐进的金融开放策略，先开放长期资本流动后开放短期资本流动，先开放直接投资再放开间接投资。因此，长期以来，中国跨境资本流动主要以长期资本、直接投资为主，跨境直接投资净流入是中国国际收支平衡的重要力量。从 1982 年编制国际收支平衡表数据以来，仅有 2016 年直接投资为逆差，其他年份均为顺差，同期证券投资则出现了 14 次年度逆差。从 2015 年起，跨境证券投资差额接近甚至超过了直接投资的差额。2019 年，证券投资顺差相当于直接投资顺差的 99.7%，上年该比例为 115.7%（见图 2–5–1）。

图 2–5–1：中国国际收支口径直接投资与证券投资状况

（单位：亿美元；%）

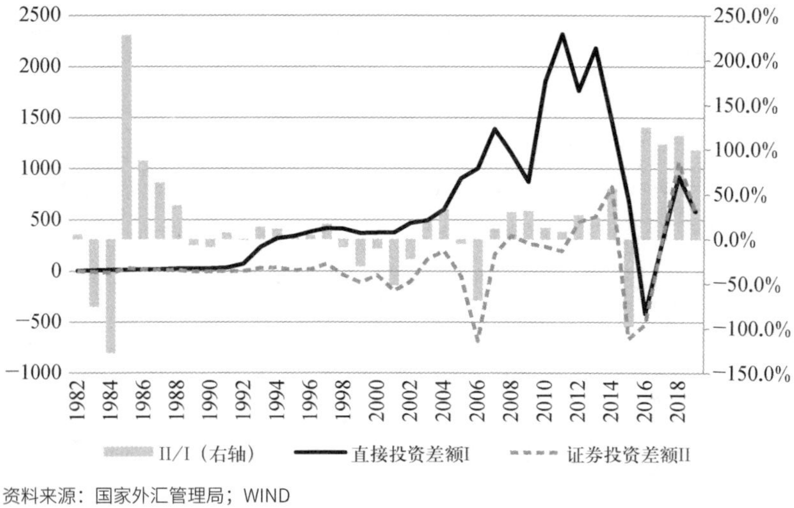

资料来源：国家外汇管理局；WIND

1982 年以来，年度外来证券投资净流入相当于外来直接投资顺差的比重超过 50% 的仅有 5 次，其中 2017 至 2019 年连续 3 次达到 2/3 以上。2019 年，该比例为 94.6%，较上年占比上升 26.4 个百分点，与外来直接投资顺差规模基本持平（见图 2-5-2）。这并非外来证券投资顺差增加，而是因为外来直接投资顺差减少。同期，外来直接投资净流入下降 33.8%，外来证券投资净流入下降 8.1%。

图 2-5-2：中国国际收支外来直接投资与外来证券投资状况

（单位：亿美元；%）

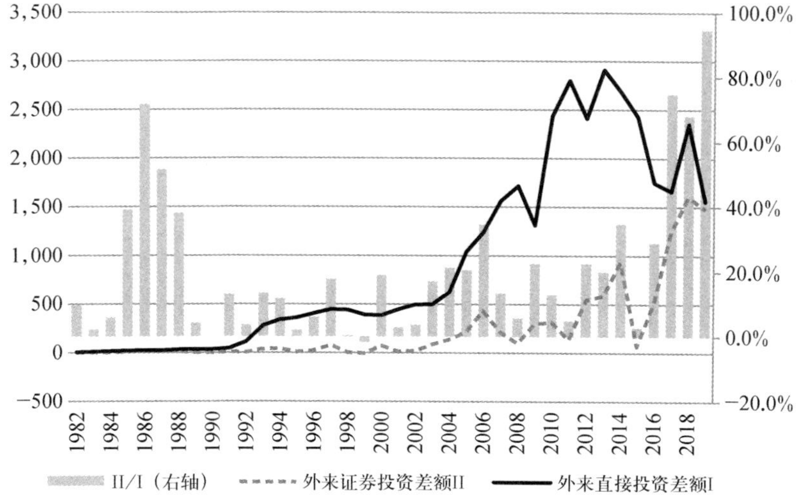

资料来源：国家外汇管理局；WIND

（二）静态地看，跨境资本流动冲击风险总体可控

市场对中国外汇储备的充足性算过一笔账。如截止到 2018 年 5 月份，中国净外汇储备也就是外汇储备减去外币负债，约为 1.9 万亿美元。根据统计局的数据，到 2018 年 4 月底，规模以上的外商投资企业总资产为 21.68 万亿人民币，按照 6.45 的汇率，折合成美元约为 1.55 万亿。

也就是说，这1.9万亿美元净外汇储备中有80%以上是外资企业拥有的。假如外资只撤资三成，也就是5 000亿美元左右，净外汇储备也就剩不下多少了[1]。然而，这种看法有失偏颇。

外汇局与商务部门关于FDI的统计除了前述差异外，就是外汇局不仅有流量统计，还有存量统计，而商务部门只有流量统计。FDI的存量统计反映在国际投资头寸表的“对外负债”项下，但这并非俗称的具有契约性偿还义务的外债，而是风险共担的利用外来投资。

据商务部门统计，改革开放以来，中国实际利用FDI累计达2.03万亿美元。而据外汇局统计，截至2018年底，中国FDI存量为2.83万亿美元，其中外商股本投资存量为2.59万亿美元（剔除了关联企业债务）（远高于前述专家引用的1.55万亿美元），高出同期实际利用FDI流量累计值近三成。高出部分就是外商投资企业资产按市值重估的溢价，这里面既有汇兑损益，也有资产增值的账面所得（考虑到有的外资企业可能清盘撤资，FDI存量增值率应该更高）。

近3万亿FDI存量并不意味着外商撤资时仍有这么多的资金汇出需求。一方面，外商清盘撤资时，其资产需按市价重估。在外资集中甩卖资产的情况下，大概率资产会大幅缩水。亚洲金融危机爆发后，新的货币危机模型就提供了一种解释，即存在道德风险（如汇率僵化产生的隐性担保）情况下，对外过度借贷后，市场预期突然逆转，引发集中甩卖资产，进而导致货币崩盘[2]。

另一方面，即使清产核资后，外商将清盘所得购汇汇出，届时也是

---

1 李晓，2018. 中美贸易战对我们意味着什么，在吉林大学经济学院、金融学院2018年毕业典礼上的讲话，https://www.jisilu.cn/question/280291。

2 Krugman, P. 1998a. *Bubble, Boom, Crash: Theoretical Notes on Asia's Crisis*. MIT Working Paper, Cambridge, MA.

按照即期市场汇率而非历史汇率购汇汇出。例如，2018 年 6 月底，中国 FDI 的股权投资存量为 2.58 万亿美元，2019 年底为 2.67 万亿美元。其中，仅仅因为人民币兑美元汇率中间价由 2018 年 6 月底的 6.616 6 跌至 2019 年底的 6.976 2 比 1，这部分存量就将缩水 5.2%，约合 1 355 亿美元，约相当于当期外汇局统计的 FDI 股权投资累计净流入额的 68%（见表 2–5–4）。不恰当地讲，这笔钱就相当于中国白用了。

表 2–5–4：中国国际收支口径 FDI 流量与存量及其变动构成

（单位：亿美元）

	外来直接投资	股权投资	关联企业债务
2018 年 6 月底余额 I	28 046	25 829	2 217
2018 年三季度至 2019 年底交易额累计 II	2 475	2 170	305
2019 年末余额 III	29 281	26 748	2 533
变动额 IV=（III–I）	+1 235	+919	+316
非交易引起的变动额 V=（IV–II）	−1 240	−1 251	+10
汇兑损益 VI	−1 477	−1 355	−122
非汇兑损益 VII=（V–VI）	+237	+104	+133

资料来源：国家外汇管理局

注：(1) 上表余额取自国际投资头寸表，交易额取自国际收支平衡表，关于国际收支平衡表与国际投资头寸表之间的勾稽关系详见笔者的另一本著作《汇率的本质》[1]；(2) 外来直接投资变动额 = 期末余额–期初余额 = 期初余额 +（交易引起的变动额 + 非交易引起的变动额）；(3) 非交易引起的变动额 = 汇兑损益 + 非汇兑损益（又称其他非交易引起的变动）；(4) 汇兑损益为 2018 年 6 月底与 2019 年底外来直接投资负债的算术平均值乘以期间人民币汇率中间价变动幅度。

再者，尽管近年来因为国内金融市场加快对外开放，跨境证券双向投资有所增加，但中国对外负债中仍以 FDI 为主。截至 2019 年底，对外

1 管涛：《汇率的本质》，中信出版集团 2016 年版，第 32—35 页。

负债中，FDI 存量占到 52.4%，较 2015 年 6 月底回落了 3.0 个百分点，其中 FDI 股本投资存量占到 47.8%，回落了 3.0 个百分点。有意思的现象是，当 2015 和 2016 年中国遭遇大规模资本外流压力时，FDI 存量占比不降反升，2016 年底为 60.5%，较 2015 年 6 月底上升了 5.1 个百分点。这进一步凸显了资本流动冲击时期，外来直接投资的“定海神针”角色。

四、结论及建议

本文从流量和净流量两个口径，就当前中国跨境直接投资的情况进行了分析。这两种口径都是国际通行口径，只是因为功能不同，统计各有侧重，并提供了对于同一经济现象不同的观察视角。两种口径之间的数据缺口，既不代表热钱流入，也不代表资本外逃。

做判断要看数据而不是靠讲故事。从 2018 年和 2019 年的情况看，无论是商务部还是外汇局口径的数据，均交叉验证了中国这两年来并未因对外经贸摩擦升级而发生大规模的外商集中撤资和境内对外产业转移。

从国际比较看，中国利用外资和对外投资都还有进一步提升的空间。下一步，应按照准入国民待遇和负面清单管理原则，不断扩大高水平对外开放，改善外商投资环境，增强对外资的吸引力；积极发挥中国的市场潜力和产业集群优势，推动产业向对内梯度转移，延缓产业空心化进程；进一步完善境外投资管理政策支持和监管体系，支持有条件的企业“走出去”，通过产业转移实现贸易差额的转移正是当年日本应对日美经贸纷争、缓解双边贸易失衡的重要途径[1]。

---

1 卢万青:《中国贸易顺差的成因及变动趋势——基于东亚产品内国际分工的新视角》,《国际贸易问题》，2009 年第 7 期，第 61—70 页。

杜江、袁昌菊、宋跃刚:《对外直接投资提升了日本制造业的国际分工地位吗》,《现代日本经济》，2017 年第 1 期，第 1—14 页。

樊勇明、贺平:《经贸摩擦与大国崛起——日美经济战对中国的启示》,《日本学刊》，2006 年第 5 期，第 99—110 页。

CHAPTER 3

2019年
汇率破“7”，不叫改革的改革

继2016年底、2018年底和2019年5月，人民币兑美元汇率三次到7比1这个关口后，北京时间2019年8月2日因美方威胁对剩余3 000亿中国进口商品加征关税，再次跌到了7附近。中国有句古话叫做“事不过三”。8月5日（次周一），人民币汇率先是交易价破“7”，接着10日中间价破“7”。然而，尽管事前对于人民币汇率是否应该破“7”，各方争执不休，事实上，7就是一个心理关口，破“7”之后市场反应平静。关键是，破“7”之后打开了人民币汇率可上可下的空间，汇率市场化改革进一步深化[1]。

1 管涛：《不是改革的改革》，《中国外汇》，2019年第17期。

第一节
人民币汇率第三次遭遇心理关口

2019年上半年，人民币汇率先涨后跌，再度跌至7比1附近。这是2015年“8.11”汇改至今第三次，也是2018年中美贸易摩擦升级以来第二次逼近重要心理关口。

一、上半年人民币汇率走势同上年几乎如出一辙

2017年，人民币汇率止跌回升后，于2018年转为双向波动（见图3-1-1）。2018年初至4月20日，在国内经济企稳、美元指数回落的背景下，人民币汇率中间价累计升值3.9%；4月23日以后至年末，随着美元指数反弹，叠加国内经济下行、贸易纷争升级，人民币汇率中间价累计下跌8.4%。其中，10月份，人民币汇率收盘价和中间价先后跌破6.90比1，11月中旬中间价最低跌至6.962 9比1，市场再次激辩守7还是破“7”。年末，中间价和收盘价分别收在6.863 2和6.865 8比1，再次成功守住重要心理关口（详见第二章第一节的讨论）。

进入2019年，上半年人民币汇率走势继续呈现先涨后跌的双向波动。前4个月，在国内经济开局良好、美元指数高位震荡的背景下，人民币汇率稳中趋升，中间价累计升值2.0%，进一步脱离重要心理关口，一度升破6.70比1。5月份，中美贸易谈判陡生波折，叠加国内经济下行压力加大，当月中间价累计下跌2.5%，一举抹去前期所有涨幅，转为前5个月累计下跌0.5%，收盘价跌破6.90比1，距上次逼近心理关口不到一年时间，市场又开始激辩要不要守7。

6月份，在美元指数高位回落，以及中美经贸谈判重启的市场憧憬下，人民币汇率止跌企稳，当月中间价反弹0.4%，令上半年跌幅收窄至0.2%；6月下旬，人民币汇率收盘价又升回6.90比1以内，人民币汇率第三次守7暂告成功（见图3–1–1）。

图3–1–1：境内人民币汇率中间价与美元指数走势
（单位：元人民币）

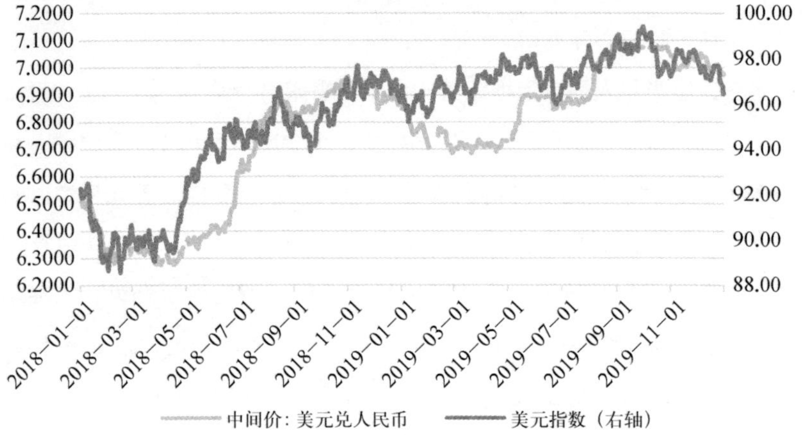

资料来源：中国外汇交易中心；WIND

二、外部因素对汇率依然是心理影响大于实质冲击

2019年前4个月，人民币汇率也是总体升值，5月份受市场消息面影响，汇率才快速回调。当月，中间价累计下跌一毛七分钱（1706个基点），其中收盘价相对当日中间价偏弱累计贡献了两毛钱（2019个基点），相当于中间价跌幅的118%。

而且，当月银行即远期（含期权）结售汇顺差173亿美元，远高于上月的27亿美元（见图3–1–2），表明人民币汇率下跌显然不是境内外汇供求关系逆转、资本外流所造成的。与2018年6、7

月份相比，这次市场情绪波动对人民币汇率的影响更加明显。5月份，收盘价相对当日中间价偏强的交易日占比仅为5.0%，远低于前4个月平均41.8%的水平；6月份，该比例反弹至15.8%的水平。

一般认为汇率跌得快、跌得多，就意味着贬值压力大、贬值预期强。这种看法其实似是而非。在“低（升值）买高（贬值）卖”的汇率杠杆调节作用下，恰恰因为汇率波动快，有助于及时释放升贬值的压力，避免升贬值预期的积累。事实上，2019年5月份，人民币汇率单月跌去前4个月所有涨幅，但市场收汇结汇率为70.4%，环比上升3.8个百分点；付汇购汇率为68.3%，环比仅上升0.1个百分点（见图3-1-2）。

图3-1-2：境内外汇市场结售汇意愿及供求状况

（单位：%；亿美元）

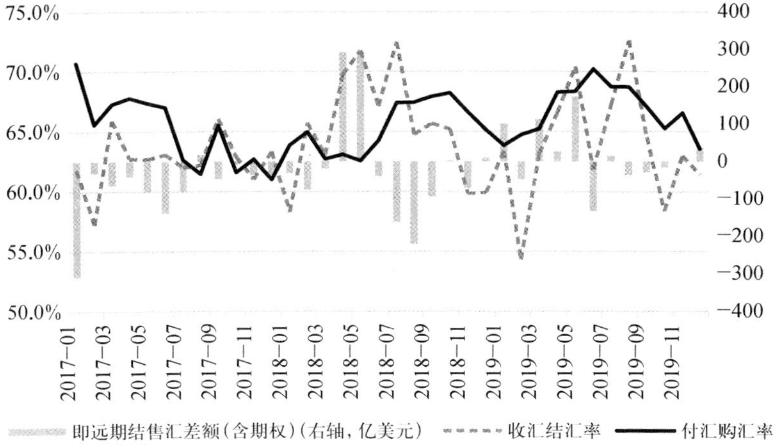

资料来源：国家外汇管理局；WIND

注：（1）银行即远期结售汇差额（含期权）= 即期结售汇差额 + 未到期远期结售汇差额变动额 + 未到期期权 Delta 净敞口变动额；（2）银行代客收汇结汇（付汇购汇）率 = 银行代客结（售）汇 / 银行代客涉外外汇收入（支出）。

三、心理关口守与不守没有无痛的选择

到2019年5月，“8.11”汇改以来人民币汇率已经三次逼近7比1这个心理关口。每次到这个关口附近，都会引起守“7”还是破“7”的诸多猜测和激烈争论。

人民币汇率会不会破“7”，有市场和政策两个维度。从市场角度说，人民币汇率的中长期走势取决于经济基本面，短期走势则取决于供求关系和市场情绪。（短期）市场汇率不可能自动稳定在均衡水平上，而是处于多重均衡状态，当市场情绪偏空时过度贬值，市场情绪偏多时过度升值。从政策维度看，则取决于政策选择及其可信度。

未来人民币汇率走势可能面临三种情形：一种是“基准情形”，即如果市场相信政府有意愿、有能力维持汇率稳定，则市场不会主动攻击这种货币；另一种是“好的情形”，即如果国内经济企稳、美元指数走弱、贸易摩擦缓解，则人民币汇率稳定有基本面的支持，甚至不排除重新震荡升值；第三种是“差的情形”，即如果国内经济下行、美元指数走强、贸易摩擦激化，则人民币汇率稳定缺乏基本面支持，需要考验政府政策定力。

自2017年以来，前述三种情形基本是交替出现，这导致了汇率双向波动、市场预期分化。在此背景下，形成了经常项目顺（逆）差与资本项目逆（顺）差相互抵补，外汇储备资产小幅波动，国际收支自主平衡的格局。这并非新鲜事儿。2012年和2014年，在相近的外汇市场条件下也发生了类似的情况。

如果市场认可前述三种情形的交替出现是长期现象，则不论汇率关口守或不守，都不会有大的问题。一种情形是不守“7”，市场也不会破“7”；另一种情形是守“7”，因为有基本面支持，守“7”的成本较小，

成功的概率较大（如2018年底和2019年5月）；再一种情形是不守“7”，但即便短暂破“7”之后，也会随着内外部基本面和情绪面的好转重新升回7以内。

当时看来，前述三种情形交替出现将是大概率事件。但经历了“8.11”汇改之后，应该汲取的一个教训是，对哪怕是小概率的极端情形都要有所准备。如果出现了持续时间较长的前述第三种“差的情形”，即国内经济下行、美元指数走强和贸易摩擦加剧三者叠加，则可能给人民币汇率稳定带来压力。此种情形下，如果由市场决定，则人民币汇率很可能会出现超调；如果要进行调控，避免汇率的过度或异常波动，则意味着汇率维稳的成本提高。现在市场争辩的守与不守，应该是指第三种情形下的汇率政策选择。

理论上讲，汇率涨跌本身是有利有弊，不存在升值绝对好、贬值绝对不好的定论。同时，汇率不论固定、浮动还是有管理浮动，也都有利有弊，关于最优汇率选择的国际共识就是“没有一种汇率制度适合所有国家以及一个国家所有时期”。因此，汇率关口守与不守的选择没有绝对的优劣之分，而只有政策目标的取舍之别。理论上可以讨论各种政策选择的可能性，但一旦做出选择就是排他的。鉴于各种选择都不完美，现实中政府无论怎样做都不可能令所有人满意，都可能会被批评和质疑。这考验政府的政策定力。

对于市场来讲，一方面，要认识到市场汇率制度下，人民币汇率总是有涨有跌的，而不论涨跌都是有利有弊的。鉴于外汇市场是有效市场、汇率是随机游走的，因此，要克服浮动恐惧。另一方面，要认识到深化市场化汇率改革、增加汇率弹性是大势所趋，也不要去赌汇率的方向和政策的取向。而要进一步树立财务中性的意识，逐步培养提高自身控制货币错配敞口，管理汇率风险的能力。

第二节
人民币汇率破“7”是如期而至的调整

2019 年 8 月 5 日，中国外汇交易中心公布的美元兑人民币汇率中间价为 1 比 6.922 5，九点半，银行间市场一开盘便定在了 7.012 6。人民币汇率应声破“7”。

一、破“7”前夕汇市风平浪静

2019 年 7 月份，人民币汇率迎着美元升值压力在关口前强势盘整。全月，美元指数升值 2.5%，但在逆周期因子支撑下，月末人民币兑美元汇率中间价收在 6.884 1 比 1（见图 3–1–1），较上月末微跌 0.14%。中间价累计下跌约九厘钱（94 个基点），其中收盘价相对上日中间价偏弱累

图 3–2–1：银行间市场收盘价相对当日中间价的偏离
（单位：%；个基点）

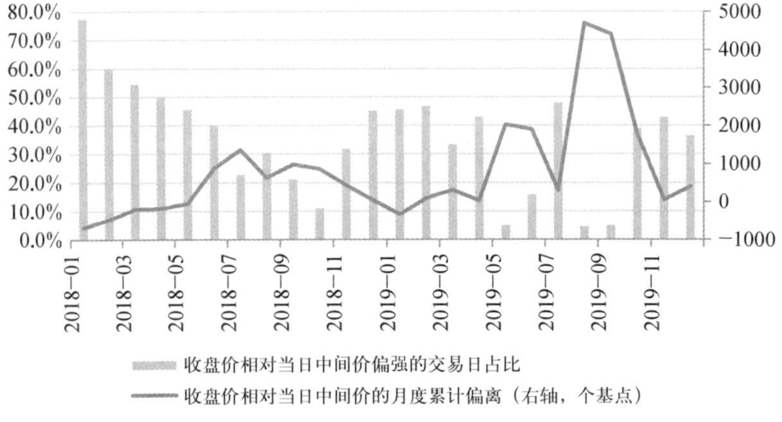

资料来源：中国外汇交易中心；WIND

计贡献了约三分钱（303 个基点）。月末，收盘价均强于 6.90，收盘价相对当日中间价偏弱的交易日占比为 47.8%，远高于 5、6 月份分别为 5.0% 和 15.8% 的水平（见图 3-2-1），显示贸易局势缓和改善了市场情绪。同期，中国外汇交易中心口径的人民币汇率指数累计升值 0.8%。

境内外汇供求关系基本平衡略有盈余。7 月份，反映境内零售市场外汇供求关系的银行即远期结售汇（含期权）合计由上月逆差 133 亿美元转为顺差 15 亿美元。同期，银行代客收汇结汇率为 67.2%，环比上升 5.4 个百分点；付汇购汇率为 68.7%，回落 1.5 个百分点（见图 3-1-2）。这显示，在人民币汇率破“7”前夕，市场结汇意愿上升、购汇动机减弱，并未出现一致性的贬值预期。

图 3-2-2：代客即远期结售汇差额（含期权）与涉外外汇收付差额的背离（单位：亿美元）

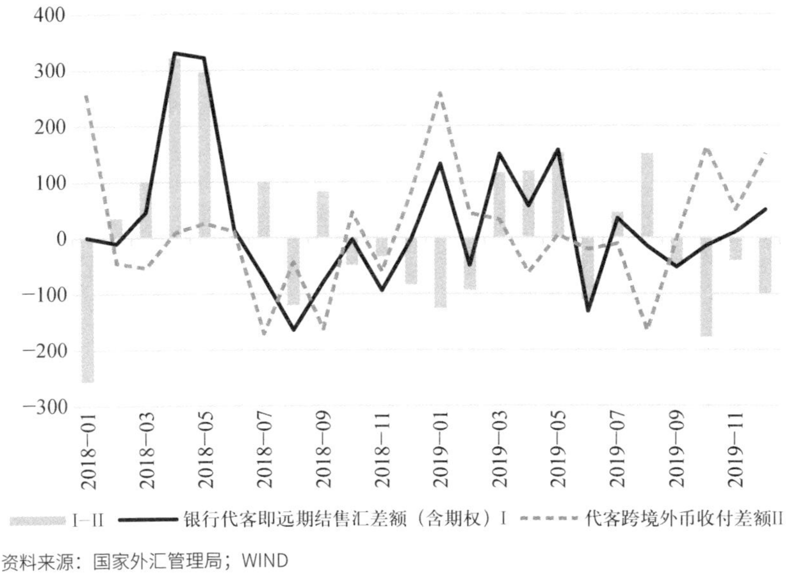

资料来源：国家外汇管理局；WIND

注：二者偏离为正值显示资本偏流入压力，二者偏离为负显示资本偏流出压力。

跨境资金偏流出压力有所缓解。7 月份，银行代客即远期结售汇（含期权）顺差 36 亿美元，较涉外外汇收付逆差多了 46 亿美元，跨境资金流动总体偏流入方向，上月两者缺口为负值 110 亿美元（见图 3-2-2）。

市场汇率风险对冲比率进一步下降。用 3 个月滚动平均的远期结售汇签约额与银行代客涉外外汇收付之比来衡量的外汇风险套保状况显示，7 月份，远期结售汇对冲风险的比例为 6.0%，环比回落了 0.1 个百分点，同比回落了 6.0 个百分点，也低于 2015 年 7 月的 11.2%（见图 3-2-3）。

图 3-2-3：境内远期结售汇对涉外外汇收付的套保比率
（单位：%）

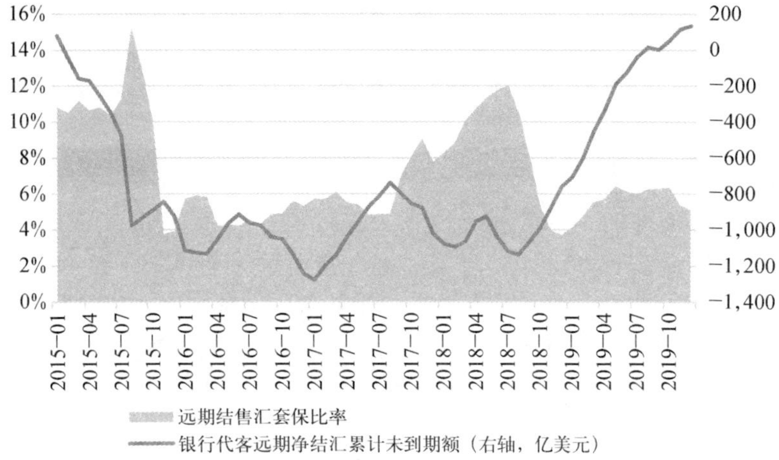

资料来源：国家外汇管理局；WIND

注：（1）远期结售汇套保比率 = 银行代客远期结售汇签约总额 / 银行代客涉外外汇收支总额；（2）前述数据均做 3 个月移动平均处理。

由此可见，7 月份境内汇率预期趋于稳定，人民币贬值压力有所缓解，外汇市场保持平稳运行。因此，8 月初，受消息面影响，人民币汇率交易价和中间价先后破“7”，是市场意料之外、情理之中的变化。显然，6 月底两国元首刚刚大阪会晤，重启经贸谈判。结果，才刚结束第十二轮在北京的磋商，还没有等到中国代表团回访，8 月初谈判又再度破裂，这可能是谁都没有意料到的事情，甚至包括美国代表团。

二、破“7”的政策与市场逻辑

（一）从政策的逻辑来讲，“7”守与不守各有利弊

如前所述，“8.11”汇改之后到 2019 年 5 月，人民币汇率交易价三次逼近 7 比 1。每到心理关口附近，市场便开始激辩守“7”还是破“7”。关于人民币汇率守“7”与破“7”孰优孰劣的问题，迄今没有过严谨的实证分析。理论上讲，汇率涨跌本身是有利有弊，不存在升值绝对好、贬值绝对不好的定论。同时，汇率不论固定、浮动还是有管理浮动，也都各有利弊，关于最优汇率选择的国际共识就是“没有一种汇率制度适合所有国家以及一个国家所有时期”。因此，在以市场供求为基础、有管理的浮动汇率制度框架下，人民币守“7”与破“7”的选择没有绝对的优劣之分，而只有政策目标的取舍之别。况且，因为边际收益递减、边际成本上升，任何一种政策选择实施的时间长了，都有可能会出现利弊权衡的动态变化，而非一成不变。

尽管守“7”还是破“7”在于政府一念之间，但最终选择破“7”并非无准备之仗。2016 年底，当人民币汇率离破“7”、外汇储备离破 3 万亿一步之遥时，市场曾掀起保汇率还是保储备之争。然而，2017 年，人民币汇率不跌反升、外汇储备止跌企稳，促成了汇率双向波动和市场预期分化。2018 年，人民币汇率先涨后跌，中间价最大振幅达到 11%，在国际货币基金组织公布的八大外汇储备货币中排名第五，甚至超过了同期美元指数 10.3% 的振幅。全年，境内外汇供求基本平衡，银行即远

期（含期权）结售汇逆差合计仅为119亿美元，而2015和2016年时各月动辄逆差成百甚至上千亿美元的规模。2019年5月，当人民币汇率第三次跌到7附近，当月顺差173亿美元，高于上月顺差27亿美元的规模（见图3-1-2）。外汇市场适应性增强，坚定了深化汇率市场化改革的信心，增强了政策上尝试破"7"的底气。

（二）从市场的逻辑来讲，多重均衡遭遇了坏的情形

理论上，汇率中长期走势取决于经济基本面，短期走势则取决于供求关系和市场情绪。市场经济的价值规律告诉我们，价值决定价格、价格围绕价值上下变动。在汇率由市场决定的情况下，市场汇率不可能自动稳定在均衡水平上，而是处于多重均衡状态，围绕均衡汇率上下波动。

如前所述，从7月份中国境内外汇市场的表现看，8月初人民币汇率交易价和中间价先后破"7"，是市场认为迟早要发生，却未能预见准确时点的调整。8月1日，美方在结束第十二轮磋商之后，对3 000亿美元中国进口商品发出关税威胁，再次触发了人民币汇率调整压力。8月2日，人民币汇率中间价开在6.899 6，交易价又跌破了6.90，人民币汇率再次濒临心理关口。

鉴于中美经贸关系时好时坏、动荡不居，这意味着在守"7"的情形下，心理关口将会被反复触及，人民币汇率将会在一个狭小的空间内反复震荡，不利于外汇市场自主出清。而只有增加人民币汇率的波动性，才有助于消除市场单边预期，更好发挥汇率的"稳定器"作用。

三、心理关口破了也就破了

境内美元兑人民币汇率交易价振幅逐渐收窄。银行间市场的日浮动区间管理，是指美元兑人民币汇率在中间价上下2%的区间内波动。

8 月 5 日，美元兑人民币汇率收盘价较当日中间价上涨了 1.63%（即人民币兑美元汇率下跌），较上日收盘价上涨 1.35%；最高价较当日中间价上涨 1.9%。6 日至 9 日，收盘价较当日中间价变化幅度、收盘价较上日收盘价变动幅度，以及最高价较当日中间价变化幅度均有所收敛（见表 3-2-1）。

表 3-2-1：美元兑人民币汇率变动情况

	收盘价较当日中间价变化幅度	收盘价较上日收盘价变化幅度	最高价较当日中间价变化幅度
8 月 5 日	1.63%	1.35%	1.9%
8 月 6 日	0.92%	−0.04%	1.3%
8 月 7 日	0.60%	0.13%	0.9%
8 月 8 日	0.58%	0.04%	0.8%
8 月 9 日	0.55%	0.11%	0.8%

资料来源：中国外汇交易中心；WIND

境内外汇市场未出现破“7”恐慌。从境内外汇率差价看，境外 CNH 相对境内 CNY 持续偏弱，但差价并未持续走扩。8 月 5 日，境内外差价由上一交易日的 347 个基点跳升至 633 个基点；6 日至 9 日，境内外差价分别为 216、413、328、463 个基点；13 日和 16 日甚至分别出现了 562 和 8 个基点的倒挂。从 1 年期无本金交割的人民币远期交易（NDF）看，8 月 5 日，其隐含的人民币汇率贬值预期为 2.4%；6 日至 9 日，人民币汇率贬值预期逐渐趋于收敛，分别为 1.8%、1.3%、1.2% 和 1.0%。从银行间市场询价交易成交情况来看，8 月 5 日至 27 日，银行间市场询价交易日均成交额为 295 亿美元，虽高于 6、7 月份日均成交 270 多亿美元的水平，却与 2018 年 8 月至 2019 年 5 月间每月日均成交 300

图 3-2-4：银行间市场询价交易日均成交额
（单位：亿美元）

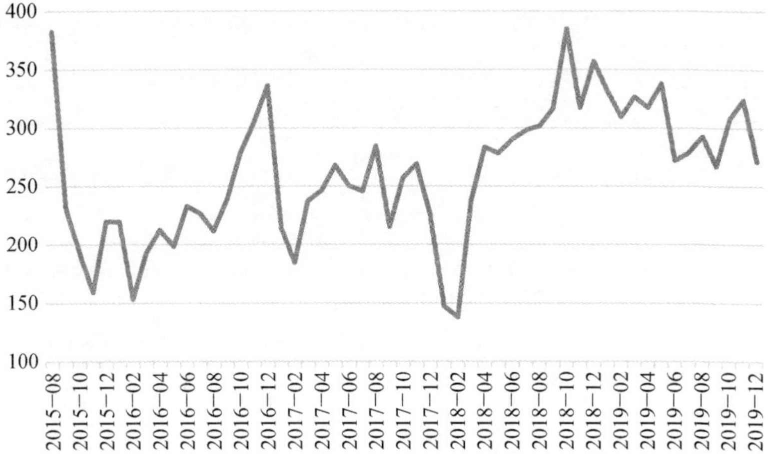

资料来源：WIND

多亿美元的水平基本相当（见图 3-2-4）。

破“7”的溢出效应基本是一过性的。人民币汇率破“7”首日，全球避险情绪大起，VIX 指数升至 24.6，较上日上升了 39.6%；避险货币如日元兑美元汇率、瑞郎兑美元汇率均出现升值，升值幅度分别为 0.6%、0.9%；避险资产价格如 10 年期美债收益率下跌 11 个基点，伦敦现货黄金价格上涨 1.6%；风险资产价格承压，道琼斯工业指数、伦敦富时 100 指数、日经 225 指数、恒生指数、上证综指以及伦敦布伦特原油现货价格分别下跌了 2.9%、2.5%、1.7%、2.9%、1.6% 和 2.7%；MSCI 新兴市场货币指数下跌 1%。但上述指标在次日均有所企稳（见表 3-2-2）。之后，海外延续金融震荡，则主要是受贸易局势紧张和全球经济前景看淡的影响，与人民币汇率破“7”并无直接关系。

表 3-2-2：人民币破“7”首周（8 月 5 日至 9 日）的溢出效应

		8月5日	8月6日	8月7日	8月8日	8月9日
避险情绪	标普 500 波动率指数	39.6%	−18.0%	−3.4%	−13.2%	6.3%
避险货币	日元兑美元汇率	0.6%	−0.5%	0.2%	0.2%	0.4%
	瑞郎兑美元汇率	0.9%	−0.3%	0.1%	0.1%	0.2%
避险资产	10 年期美债收益率（个基点）	−11	−2	−2	1	2
	伦敦现货黄金价格	1.6%	0.0%	2.8%	−0.7%	0.1%
风险资产	道琼斯工业指数	−2.9%	1.2%	−0.1%	1.4%	−0.3%
	伦敦富时 100 指数	−2.5%	−0.7%	0.4%	1.2%	−0.4%
	日经 225 指数	−1.7%	−0.7%	−0.3%	0.4%	0.4%
	恒生指数	−2.9%	−0.7%	0.1%	0.5%	−0.7%
	上证综指	−1.6%	−1.6%	−0.3%	0.9%	−0.7%
	伦敦布伦特原油现货价格	−2.7%	−1.3%	−5.9%	2.1%	0.2%
新兴市场货币	MSCI 新兴市场货币指数	−1.0%	0.0%	−0.1%	0.3%	−0.1%

资料来源：WIND；彭博

第三节
破“7”结果好于预期的原因分析

从 2015 年“8.11”汇改到 2019 年 5 月，境内人民币兑美元汇率三次逼近 7 比 1。每遇此关口，市场就会激辩守“7”还是破“7”。主张守

"7"的一个重要理由，是担心破"7"后汇率会一泻千里。然而，2019年8月5日和8日，人民币汇率交易价和中间价先后破"7"。当月，汇率振幅趋于收敛、市场预期基本稳定、外汇供求基本平衡。破"7"冲击波较快为市场消化和吸收，这与"8.11"汇改相比结果迥异。初步总结此次汇率政策调整的经验，对于继续深化汇率市场化改革具有重要参考价值。

一、中美经济周期由分化走向收敛

"8.11"汇改时，中国经济正处于2012年开始的经济下行阶段的初期，而美国处于2009年以来战后最长扩张周期的中期，两国经济走势分化。中美两国经济增速的差异由2011年的8.0个百分点降至2015年的4.0个百分点，回落了4个百分点。

2019年8月，当人民币汇率破"7"时，中国经济已进入震荡筑底阶段，而美国经济处于扩张周期的尾声，面临经济下行甚至衰退的风险。2018年，两国经济增速差异为3.7个百分点，较2016年仅回落了1.4个百分点。2019年上半年，中国经济累计同比增速与美国第二季度环比折年率的增速差异为4.3个百分点，较上年差异水平有所扩大。

二、中美货币政策周期分化趋于收敛

"8.11"汇改前后，为应对国内股市异动和经济下行压力，中国央行采取了普遍和定向降准，以及一次降息的操作，货币政策稳健略偏宽松，直到2016年底转向稳健中性。而美联储2013年中释放退出量化宽松货币政策信号后，自2014年起开始减少购债，2015年底起开始加息和缩表，导致中美利差收窄。2014年底，中美2年期和10年期国债收益率差分别约为260和150个基点，2015年7月底降至分别约为190和120个基点，2016年底进一步降至分别约为150和60个基点。

2018年以来，中国央行货币政策转向稳健，保持松紧适度、流动性合理充裕，而美联储自2018年底以来逐步转向，2019年7月底启动了首次预防性降息，中美货币政策周期开始趋同，两国利差重新扩大。2019年7月底，中美2年期和10年期国债收益率差分别约为90和110个基点，远高于2018年底分别约为20和50个基点的水平（见图3-3-1）。

图3-3-1：中美2年期和10年期国债收益率差异
（单位：个基点）

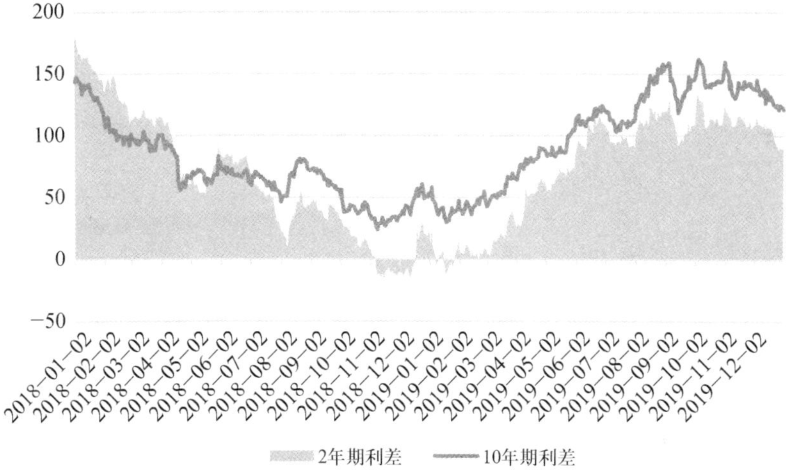

资料来源：中国债券估值中心；美联储；WIND

三、美元指数由加速升值转为高位盘整

2008年国际金融危机爆发以后，受低利率、宽流动性影响，美元指数一度持续走低，但自2011年7月起触底回升，2014年下半年升势加快。到2015年7月，美联储编制的广义名义和实际美元指数较2014年7月分别升值了15.5%和14.0%。而“8.11”汇改之前，人民币汇率保持基本稳定，随美元兑其他货币升值。同期，根据国际清算银行编制的人民币名义和实际有效汇率指数，较2014年7月分别升值了13.5%和

14.1%。2015 年 8 月至 2016 年底，名义和实际美元指数进一步升值了 9.0% 和 8.5%（见图 3-3-2），这使得“8.11”汇改后坚持参考篮子货币调节的人民币汇率 2016 年底跌至 7 附近。期间，人民币汇率中间价和收盘价分别累计下跌 11.8% 和 10.6%。

2017 年以来，美元指数有涨有跌，到 2019 年 7 月，名义和实际美元指数分别较 2016 年底下跌 2.4% 和 3.2%。同时，“8.11”汇改以来人民币汇率总体趋弱，又较多释放了前期美元升值给人民币汇率造成的调整压力。截至 2019 年 7 月，人民币名义和实际有效汇率指数较 2015 年 7 月分别回落了 8.2% 和 7.3%（见图 3-3-2）。

图 3-3-2：人民币与美元汇率指数走势

资料来源：国际清算银行；美联储；WIND

四、民间货币错配改善缓解贬值恐慌

2014 年之前，人民币经历了近二十年的持续单边升值。当时，市场主体有了外汇都赶紧换成人民币，用汇都借外汇对外支付，结果造成了民间部门较大规模的货币错配。截至 2015 年 6 月底，剔除官方储备资产后，中国民间对外净负债 2.37 万亿美元，相当于年化 GDP 的 21.8%。这导致市场对本币贬值敏感，因为贬值会增加对外偿债负担（日本是民间对外净债权，故市场对日元升值敏感，升值会导致境外资产缩水）。

“8.11”汇改之前，人民币汇率基本是外汇形势好的时候，小步快走、渐进升值，不好的时候，坚持人民币不贬值（如亚洲金融危机期间）或主动收窄波幅（如 2008 年底全球金融海啸后），因此，市场对于人民币贬值既无心理也无措施上的准备。“8.11”汇改后，因为坚持参考篮子货币调节、有管理浮动，而当时美元指数正处于强周期，这造成人民币汇率一路走低，触发了市场增加海外资产配置和加快美元债务偿还的行为，导致中国出现资本流向逆转，储备下降、汇率贬值。2015 年和 2016 年，国际收支口径的资本外流（含净误差与遗漏）规模每年达六千多亿美元，剔除估值影响后，外汇储备每年减少三四千亿美元。

然而，万事都有两面性。由于前期的藏汇于民和债务偿还，民间货币错配大幅改善。到 2019 年 6 月底，民间部门对外净负债略降至 1.18 万亿美元，与 GDP 之比为 8.5%，规模与占比分别较 2015 年 6 月底回落了 50.3% 和 13.3 个百分点（见图 3–3–3）。

同时，外债结构进一步优化。这里的“外债”是指具有契约性偿还义务的对外负债。“8.11”汇改后，中国曾经历了一轮较为集中的对外债务偿还，到 2016 年 3 月底外债余额才触底回升。到 2019 年 6 月底，中国外债余额为 19 980 亿美元，较 2016 年 3 月底增长了 46%。与“8.11”汇改之前相比，当前中国外债的期限和部门结构有所改善。从期限结构看，2019 年 6 月底，短期外债占比为 60.8%，较 2015 年 6 月底下降了 8.9 个百分点，为 2015 年初以来最低。从分部门数据看，期间所增外债余额中，近 80% 是广义政府部门和银行部门所借（见图 3–3–4）。

图 3-3-3：中国民间部门的货币错配状况

（单位：亿美元；%）

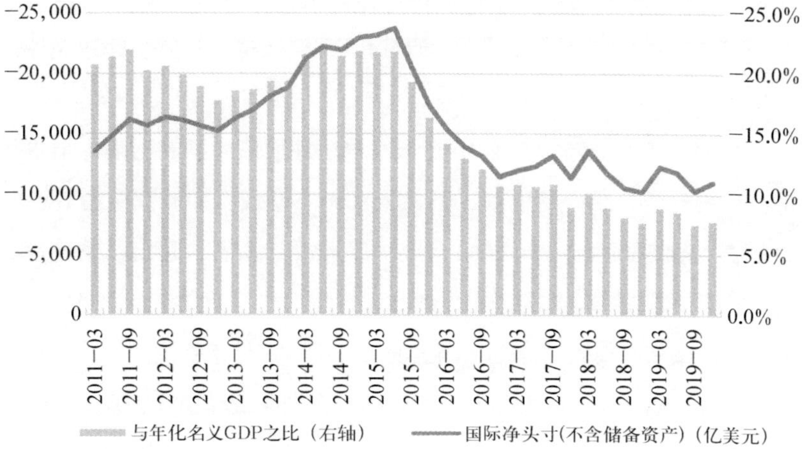

资料来源：国家外汇管理局；国家统计局；WIND

注：（1）民间部门货币错配 = 国际投资头寸的净头寸–储备资产；（2）年化名义 GDP 为往前 4 个季度滚动合计。

图 3-3-4：中国外债部门构成及短债占比

（单位：亿美元；%）

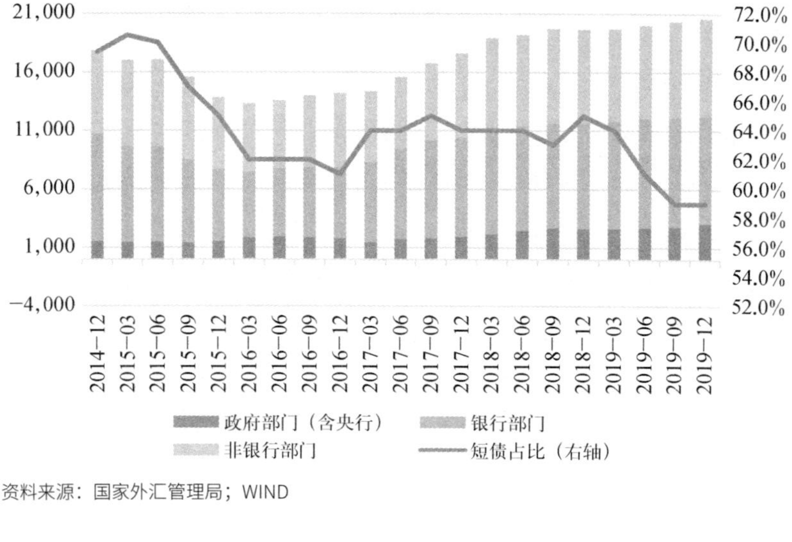

资料来源：国家外汇管理局；WIND

结合境外持有境内人民币金融资产数据进一步分析显示，广义政府部门增加的 1 255 亿美元对外负债，基本是同期境外增持境内人民币国债所致，政府对这部分外债不承担汇率风险。银行部门增加的 3 754 亿美元对外负债，其中 659 亿美元是境外增持境内人民币金融机构债券，银行对这部分外债不承担汇率风险；其他的主要是境外借用外币债务，但银行通常用作对内外汇转贷款或对外资产配置，不存在货币错配，也就没有汇率风险对冲的冲动。

五、市场金融风险总体趋于收敛

“8.11”汇改前夕，中国遭遇了股市异动，在外汇市场触发了恐慌性抢购和囤积外汇的行为。2015 年 7 月，银行即远期结售汇逆差由上月的 70 亿美元骤增至 564 亿美元。“8.11”汇改后，股市与汇市交叉传染，又形成了 2015 年第三季度和 2015 年底 2016 年初两波股汇双杀。其后，经过数年调整，到 2018 年底，上证综指和深成指均较 2015 年 5 月底跌去一半左右，沪深股市市盈率和市净率均已处于历史底部，中国股市的价值洼地开始显现（见图 3–3–5）。

根据十九大和第五次全国金融工作会议精神，2017 年底以来将防范化解金融风险列为三大攻坚战之一，推进去杠杆、严监管，在 2018 年引起了流动性收紧和局部市场动荡。之后，相关部门更加强调稳增长与防风险的平衡，注意把握监管节奏和力度。总体来看，中国金融风险由前几年的快速积累逐渐转向高位缓释，已经暴露的金融风险正得到有序处置，金融市场平稳运行，金融监管制度进一步完善，守住了不发生系统性金融风险的底线[1]。

---

1 中国人民银行，2019. 发布《中国金融稳定报告（2019）》[EB/OL] .2019–11–25. http://www.pbc.gov.cn/goutongjiaoliu/113456/113469/3927456/index.html。

图 3-3-5：沪深两市静态市盈率和市净率

（单位：倍）

资料来源：中证指数公司；WIND

六、市场适应汇率波动的能力明显增强

过去二十多年里，人民币汇率基本都是单边升值。“8.11”汇改后，形成了一段时期的单边下跌，但 2017 年人民币汇率不跌反升，打破了单边预期，促成了汇率双向波动和市场预期分化。在此情形下，人民币初步具备了低（升值）买高（贬值）卖的成熟货币特征，汇率“稳定器”作用正常发挥。2018 年，人民币汇率先涨后跌，尽管年底第二次遭遇“7”这个关口，但全年银行即远期结售汇（含期权）逆差仅为 119 亿美元。其中，6 至 12 月份受贸易摩擦升级影响，汇率快速下跌，同期逆差合计 574 亿美元，月均不到 100 亿美元，而 2015 年后 5 个月和 2016 年全年，每月即远期结售汇逆差都是数百亿，个别月份甚至上千亿美元（见图 3-1-2）。虽然守不守“7”在于一念之间，但遇“7”不过的经验证明了境内外汇市场的韧性，进一步坚定了政府深化汇率市场化改革的信心，增强了政策上尝试破“7”的勇气。

同时，市场主动降低汇率风险暴露。2019 年前 8 个月，银行代客结售汇率（即代客结售汇总额 / 代客涉外收付款总额）为 49.3%，为 2001 年以来最低。换句话说，今天银行代客涉外收付中，有一半多不用通过本外币的转换完成。其背后的原因有二，一个是用人民币跨境收付，如股票通业务项下进出都是人民币。前 8 个月，银行代客涉外收付中，以人民币收付的占比达到 25.6%，仅次于 2015 年占比 29.0% 的水平。另一个是用外汇跨境收付，即收入外汇后不结汇，而直接用于对外支付或者用境内外汇存款或贷款对外支付。同期，银行代客涉外收付中，以外汇收付的占比不低于 25.2%（此数由剔除人民币涉外收付和银行代客结售汇占比后所得，但鉴于银行结汇资金来源可能来自前期涉外外汇收入，银行购汇资金用途可能进入境内外汇账户，故外汇收付占比应该不低于 25.2%）。而无论用人民币还是外汇收付，于境内来讲都是对汇率风险的自然对冲，有助于增强抗汇率波动风险的能力（见图 3-3-6）。

此外，外汇存款变动发挥了蓄水池作用。2015 年 8 月至 2016 年 12 月人民币汇率单边下跌期间，境内外汇存款余额与月均人民币汇率中间价的相关性为 +0.531，这表明人民币越跌（直接标价法，意味着汇率数值升高），市场越多囤积外汇。当期，人民币累计下跌 11.6%，境内外汇存款增加 525 亿美元。2017 年 1 月至 2019 年 8 月人民币双向波动期间，境内外汇存款余额与月均人民币汇率中间价的相关性为−0.546，这表明人民币汇率越跌，市场反而更倾向于用外汇存款对外支付或者将外汇存款结汇。其中，2017 年全年，人民币累计升值 6.2%，境内外汇存款增加 281 亿美元；2018 年初至 2019 年 8 月，人民币累计下跌 6.1%，境内外汇存款减少 1 056 亿美元（见图 3-3-7）。

图 3-3-6：银行代客跨境收付的构成

（单位：%）

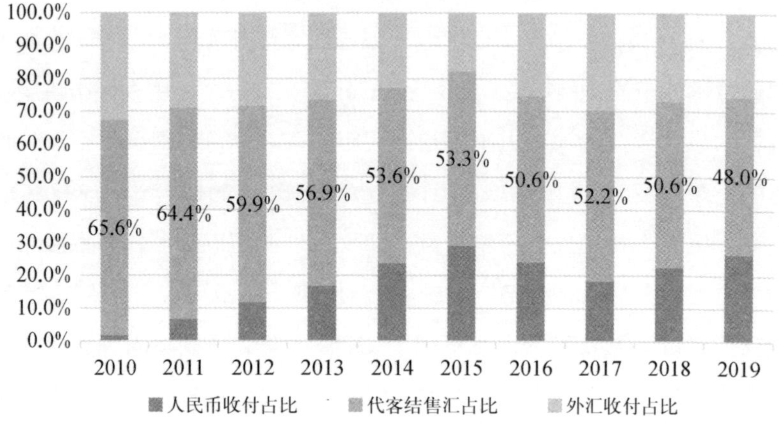

资料来源：国家外汇管理局；WIND

注：（1）代客结售汇占比 = 银行代客结售汇 / 银行代客涉外收支；（2）人民币收付占比 = 银行代客人民币涉外收付 / 银行代客涉外收支；（3）外汇收付占比 =1–代客结售汇占比–人民币收付占比。

图 3-3-7：银行境内外汇存款与月均人民币汇率中间价

（单位：亿美元；元人民币 / 美元）

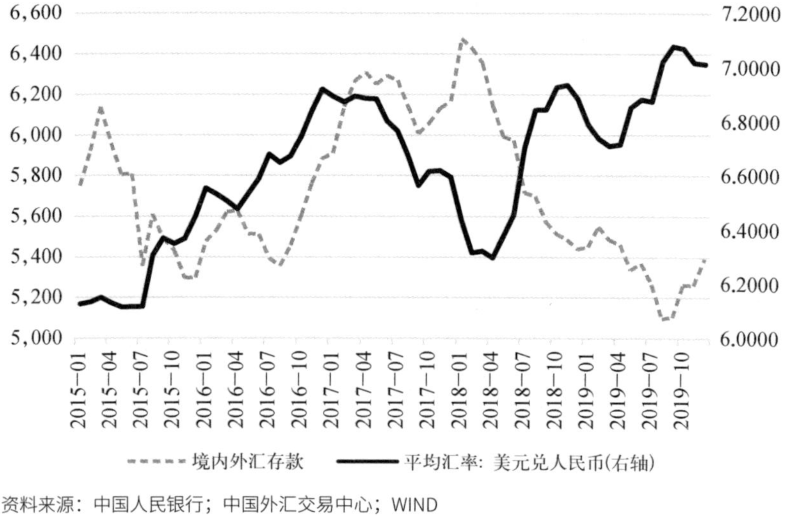

资料来源：中国人民银行；中国外汇交易中心；WIND

七、金融对外开放进一步取得积极进展

2015 年下半年以来，中国通过股票通、债券通、合格境外投资者（QFII、RQFII）等计划，既积极又稳妥地推进国内股票和债券市场开放，便利海外投资者配置人民币资产。2016 年底人民币正式纳入国际货币基金组织特别提款权篮子货币，成为国际认可的国际化货币。此后，人民币股票和债券陆续纳入全球指数且权重逐步提高，加之人民币债券高收益和股票低市盈率的价值洼地效应，吸引了境外投资者增加人民币资产配置。到 2019 年 7 月底，境外投资者持有 A 股流通市值占比为 3.8%，较 2015 年 7 月底上升了 2.3 个百分点；持有境内人民币债券占比为 3.4%，上升了 0.8 个百分点；持有国债占比为 8.2%，较 2015 年 7 月底上升了 5.5 个百分点（见图 3-3-8）。

图 3-3-8：境外投资者境内人民币金融资产配置占比

（单位：%）

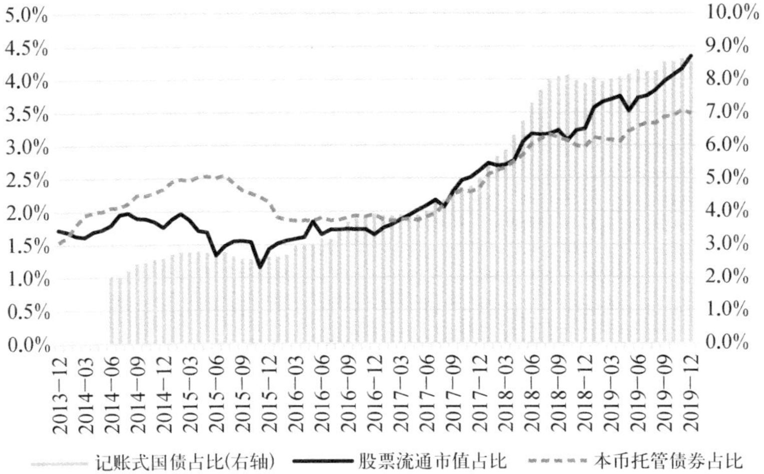

资料来源：中国证监会；中国人民银行；中债估值中心；WIND

八、政策调整的准备工作更加充分

一是虽然前三次遇“7”不过，但市场对于破不破“7”有过较为充分的讨论。8 月初因美方极限施压导致贸易谈判受挫，令人民币汇率再次承压出乎市场预料，但破“7”也在情理之中，并不完全让市场感到意外。

二是政府牢牢把握舆论工作的主动权。破“7”前夕，央行就主动释放“7”不是红线的信号，试探市场反应。如 6 月 8 日，易纲行长在日本参加 G20 财长和央行行长会议期间表示，“我不认为某个具体数字会比另一个更加重要。用数学语言来说，人民币汇率是一个连续和平滑的数字”[1]。此前的 5 月 27 日，周小川行长接受日本媒体采访时表示，“7”不见得要当作是汇率的底线，汇率也不必过分关注所谓整数位，中国依然坚持以市场供求为基础的汇率决定机制[2]。破“7”当日，央行立即通过答记者问方式对破“7”的原因、后市以及影响做了解释[3]。之后，央行、外汇局又通过领导访谈和吹风会等多种形式，反复对外宣传解读这次政策调整，安抚市场情绪、引导市场预期。

三是对于政策调整的后果似有预案。在破“7”当日，美国财政部将中国认定为“汇率操纵国”。美国这种乱贴标签的行为，不仅遭到了国际社会包括美国国内的广泛批评，中国政府对此也是立即做出反应，据理力争，避免了美国借机将贸易摩擦升级为金融层面上的对峙。

---

1 凤凰网，2019. 易纲罕见表态！汇率红线、贸易谈判等都有说法了［*/OL］，2019-06-08，http://finance.ifeng.com/c/7nKaWoeVVn9。

2 新浪财经，2019. 周小川：7 不见得要当汇率底线　不必过分关注整数位［*/OL］. 2019-05-31，https://finance.sina.com.cn/china/2019-05-31/doc-ihvhiews5987991.shtml。

3 中国人民银行，2020. 人民币汇率完全能够在合理均衡水平上保持基本稳定——中国人民银行有关负责人就人民币汇率问题答记者问［EB/OL］.2020-08-05，http://www.pbc.gov.cn/goutongjiaoliu/113456/113469/3869683/index.html。

四是此次政策调整应与国际组织有过沟通并获得了支持。国际货币基金组织早在6月初结束的与中国第四条款磋商时就明确表态，人民币汇率与中期基本面相一致，既无高估也未低估，并敦促中国实行更为灵活的汇率机制，以应对新的外部环境。8月9日，国际货币基金组织正式发布与中国第四条款磋商报告，再次重申了上述结论[1]。

九、贸易摩擦对外汇市场的冲击总体可控

中美贸易纷争是外部环境的新变化。自2018年6月两国经贸冲突升级以来，对中国外汇市场产生了一系列心理冲击。如2019年5月，受市场消息面影响，人民币汇率快速下跌，一举抹去前4个月的涨幅，收盘价也跌破6.90，第三次逼近心理关口。但当月市场结汇意愿上升、购汇动机稳定，银行即远期（含期权）结售汇顺差173亿美元，大于上月27亿美元的顺差（见图3–1–2）。6、7月份，由于中美两国元首会晤、重启经贸磋商，市场情绪改善。7月份，银行间市场收盘价相对当日中间价偏强的交易日占比升至47.8%，为2018年5月以来最高（见图3–2–1）。人民币汇率交易价又升回6.90，暂时脱离了“7”。

鉴于中美经贸纷争的长期性和复杂性，其对人民币汇率走势的影响将是多空交织、事件驱动。经济基本面变动决定汇率涨跌，但贸易磋商进展通过影响市场情绪，进而加剧汇率震荡：磋商进展顺利的时候，提振市场信心，推动人民币汇率回升；进展受挫的时候，则打压市场情绪，推动人民币汇率走低。随着市场对于中美贸易纠纷从缺乏心理准备到逐渐适应，意味着美方的极限施压政策效果减弱，对外汇市场的冲击降低。

---

1 IMF, 2019, People’s Republic of China: 2019 Article IV Consultation-Press Release; Staff Report; Staff Statement and Statement by the Executive Director for China［EB/OL］, 2019–08–09, https://www.imf.org/en/Publications/CR/Issues/2019/08/08/Peoples-Republic-of-China-2019-Article-IV-Consultation-Press-Release-Staff-Report-Staff-48576.

面对新的风险挑战，中国保持战略定力，在逆周期调节稳定总需求的同时，坚定推进供给侧结构性改革，扩大高水平对外开放，坚持走高质量发展道路。这增强了外国投资者信心。2018 年，在国内投资者情绪趋于悲观的情况下，境外的长钱和聪明钱却看好中国经济前景和潜力，大幅增持人民币金融资产，促成了 2019 年初的 A 股反弹行情。

十、央行外汇政策的市场信誉进一步增强

2018 年初暂停但 8 月底又重启中间价报价机制中的逆周期因子后，至今仍在发挥作用。2019 年 8 月 5 日至 9 月底，美元指数略涨 0.8%，人民币汇率中间价累计下跌了一毛七分钱（1733 个基点），其中收盘价相对中间价偏弱累计贡献了八毛四分钱（8376 个基点）。也就是说，即便不考虑美元走强的因素，仅因为收盘价偏弱，中间价就会要跌得更多。正如央行在 8 月 5 日的答记者问中所言："近年来在应对汇率波动过程中，人民银行积累了丰富的经验和政策工具，并将继续创新和丰富调控工具箱，针对外汇市场可能出现的正反馈行为，要采取必要的、有针对性的措施，坚决打击短期投机炒作，维护外汇市场平稳运行，稳定市场预期。人民银行有经验、有信心、有能力保持人民币汇率在合理均衡水平上基本稳定。"[1]

再一个原因就是宏观审慎的逆周期调控效果较为明显。2015 年"8.11"汇改当月，因贬值恐慌，银行代客远期购汇签约额飙升，市场未到期远期净购汇头寸也较上月翻了一番，这加大了即期市场银行购汇的压力。央行于 8 月 31 日公告，拟对开展远期购汇业务的银行收取 20% 的外汇风险准备，于 10 月 15 日正式实施。受此影响，9 月份，远期购

1 中国人民银行，2019. 人民币汇率完全能够在合理均衡水平上保持基本稳定——中国人民银行有关负责人就人民币汇率问题答记者问［EB/OL］.2019-08-05，http://www.pbc.gov.cn/goutongjiaoliu/113456/113469/3869683/index.html。

汇签约额降至 176 亿美元，环比下降 78%，10 月份进一步降至 53 亿美元。到 2017 年 8 月底，未到期远期净购汇头寸为 739 亿美元，较 2015 年 8 月底下降了 239 亿美元。2017 年 9 月 11 日，随着外汇形势好转，央行宣布将外汇风险准备降至 0，当月远期购汇签约额环比增长了 177%。到 2018 年 7 月底，未到期远期净购汇头寸为 1 120 亿美元，较 2017 年 8 月底增加了 381 亿美元。2018 年 8 月 3 日，为应对贸易摩擦冲击，央行又宣布将外汇风险准备升至 20%，当月远期购汇签约环比下降了 44%。到 2019 年 7 月底，未到期远期净购汇余额较 2018 年 7 月底减少了 1 079 亿美元，降幅达 96%（见图 3-3-9）。因为银行与客户签订远期购汇合约后，将在即期市场购入外汇进行掉期操作，远期净购汇头寸下降意味着银行这方面的购汇需求减少，相应增加了即期外汇供给。

图 3-3-9：银行代客远期结售汇签约及未到期远期净购汇余额

（单位：亿美元）

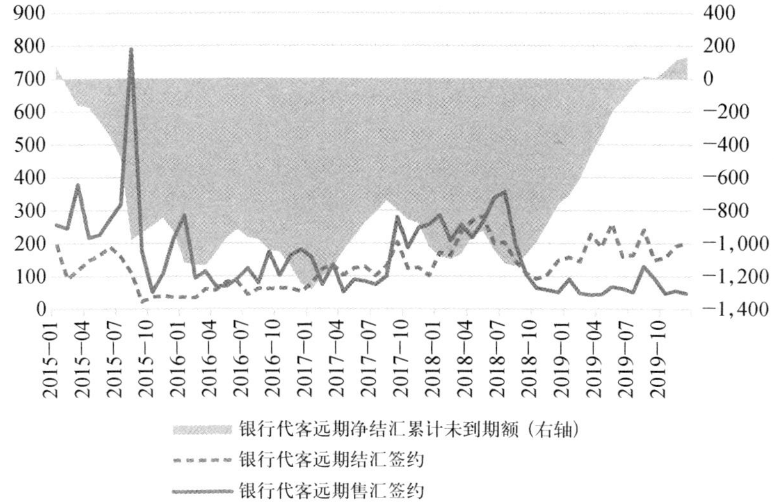

资料来源：国家外汇管理局；WIND

宏观审慎措施不仅对远期结售汇业务发挥了逆周期调节作用，还对整个外汇市场交易结构产生影响。根据外汇市场交易统计，2019 年前 8 个月，银行对客户交易中，即期交易占到 82.8%，较 2018 年上升了 1.6 个百分点，较 2015 年上升了 2.2 个百分点，这意味着衍生品交易占比相应减少。其中：远期和期权交易分别占到 7.7% 和 6.8%，较 2018 年分别下降 3.1 和上升 1.2 个百分点，较 2015 年分别下降 3.2 和上升 3.9 个百分点（见图 3–3–10）。国际上，银行对客户交易中，远期交易的占比通常高于期权（见图 3–3–11）。而在对衍生品交易征收 20% 的外汇风险准备的情形下，因外汇期权交易成本（减半缴纳）低于远期购汇，中国企业更倾向于使用期权工具进行汇率风险管理。如 2017 年 9 月至 2018 年 7 月暂停征收外汇风险准备期间，中国境内银行对客户交易中，远期和期权交易的占比分别为 13.0% 和 5.2%，前者占比明显高于后者；即期交易的占比为 79.8%，也为 2015 年以来最低（见图 3–3–9）。

图 3–3–10：境内银行对客户外汇市场交易的产品构成
（单位：%）

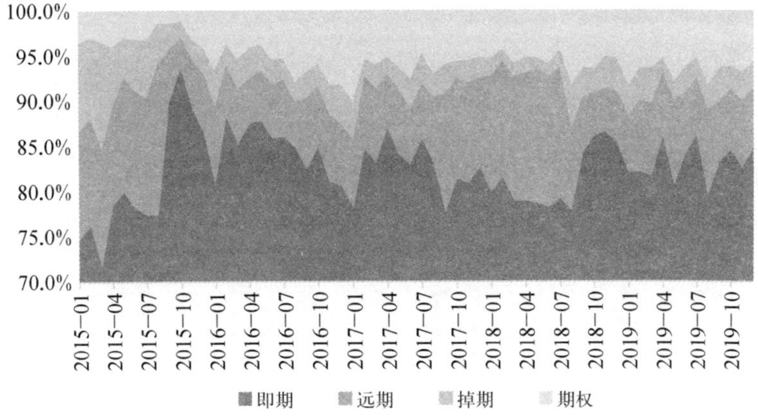

资料来源：国家外汇管理局；WIND

图 3-3-11：2019 年全球非银行金融机构及非金融客户外汇交易构成
（单位：%）

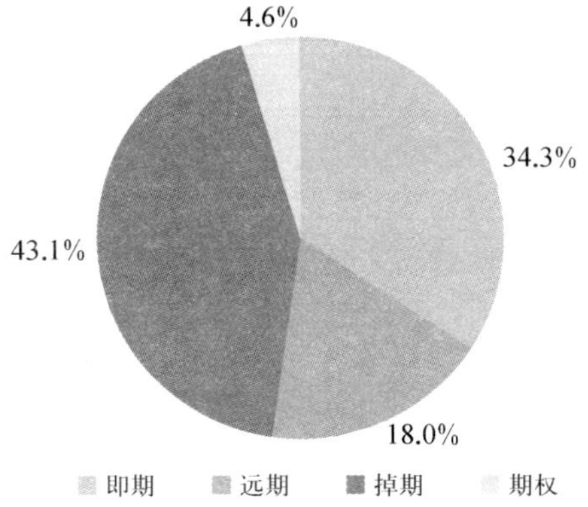

资料来源：国际清算银行

结语：不叫改革的改革

2015 年以来，在以市场供求为基础、有管理的浮动汇率制度框架下，人民币汇率政策有过两次大的调整。上次是 2015 年 8 月 11 日，央行发布公告，宣布完善人民币汇率中间价报价，由做市商每日参考上日收盘价，综合考虑国内外汇供求和国际主要货币汇率变化形成。之后，通过公布汇率指数、披露定价公式和引入逆周期因子，不断优化报价机制。因此，这算得上是一次汇率形成机制的改革，故又称“8.11”汇改。这次是 2019 年 8 月初，人民币汇率破“7”。这次没有对汇率机制做任何调整，央行只是 5 日当天配发了一个答记者问。因此，这只能算是纯粹的汇率政策调整，但其意义仍不亚于一次改革。

显然，在内外部不确定性、不稳定性较大，特别是中美经贸谈判进展曲折动荡的情况下，“7”这个心理关口将会被反复测试。现在突破心理关口后，打开了人民币汇率可上可下的弹性空间。至此，“8.11”汇改公告中确定的“增强人民币兑美元汇率中间价的市场化程度和基准性”目标[1]，在“8.11”汇改四周年之际，最终才算是修成正果了。

第四节
大国汇率政策协调的新范本

美国东部时间2020年1月15日，中美正式签署第一阶段经贸协议。协议第五章为《宏观经济政策、汇率问题和透明度》（以下简称“汇率章节”）。该章节共有13条，分为总则、汇率惯例（即双方在汇率政策上做出的承诺）、透明度，以及执行机制（即双方分歧解决机制）等四个部分。长期以来，汇率问题都是中美经贸关系中焦点、难点问题。这是双方首次以法律文本的形式，在共识、对等基础上对此进行规范。这不是新版的“广场协议”，而是双方的共同义务，创造了大国汇率政策协调的新范本。

一、这没有超出之前中美达成的基本共识

人民币汇率问题长期受到美方的关切。早在奥巴马政府时期，双方建立了中美战略经济对话机制（S&ED），汇率是其中的一项重要议题。

---

1 中国人民银行，2015. 中国人民银行关于完善人民币兑美元汇率中间价报价的声明［EB/OL］.2015-08-11，http://www.pbc.gov.cn/goutongjiaoliu/113456/113469/2927054/index.html。

公告全文为：“为增强人民币兑美元汇率中间价的市场化程度和基准性，中国人民银行决定完善人民币兑美元汇率中间价报价。自2015年8月11日起，做市商在每日银行间外汇市场开盘前，参考上日银行间外汇市场收盘汇率，综合考虑外汇供求情况以及国际主要货币汇率变化向中国外汇交易中心提供中间价报价。”公告发布时间为2015-08-11 09:25:09。

双方多次强调推进由市场决定的汇率制度，增强汇率灵活性以反映经济基本面。

2018 年底，中美两国元首在 G20 布宜诺斯艾利斯峰会期间会晤，重启中美经贸谈判，其中汇率问题就是磋商的一个重要内容，并较早达成了一致意见。

2019 年初“两会”记者招待会上，易纲行长介绍两国就汇率问题达成了四点共识，即尊重各自的货币政策主权、坚持汇率由市场决定、不搞竞争性贬值并就外汇市场保持密切沟通，以及按照国际透明度标准披露数据等[1]。只是 2019 年 8 月，节外生枝的“汇率操纵国”指控，才令此事又被纳入两国经贸磋商的议程。

二、汇率章节的内容充分体现了文本的平衡性

2019 年 5 月 11 日，刘鹤副总理在结束第十一轮中美经贸磋商后接受媒体采访时划出了中方的三条“红线”，表示双方的协议必须是平等、互利的，在重大原则问题上中方决不让步，中方三个核心关切问题必须得到解决，其中之一就是“文本平衡性”，要尊重国家尊严[2]。

在此次协议的“汇率章节”中，这一原则得到了充分展现。文中四个部分每一条款，都是指向“缔约一方”或者“缔约双方”，没有任何条款是有关单方面的权力或者义务。因此，“汇率章节”的内容通篇都是基于双方共识和共同义务，对于双方完全对等，并多次强调相互尊重，体现了平等互利的新型大国关系。

---

1 人民网，2019. 易纲：中美就人民币汇率在关键和重要问题上达成共识［EB/OL］，2019–03–10，http://lianghui.people.com.cn/2019npc/n1/2019/0310/c425476-30967515.html。

2 人民网，2019. 刘鹤在第十一轮中美经贸高级别磋商结束时表示　合作是正确选择，重大原则决不让步　坚决反对加征关税［EB/OL］，2019–05–11，http://politics.people.com.cn/n1/2019/0511/c1001-31079508.html。

三、恪守不竞争性贬值不会额外增加中方的执行负担

避免竞争性贬值以及避免将汇率用于竞争性目的，是“汇率章节”的核心内容。但这本就是二十国集团（G20）、国际货币基金组织（IMF）多边框架下各国做出的承诺。

汇率是两种货币之间的比价关系，因此，汇率政策天然具有外部性。一个国家采取怎样的汇率政策，不仅对本国，对他国也会产生影响。2008 年国际金融危机爆发，再度引发了国际社会对于货币战争、竞争性贬值的担忧。为此，作为危机后国际经济政策协调的重要平台，G20 领导人峰会宣言多次强调各国应加强在汇率问题上的协调。如 2016 年 G20 杭州领导人峰会宣言即写入：“我们重申，汇率的过度波动和无序调整会影响经济金融稳定。我们的有关部门将就外汇市场密切讨论沟通。我们重申此前的汇率承诺，包括将避免竞争性贬值和不以竞争性目的来盯住汇率”。而 2008 年危机以来，中国在恪守这项承诺方面，与 G20 任何经济体相比，都不遑多让。

同时，这也是 IMF 成员国需要遵守的一般义务。IMF 成立的宗旨之一，就是汲取 20 世纪两次世界大战期间货币战盛行、世界经济大萧条加剧的教训，维护国际间的汇率秩序。IMF 协定中明确规定，成员国应“避免通过操纵汇率或国际货币体系来阻止国际收支的有效调整或获得不公平的竞争优势”。

20 世纪 40 年代建立的是“双挂钩”（即美元与黄金挂钩、各国货币与美元挂钩）的国际货币体系——布雷顿森林体系。70 年代布雷顿森林体系解体后，国际货币体系进入了固定汇率与浮动汇率并行的时代，每个国家都有权利选择适合自己的汇率制度。“没有一种汇率选择适合所有国家以及一个国家任何时期”是关于最优汇率选择的国际共识。目前，IMF 近一半成员实行不同形式的有管理浮动汇率安排，另外一半实

行完全固定或者完全浮动的汇率安排。

自 1994 年初汇率并轨以来，中国采取以市场供求为基础的、有管理的浮动汇率制度，并不断提高汇率形成的市场化程度。在最新结束的 IMF 与中国 2019 年年度第四条款磋商后更是明确表示，人民币汇率与中期经济基本面相符，既没有明显高估，也没有明显低估。

四、坚持汇率由市场决定本我所愿也

"汇率章节"在总则部分提出：彼此尊重对方的货币政策自主权；双方认识到实行灵活汇率制度在可行情况下能够起到吸收冲击的作用；双方共同的目标是奉行增强经济基本面，提升透明度并避免不可持续的外部失衡的政策。在汇率惯例部分又提出：双方将实现并维持市场决定的汇率制度；双方避免大规模、持续的、单边的外汇干预，进行竞争性贬值或者锚定特定汇率水平。

前述共识符合中国一直主张的大国货币政策应该国内优先，以国内经济为主来考虑货币政策，关注的重点是如何使中国经济高质量地发展，同时控制住金融风险[1]。

至于增加汇率机制灵活性，坚持汇率由市场决定，本身符合人民币汇率形成机制改革的方向。2019 年 8 月，人民币兑美元汇率破"7"，尽管不涉及中间价报价机制和汇率浮动区间的调整，但打开了汇率可上可下的弹性空间，是中国汇率市场化改革的继续深化。2020 年初召开的央行工作会议再次提出，要坚持发挥市场在汇率形成中的决定性作用[2]。相

---

1 中国人民银行，2018. 易纲行长在 2018 年 G30 国际银行业研讨会的发言及答问［EB/OL］.2018-10-14. http://www.pbc.gov.cn/goutongjiaoliu/113456/113469/3643836/index.html。

2 中国人民银行，2020.2020 年中国人民银行工作会议在京召开［EB/OL］.2020-01-05，http://www.pbc.gov.cn/goutongjiaoliu/113456/113469/3955023/index.html。

反，美方尊重中国的市场汇率制度选择，也就意味着接受市场条件下人民币兑美元汇率的有涨有跌，而非只能涨不能跌。

至于说避免外汇干预，近年来中国汇率市场化改革取得显著成效，国际收支更趋平衡，央行已基本退出常态化干预。2019 年 8 月，美方对中国提出“汇率操纵国”的指责缺乏事实依据，既不符合 IMF 的认定，也不符合美国自定的三条量化标准（中国只符合对美贸易顺差过大的标准，但不符合外汇干预和经常项目收支平衡状况的标准）。并且，这违反了美国财政部的认定程序，在 2019 年上半年度国际汇率政策报告 5 月底发布不久仓促提出指控，导致通常每年 10 月发布的下半年度报告不得不被延期发布。所以，美方这种做法饱受诟病，被认为是犯了一个低级的政治错误。

五、在增加数据透明度方面中国已基本达标

本章的第三部分内容是关于数据透明度，双方应及时公布相关数据，包括国际储备、远期头寸、国际收支、进出口等数据，双方同意按时公布 IMF 第四条款磋商报告，同时继续参与 IMF 官方外汇储备货币构成调查。

这些透明度要求并不会额外增加中国的义务或者负担。经中国同意，IMF 已经开始定期公布与中国第四条款磋商报告，介绍对中国经济和宏观经济政策的全面评估情况。同时，为了提高中国宏观经济统计数据的透明度、可靠性和国际可比性，以及推动人民币加入特别提款权（SDRs）篮子货币，2014 年起，中国采纳了 IMF 数据公布特殊标准（SDDS），常态化公布宏观经济及汇率相关数据，并已经向 IMF 外汇储备币种构成（COFER）数据库报送数据。

此次协议中提出公布的数据均是中国已经公布的数据，且有些数据的公布时间还要早于协议中规定的时间。例如，中国季后两个月公布国际收支初步数据，季后三个月公布国际收支正式数据；每月例行公布货物和服务贸易数据，并在每月结束一周左右就公布外汇储备数据。2019年，中国首次公开披露外汇储备币种构成（延后5年）和投资收益（滚动10年）情况[1]。

六、市场沟通与纠纷解决机制为管控分歧创造了条件

本章的第二部分是关于汇率惯例，其中提出双方将就外汇市场情况、活动与政策进行沟通协商，并特别指出要就IMF对两国汇率政策的评估情况进行沟通。第四部分是关于双方分歧的解决。协议规定，如果双方在解决汇率问题方面出现分歧，由中国央行和美国财政部在经贸磋商中建立的双边评估和争端解决安排框架下解决；如果不能解决，则请IMF在其职责范围内协助解决。

协议这两部分条款从事前和事后，去政治化地为双方管控和解决在汇率问题上的分歧提供了明确路线和有效途径。这有助于双方增信释疑，有助于利用IMF权威和中立的立场遏制单边行径。

按照国际法，一国是否存在汇率操纵行为，本就该由IMF管辖。2019年8月5日美方将中国列为“汇率操纵国”，8月9日IMF即发布与中国第四条款磋商的年度报告，再次确认了中国不存在汇率操纵，并鼓励中国实行更加灵活的汇率机制，以应对外部环境的新变化。

2020年1月13日，美国财政部发布半年度国际汇率政策报告时，给中国摘掉“汇率操纵国”这个标签，也是这一做法不得人心的表现。取消这一指认，为中美汇率协议的有效执行创造了条件。

---

1 国家外汇管理局，2019.《国家外汇管理局2018年报》[N/OL]，2019-07-28，http://www.safe.gov.cn/safe/file/file/20190728/108d3e1d09ac4d52b99685e6aaa9c222.pdf?n=%E5%9B%BD%E5%AE%B6%E5%A4%96%E6%B1%87%E7%AE%A1%E7%90%86%E5%B1%80%E5%B9%B4%E6%8A%A52018。

EVOLUTION OF CURRENCY POLICY

CHAPTER 4

2020年
迎接新冠疫情冲击的大考

2019 年 8 月，人民币兑美元汇率破“7”。一般人看到的是，“事不过三”，人民币汇率终于在三次遇“7”不过之后，第四次还是破了，人民币汇率贬过了“7”。但是，作为业内人士，我们看到的是，汇率改革，机制比水平重要。人民币汇率跌破“7”这个重要的心理关口之后，打开了可上可下的空间，人民币汇率形成的市场化程度提高，弹性增加。2020 年初突如其来的新冠肺炎疫情在中国爆发，初步印证了汇率市场化程度提高带来的好处。

第一节
新冠疫情爆发中断人民币汇率的升值行情

2019 年底以来，受经贸纷争缓和、经济数据超预期影响，人民币汇率一路走强。然而，从 2020 年 1 月 20 日晚起，随着中央指示坚决遏制疫情蔓延势头[1]，各地相继采取疫情防控措施，以及对外披露的新冠病毒感染的肺炎疫情（以下简称新冠疫情）病例数激增，人民币升势戛然而止。

一、疫情爆发以来人民币兑美元汇率围绕“7”上下波动

2020 年 1 月 20 日之前，国内经济初步企稳、中美经贸冲突降级提振了市场信心，人民币汇率中间价和境内银行间外汇市场下午四点半收盘价（下同）重新升破“7”。然而，1 月 21 日之后，随着中国经济进入“抗疫”模式，人民币汇率转而下跌。截至 6 月底，虽然中国疫情防控取得重大战略成果，但人民币双边汇率走势总体依然偏弱（见图 4-1-1）。

1 月 20 日之前，人民币汇率延续了 2019 年底以来因国内经济初步触底、中美经贸冲突降温的升值走势，重新升回 7 以内。年初到 1 月 20 日，境内人民币汇率中间价和下午四点半收盘价（下同）累计分别升值 1.60% 和 1.53%，较 2019 年 8 月份破“7”之后的前期低点分别升值了 3.23% 和 4.62%。

1　人民网，2020. 坚决遏制疫情蔓延势头［EB/OL］.2020-01-21，https://baijiahao.baidu.com/s?id=1656309201601644782&wfr=spider&for=pc。

图 4-1-1：境内人民币汇率中间价与收盘价走势

（单位：元人民币 / 美元；个基点）

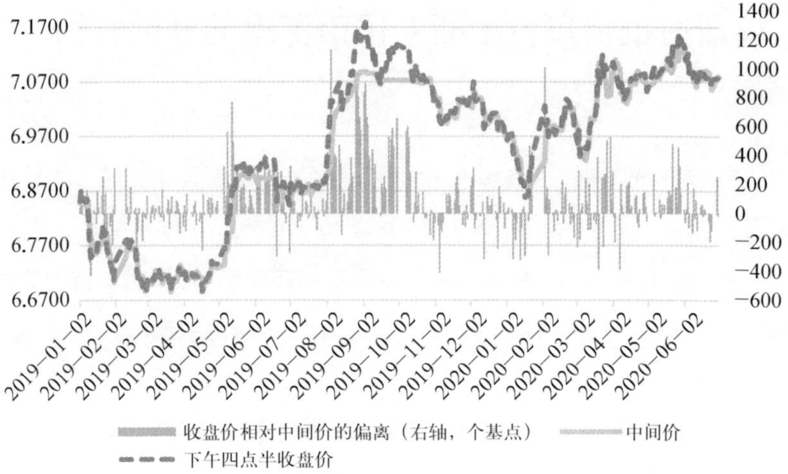

资料来源：中国外汇交易中心；WIND

注：偏离为负值表明收盘价偏强，为正值表明偏弱。

1 月 21 日之后，随着中国进入抗疫模式，人民币汇率逐渐走弱，到 2 月中下旬交易价和中间价重新跌破“7”。但 3 月上旬，随着国内疫情得到控制，海外疫情加速蔓延，人民币汇率再度升破“7”。

3 月中下旬，随着美股十天四熔断，全球金融动荡，美元指数飙升，人民币汇率又跌回 7 以下。尽管 3 月底以来受美国财政货币无底线刺激影响，美股大幅反弹，市场恐慌缓解，美元指数回调，但因中美经贸纷争升级等因素影响，市场情绪持续偏空，人民币汇率延续弱势。5 月底，人民币汇率中间价和交易价一度创下 12 年来的新低。

进入 6 月份，人民币汇率弱势有所好转。月末，人民币汇率中间价和收盘价分别为 7.079 5 和 7.074 1 比 1，较上月底分别上涨了 0.74% 和 1.01%。

2020 年上半年，人民币汇率中间价和收盘价分别累计下跌了 1.46%

和 1.53%。按照人民币汇率中间价定价公式：中间价 = 上日收盘价 + 篮子货币汇率走势 + 逆周期因子。上半年，美元指数升值 1.0%，人民币汇率中间价累计下跌一毛钱（1033 个基点），其中收盘价相对中间价偏弱贡献了三毛两分钱（3157 个基点）。也就是说，若无逆周期因子调节，人民币汇率将跌更多。

虽然人民币双边汇率走势上下波动、总体偏弱，但是，一方面，美元继续扮演传统避险角色，大部分非美货币兑美元汇率均呈现弱势的情况下，人民币对主要贸易伙伴的多边汇率保持了基本稳定。上半年，中国外汇交易中心公布的 24 种外币人民币交易的汇率中间价中，人民币对外贬值的有 9 种，幅度最大的也仅有 3.2%（兑瑞士法郎）（见图 4–1–2）。同期，万得人民币汇率预估指数累计升值 0.6%，最多累计升值 4.5%（到 3 月 23 日美股逆转前夕）。前 5 个月，国际清算银行编制的人民币

图 4–1–2：中国外汇交易中心公布的外币人民币汇率中间价最大振幅
（单位：%）

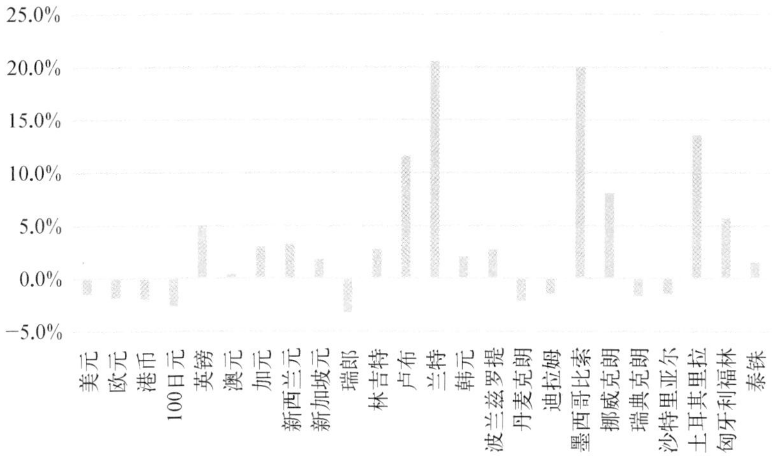

数据来源：中国外汇交易中心；WIND

名义和实际有效汇率指数分别累计上涨 1.9% 和 1.0%。

另一方面，在全球金融市场动荡加剧的情况下，人民币汇率的波动性总体趋于收敛。2019 年，人民币汇率中间价最大振幅为 6.0%，虽小于上年的 11.0%，但在国际货币基金组织披露的八种主要储备货币中排名第四，较上年提高了一位。这八种货币的平均最大振幅由上年的 11.6% 降至了 6.6%（见图 4-1-3）。2020 年新冠疫情爆发以来，人民币汇率随着内外部形势发展变化继续双向波动，但上半年最大振幅仅有 4.0%，在八种主要储备货币中排名最后，且远低于八种货币的平均最大振幅 10.6%（见图 4-1-3）。

图 4-1-3：主要储备货币的汇率最大振幅

（单位：%）

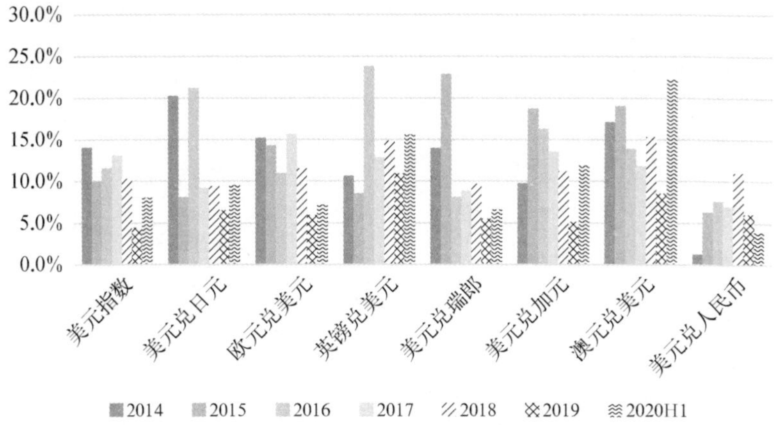

资料来源：美联储；中国外汇交易中心；WIND

二、人民币汇率基本随行就市成为吸收内外部冲击的减震器

及时释放了贬值压力，避免了贬值预期的积累。从 1 年期无本金交割远期（NDF）人民币兑美元交易隐含的汇率预期看，以中间价或收盘

价跌破 6.90 为标志，可以观察到：第一次遇 7 不过的 2016 年 11 月 24 日至 2017 年 1 月 13 日期间，日均贬值预期为 2.63%；第二次遇 7 不过的 2018 年 10 月 8 日至 12 月 3 日期间，日均贬值预期为 1.35%；第三次遇 7 不过的 2019 年 5 月 17 日至 6 月 19 日，日均贬值预期为 0.79%；破“7”初期的 2019 年 8 月 2 日至 12 月 25 日期间，日均贬值预期为 0.74%；疫情爆发以来的 2020 年 1 月 21 日至 6 月 30 日，日均贬值预期为 0.42%（见图 4-1-4）。

图 4-1-4：2015 年 6 月初以来 1 年期 NDF 隐含的人民币汇率预期

（单位：元人民币 / 美元；%）

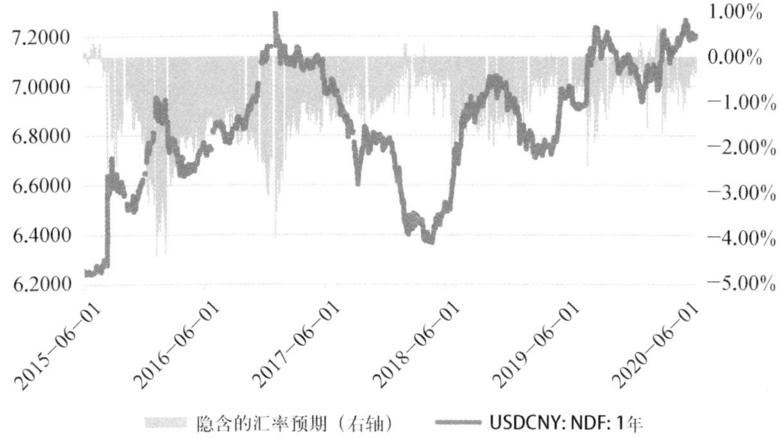

数据来源：中国外汇交易中心；WIND

注：（1）隐含的汇率预期 = 中间价 /（1 年期 NDF–1 年期人民币美元掉期报价 *0.0001）–1；（2）为负值表明人民币贬值预期，为正值表明人民币升值预期。

外汇市场低（升值）买高（贬值）卖的汇率杠杆调节作用正常发挥。2020 年前 5 个月，市场结汇意愿增强，购汇动机减弱：银行代客收汇结汇率平均为 67.4%，较 2019 年 12 月份上升了 5.9 个百分点；付汇购汇率为 62.7%，回落了 0.9 个百分点。同期，银行即远期（含期权）

结售汇顺差各月均为顺差，累计顺差774亿美元，同比增加1.12倍（见图4-1-5）。这表明人民币汇率承压并非因为境内外汇供不应求，而是各种消息面利空造成的市场情绪偏空（包括疫情发展、中美经贸关系、地缘政治冲突等）。年初至1月20日，收盘价相对于当日中间价偏强的交易日占比为61.5%，1月21日至6月30日该项占比降至34.6%（见图4-1-1）。

图4-1-5：2019年初以来境内外汇市场供求状况及结售汇动机

（单位：%；亿美元）

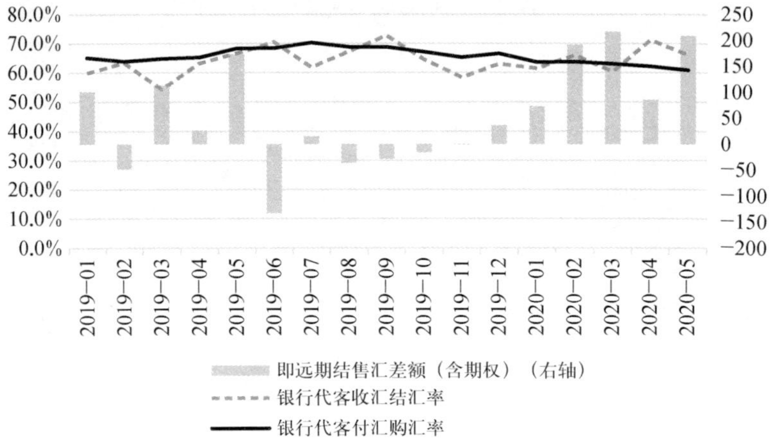

数据来源：国家外汇管理局；WIND

注：（1）即远期结售汇差额（含期权）= 即期结售汇差额 + 未到期远期净结汇变动额 + 未到期期权 Delta 净敞口变动额；（2）代客收汇结汇率（或付汇购汇率）= 代客结汇（或售汇）/ 代客涉外收入（或支出）。

而且，自2017年人民币汇率止跌企稳、打破单边贬值预期以来，国内股市与汇市的关系也变得不确定，显示两个市场间的相互影响减弱。如2016年11月24日至2017年1月13日期间，上证综指与人民币汇率中间价之间（两者取自然对数，下同）负强相关性达0.638（俗称“股汇双杀”）；2018 年 10 月 8 日至 12 月 3 日期间，两者负弱相关性为 0.267；2019 年 5 月 17 日至 6 月 19 日，两者转为正弱相关性 0.095；2019 年 8 月 2 日至 12 月 25 日期间，二者正弱相关性为 0.372；疫情爆发以来至 6 月 30 日，两者又为负弱相关性 0.413（见图 4-1-6）。

图 4-1-6：2015 年初以来上证综指与人民币汇率中间价
（单位：元人民币 / 美元）

资料来源：上海证券交易所；中国外汇交易中心；WIND

需指出的是，尽管疫情爆发以来，国内股市和汇市再现同涨同跌，但与 2015 年 8 月份和 2015 年底 2016 年初的那两波股汇双杀性质不同。前两波股汇双杀主要反映了一个市场下跌酿成的市场恐慌向另一个市场的传染，而这次主要是疫情造成的不确定性这一共性因素，引发了风险资产的同向调整。

此外，正是因为人民币汇率双向波动体现了汇率机制的灵活性，以及人民币多边汇率稳定体现了非竞争性贬值的基本立场，故虽然 2020 年 5 月份人民币汇率创下近 12 年来的新低，但美方根据年初达成的经贸协议中的汇率共识，并未对中国提出“货币操纵”的质疑。

三、全球股灾引发的资本流动冲击程度远低于数年前

根据国家外汇管理局公布的数据，2020 年一季度，经常项目逆差 337 亿美元，剔除储备资产变动后，非储备性质金融账户为逆差 139 亿美元，较上年同期扩大了 455 亿美元（见图 4-1-7）。一季度，中国民间出现了资本外流。

图 4-1-7：季度国际收支主要项目构成

（单位：亿美元）

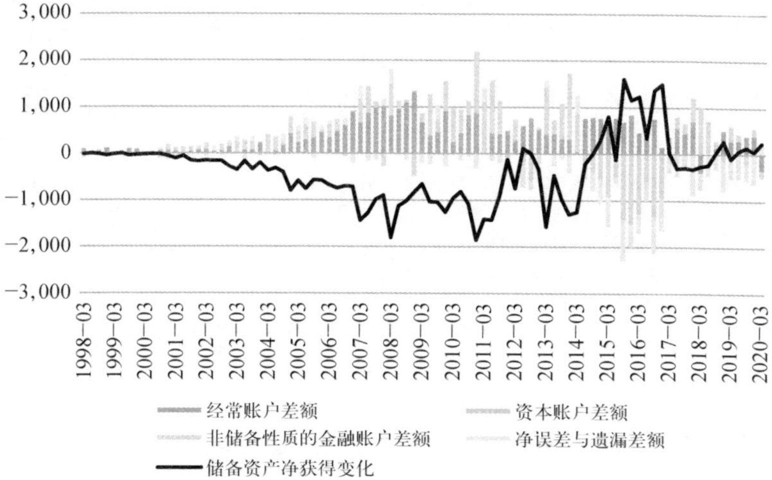

资料来源：国家外汇管理局；WIND

注：（1）图中资本账户差额为狭义的资本账户差额，指资本项下的单方面转移如债务减免等；（2）储备资产净获得额变化为负，表明储备资产增加；为正，表明储备资产减少。

这在历史上并非罕见。自 1998 年一季度至今，89 个季度中有 30 个季度非储备性质金融账户差额为负，占到 33.7%。其中，自 2015 年“8.11”汇改以来至今的 19 个季度中有过 9 次，占到 47.4%。上次为 2019 年三季度，逆差 235 亿美元，规模超过了此次（见图 4-1-7）。

按第五版国际收支手册（BPM5）的口径（现在用的是第六版口径，将储备资产变动包含在金融账户内，第五版则是金融账户中不含储备资产变动），本季是中国首次出现了国际收支“双逆差”。不过，若将净误差与遗漏正值226亿美元考虑进来，当期非储备性质金融账户顺差87亿美元，仍是资本内流（见图4–1–7）。当然，净误差与遗漏正值既可能高估了经常项目逆差，也可能是低估了资本流入或高估了资本流出。

另外，考虑到4、5月份国际收支口径的货物和服务由一季度逆差239亿转为顺差合计1 003亿美元，预计二季度经常项目将会重新顺差，“双逆差”消失。估计，全年仍有望维持经常项目顺差、资本项目逆差的国际收支总格局。

非储备性质金融账户差额是由资产方境内对外投资净额与负债方境外来华投资（即利用外资）净额轧差而来的。从这个角度看，一季度资本外流，不是因为外资撤离（又称“债务偿还”），而是对外投资增加（又称“藏汇于民”）。其中：对外投资（资产净获得）净流出763亿美元，利用外资（负债净获得）净流入624亿美元。一季度资本外流规模扩大，主要也是有因为对外投资净流出增加。其中：对外投资净流出同比增加为正贡献116.7%，利用外资净流入增加为负贡献16.7%（见图4–1–8）。

进一步分析对外投资项目构成，一季度净流出的主要渠道是对外证券投资和直接投资。其中，对外证券投资净流出为正贡献67.5%，对外直接投资净流出为正贡献23.6%，对外金融衍生品交易和其他投资的净流出合计为正贡献8.9%。当期，对外投资净流出同比增加的主要原因，是对外证券投资和其他投资净流出扩大。其中，对外证券投资净流出扩大，为正贡献66.5%；对外其他投资净流出扩大，为正贡献34.1%（见图4–1–9）。同期，对外直接投资净流出减少，为负贡献5.7%，表明中国未出现内企加速外迁的全球产业链重构。

图 4-1-8：季度国际收支非储备性质金融账户主要构成（交易发起方）
（单位：亿美元）

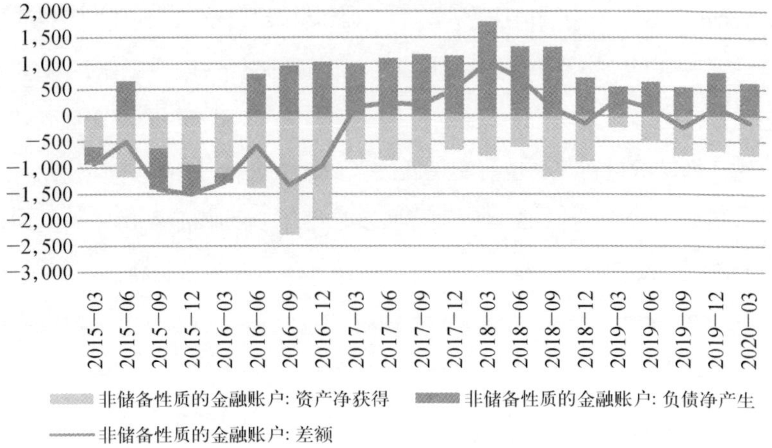

资料来源：国家外汇管理局；WIND

图 4-1-9：季度非储备性质金融账户对外投资净额主要构成
（单位：亿美元）

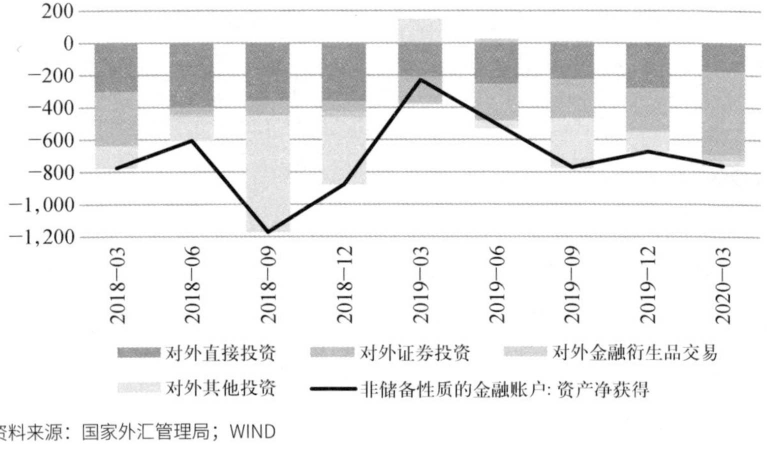

资料来源：国家外汇管理局；WIND

此外，一季度外来直接投资净流入同比下降 28%（见图 4-1-10），主要是因为股权投资净流入下降 34%。这主要反映了疫情对外商投资企业商务活动及其盈利状况的短期影响，不意味着外企撤资的全球产业链重构已发生。据统计，4、5 月份中国以美元计价的实际利用外商直接投资连续同比正增长，令前 5 个月的累计降幅由一季度的 12.8% 收敛至 6.2%；前 5 个月，规模以上工业企业中，外商投资企业实现利润同比下降 18.4%，这减少了同期的外企利润再投资，反映为一季度投资收益支出同比下降 28.9%。

图 4-1-10：季度国际收支非储备性质金融账户外来投资净额主要构成（单位：亿美元）

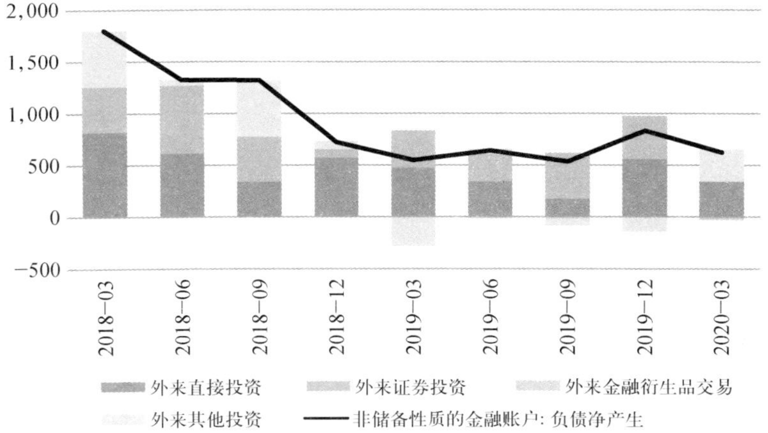

资料来源：国家外汇管理局；WIND

如前所述，无论从哪个维度看，跨境证券投资（包括股票和债券投资）逆差都是一季度中国资本外流的重要影响因素。

横向看，一季度，跨境证券投资逆差主要源于股票投资净流出。其中，对外股票投资净流出 359 亿美元，外来股票投资净流出 106 亿美元，两者合计跨境股票投资净流出 465 亿美元，为正贡献 87.5%；对外债券投资净流出 156 亿美元，外来债券投资净流入 89 亿美元，两者合计跨境债券投资净流出 66 亿美元，为正贡献 12.5%（见图 4–1–10）。

纵向看，一季度，跨境证券投资逆差同比增加主要也是因为跨境股票投资净流出扩大。当期，对外股票投资净流出同比增加 380 亿美元，外来股票投资净流出增加 310 亿美元，两者合计跨境股票投资净流出同比增加 690 亿美元，为正贡献 94.9%；对外债券投资净流出同比减少 27 亿美元，外来债券投资净流入减少 63 亿美元，两者合计跨境债券投资净流出同比增加 37 亿美元，为正贡献 5.1%（见图 4–1–11）。

图 4–1–11：季度跨境证券投资主要项目构成

（单位：亿美元）

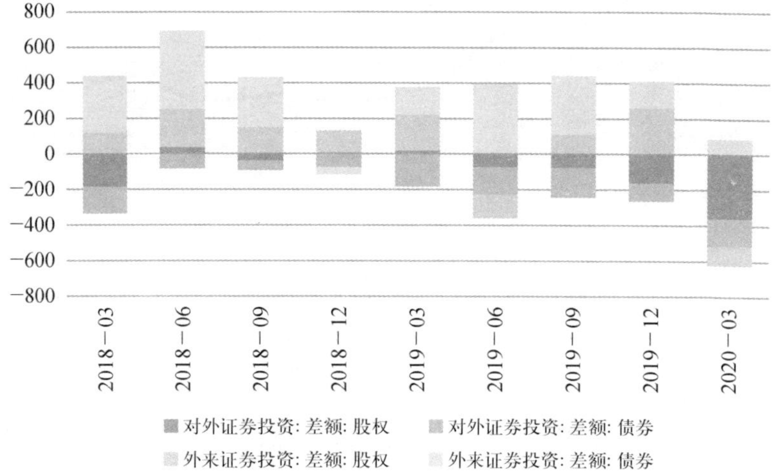

资料来源：国家外汇管理局；WIND

中国外来和对外证券投资均出现净流出，反映了疫情冲击下，全球股市暴跌、市场恐慌造成的传染效应（详见本书第五章“疫情应对与央行货币政策”的讨论）。但是，由于境外持有的境内人民币债券资产主要配置国债、政策性金融债和银行同业存单等高信用等级债券，与人民币股票资产相比，风险资产属性较低，故外来债券投资的波动性相对较小。同期，在外来股票投资净流出同比增多情况下，外来债券投资仍维持了净流入且同比降幅较小。

据国际货币基金组织统计数据显示，截至2020年一季度末，全球披露的人民币外汇储备余额2 215亿美元，较上年末增加56.7亿美元，占到全球已分配外汇储备余额的2.02%，占比创历史新高。这反映了同期境外央行增持人民币债券的影响。在当季全球金融市场剧烈动荡，投资者无差别抛售一切可变现资产的情况下，境外持有人民币债券依然增加，初步凸显了人民币债券的避险资产角色。

长期以来，由于对外负债在民间、对外资产在官方（主要是外汇储备资产形式的运用），剔除储备资产后，中国民间对外净头寸为净负债。非储备性质金融账户为逆差，本意味着民间对外净负债增加。但到2020年一季度末，不含储备资产的对外资产（即民间对外资产）减少364亿美元，对外负债减少923亿美元，民间对外净负债余额10 430亿美元，较上年末减少559亿美元。期末，民间对外净负债与年化名义GDP之比为7.5%，较2019年末回落了0.2个百分点，较2015年二季度末回落了14.2个百分点（见图4-1-12）。

通过国际收支平衡表与国际投资头寸表的勾稽关系可知[1]，当期民间对外净负债减少主要是由于非交易引起的变动，其中："非交易引起的变动"贡献了75.2%，"交易引起的变动"贡献了24.8%。其中，估计因当季人民币汇率中间价下跌1.54%，导致以人民币计价的外来直接投资

1　管涛：《汇率的本质》，中信出版集团2016年版，第50—54页。

图 4-1-12：季末非储备对外净头寸及其与年化名义 GDP 之比

（单位：亿美元；%）

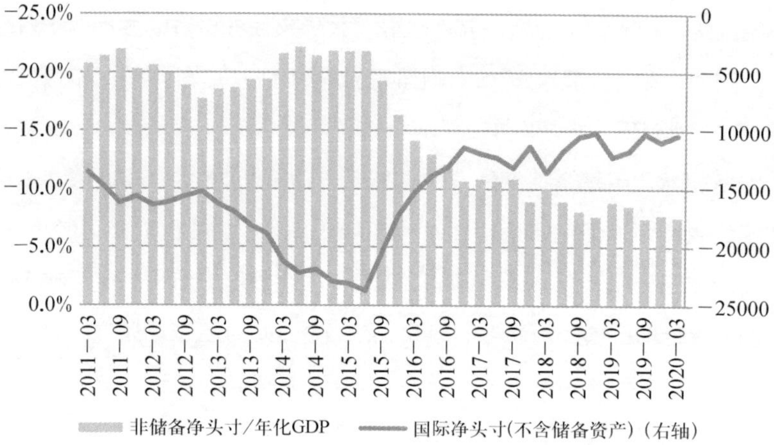

数据来源：国家外汇管理局；国家统计局；WIND

注：年化名义 GDP 为往前 4 个季度名义 GDP 滚动合计。

的股权投资存量、人民币外债余额以及境外持有境内人民币股票资产三项合计，折美元后约缩水 570 亿美元，约占同期“非交易引起的变动”的 37%（见表 4-1-1）。

表 4-1-1：一季度非储备性质的对外金融资产负债变动的构成

（单位：亿美元）

	2019 年末	2020 年 3 月末	期间余额变动	交易引起的变动额	非交易引起的变动
净头寸	−10 989	−10 430	559	139	420
资产	44 916	44 551	−365	763	−1 127
1. 直接投资	20 945	20 895	−50	180	−230
2. 证券投资	6 460	6 408	−52	515	−567
3. 金融衍生工具	67	105	37	35	2

续 表

	2019 年末	2020 年 3 月末	期间余额变动	交易引起的变动额	非交易引起的变动
4. 其他投资	17 443	17 143	−300	32	−332
负债	55 905	54 981	−924	624	−1 547
1. 直接投资	29 281	29 064	−217	343	−560
2. 证券投资	13 646	12 632	−1 014	−106	−908
3. 金融衍生工具	65	119	54	−11	66
4. 其他投资	12 913	13 166	253	309	−56

数据来源：国家外汇管理局；WIND

注：（1）期末余额 = 期初余额 + 交易引起的变动 + 非交易引起的变动；（2）期末和期初余额对应的是国际投资头寸表（IIP）的相应项目；（3）"交易引起的变动"对应的是国际收支平衡表中金融账户的相应项目（含储备资产变动）；（4）"非交易引起的变动"主要是指汇率和资产价格变动引起的估值变化，以及统计调整。

"8.11"汇改之初的 2015 年第三季度至 2016 年第二季度，因人民币意外贬值，中国遭遇了持续三个季度的"藏汇于民"与"债务偿还"同时发生引起的大规模资本外流，民间对外净负债与年化名义 GDP 之比累计下降了 7.7 个百分点（见图 4-1-8 和图 4-1-11）。显然，2020 年一季度因全球股灾引发的资本外流，无论规模还是程度，较当时都要小得多、轻得多。同时，民间货币错配的继续改善，进一步增强了破"7"之后市场对于汇率双向波动的适应性和容忍度。

四、基本面因素对人民币汇率的积极影响或将逐步显现

如前所述，2020 年上半年人民币汇率走弱并非外汇供不应求，而是受到内外部消息面利空的影响。下阶段，基本面利多人民币汇率稳定的因素正在逐渐积聚：

一是中国经济复苏的领先优势。3 至 6 月份，中国制造业采购经理人指数已连续 4 个月处于荣枯线以上，主要经济指标逐月环比改善，4、5 月份出口和 FDI 表现好于预期，显示中国经济在稳步重启、加快修复。

二是中国改革开放的制度红利。正在稳步推进的供给侧结构性改革和高水平对外开放，加之中国是少数几个财政货币政策处于正常状态的主要经济体，有助于增强中国金融市场的吸引力，提升人民币资产的估值中枢。

三是金融动荡缓解的外部环境。截至 6 月 30 日，标普 500 波动率指数（VIX）和泰德利差（即 3 个月美元 Libor 与 3 个月美债收益率之差）较前期高点分别回落了 63% 和 90%；5 月 28 日至 7 月 1 日的连续五周时间，美联储与外国央行的货币互换额度减少了一半，美元指数也从高位回落了 5% 以上（见图 4-1-13）。

图 4-1-13：2020 年上半年美联储资产变动情况

（单位：亿美元）

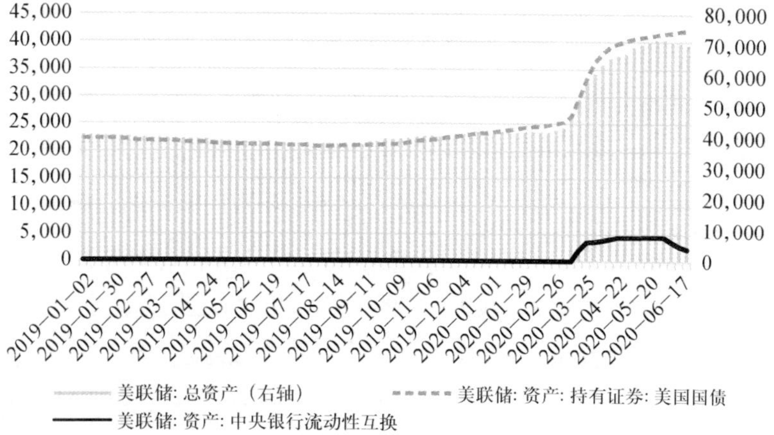

资料来源：美联储；WIND

当然，影响人民币汇率稳定的利空因素也不容忽视：一是海外疫情蔓延和国内疫情反弹，抑制经济复苏进程的风险；二是2020年政府工作报告确定的“纾困+救助”的组合拳效果不彰，经济复苏不如预期的风险；三是在“疫情+选情”的背景下，中美关系走向不确定的风险；四是目前全球股市企稳主要是流动性驱动，如果世界经济恢复不如预期，有可能发生宽幅震荡，加剧市场避险情绪。

不过，因为人民币汇率市场化程度提高、弹性加大，给了中国更大的政策空间。可以想象，如果现在还守着“7”这个心理关口，当前疫情防控中宏观调控的稳增长工作很可能受到掣肘。从这个意义上讲，汇改不存在所谓最佳时机。2019年8月人民币汇率破“7”，面临着对外经贸纷争的不确定性。如果选择此时破“7”，无疑又将面临新冠疫情发展及其经济影响的不确定性。

一项改革的成败，不是看顺风顺水的时候，而是看能否经受住极端情形的考验。应该说，迄今为止，人民币汇率破“7”之后，汇率形成市场化程度进一步提高，于2020年上半年初步经受住了新冠疫情冲击、全球金融动荡和世界经济衰退的考验。

第二节
中美利差扩大并非因为汇率政策掣肘

2020年5月中下旬以来，中美国债收益率差重新扩大。6月份，2年期和10年期中美国债收益率差均为200个基点以上，为近年来

图 4-2-1：2020 年上半年中美 2 年期和 10 年期国债收益率差
（单位：个基点）

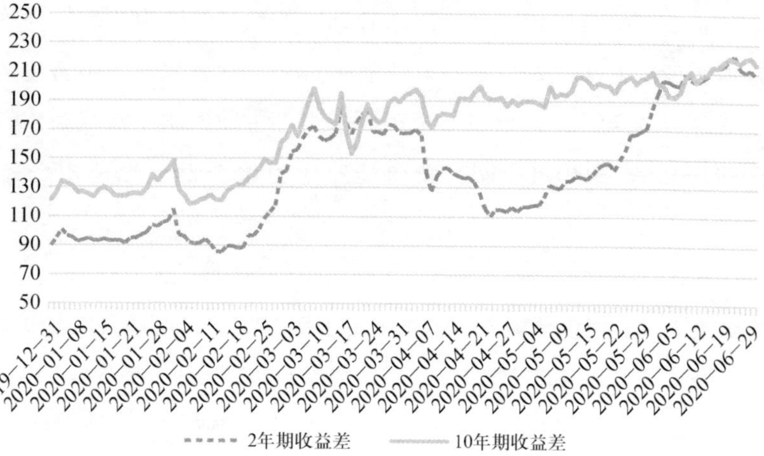

数据来源：中债登；美联储；WIND

新高，也高于 2020 年初日均 100 个基点左右的水平（见图 4-2-1）。有观点认为，这是因为疫情爆发以来人民币汇率持续承压，为了稳汇率的需要而维持较大的中美利差，以吸引外资流入（如吸引境外机构增持人民币国债）。然而，如果摆数据而非讲故事，上述结论值得商榷。

一、中国货币政策坚持对内平衡优先

2018 年 10 月，易纲行长回应美联储加息央行为何不跟时曾经表示，目前全球经济一体化，金融市场是互联互通的，国际主要央行的动作对中国肯定有影响。不过，在权衡、取舍和考虑这些外部因素的时候，央行的原则是国内优先，以国内经济为主来考虑货币政策，关注的重点是如何使中国经济高质量地发展，同时控制住金融风险。当然，任何选择都是有利有弊的。做一个选择，就要接受这一选择带来的后果和变化，包括对汇率的影响[1]。

中国央行言行一致。2018 年，美联储加息四次，但中国央行为应对国内经济下行压力，不仅没有跟随加息，反而四次降准（含年初普惠金融定向降准）。

如本章上节所述，2019 年 8 月份，人民币汇率破“7”之后，汇率灵活性进一步增加，这进一步增强了央行货币政策独立性。

因疫情率先在中国集中爆发，故 2020 年 2 月份起，中国央行就进入了疫情应对状态，迎着人民币汇率下行压力，采取数量型和价格型的手段，保持市场流动性合理充裕，引导市场利率走低（见表 4–2–1）。2 月 3 日至 3 月 3 日，隔夜上海银行间同业拆借利率（Shibor）日均水平较年初至 1 月 31 日回落了 28 个基点，7 天存款类机构质押式回购加权利率（DR007）回落了 24 个基点（见图 4–2–2）。而美联储第一次闪电降息是在 3 月 3 日，比我们晚了整一个月时间。

表 4–2–1：2020 年上半年中国央行采取的主要货币政策工具

时　间	货币政策内容
1 月 6 日	实施普遍降准，对大型银行和中小银行降准 0.5 个百分点
2 月 7 日	设立 3 000 亿元抗疫专项再贷款
2 月 17 日	下调 1 年期中期借贷便利（MLF）利率 10 个基点至 3.15%
2 月 26 日	新增再贷款、再贴现额度 5 000 亿元，同时下调支农支小再贷款利率 0.25 个百分点
3 月 16 日	实施普惠金融定向降准，同时对符合条件的股份制商业银行额外定向降准 1 个百分点

1 中国人民银行，2018. 易纲行长在 2018 年 G30 国际银行业研讨会的发言及答问［EB/OL］.2018–10–14. http://www.pbc.gov.cn/goutongjiaoliu/113456/113469/3643836/index.html。

续 表

时 间	货币政策内容
4月3日	新增1万亿普惠性再贷款、再贴现额度；对中小银行定向降准1个百分点（4月15日和5月15日各降0.5个百分点，分两次实施）；支持金融机构发行3 000亿元小微金融债券，引导公司信用类债券净融资比上年多增1万亿元
4月7日	将金融机构在央行超额存款准备金利率从0.72%下调至0.35%
4月15日	下调1年期MLF利率20个基点至2.95%
6月1日	创设两项直达实体经济的货币政策工具：普惠小微企业贷款延期支持工具、普惠小微企业信用贷款支持计划
6月30日	7月1日起下调支农、支小再贷款利率0.25个百分点，下调再贴现利率0.25个百分点，下调金融稳定再贷款利率0.5个百分点

资料来源：中国人民银行

图 4-2-2：境内货币市场利率走势
（单位：%）

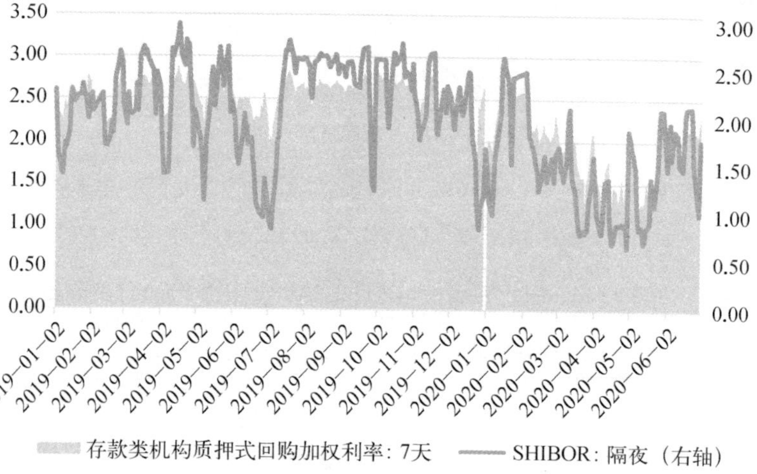

数据来源：全国银行业同业拆借中心；中国货币网；WIND

10 年期中美国债收益率差自 3 月份以来明显走阔，到 6 月份，日均收益率差为 210 个基点；2 年期中美国债收益率差在 3 月份短期冲高至日均 168 个基点，4、5 月份短暂回落，6 月份又扩大至日均 206 个基点，远高于 4、5 月份分别日均 135 和 140 个基点的水平。这难免让市场将此与 3 月中旬以来人民币汇率持续走弱联系起来，但以下事实和数据可能并不支持这种结论。

二、利差扩大反映了美联储货币政策较中国更为激进的客观事实

中美两国央行均在疫情应对中采取了价格和数量型工具（见表 4-2-1 和表 4-2-2）。

表 4-2-2：2020 年上半年美联储采取的主要货币政策工具

	美联储货币政策内容
降息	3 月 3 日，美联储紧急降息，将联邦基金目标利率区间下调至 1%—1.25%； 3 月 15 日，美联储第二次紧急降息，将联邦基金目标利率区间下调至 0%—0.25%。
贴现	3 月 15 日，美联储将贴现窗口延长至 90 天，并将贴现利率下调至 0.25%。
降准	3 月 15 日，美联储宣布自 3 月 26 日起将存款准备金率下调至零。
回购	3 月 9 日，纽约联储将隔夜回购操作上限由 1 000 亿美元提升至 1 500 亿美元； 3 月 12 日，纽约联储将隔夜回购操作上限由 1 500 亿美元提升至 1 750 亿美元，将 14 天期回购操作上限由 200 亿美元提升至 450 亿美元，并展开 5 000 亿美元的 3 个月期回购操作； 3 月 16 日，纽约联储宣布将于每天下午展开额外的隔夜回购操作，上限为 5 000 亿美元； 3 月 17 日，纽约联储将每天上午展开的隔夜回购操作上限提升至 5 000 亿美元。

续 表

	美联储货币政策内容
量化宽松	3 月 15 日，宣布总额为 7 000 亿美元的 QE 计划（包括 5 000 亿美元国债和 2 000 亿美元 MBS）； 3 月 23 日，宣布每天购买 750 亿美元国债和 500 亿美元 MBS，且不设总额上限，并将 MBS 范围扩大至 CMBS； 近期美联储资产购买速度大幅放缓，6 月 12 日至 7 月 13 日美联储将购买 800 亿美元国债。
特殊工具	3 月 17 日，重启商业票据融资便利（CPFF）、一级交易商信贷便利（PDCF）； 3 月 18 日，新设货币市场共同基金流动性便利（MMLF）； 3 月 20 日，将市政短期债务纳入 MMLF 担保品的范围； 3 月 23 日，重启定期资产支持证券贷款便利（TALF），新设一级市场公司信贷机制（PMCCF）、二级市场公司信贷机制（SMCCF），并扩展 MMLF 和 CPFF 范围； 3 月 31 日，美联储宣布启动针对外国央行的回购工具（即 FIMA 回购工具）； 6 月 15 日，美联储宣布更新 SMCCF，自 6 月 16 日起购买公司债。
货币互换	3 月 15 日，美联储同欧洲、英国、日本、瑞士和加拿大央行达成美元流动性货币互换安排，每周进行 7 天期和 84 天期的货币互换操作； 3 月 19 日，美联储同澳大利亚、巴西等 9 家央行达成临时美元流动性货币互换安排； 3 月 20 日，美联储宣布同欧洲、英国、日本、瑞士和加拿大央行的 7 天期货币互换操作频率从每周提升至每天，于 3 月 23 日生效，并持续至 4 月底。

资料来源：美联储

从价格型工具看，疫情爆发以来，中国央行自 2 月 17 日以来到 6 月底两次下调 1 年期 MLF 利率，引导贷款市场报价利率（LPR）下行，累计达 30 个基点，而美联储自 3 月 3 日两次下调联邦基金利率至零，累计达 150 个基点。2 月 3 日至 6 月 30 日，2 年期和 10 年期中国国债收益率日均分别较 1 月份回落了 55 个基点和 37 个基点，大于同期 MLF 的降幅。而 3 月 3 日至 6 月 30 日，2 年期和 10 年期美国国债收益率分布较年初至 3 月 2 日回落了 107 和 89 个基点，低于同期联邦基金利率的幅度（见图 4–2–1）。

从数量型工具看，中国央行主要通过再贷款、再贴现、降准及定向降准等工具，引导银行加大对抗疫工作和企业复工复产的信贷支持。而美联储的无限量化宽松主要是通过资产购买和企业信贷支持计划来实现，且在 5 月份之前主要是通过购买国债和抵押贷款支持债券（MBS）来实现。2020 年前 5 个月，美联储扩表近三万亿美元，其中购买国债占到 61%（各类中长期国债占 55%），这有效压低了美债特别是中长期国债收益率（见图 4–1–7）。

到 5 月底，中美两国广义货币供应 M2 同比增长分别为 11.1% 和 23.1%。两国 M2 增速均显著提升，且美国 M2 的增速远高于中国。但美国主要靠美联储扩表 70% 来实现，而中国央行同期缩表 1%，主要靠降准提高货币乘数。从对国债收益率的影响看，美联储的操作更加直接，中国央行则更加市场化，效果也不确定。

当然，这也与两国金融市场结构不同，货币政策传导渠道不同有关。美国是直接融资为主，国债收益率是金融市场定价的基准。国债收益率下行意味着无风险收益下行，有助于推升市场风险偏好，避免股灾引发的市场恐慌演变成为全面的流动性紧缩、金融危机。而中国是间接融资为主，央行主要关注银行信贷的传导效率（详见第五章第二节“美联储放水中国不跟”的讨论）。

疫情防控和经济重启所处阶段不同，也导致了两国央行货币调控节奏的差异。中国自 3 月底就基本阻断了本土疫情传播，经济社会秩序加速恢复正轨，3 月份起制造业采购经理指数（PMI）重新在荣枯线以上，5 月底“两会”顺利召开。美国 3、4 月份疫情大爆发，5 月份各州才分阶段开始经济重启，3 至 5 月份供应管理协会（ISM）制造业 PMI 指数都还在荣枯线以下（见图 4-2-3）。所以，5 月中下旬以来，在政府债券发行量剧增的情况下，中国央行没有如市场预期的那样降准降息，转向边际收紧市场流动性、推高市场利率，整顿市场出现的资金空转套利行为，引导金融回归本源。而 5 月份，美联储才刚刚逐步减少国债和抵押贷款支持债券（MBS）的购买，正式启动企业信贷和资产购买支持计划。

图 4-2-3：中美和全球制造业景气状况

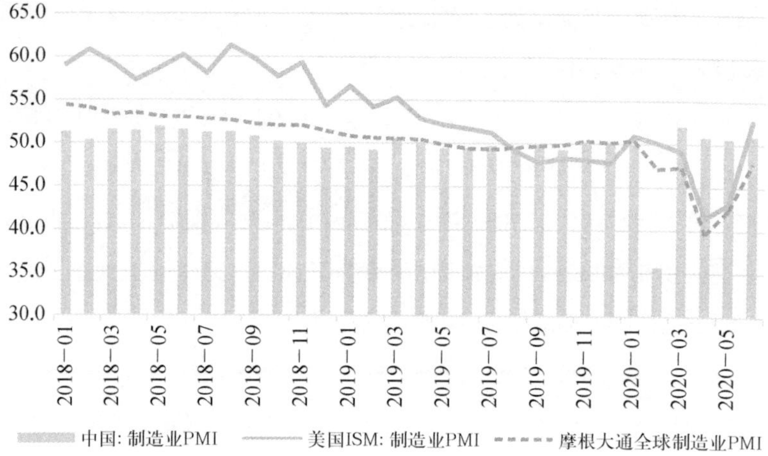

资料来源：国家统计局；WIND

三、经通胀调整后中国相对美国国债收益率的优势并不明显

从消费物价指数看，前 5 个月，中美通胀差异平均为正 2.8 个百分点，目前中美国债正向收益率差约 200 个基点，低于两国通胀差（见图 4-2-4）。

从剔除能源和食品的核心消费物价指数看，同期，中美核心通胀差异平均为-0.7 个百分点，加上中美国债正向利差，有助于提高人民币债券资产的吸引力（见图 4-2-4）。但如果出现风险事件，经过风险溢价调整后，这部分正利差的缓冲作用也较为有限。

图 4-2-4：中美通胀及核心通胀的差异

（单位：个百分点）

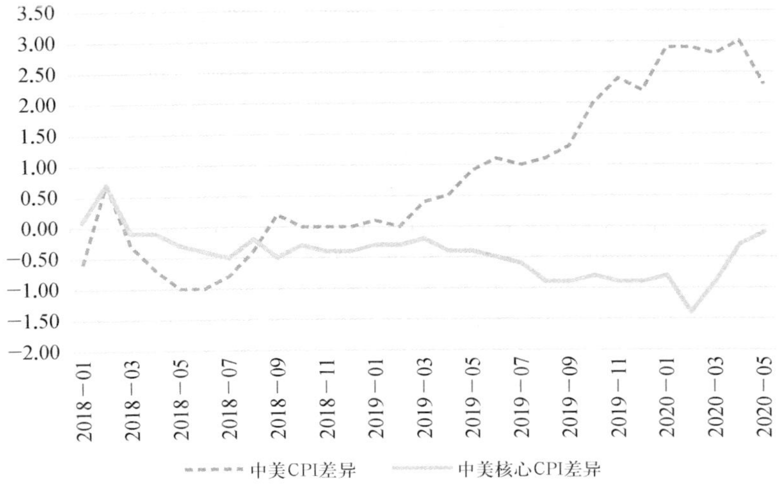

数据来源：国家统计局；美国经济分析局；WIND

此外，中国作为成长中的新兴经济体，且在全球经济衰退中仍有望维持经济正增长，成为主要经济体中唯一增速为正的经济体，国债收益率相对较高也是情理之中的。因为高经济成长本身就意味着高投资回报，这也是人民币资产有望成为全球新兴避险资产的魅力所在。

四、主要结论

人民币汇率破“7”后，双向波动增强、市场化程度提高。疫情爆发以来，人民币兑美元双边汇率偏弱，但多边汇率稳中趋升，成为吸收内外部冲击的减震器和国际收支调节的稳定器。

人民币汇率波动并未成为中国货币政策的掣肘。近期中美国债收益率差走阔主要是因为中美货币政策力度和节奏不同，以及两国通胀差异，而非出于汇率政策的考虑。市场研判中国货币政策走向，应该更多基于国内实体经济的运行状况。

第三节
中国股市是全球资金的“避风港”吗?

2020 年 3 月份，因疫情全球蔓延，美股十天四次熔断，全球发生股灾，国际金融市场一度陷入混乱状态（详见第五章第一节的讨论）。第一季度，英国金融时报 100 指数、德国 DAX 指数、法国 CAC40 指数、道琼斯工业指数和日经 225 指数分别下跌了 24.8%、25.0%、26.5%、23.2% 和 20.0%，而同期上证综指跌幅仅为 9.8%（见图 4-3-1）。于是，市场上流传着一种说法，A 股正成为全球资金的避风港。本节拟以 2020 年第一季度为例，就此问题展开分析。

图 4-3-1：2020 年一季度世界主要股指走势

（2019 年 12 月 30 日 =100）

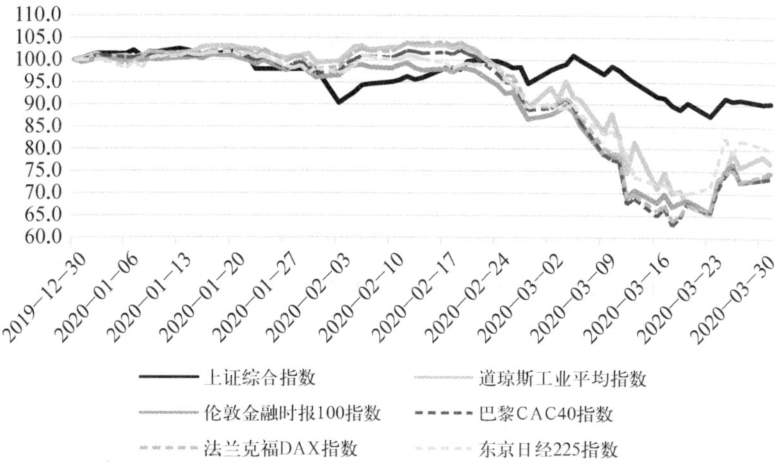

资料来源：上海证券交易所；WIND

一、上次国际金融危机后 A 股与美股之间联动性增强

从中国加入世界贸易组织至今的较长时间来看，A 股与美股走势总体相对独立，而上次金融危机之后两国股市联动性有所增强，特别是近年来 A 股也开始对美股产生溢出影响。

（一）国际金融危机时期美股暴跌对 A 股传染性较强

2007 年 4 月新世纪公司宣布破产，揭开了美国次贷危机的序幕。2007 年 10 月之后，美股开始下跌，全球各大股指也在跟跌。2008 年 3 月至 10 月，泰德利差（3 个月美元 Libor 与 3 个月美债收益率之差）均值从前期的 133.1 个基点上升至 155.7 个基点。在此阶段，全球各大股指跌幅更深，上证综指累计跌幅高达 60.2%，黄金和瑞郎则由前期分别上涨 31.3% 和 11.6%，转为分别下跌 25.6% 和 10.0%。相反，美元避险属性凸显，美元指数由前期下跌 5.1% 转为上涨 16.1%。进入 11 月份之后，泰德利差出现回落，各大股指跌幅也相继收窄，黄金和瑞郎避险属性再次显现。受中国政府推出的四万亿刺激计划影响，上证综指于 2008 年 11 月份提前见底回升。而美股则一直到 2009 年 3 月初才止跌回升（见表 4-3-1）。

表 4-3-1：国际金融危机时期全球各类资产表现

风险资产（%）	2007.10—2008.02	2008.03—2008.10	2008.11—2009.03	2007.10—2009.03
道琼斯指数	（11.7）	（24.0）	（18.4）	（45.2）
东京日经 225 指数	（19.0）	（36.9）	（5.5）	（51.7）
法国 CAC40 指数	（16.2）	（27.2）	（19.5）	（50.9）
德国 DAX 指数	（14.2）	（26.1）	（18.1）	（48.0）
上证综指	（21.7）	（60.2）	37.3	（57.3）
恒生指数	（10.4）	（42.6）	（2.8）	（50.0）
避险资产（%）				

续 表

风险资产（%）	2007.10—2008.02	2008.03—2008.10	2008.11—2009.03	2007.10—2009.03
美元指数	（5.1）	16.1	0.0	10.2
COMEX 黄金	31.3	（25.6）	27.7	24.8
日元兑美元	10.4	5.6	（0.4）	16.1
瑞郎兑美元	11.6	（10.0）	1.6	2.1
泰德利差（个基点）	133.1	155.7	138.6	144.8
VIX 指数	23.4	28.5	49.9	31.0

资料来源：WIND

整个危机期间，道指从 2007 年高点到 2009 年低点累计下跌了 54%，而上证综指却呈现了 72% 的跌幅。虽然这不能完全归因于美股暴跌影响，但其对于 A 股市场的传染作用不容小觑。从传染机制来看，金融市场动荡初期主要通过金融联系（资金告急的跨国金融机构从中国撤资）以及市场情绪渠道影响 A 股，随着危机影响传导至国内经济，又进一步通过经济基本面渠道加速了 A 股暴跌。

（二）A 股与美股不存在长期联动关系而主要受重大事件驱动

我们使用上证综指和道琼斯工业平均指数分别代表 A 股和美股市场表现，考察时间段为 2001 年 12 月 12 日（“入世”之后）至 2020 年 3 月 27 日，并剔除了两个市场交易日不重叠的数据。长期来看，A 股与美股走势具有一定相关性，但二者之间不存在稳定的均衡关系（见图 4-3-2）。计算得到样本期间内上证综指收益率[1]和道指收益率的相关系数仅为 0.095 1，表明中美两国股市走势相对独立。

1　股指收益率采用对数收益率形式：$R=\ln(P_t/P_{t-1})$

图 4-3-2：2000 年初以来道指与上证综指走势

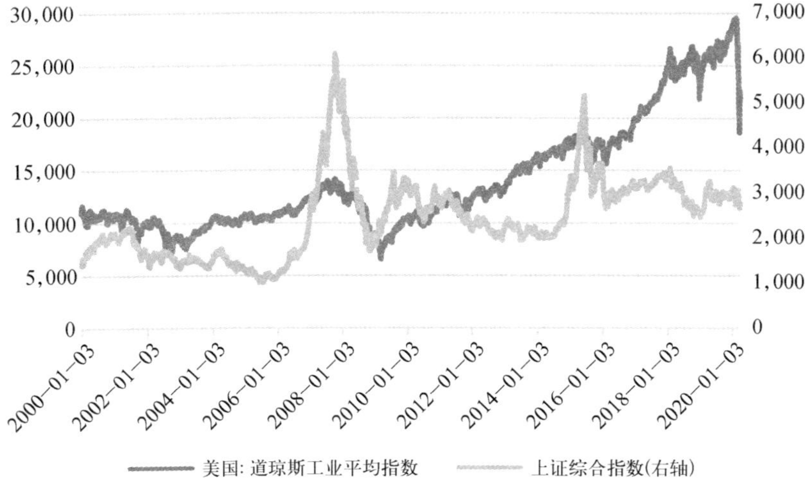

资料来源：上海证券交易所；WIND

“经济基础说”认为股市收益率之间存在联动性的基础是各国经济周期保持同步性。据此，我们可以将中美两国股市不存在长期均衡关系归因于两国经济周期不存在同步性。从图 4-3-3 可以看出，2002 至 2007 年期间，中国经济处于高速增长期，中美 GDP 增速差距明显扩大，然而，2010 年之后，中国 GDP 增速从高位开始回落，美国经济则处于持续扩张态势，两国 GDP 增速差距在逐步缩小。此外，A 股相较于美股而言更为年轻，因此并没有扮演中国经济晴雨表的角色，这也在一定程度上削弱了两国股市间的联动性。

然而，在金融市场动荡时期，两国股市往往表现出较强的相关性。2007 年次贷危机爆发并演变为全球金融海啸之后，在不到两年的时间里，道指和上证综指最大累计跌幅分别为 54% 和 72%。2011 年 7 月下旬，受美债危机影响，美股开始大幅调整，截至 10 月 3 日道指累计下

图 4-3-3：2002 年以来中美经济实际增速比较
（单位：%；个百分点）

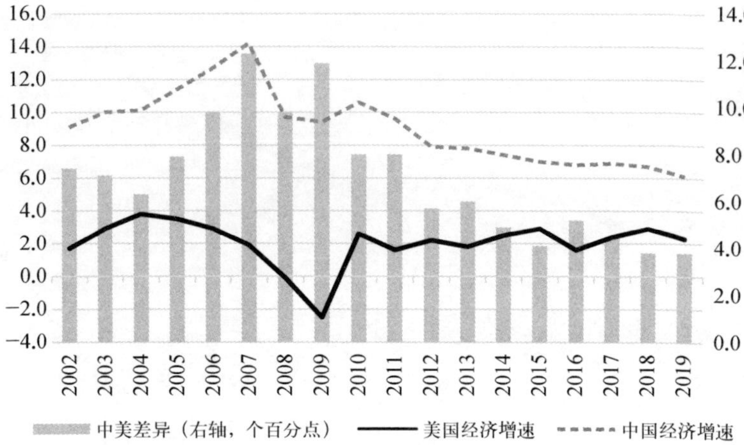

资料来源：国家统计局；美国经济分析局；WIND

跌 16%，同期上证综指下跌 15%。2015 年 6 月中旬开始，中国遭遇股市异动，尤其是“8.11”汇改之后形成两波“股汇双杀”并对全球股市产生了溢出影响：8 月 11 日至 8 月 25 日，上证综指和道指累计跌幅分别为 25% 和 11%；12 月 23 日至次年 1 月 20 日，二者又分别下跌了 18% 和 9%。2018 年中国因国内金融监管加强和中美贸易纷争升级，再次遭遇股市异动，上证综指和道指全年最大累计跌幅分别为 30% 和 19%。

（三）国际金融危机后 A 股与美股之间溢出效应增强

参考 Hamao et al 的做法，我们将股市“昨日收盘–今日收盘”收益率分解为“昨日收盘–今日开盘”收益率和“今日开盘–今日收盘”收益率两部分[1]，以便分别考察两国股市的溢出效应（包括收益溢出效应和波

1 Hamao Y, Masulis R W, Ng V. Correlations in Price Changes and Volatility across International Stock Markets［J］. Review of Financial Studies, 1990, Vol 3,No.2: 281–307.

动溢出效应两方面）。此处，我们将上证综指“今日开盘–今日收盘”收益率简写为 SZCL，道指“今日开盘–今日收盘”收益率简写为 DJCL，上证综指“昨日收盘–今日开盘”收益率简写为 SZOP，道指“昨日收盘–今日开盘”收益率简写为 DJOP。

危机后 A 股与美股的收益溢出效应增强。如上所述，A 股和美股的联动性主要受事件驱动，因此我们将上文提及的重大事件开始时间作为分界点，将样本期间划分为五个阶段，然后分别对这五个阶段进行格兰杰因果检验，以揭示两国股市价格的引导关系。其中，第一阶段为 2001 年 12 月 12 日（中国“入世”）至 2007 年 8 月 8 日；第二阶段为 2007 年 8 月 9 日（上次金融危机开始时间[1]）至 2011 年 7 月 21 日；第三阶段为 2011 年 7 月 22 日（美债危机期间道指见顶次日）至 2015 年 6 月 12 日；第四阶段为 2015 年 6 月 15 日（2015 年上证综指见顶次日）至 2018 年 1 月 24 日；第五阶段为 2018 年 1 月 25 日（2018 年上证综指见顶次日）至 2020 年 3 月 27 日。

从表 4–3–2 可以看出，金融危机爆发前的第一阶段，A 股和美股收益率之间不存在显著的格兰杰因果关系。金融危机爆发之后，A 股和美股之间的联动性开始显现。除第四阶段道指收盘价对上证综指收盘价的影响不显著以外，金融危机爆发至今，道指收盘价对上证综指开盘价和收盘价的影响均十分显著。同样，上证综指收盘价也是从第二阶段开始对道指开盘价产生影响，特别是 2018 年以来，上证综指收盘价对道指开盘价影响的显著性水平明显提升。

---

1 通常认为 2008 年 9 月雷曼破产是上次全球金融海啸爆发标志，但 2007 年 8 月之后次贷危机就开始逐渐蔓延。8 月 9 日，法国巴黎银行宣布由于信贷市场流动性枯竭，冻结下属三个在美国次贷市场面临亏损的投资基金。受此影响，全球各大股市应声下挫，欧央行、美联储等多国央行纷纷开始出手救市。该事件成为此后雷曼兄弟倒闭、AIG 和房利美房地美被接管等一系列重大事件的开端，因此我们将 2007 年 8 月 9 日视为金融危机开始时间。

表 4-3-2：格兰杰因果检验结果

原假设	SZCL 不是 DJOP 的格兰杰原因	SZCL 不是 DJCL 的格兰杰原因	DJCL 不是 SZOP 的格兰杰原因	DJCL 不是 SZCL 的格兰杰原因
第一阶段（2001/12/12—2007/8/8）	0.03（0.853 3）	2.69（0.101 5）	0.71（0.400 3）	0.32（0.570 9）
第二阶段（2007/8/9—2011/7/21）	2.93（0.087 1）	0.15（0.860 2）	439.96（0.000 0）	8.33（0.004 0）
第三阶段（2011/7/22—2015/6/12）	3.77（0.052 4）	0.02（0.885 7）	156.59（0.000 0）	3.95（0.047 3）
第四阶段（2015/6/15—2018/1/24）	3.48（0.062 4）	0.01（0.928 9）	125.19（0.000 0）	1.22（0.268 9）
第五阶段（2018/1/25—2020/3/27）	5.75（0.003 4）	0.00（0.998 4）	191.34（0.000 0）	9.26（0.002 5）

注：括号上方数字为 F 值，括号中数字为对应 P 值。

危机后 A 股与美股的波动溢出效应增强。我们利用 DCC-GARCH 模型计算 SZCL 和 DJOP 的动态相关系数以及 DJCL（滞后一期）和 SZOP 的动态相关系数，来分别反映 A 股对美股的波动溢出效应以及美股对 A 股的波动溢出效应[1]。从表 4-3-2 可以看出，SZCL 和 DJOP 的相关系数走势表现出明显的阶段性。金融危机之前，二者相关系数基本围绕 0 上下波动。危机之后，二者相关系数有明显上升。尤其是 2015 年 9

1 由于 2020 年 3 月 16 日道指“昨日收盘-今日开盘”收益率（DJOP）异常增大，因此剔除了当日数据。

月份之后，SZCL 和 DJOP 的相关系数从−0.05 附近开始持续攀升。截至 2020 年 3 月 27 日，相关系数已升至 0.2 附近，远高于样本期间的均值水平 0.058，表明 A 股对美股的波动溢出效应日益增强。

同样，美股对 A 股的波动溢出效应也具备明显的阶段性。2001 至 2006 年期间，DJCL（滞后一期）和 SZOP 的相关系数基本在 0~0.3 范围内波动。金融危机爆发之后，二者相关系数出现明显上升，最高升至 0.8 上方，表明美股对 A 股的波动溢出效应大幅增强。但 2020 年以来，二者相关系数先降后升，现已回升至 0.4 附近，接近样本期间的均值水平 0.357。

综上，中美股市联动性具有明显的阶段性，2007 年金融危机爆发是两国股市联动性开始发生变化的重要节点。其中，2001 年中国"入世"至 2007 年金融危机爆发之前，A 股与美股联动性较弱；但金融危机爆发之后，A 股与美股之间的溢出效应明显增强。虽然美股在两国股市互动关系中占据主导地位，但随着国内金融市场对外开放步伐不断加快、国际化进程持续推进，近年来 A 股对美股的影响力在逐渐增大。

二、这次 A 股表现较美股抗跌但并非因外资流入

（一）新冠疫情爆发后 A 股相对于美股更加抗跌

1 月 20 日之前，全球各大股指均呈现上涨态势。1 月 21 日至 2 月 20 日，即中国进入"抗疫"模式之后以及疫情在全球加速蔓延之前，上证综指、恒生指数跌幅靠前，分别累计下跌了 2.1% 和 4.1%，而美股还在连创历史新高。自 2 月 21 日起，美国的新冠感染病例开始出现上升态势。出于对病毒蔓延的担忧，2 月 20 日至 28 日期间，VIX 指数迅速从 14.38 跳升至 40.11，道指发生七连跌，累计跌幅达 13.4%，而同期上证综指仅下跌了 3.2%。2 月 21 日至 3 月 6 日，道指累计下跌 11.5%，上证综指微涨 0.1%。3 月 9 日以来，受疫情蔓延和油价暴跌的共同影

响，全球各大股指进一步加速暴跌，多国股市触发熔断机制。截至 3 月 31 日，道指下跌了 16.3%，法国 CAC40 指数和德国 DAX 指数分别下跌了 15.3% 和 16.5%，而同期上证综指下跌了 8.6%（见表 4–3–3）。

表 4–3–3：2020 年以来全球各类资产表现

风险资产（%）	01.01—01.20	01.21—02.20	02.21—03.06	03.09—03.31	01.02—03.31
道琼斯指数	2.8	（0.4）	（11.5）	（16.3）	（23.2）
东京日经 225 指数	1.8	（2.5）	（11.6）	（8.8）	（20.0）
法国 CAC40 指数	1.7	（0.3）	（15.2）	（14.5）	（26.5）
德国 DAX 指数	2.3	0.8	（15.5）	（13.9）	（25.0）
上证综指	1.5	（2.1）	0.1	（9.4）	（9.8）
恒生指数	2.2	（4.1）	（5.3）	（9.7）	（16.3）
避险资产（%）					
美元指数	1.2	2.3	（3.8）	3.0	2.6
COMEX 黄金	2.7	3.9	3.4	（4.5）	4.8
日元兑美元	1.4	1.7	（6.0）	2.1	（1.0）
瑞郎兑美元	0.1	1.6	（4.7）	2.5	（0.7）
泰德利差（日均，个基点）	29.6	17.4	21.3	95.0	41.1
VIX 指数（日均）	12.9	15.2	31.3	63.9	31.2

资料来源：WIND

（二）A 股强势是国内资金主导、流动性支持的行情

由于疫情传导至实体经济需要时间，因此当前全球股市大幅调整主要是受疫情加速蔓延导致的恐慌情绪驱动。A 股保持相对的抗跌性和免疫力的主要原因是境内外疫情走势形成的较大反差，以及市场对于国内

加大逆周期调节应对疫情冲击的宽松预期。但从股票通的高频交易数据看，迄今为止，A 股走强与外资流入可能关系不大。

股票通项下资金加速流出。从陆股通项下北向资金流动情况来看，2020 年以来北向资金由净流入逐渐转为净流出。其中，1 月 2 日至 1 月 20 日，北向资金均为净流入状态，期间累计净流入 580 亿元，日均净流入金额为 45 亿元。此后，北向资金开始出现净流出。在 1 月 21 日至 2 月 20 日 17 个交易日中，有 7 个交易日北向资金为净流出状态，17 个交易日累计净流入 224 亿元，日均净流入金额减少至 13 亿元。随着疫情在全球加速蔓延，北向资金净流出金额不断扩大。2 月 21 日至 3 月 6 日期间，北向资金日均净流出 23 亿元，3 月 9 日至 3 月 31 日期间，日均净流出规模迅速增加至 43 亿元。如果考虑港股通项下南向资金加速流入后，股票通项下 A 股的“吸金”能力则更要打折扣（见图 4–3–4）。

图 4–3–4：2020 年第一季度股票通项下跨境资金流动情况

（单位：亿元人民币）

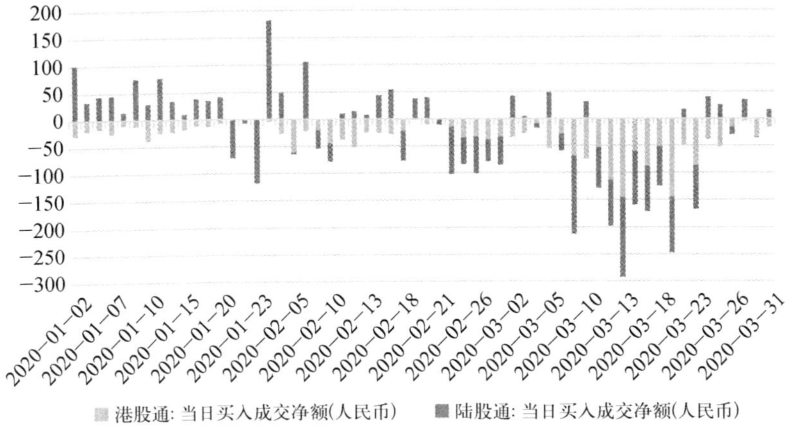

资料来源：WIND

注：港股通净买入成交额为负值，净卖出成交额为正值。

股票通资金波动与外围市场涨跌相关性较强。股票通项下资金是大进大出的双向跨境资本流动，资金流向受全球股市波动影响较大。统计 2017 年以来道指涨跌幅和股票通买入成交净额的日度数据可以发现，在美股日跌幅超过 3% 的次日，往往出现北向资金净流出、南向资金净流入现象。计算得到道指涨跌幅（滞后一期）和陆股通买入成交净额的相关系数为 0.335 4，道指涨跌幅（滞后一期）和港股通买入成交净额的相关系数为−0.204 4，且在统计上显著。由此可以看出，2020 年以来北向资金转为净流出、南向资金净流入加速主要受外围市场波动影响。即使存在部分境外资金将 A 股作为避风港，也有可能被受美股暴跌影响的外资流出所抵消。另外，根据上文提及的避风港的概念，在当前市场动荡时期，A 股走势并没有与海外股市表现出不相关或者负相关。因此，从这个角度来看，A 股成为全球资金避风港的说法并不成立。

三、主要结论

长期来看，A 股与美股走势相对独立，二者之间不存在稳定的联动关系。然而，在市场动荡时期，两国股市往往表现出较强的相关性。从实证结果可以看出，金融危机后两国股市联动性有所增强，特别是近年来 A 股对美股的溢出影响逐渐增大。

新冠疫情爆发以来，全球股市震荡加剧。然而，A 股保持了较强的抗跌性和免疫力，其主要原因在于境内外疫情走势形成的较大反差，以及市场对于国内加大逆周期调节应对疫情冲击的宽松预期。但是，从股票通的高频交易数据看，迄今为止，A 股走强与外资流入可能关系不大。

未来 A 股能否继续相对独立于海外市场，真正成为外资避风港，取决于中国经济基本面表现。在疫情冲击下，中国抗疫措施出手快且有效性高，经济政策空间大且针对性强，人民币资产估值优势明显，经济应对外部冲击的回旋余地较大等，这些都体现了中国经济增长的韧性，有助于释放A股成为全球资金避风港的潜力。

但是，这不表示无须关注和规避短期市场震荡风险。海外疫情发展对中国股市将产生以下影响：一是面对疫情发展及其影响的不确定性，如果海外股市大幅震荡，将通过信心危机传染，令A股出现共振；二是不排除在海外股市大跌之时，境外投资者出于避险或者流动性变现动机，抛售包括A股在内的可变现资产；三是境外疫情防控将通过全球产业链供应链渠道影响中国境内的复工复产，可能令国内经济复苏进度低于预期；四是如果疫情给全球经济金融带来重创，将增加中国稳外贸和稳外资的工作难度，影响国内经济运行，对A股造成实质性冲击。

在不确定性增加、资产价格波动性加大面前，投资者应该少讲故事、炒概念，而是把脉疫情过后中国经济转型、产业升级的大趋势，立足价值投资、中长线布局，避免追涨杀跌。

第四节
新冠疫情对全球产业链重构的影响

2020年初以来，新冠肺炎疫情爆发并在全球蔓延，引起了各界对中国全球产业链供应链地位的广泛关注。早期，有疫情增加断供风险，促使企业进行全球多元化布局之忧。近期，又是外国政府拟资助在华企业回撤或迁址到其他国家的消息满天飞。新冠疫情会导致“去中国化”的全球产业重构吗？

一、疫情对跨境直接投资的影响机制分析

理论上讲，疫情主要通过投资、贸易和心理渠道对全球产业链供应链产生影响。

（一）投资渠道：疫情增加断供风险→促使企业全球多元化布局

从经济效益来看，依靠单一供应商集中生产供应固然可以降低供应链成本，但随着市场规模不断扩大，企业面临的供应链中断风险也在增加。一旦突发事件影响上游供应商的生产，那么供应链下游企业的生产计划会因此被打乱，甚至可能出现由于一个零部件断供而导致企业完全停工现象。出于分散风险的考虑，供应链核心企业会加快进行全球多元化布局，减少对单一供应商或单一市场的过度依赖。因此，从投资渠道来看，疫情促使企业多元化布局的结果就是，外商直接投资减少，同时对外直接投资增加。

（二）贸易渠道：国内经济活动停顿→促使外贸进出口订单转移

在疫情防控期间，国内市场需求不足、生产活动停顿叠加物流受阻，对外贸进出口活动造成严重影响。受疫情影响的外贸企业，虽然可以通过向境外合作方出具不可抗力证明避免追责，但由于疫情发展存在较大不确定性，境外合作方可能因此选择其他国家进口商品。这不仅会导致外贸企业在当期遭受无法交货的出口损失，而且也会对企业未来的外贸订单造成影响。另外，由于中国中间品进出口规模占比较高，因此疫情也会通过贸易渠道对其他国家的生产活动造成影响。

（三）心理渠道：疫情带来的不确定性→影响营商环境和市场信心

疫情防控是对国家治理体系和治理能力的一次大考。在疫情应对过程中，应急响应迟缓、应对措施不当都会对外商投资企业信心造成影响。

关于政府对非典疫情的处理是否增加了政策风险，2003 年德意志银

行对 29 家在华投资的跨国公司进行了调查。调查中，各跨国公司以 4 月 20 日中国开始“一日一报”、及时公开各地疫情信息为拐点，分别给出了不同的答复：4 月 20 日之前的回答中有 58% 的公司认为中国政府对非典疫情的处理隐含政策风险；4 月 20 日之后的回答中只有 33% 的公司仍然认为存在较大的政策风险[1]。调查结果变化反映了中国政府对疫情透明负责的态度，提振了外国投资者的信心。与非典疫情相比，在此次疫情的应对过程中，政府启动较早也更有经验，但也暴露出公共管理上存在的一些问题。

疫情造成的经济下行、物价上涨、就业减少、资本外流等不确定性也会影响市场信心。考虑到疫情对市场信心的影响以及外国投资者对于疫情可能再度出现的担忧，Lee 等人分别测算了非典疫情在经济增长和跨境资本流动等方面的暂时冲击和持久冲击。测算结果显示，2003 年非典疫情造成的全球经济损失接近 400 亿美元，其中对中国 GDP 增速的影响是−1.05 个百分点，净资本流出规模占 GDP 比重约为 0.3%。长期来看，受国家风险溢价上升影响，非典疫情对中国 GDP 增速的影响以及净资本流出规模占 GDP 比重分别扩大至−2.34% 和 0.8%[2]。

二、非典之后中国在全球产业链供应链中地位不降反升

由于疫情发生时间尚短，我们只能从过去的相关经验中寻找线索或答案。无疑，2003 年的非典型肺炎疫情与这次最为类似，也最具参考价值。当时，因为非典疫情导致全球产业链中断，也曾引发了产业外迁的

---

1 《德意志银行报告　非典对外国在华投资不产生根本性影响》，《中国企业家》，2003 年第 6 期，第 119—120 页。

2 Lee JW, McKibbin WJ. Estimating the global economic costs of SARS [C]. Washington DC: Paper presented at the Learning from SARS: Preparing for the Next Disease Outbreak—Workshop Summary, 2004.

讨论和报道。

（一）非典之后中国跨境双向制造业直接投资的中长期变化

跨境直接投资是长期资本流动，影响投资决策的基本因素是市场、劳动力成本等长期因素。疫情爆发属于突发事件，短期内会影响商务出行、减缓项目进度、推迟外商投资洽谈，但这些因素对长期投资决策的影响有限。统计数据显示，2003 年第三季度中国吸收的外商直接投资额环比减少 41.9%，但之后便开始反弹。即使在常年流感高发的春、冬季，外商直接投资也并没有出现规律性的减少。而从中长期视角，可以观察到非典之后中国跨境直接投资发生了以下变化：

第一，制造业使用外资规模变化较小，但外商直接投资的比重下滑明显。从投资规模来看，2003 年至 2011 年期间，制造业实际使用外资规模不降反增，从 369 亿增至 521 亿美元，年均增长 4.4%。2012 年之后才见顶回落，到 2018 年降至 412 亿美元，较 2003 年仍高出了 11.5%。但是，从投资占比来看，2018 年外商直接投资中制造业占比为 30.5%，较 2003 年下降了 39 个百分点（见图 4–4–1）。

第二，制造业对外投资规模增长较快，但占对外直接投资比重下滑明显。从投资规模来看，2018 年制造业对外投资净额为 191 亿美元（2016 年和 2017 年规模稍大，分别为 290 亿和 295 亿美元），远高于 2003 年的 6 亿美元，年均增长 25.6%。但是，从投资占比来看，2018 年对外直接投资中制造业占比为 13.4%，较 2003 年下降了 8.5 个百分点（见图 4–4–2）。

第三，外商投资企业在中国外贸进出口中的份额先升后降。2003 年，外商投资企业是中国外贸进出口的主要力量，其在中国进口和出口中的占比分别为 56.2% 和 54.8%。2005 年至 2006 年期间，外企在中国进出口规模中的占比达到高点，之后开始持续下降。2019 年，外企在中

图 4-4-1：2001 年至 2018 年中国制造业利用外商直接投资情况

（单位：亿美元；%）

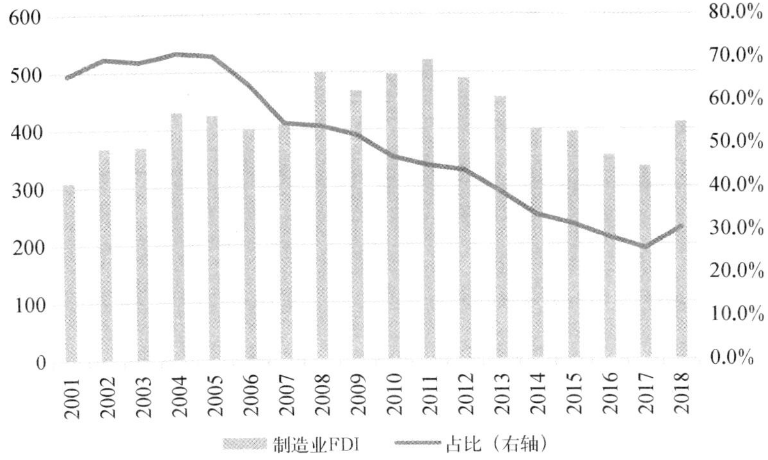

资料来源：国家统计局；WIND

图 4-4-2：2003 至 2018 年中国制造业利用外商直接投资情况

（单位：亿美元；%）

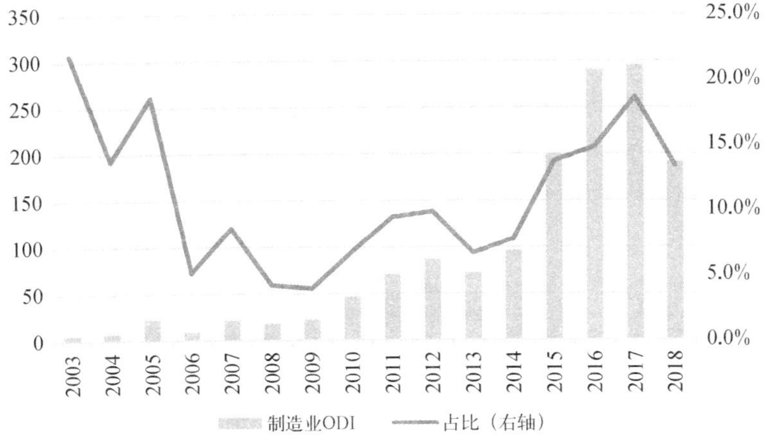

资料来源：国家统计局；WIND

国进、出口中的占比分别降至 41.3% 和 38.7%，其在贸易顺差中的占比也由 2003 年的 33% 降至 2019 年的 25.6%（见图 4-4-3）。

图 4-4-3：2005 至 2019 年外商投资企业占中国外贸进出口份额（单位：%）

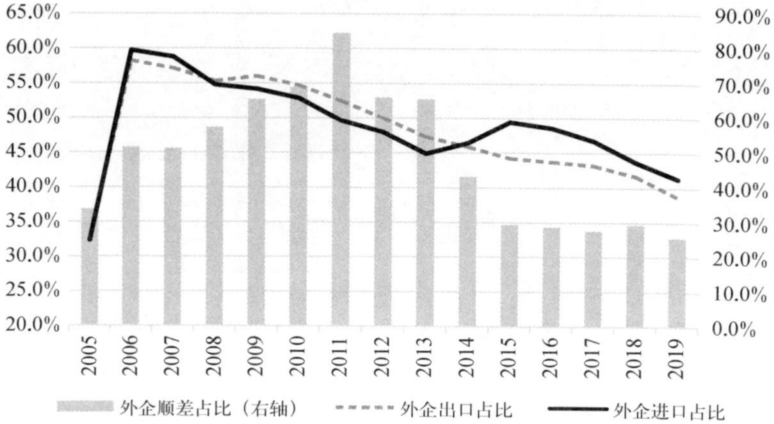

资料来源：海关总署；WIND

（二）非典之后中国在全球产业链供应链中的地位有量与质的提升

第一，制造业进出口规模以及在全球市场份额大幅增加。2003 年至 2018 年期间，中国外贸进口规模从 4 127 亿美元增加至 2.14 万亿美元，在全球进口占比由 5.2% 上升至 10.8%；制造业进口规模由 3 286 亿美元增加至 1.30 万亿美元，在全球进口占比由 4.2% 上升至 6.6%。同期，中国外贸出口金额由 4 382 亿美元增加至 2.49 万亿美元，在全球出口占比由 5.8% 上升至 12.8%；制造业出口规模由 3 970 亿美元增加至 2.32 万亿美元，在全球出口占比由 5.2% 上升至 11.9%（见图 4-4-4）。根据麦肯锡全球研究院的统计，在 186 个国家和地区中，33 个国家的第一大出口目的地是中国，65 个国家的第一大进口来源地是中国[1]。

1　麦肯锡全球研究院：《中国与世界：理解变化中的经济联系》，2019 年 7 月。

图 4-4-4：2001 至 2019 年中国外贸及制造业进出口的全球份额

（单位：%）

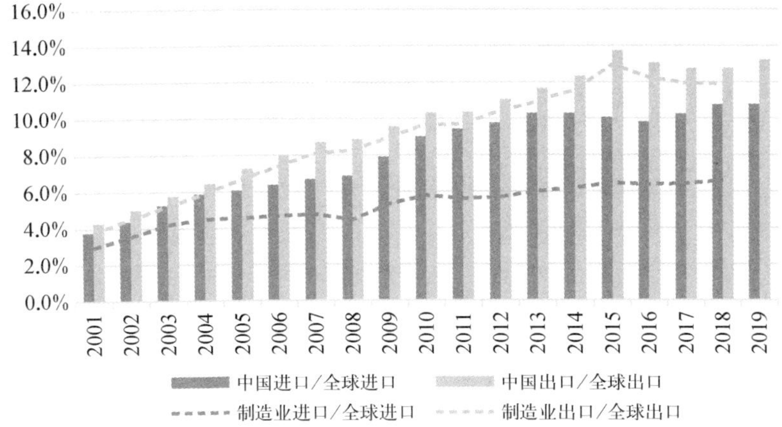

资料来源：海关总署；WIND

第二，中间品和资本品进出口规模在全球占比明显上升。按照联合国商品贸易数据库（UN Comtrade）的广义经济分类法（BEC），我们将国际贸易商品分为中间品、资本品和消费品。从中国进出口商品结构来看，2018 年，中间品和资本品进出口额合计占进出口总额的 84%，较 2003 年上升了 5 个百分点。其中，进口额占比下降了 2.7 个百分点，出口额占比上升了 13 个百分点。这显示中国在进一步融入全球产业链供应链的同时，逐渐从依赖外部投入，转向对外输出供应能力，产业进一步升级。从全球占比来看，2003 至 2018 年期间中国三类商品进出口规模占全球同类商品进出口规模的比重出现不同程度的上升。中间品、资本品和消费品进口额占比分别上升了 7.8、2.1 和 3.1 个百分点，出口额占比则分别上升了 7.1、15.2 和 7.6 个百分点。

第三，增加值口径的贸易顺差与总值口径的贸易顺差比例大幅下降。随着中间产品贸易占比日趋上升，使用总值口径核算一国贸易规模存在重复核算问题。以苹果手机为例，根据2010年亚洲开发银行发布的报告，2009年在中国组装的苹果手机出厂价为178.97美元，全部计入中国出口总值，但实际上中国工人组装零部件仅贡献了6.5美元，在制造成本中占3.6%[1]。根据经济合作与发展组织（OECD）测算的增加值贸易数据，2005年至2015年期间中国增加值口径的贸易顺差几乎始终低于总值口径的贸易顺差，2015年增加值口径占总值口径贸易顺差的比例由2005年的95.0%降至51.5%。

第四，中国出口商品中的国内附加值率明显上升。出口国内附加值率可以用来反映一国参与国际贸易过程中的真实收益情况。根据OECD的数据，2005至2016年期间，中国出口商品中国内附加值率增加了近10个百分点，增幅高于OECD国家平均水平（见图4-4-5）。从制造业

图 4-4-5：所有出口产品中国外附加值率变化情况
（单位：%）

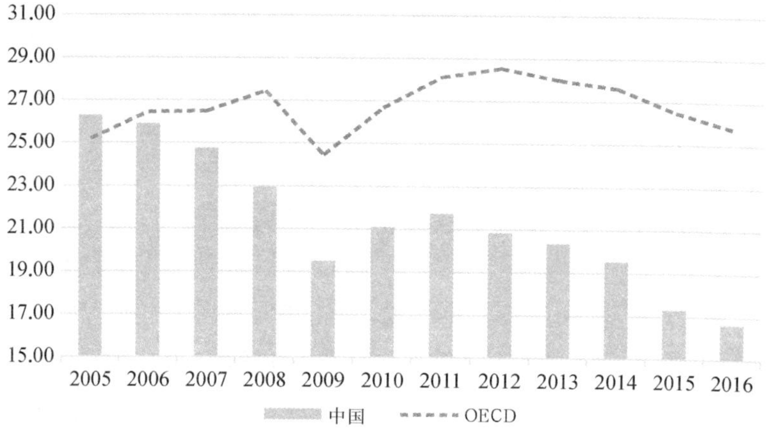

资料来源：经济与合作发展组织（OECD）

1 Yuqing Xing and Neal Deter(2010). *How the iPhone Widens the United States Trade Deficit with the People's Republic of China*. ADBI Working Paper.

细分行业来看，计算机、电子和光学产品的国内附加值率上升幅度最大，约为 15 个百分点（见图 4-4-6）。

图 4-4-6：制造业出口产品中国外附加值率变化情况
（单位：%）

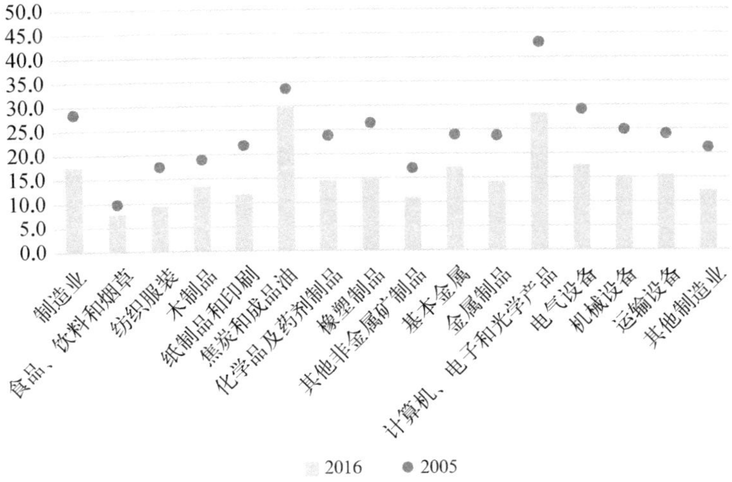

资料来源：经济与合作发展组织（OECD）

（三）中国在全球产业链供应链地位的提升受多种因素影响

第一，改革开放红利释放。1978 年改革开放以来，特别是 2001 年加入世界贸易组织（WTO）之后，中国加速融入到全球贸易体系中。在享受世贸组织成员间贸易自由化成果的同时，中国在国内市场进行了一系列体制机制改革以兑现入世承诺，例如修订外贸法规、取消贸易经营权限制、削减关税、开放服务市场、降低外资准入门槛等。这些制度性红利为深入推进开放型经济，实现中国与全球经济的更高层次融合提供了有力保障。如从中国在全球外商直接投资流量的占比看，2001 年至 2003 年平均为 8.5%，略高于 2004 年至 2018 年的 7.7%，这主要反映了“入世”之初开放制度红利的集中释放。但 2019 年，中国在全球外商直接投资流量的占比为 9.2%，较 2003 年仅略低 0.5 个百分点（见图 4-4-7）。

图 4-4-7：2001 至 2019 年中国利用外商直接投资及其全球占比
（单位：亿美元；%）

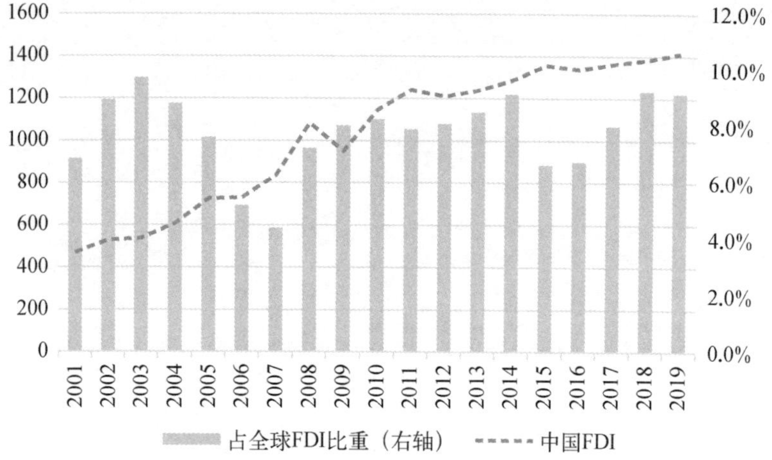

资料来源：联合国贸发会；WIND

第二，工业体系门类齐全。当前中国建立起涵盖 41 个大类、207 个中类、666 个小类的完整工业体系，成为全世界唯一拥有联合国产业分类中所列全部工业门类的国家。2010 年，中国制造业增加值首次超越美国，已经连续多年稳居全球首位，220 多种工业产品产量居世界第一[1]。

第三，营商环境不断改善。近年来，随着“放管服”改革的不断深化，中国营商环境得到明显改善。世界银行数据显示，中国营商环境总

1 人民网，2019. 成就举世瞩目　发展永不止步（权威发布）[EB/OL] .2019-09-21，http://politics.people.com.cn/n1/2019/0921/c1001-31365403.html。

得分由 2016 年的 63.1 分持续上升至 2020 年的 77.9 分，排名跃居全球第 31 位，较上年提升 15 位[1]。根据 OECD 的数据，2018 年中国 FDI 限制指数为 0.251，较 2003 年下降了 55.7%。美国传统基金会的经济自由度指数显示，2019 年，中国经济自由度较 2003 年有所提升，这主要得益于知识产权、政府诚信和贸易自由三个分项指标改善明显。

第四，基础设施配套完备。在交通运输方面，世界银行提出的物流绩效指数（logistics performance index）是根据参评各国货物运输难易程度和国内、国际层面物流发展现状综合评价得出的指标，我们利用该指标反映各国的交通运输状况。由表 4-4-1 可以看出，中国的交通运输状况良好，2018 年中国物流绩效指数在全球位居第 26 名，优于泰国、越南、马来西亚和印度等国。在通讯能力方面，世界银行数据显示，中国固定宽带互联网用户比例不断攀升，且远超世界平均水平以及泰国和越南等国。

表 4-4-1：中国及部分周边国家物流绩效指标

国家	2007		2010		2012		2014		2016		2018	
	排名	得分	排名	得分	排名	得分	排名	得分	排名	得分	排名	得分
中国	30	3.32	27	3.49	26	3.52	28	3.53	27	3.66	26	3.61
泰国	31	3.31	35	3.29	38	3.18	35	3.43	45	3.26	32	3.41
越南	53	2.89	53	2.96	53	3.00	48	3.15	64	2.98	39	3.27
印度	39	3.07	47	3.12	46	3.08	54	3.08	35	3.42	44	3.18
印尼	43	3.01	75	2.76	59	2.94	53	3.08	63	2.98	46	3.15
老挝	117	2.25	118	2.46	109	2.50	131	2.39	152	2.07	82	2.70

1 World Bank, https://www.doingbusiness.org/en/data/exploreeconomies/china.

续 表

国家	2007		2010		2012		2014		2016		2018	
	排名	得分	排名	得分	排名	得分	排名	得分	排名	得分	排名	得分
缅甸	147	1.86	133	2.33	129	2.37	145	2.25	113	2.46	137	2.30
马来西亚	27	3.48	29	3.44	29	3.49	25	3.59	32	3.43	41	3.22

资料来源：世界银行

第五，劳动力质量结构不断优化。近年来，随着适龄劳动人口不断减少，中国劳动力低成本优势正在逐渐消失。但相较于劳动力成本而言，劳动力质量提升对于一国在全球价值链地位的推动作用更为明显。世界投入产出数据库（WIOD）的社会经济核算表（SEA）根据劳动力技能水平结构统计了高、中、低技能劳动力按工作小时和工资水平的占比数据。由图 4-4-8 可以看出，中国中、高技能劳动力工作时间和工资

图 4-4-8：中、高技能劳动力工作时间和工资水平占比

（单位：%）

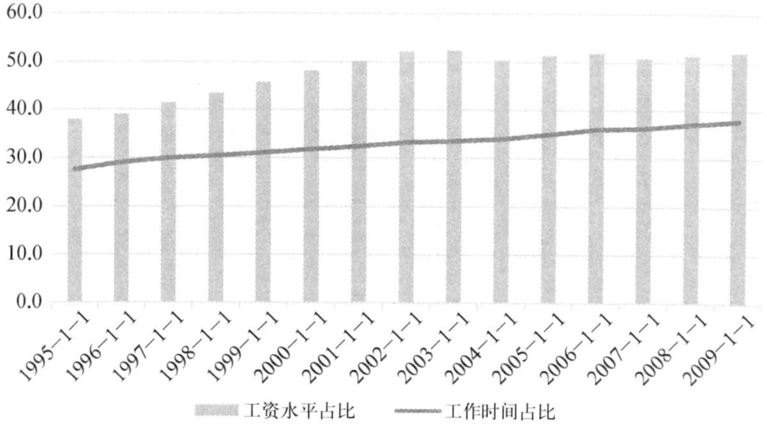

资料来源：世界投入产出数据库（WIOD）

水平占比均有所上升。

第六，产业梯度转移纵深较大。改革开放以来，中国抓住了全球第三次产业转移的机遇，凭借劳动力低成本优势成为名副其实的世界工厂。中国吸引的外商直接投资主要集中在东部沿海地区。而随着东部地区要素成本的快速上升，集聚于此的劳动密集型产业开始出现外移趋势。中西部地区由于劳动力成本较低，土地资源和基础设施优势明显，成为东部产业转移的重要承接地。以富士康为例，2010 年该企业深圳员工“14 连跳事件”将其推向了舆论风口。迫于社会压力并减少经营成本的考虑，2010 年 6 月 30 日富士康与郑州市草签协议，正式迈出内迁第一步。随后，富士康又向四川成都（2010）、广西南宁（2011）、湖南衡阳（2011）、山西晋城（2011）、贵州贵阳（2013）等地转移生产项目。通过在区域间进行产业转移，富士康不仅可以充分利用中西部地区的区位优势，也为其在东部沿海地区建立科技园、实现产业升级腾出空间。

第七，外商投资质量进一步提高。商务部数据显示，2019 年，新批外商投资企业的平均规模从 2003 年的 130 万美元升至 339 万美元；1 亿美元以上外资项目数量达 834 个，较上年增长了 15.8%。2019 年，中国高技术产业实际使用外资 2 660 亿元，同比增长 25.6%，占比达 28.3%，其中高技术服务业实际使用外资金额同比增长 44.3%（科学研究和技术服务业增长了 68.4%）。另外，大型跨国公司在华投资数量以及设立的研发中心数量也在不断增加。截至 2019 年 8 月份，世界 500 强公司中已经有约 490 家在华投资[1]。截至 2018 年底，跨国公司在华投资地区总部、

1 新华网，2019. 世界 500 强公司约 98% 在华投资［EB/OL］.2019-08-21，http://www.xinhuanet.com/2019-08/21/c_1124903506.htm。

研发中心也已经超过 2 000 家[1]。如微软公司，自 1992 年进入中国市场，中国现已是它在美国本土以外机构设置最完备、业务布局最全面、研发投入最大的国家之一。

三、疫情过后中国全球产业链供应链地位下降也非必然

如上所述，非典过后中国全球产业链供应链地位不降反升。但或许有人又会强调，2003 年以来中国全球产业链供应链地位上升是得益于“入世”红利，这与当前以英国脱欧公投通过和贸易局势日益紧张为标志的去全球化形势不具有可比性。可是，即便 2018 年以来全球贸易局势紧张，给中国乃至全球经济造成了巨大不确定性，各种外企集中撤资、内企大量外迁的报道屡见不鲜，但从国家外汇管理局国际收支口径与商务部流量口径的数据交叉验证表明，迄今这方面的金融冲击尚不明显（详见第二章第五节“国际收支数据不支持贸易摩擦加速中国产业外迁”的讨论）。

进一步讲，这次疫情过后，是否全球产业链重构导致“去中国化”的结果也并非必然：

首先，中国制造业产值已跃居世界第一且产业门类齐全、基础设施完备，很难有其他新兴市场能够大量承接这种产能转移，已经产业空心化的发达国家短期内也做不到。此外，中国正在成长为世界最大的消费市场，贴近最终消费市场生产和销售，仍将是外国企业扩大出口之外的另一重要商业选择。外商投资企业从主要在中国组装生产、再向外销售，转向在中国生产、直接向中国销售，是外企在中国外贸进出口的份额降低的重要原因。美国经济分析局数据显示，2015 年美国在华跨国公

---

1 中国人大网，2019. 改革开放 40 年来利用外资法律制度的变迁与展望［EB/OL］. 2019-02-20，http://www.npc.gov.cn/npc/c541/201902/061c546b82e745bb988389f90d346baa.shtml。

司销售额（包括商品和服务）为 3 553 亿美元，在当地销售占比 83%，高于 2000 年至 2008 年期间当地销售占比均值 72%。

其次，随着本土疫情传播基本阻断，中国公共卫生相对安全、复苏前景相对确定，仍将是投资者的热土。据商务部统计，2020 年前 5 个月，中国实际利用外商直接投资（以美元计价）同比下降 6.2%，较一季度降幅收窄了 6.6 个百分点，其中 4、5 月份连续同比正增长。

再次，市场上关于外国政府拟资助本国企业回迁或者外迁成本的传闻，其真实性和有效性值得怀疑。即便属实，这种捞政治资本的做法，企业恐不会有太多的响应。因为，一方面，疫情给全球经济造成重创，企业缺乏增加投资支出的积极性；另一方面，政府仅仅负担企业的一次性迁址成本是远远不够的，还有产业配套、基础设施和市场开拓等费用；再一方面，这次疫情恐难以让西方从市场经济回到计划经济、金融开放回到资本管制时代。

预计后疫情时代的大概率事件是，为降低断供的风险，跨国公司将会选择“1+N”的全球产业链供应链布局，即中国仍是世界生产中心“1”，同时选择其他 N 个国家和地区作为备份中心，哪怕这并不是很经济。但这种全球产业链重构，一方面是市场驱动的理性选择，不等于“去中国化”；另一方面是中长期的渐进过程，短期挑战仍是疫情造成的全球外商直接投资大幅下降。据联合国贸发会 6 月 16 日发布的最新报告预计，新冠肺炎大流行给全球外商直接投资造成了供需和政策等层面的冲击，2020 年全球外商直接投资最多将减少 40%，2021 年还将下降 5% 到 10%，直到 2022 年才会出现反弹。

四、主要结论及建议

（一）避免对疫情对全球产业链供应链布局影响分析的三种倾向

一是将疫情导致对外经贸人员往来的暂时停滞，对全球产业链供应链产生的短期冲击，等同于全球产业链供应链布局的长期调整；

二是将疫情后制造业跨境双向投资的变化，主要归咎于疫情造成的后续影响，而忽略其背后更深层次的基本面因素；

三是将疫情后制造业跨境双向投资的变化，简单等同于该国在全球产业链供应链中总体地位的变化。

（二）平常心看待疫情对全球产业链供应链布局的影响

短期看，新冠疫情会对外商来华投资和外商投资企业生产经营带来一定不良影响，对全球产业链供应链造成一定的压力。但跨境直接投资是长期资本流动，全球产业链供应链布局更是一个结构性的慢变量。除非疫情持续时间较长，严重改变了经济基本面，比如疫情应对的长期化和政治化。然而，如果疫情防控常态化了，全球将会陷入严重的经济金融危机，而这既可能导致经贸冲突升级，也可能促成国际经贸合作，经济脱钩并非必然结果。

中长期看，经济转型升级、综合经营成本上升，叠加经贸摩擦的持续影响，此次疫情之后，中国制造业转移趋势将会进一步显现。但是，按照准入前国民待遇和负面清单管理，进一步扩大开放尤其是服务业对外开放，加上国内产业门类齐全、基础设施完备、市场潜力广阔、区域纵深较大，中国仍有望进一步巩固和提升在全球产业链供应链的地位。现在市场热炒的疫情对中国全球产业链供应链地位的影响是一种“舆论战”。我们不能自乱阵脚。

（三）降低疫情冲击关键是做好自己的事情

中国不会主动寻求对外经济脱钩，而是要以更大的决心和勇气，在逆周期调节稳定总需求的同时，进一步深化供给侧结构性改革、扩大高水平对外开放，促进经济高质量发展，进一步释放制度红利。要坚持防疫和生产两手抓两手硬。

同时，为巩固和提高中国在全球产业链供应链地位，还要付出更多的艰辛努力：

一是坚持服务实体经济、三次产业均衡发展，避免产业空心化，推动产业升级、发挥集聚优势，巩固和增强制造业国际竞争力，推动服务业特别是生产性服务业发展。

二是进一步按照“放管服”的要求改善整体营商环境，特别是内陆地区的营商环境，推动东部地区向内陆地区产业梯度转移，延缓制造业的外迁。

三是在稳定出口市场的同时，进一步降低贸易壁垒，支持扩大商品和服务进口，不断加强国内与全球产业链供应链的联系。

四是在风险可控前提下扩大金融对外开放，吸引境外投资者加大对制造业企业的证券投资。

五是按照十九届四中全会的要求，加快推动国家治理体系和治理能力的现代化。

CHAPTER 5

疫情应对与央行货币政策

2020 年，新冠肺炎疫情在全球爆发。越来越多的国家采取社交隔离的非药物干预措施，造成全球经济停摆，触发了股灾。自 3 月初起，美联储逐渐进入疫情应对状态，采取了“零利率 + 无限量宽”的空前货币刺激措施。在此背景下，3 月底起美股大幅反弹，6 月份纳指还创了历史新高。美联储为什么会这么做？中国央行要不要跟？本章拟就此进行探讨。

第一节
应对疫情全球蔓延仅靠刺激是不够的

新冠疫情扩散叠加油市崩盘冲击，2020 年 2 月底以来，以美股为代表的全球股市出现了剧烈震荡。从 3 月 3 日美联储紧急降息到 3 月 11 日，美股不仅没有挽回 2 月底“七连跌”的损失，过去 7 个交易日道琼斯工业平均指数、标普 500 指数、纳斯达克综合指数反而各下跌了 6% 以上。其中，9 日标普 500 指数触发了史上第二次、第一层 7% 的熔断机制；到 11 日，道指较年内高点已下跌 20.3%，正式迈入技术性熊市。那么，为什么美联储初期救市的效果远逊预期？

一、美联储与资产价格波动的恩怨情仇

关于央行是否需要对资产价格波动做出反应，是一个老生常谈的话题。2008 年金融危机前，大都不主张干预资本市场。

如在 1999 年杰克逊霍尔（Jackson Hole）全球央行年会上，时任普林斯顿大学教授的伯南克在提交的报告中指出，各国央行不需要对资产价格波动做出反应，而应将政策重点放在防控通胀上。

2002 年 10 月，他进一步表示，货币政策工具应该被用来维持物价稳定和充分就业，金融稳定目标应通过监管手段以及央行“最后贷款人”功能来实现。各国央行尤其不应该针对资产价格中可能存在的泡沫加息，因为，一来泡沫无法准确地识别，二来小幅加息未必能挤掉泡沫，而大幅加息则有明显的副作用。

在 2002 年杰克逊霍尔全球央行年会上，时任美联储主席的格林斯潘指出，试图通过渐进式的收紧货币政策来低风险、低成本地抑制资产

价格泡沫无异于缘木求鱼。

格林斯潘、伯南克等在一系列杰克逊霍尔央行年会上的论述代表了危机前的主流货币政策主张，即对资产价格波动“善意忽视”的所谓“杰克逊霍尔共识”。根据这一共识，除非资产价格变化影响未来通胀走势，否则央行无需对资产价格波动做出反应。即使资产价格中存在泡沫，央行也完全有能力在泡沫破灭后将损失控制在最低程度。

2008 年危机后，在央行如何应对资产价格波动的问题上，形成了事后清理和逆风干预两大主张。总的来说，美联储和英格兰银行仍然坚持危机前的观点，而国际清算银行和欧洲央行则强烈呼吁对主流货币政策思路进行修正。前者因为怀疑逆风干预的可操作性和有效性而继续倡导事后清理策略，后者则因为事后清理的道德风险问题和巨额救助成本转而支持逆风干预策略。

2010 年 1 月，时任美联储主席的伯南克在美国经济学联合年会上指出，美联储的低利率政策并非全球金融危机前美国房地产泡沫的主要原因，美联储也不应该针对房地产泡沫加息。美联储的失误之处不在于货币政策，而在于未对非传统抵押贷款市场进行严格监管。

现任主席鲍威尔在这个问题上可能走得更远。2018 年 2 月 27 日，他上任首秀被问到美联储需要关注什么风险时坦言：“从广泛角度看金融稳定性，目前确实有些资产价格很高，美联储必须对金融失衡和通胀上行保持警惕。”

同年 11 月，他在纽约经济俱乐部介绍美联储监测金融稳定的基本框架时开宗明义地指出，没有金融稳定就没有宏观经济稳定，而且系统性风险往往在繁荣时期萌芽。因此，在危机发生后，政策制定者不再依赖即时的政策反应，而是在一个于经济繁荣时期预先提出的解决方案的框架中不断监测脆弱性，并要求企业对于金融压力提前规划。

这个框架包括三个部分：一是增强金融体系的强度和弹性；二是制订并应用广泛的框架持续监测金融稳定性；三是尽可能透明地解释新方法，以便公众及其在国会的代表能够提供监督并让美联储对这项工作负责。

二、3月初的闪电降息有悖美联储对资产价格波动的干预策略

如前所述，美联储已将金融稳定纳入其政策目标。但实践中，美联储对于金融稳定的职责仍以监测为主。对于资产价格波动，美联储仍沿袭以前的做法，即不是运用货币政策工具事前逆风干预，而是通过央行“最后贷款人”的角色事后清理金融动荡造成的破坏。而央行“最后贷款人”的角色通常在两种情形下发挥作用：一种情形是当资产价格大幅波动，造成市场流动性骤然收紧时，央行为市场提供流动性，维护市场正常运行；另一种情形是当资产价格暴涨或暴跌，影响通胀、增长和就业时，央行通过货币政策操作做出响应。

过去三十多年的美国金融史上，“最后贷款人”通常在两种情形下被触发。

一种是当资产价格暴跌，造成市场流动性骤然收紧时，为市场提供流动性，维护市场正常运行。如1987年10月19日（黑色星期一）股灾发生后，格林斯潘于次日一早对外发表声明称，美联储将保证金融体系流动性。这令格林斯潘一战成名，同时也诞生了“格林斯潘期权”。

另一种是当资产价格暴涨或暴跌，影响通胀、增长和就业时，央行采取行动，这也是“杰克逊霍尔共识”所说的经典情形。如2001年1月3日美联储针对信息科技泡沫破灭造成的影响紧急降息、2008年1月22日（FOMC例会之外）和1月30日（例会期间）美联储针对房地产泡沫破灭后次贷危机造成的经济影响一个月内连续两次降息（见图5-1-1）。

图 5-1-1：1982 年以来美联储基准利率（宣布日期）

（单位：%）

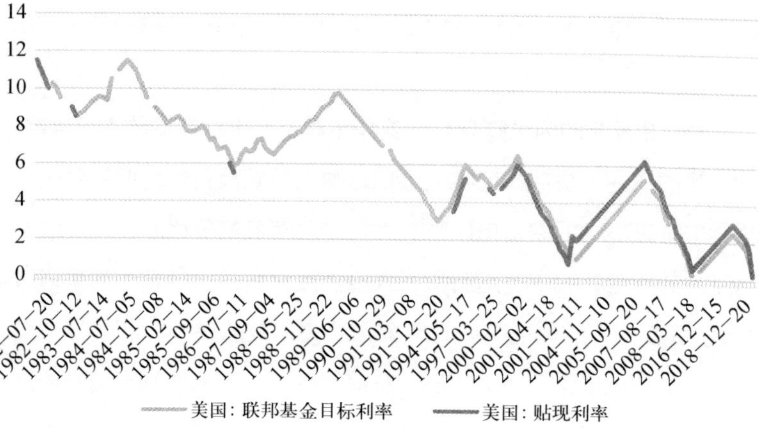

资料来源：美联储；WIND

2020 年 2 月底的美股“七连跌”并不符合这两种情形。从衡量金融市场风险的重要指标泰德利差（TED spread，即 3 个月 LIBOR 美元利率与 3 个月美债收益率的差价）看，同期日均只有 12 个基点，甚至还低于年初至 2 月 19 日日均 22 个基点的水平（见图 5-1-2）。这表明虽然股市下跌，以标普 500 波动率（VIX）指数衡量的市场恐慌情绪骤升（见图 5-1-3），但市场信用状况良好，美联储没有从提供流动性角度救市的迫切性。从各项经济指标看，美国通胀、就业、增长仍处于较好状态，显示尽管近期美股震荡加剧，但新冠疫情第一波冲击对美国经济负面影响尚不明显。即便 3 月 3 日这次降息，美联储联邦公开市场委员会（FOMC）在声明中也表示美国经济基本面保持强劲。

事实上，这次闪电降息不仅没有提振市场信心，反而让投资者更加紧张。因为市场难免会有直指灵魂的“锥心之问”：美联储如此慷慨，是否意味着美国经济确实很糟或者受疫情影响将会变得很糟？美联储如此手重，

图 5-1-2：1986 年底以来美国泰德利差

（单位：%；个百分点）

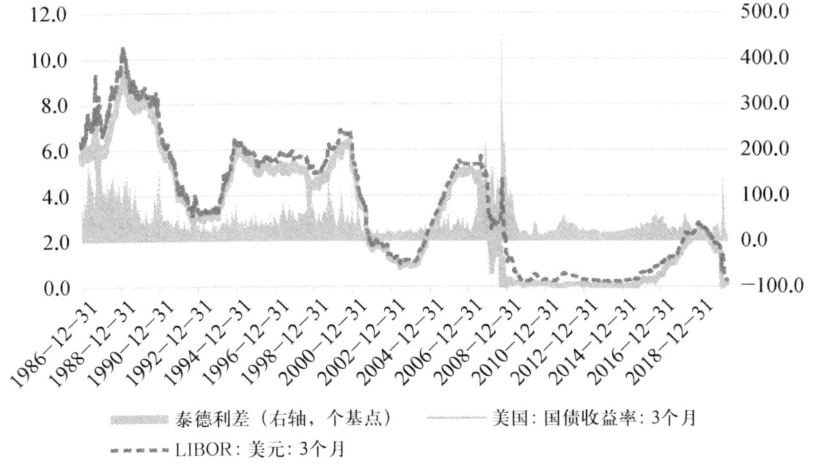

资料来源：美联储；WIND

图 5-1-3：2000 年初以来美国标普 500 波动率指数（VIX）

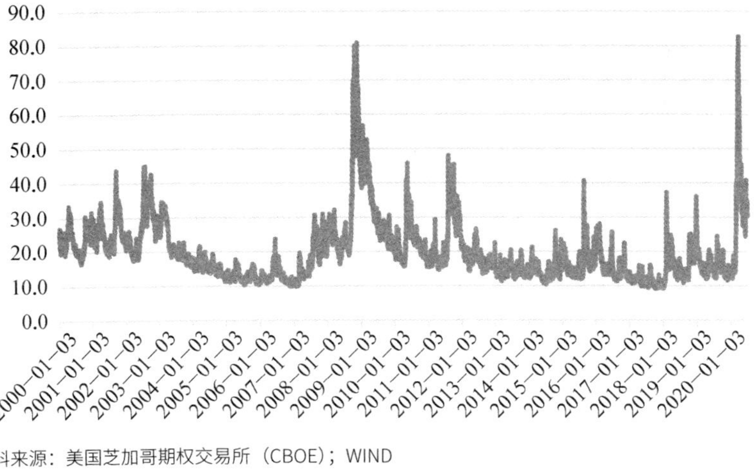

资料来源：美国芝加哥期权交易所（CBOE）；WIND

是否意味着疫情现状或其前景并不如政府表现的那样风轻云淡？其实在3月3日美联储紧急降息之前，虽然美股经历了“七连跌”，但泰德利差日均仅有12个基点，低于年初至2月19日日均22个基点的水平。恰恰是美联储闪电降息，才开启了市场恐慌、信用紧缩模式。降息当天，美股大跌3%，泰德利差跳升至36个基点，远高于头天的12个基点（见图5-1-2）。

三、偏离基于数据驱动的前瞻性指引越来越远

格林斯潘以来，美联储越来越注重货币政策的透明度。2008年危机之后，更是形成了基于数据驱动的货币政策前瞻性指引。前瞻性指引是指央行通过引导市场对未来利率的预期，从而使得市场行为与货币政策目标相一致的行为。因为传统货币政策的失效，使得预期管理在2008年危机后成为很多发达国家央行的核心货币政策工具。

2009年起，伯南克领导下的美联储引入了前瞻性指引政策，措施之一是将联邦基金利率与通胀和就业挂钩。如2012年底美联储宣布，在通胀率低于2.5%和失业率高于6.5%之前不会加息。耶伦时代基本是萧规曹随，尽管通胀率一直没有达标，但失业率远低于6.5%，故美联储连续加息五次并缩表，推动货币政策正常化进程。

鲍威尔继任之初中规中矩，遵循了前述规范，2018年加息四次并继续缩表，12月份加息正值美股受贸易局势紧张和经济前景不明的影响出现大跌。此后，美联储进入政策观望期，到2019年8月1日重新降息，一口气连续降了三次并重启扩表（见图5-1-1）。

8月1日的声明中，FOMC表示降息是基于全球经济发展和国内通胀压力较低的考虑。然而，美国的增长、就业和通胀数据都不支持这一改变。所以，鲍威尔只好强调既要观察数据，也要兼顾风险管理，表示这次降息更多是一个保险性的措施，不是降息周期的重启，而可能是加息途中的一次降息。但放弃数据驱动的前瞻性指引沟通策略，当时就被

市场批评导致金融资产进入定价“混乱期”。

更令人担忧的是，这显示鲍威尔可能被政府和市场绑架，将美联储来之不易的独立性置于险境。2019 年 8 月 7 日，沃尔克、格林斯潘、伯南克、耶伦四位前美联储主席联合署名在《华尔街日报》发表文章，呼吁美联储保持独立性。文章说，国内外经验表明，当央行不受短期政治压力的影响，只依赖可靠的经济原则和数据行事时，经济才是最强劲的，政治主导货币政策将导致通胀和增长数据恶化。

2020 年 3 月 3 日的降息声明中，FOMC 给出的理由是，因为新冠疫情对经济活动构成了不断变化的风险，但又继续强调美国经济基本面保持强劲。这同样发生在市场憧憬央行救市和政府多次公开批评美联储之后，难免让市场产生遐想。

四、一揽子疫情应对政策是挽救市场信心的关键

2020 年 3 月初全球资本市场剧烈震荡，与其说是市场担心政策刺激不足，还不如说是市场对疫情控制缺乏信心。3 月 3 日美联储紧急降息降出了加息的效果，很重要的原因就在于此举等于确认了市场的悲观预期，即美国疫情并非如当时美国政府描述的那样风轻云淡，疫情冲击可能令美国经济深陷衰退。这按下了市场“恐慌键”，降息当天及之后，市场一片混乱：市场恐慌指数（VIX）、泰德利差飙升（见图 5-1-2 和图 5-1-3）。

市场普遍认为，尽管降息开启了美国经济的疫情应对模式，但疫情持续时间及其经济影响还有很大不确定性，经济形势在变好之前很可能会变得更坏。因此，现在并非响应政府号召进场“抄底”之良机。

新冠病毒不会因为装作看不见就消失掉。2020 年 2 月 28 日，世界卫生组织将疫情的全球风险级别由“高风险”提升至“非常高”的最高级别；3 月 11 日又宣称，新冠肺炎疫情从特征上可称为大流行。3 月 11 日，美国政府颁布 30 天的旅欧禁令，13 日宣布进入国家紧急状态。自

此，美国才全面进入了“抗疫”状态。

在疫情发展前景不确定之际，美股出现暴涨暴跌、波动性加大在所难免。美股震荡会不会演变成为危机，关键取决于美国的疫情控制。资本市场真正想要的（无论市场有没有意识到），或许是以公共卫生政策为主、经济刺激政策为辅的一揽子疫情应对措施。哪怕这些措施宣布之初，可能不一定被市场欢迎。

亚洲地区疫情出现的积极变化表明，只要思想重视、措施对头，疫情是可防可控的。如果政府能够按照找到传染源、切断传播途径、保护易感人群的疫情防控规律，拿出一个清晰、可信、可行的突发公共卫生事件应对计划，辅之以在疫情不同发展阶段，分步骤、分层次、有针对性的经济对冲政策，就可以逐渐平息市场恐慌。

从疫情重灾区亚洲的经验看，正是因为采取了前述做法，亚洲股市跌幅就小于美欧市场。2 月 21 日至 3 月 11 日，东京日经 225 指数、韩国综合指数、中国香港恒生指数和新加坡海峡指数分别下跌 17.3%、8.6%、13.0% 和 13.1%。同期，道琼斯工业平均指数、伦敦金融时报 100 指数、巴黎 CAC40 指数和法兰克福 DAX 指数分别下跌 19.4%、21.0%、24.0% 和 23.6%（见图 5–1–4）。

中国 A 股表现可能更有代表性。1 月 21 日至 2 月 3 日，受疫情突然爆发的影响，上证综指、深成指和创业板指数分别下跌 11.3%、12.0% 和 9.4%。其中，2 月 3 日春节后复市首日，三大股指甚至大跌了 8% 左右。此后，在灵活适度、精准滴灌的逆周期调节措施的细心呵护下，随着疫情防控形势持续向好、生产生活秩序加快恢复，A 股在全球金融动荡中展现了韧性。截至 3 月 11 日，三大股指分别较 2 月 20 日仅下跌 2.0%、3.7% 和 3.9%，远小于海外市场跌幅；较 1 月 20 日疫情爆发前夕分别下跌 2.0%、上涨 4.2% 和 10.6%，其中深市甚至完全收复了失地（见图 5–1–5）。

图 5-1-4：2020 年上半年全球主要股指变动

（2019 年 12 月 30 日 =100）

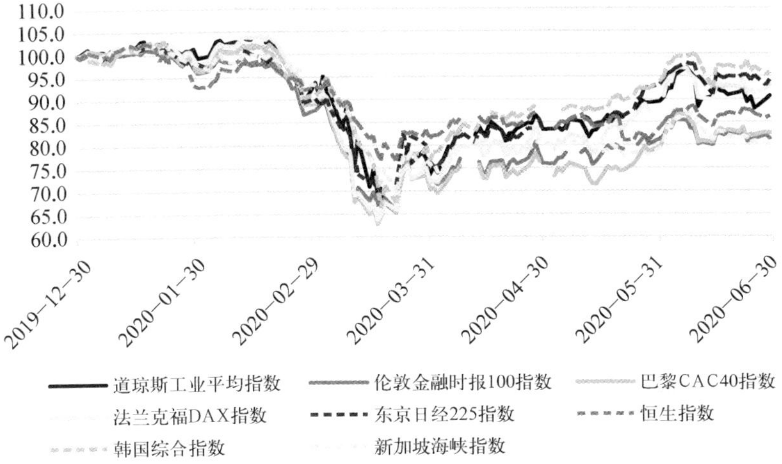

资料来源：WIND

图 5-1-5：2020 年上半年中国股指变动

（2019 年 12 月 30 日 =100）

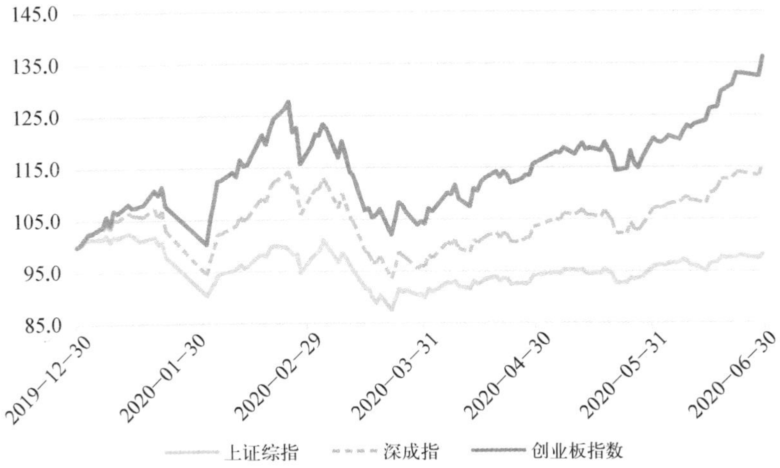

资料来源：上交所；深交所；WIND

显然，如果美国疫情防控能够取得积极进展，配合经济刺激的帮扶，疫情对于美国经济和美股的影响将是暂时的，市场将可能重新回归基本面。但如果美国疫情持续蔓延，其不确定性有可能对美国经济的负面冲击将逐步显现且不断加大，那么美股现在的调整可能才是刚刚开始，美国将是正在走向经济和金融危机的道路上。

以公共卫生政策防控为主，财政货币政策对冲为辅的一揽子政策组合，这就是疫情应对的政策与市场逻辑。

第二节
美联储放水中国不跟

随着新冠疫情在全球蔓延，各国普遍采取了财政货币刺激的应对措施。中国央行最早进入抗疫状态，从 2020 年 2 月 3 日起，综合运用数量和价格工具、总量和结构手段，引导市场利率走低，支持疫情防控和复工复产。而美联储 3 月初起才进入疫情应对，但两次紧急降息到零并重启量化宽松，23 日更是宣布对购买的国债和住房贷款抵押证券（MBS）不设上限，此后还重启或新设了一系列企业信贷支持计划和资产购买计划，标志着美联储“零利率 + 无限 QE”的“王炸”组合形成。与之相比，中国央行被认为无论降准还是降息都显得较为保守（见表 4-2-1 和表 4-2-2）。为什么会这样呢？

一、美联储大招频出乃是不得已而为之

（一）美联储货币政策正常化半途而废的后遗症

2008 年金融危机时期，美联储采取了“零利率 +QE”组合的非常

规货币政策。2013 年中，伯南克离任之前释放了 QE 退出的信号。耶伦 2014 年初接任后开始减少并停止资产购买、五次加息、持续缩表，推进货币政策正常化。鲍威尔 2018 年初继任后连续加息四次并缩表，但 2019 年为应对贸易局势紧张的冲击而三次仓促降息并重启扩表，中断了货币政策正常化进程。到 2019 年底，联邦基金利率不到 2%（见图 5–1–1），美联储总资产与名义 GDP 之比仍将近 20%，远高于上次危机前 6%—7% 左右的水平，较前期高点仅降了约 6 个百分点（见图 5–2–1）。

图 5–2–1：中美央行总资产与年化名义 GDP 之比

（单位：%）

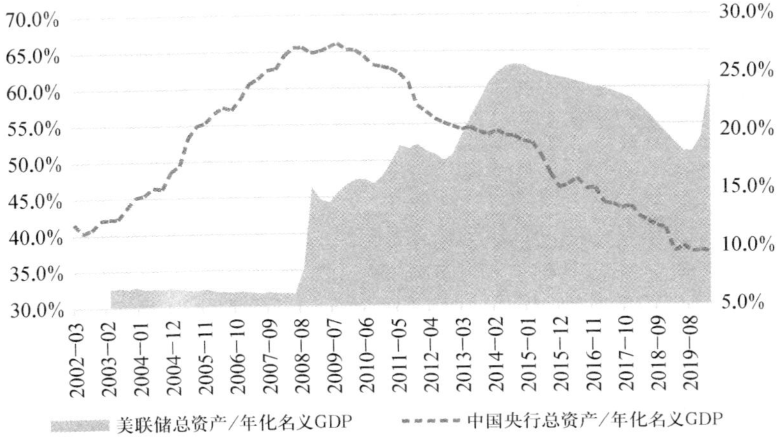

资料来源：中国人民银行；国家统计局；美联储；美国经济分析局；WIND

注：（1）中国年化名义 GDP 为往前 4 个季度滚动合计；（2）美国年化名义 GDP 为往前 4 个季度滚动平均。

以往每次降息周期，政策利率都是从百分之五六往下调，而 2020 年两次闪降就已至零（见图 5–1–1）。在 3 月 15 日推出零利率并重启 QE 后，鲍威尔在新闻发布会上明确排除了负利率的政策选项，资产负债表操作就成了美联储的不二选择。

当美股四次熔断、发生股灾后，美联储必须采取果断行动，证明其工具箱里确实还有“弹药”，才有可能阻止股灾演变成“信心危机——信用紧缩”的流动性螺旋。因为从上次危机的经验看，一旦出现全面的流动性危机，发生机构被挤兑乃至倒闭，则救助成本将会显著上升。

（二）与美国疫情应对政策出台的次序和搭配有关

上次危机中，美联储大举购买有毒资产，支持了经济金融稳定，促成了美股长牛和战后最长时间的经济景气。但面对这次疫情蔓延，美联储无能为力。同时，货币政策能够刺激需求，却解决不了供应链的问题。

但直到 3 月 11 日晚美国总统特朗普电视讲话，发布旅欧禁令之前，美国政府对于疫情扩散风险总是遮遮掩掩、轻描淡写。这令 3 月 3 日美联储的闪电降息按下了“恐慌键”，当天美股不涨反跌 3% 以上。9 日，与油市崩盘叠加，触发了年内美股第一次熔断；12 日，因旅欧禁令又触发了第二次熔断。13 日，美国政府宣布进入国家紧急状态，才正式全面进入了抗疫模式，当日美股不跌反涨。

然而，货币政策只能缓解企业资金链压力，却不能解决企业现金流问题，后者主要考验财政的转移支付功能。而财政计划需经过繁琐的、不确定的立法程序，在国会多次被搁浅。时间不等人。美联储不得不冲锋在前、单兵突进。3 月 15 日，美联储二次闪电降息至零并重启 QE，进一步加重了市场恐慌；次日（16 日）和 18 日，触发了美股年内第三、四次熔断；23 日，宣布了无限 QE 的措施，但当天美股依然下跌。股灾期间，美债和黄金价格大幅下跌，无差别抛售一切可变现资产，逃向美元现金流动性，美元指数飙升（见图 5–2–2 和图 5–2–3）。

随着 2 万亿美元财政刺激计划顺利过会，公共卫生政策防控为主、财政货币政策对冲为辅的一揽子疫情应对措施全部到位，才缓解了市场恐慌和信用紧缩。自 3 月 24 日以来，美元指数、泰德利差（即 3 个月

图 5-2-2：2020 年上半年 10 年期美债和黄金价格走势
（单位：%；美元 / 盎司）

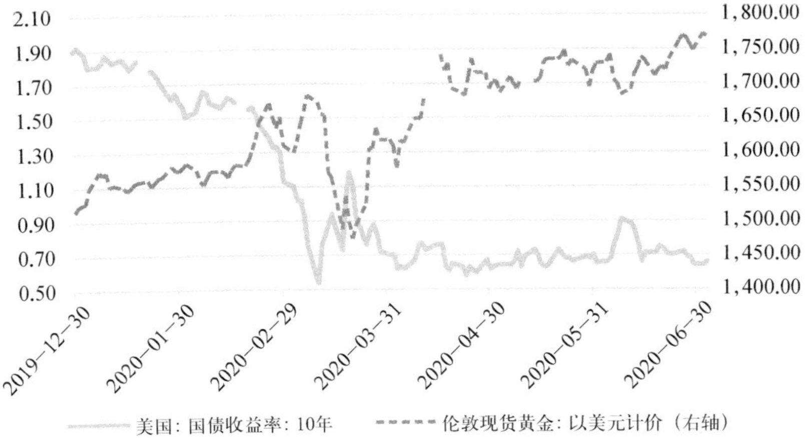

资料来源：美联储；WIND

图 5-2-3：2007 年底以来美元指数走势
（1973 年 3 月 =100）

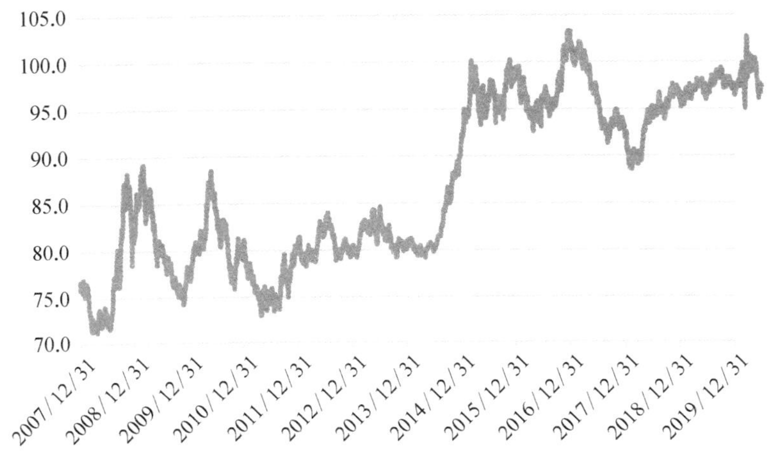

资料来源：洲际交易所（ICE）；WIND

美元 Libor 与 3 个月美债收益率之差）和市场恐慌指数 VIX 等高位回落（见图 5-1-2 和图 5-1-3），美股大幅反弹，美债和黄金价格也止跌回升，无差别抛售一切可变现资产，逃向美元现金流动性的市场乱象才暂告平息（见图 5-2-2 和图 5-2-3）。

二、中国央行所处环境在某些方面要优于美联储

（一）中国央行是少数货币政策处于正常状态的主要央行

一是中国的政策性利率依然为正值，且离零利率较远。截至 2020 年 6 月 30 日，一年期 MLF 利率为 2.95%，一年期 LPR 为 3.85%。

二是中国法定存款准备金率还有下调空间。截至 2020 年 6 月 30 日，中国银行业的法定存准率平均为 9.4%，在国际上仍处于较高水平，也高于 21 世纪初中国遭遇资本大量流入、储备持续增加之前 6% 的水平（见图 5-2-4）。同时，通过定向降准引导银行给民企和中小微企业放款，还进一步拓展了存准率工具的运用空间。

图 5-2-4：中国法定存款准备金率

（单位：%）

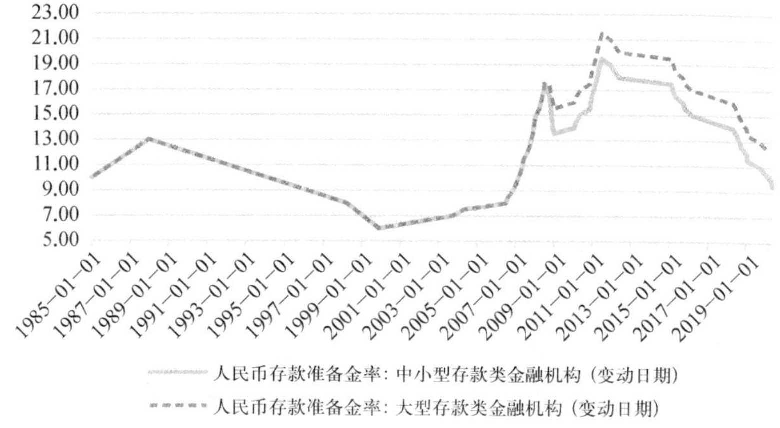

资料来源：中国人民银行；WIND

三是中国央行总资产与名义 GDP 之比较高点已回落近 30 个百分点，低于上轮资本流入启动之前的水平（见图 5-2-1）。下一步，按照“稳预期、扩总量、分类抓、重展期、创工具、抓落实”的工作思路，还可以进一步加强货币政策工具特别是结构性工具创新，加大逆周期调节力度。

中国疫情爆发之初，曾有人建议，刺激政策要出手早、出拳猛。然而，这次大流行百年一遇，全球都缺乏经验。至少，起初我们并不清楚拐点在哪里。如果那么干了，很可能在疫情第一波冲击时，中国央行就已把“子弹”打光。那么，碰到现在海外疫情蔓延酿成的冲击，陷入弹尽粮绝质疑中的央行将会被置于险境。很难说会比现在的情况更好。

（二）中国央行没有流动性救市之虞

美联储发射“超级火箭炮”的一个现实考虑是阻止股灾演变成流动性危机。但自疫情爆发以来，中国金融市场没有出现这种情形。

首先，货币市场利率下行。2 月 3 日起，中国央行就进入了疫情应对状态，综合运用数量和价格工具引导市场利率下行。2 月 3 日至 3 月 24 日，中国境内的 7 天存款类机构质押式回购加权利率（DR007）日均为 2.03%，较年初至 1 月 23 日回落了 37 个基点（见图 5-2-5）。当受疫情扩散影响，股市震荡加剧时，没有导致国内流动性紧张。2 月 20 日至 3 月 23 日，美股遭遇了七连跌、四熔断，发生股灾，但 2 月 21 日至 3 月 24 日中国日均泰德利差（即 3 个月 Shibor 与 3 个月国债收益率差，衡量市场流动性和信用松紧程度的常用市场指标）59 个基点，低于年初 2 月 20 日日均 89 个基点的水平（见图 5-2-6）。

其次，股票市场交投活跃。尽管受海外股灾的影响，2 月 21 日至 3 月 24 日中国股市也出现了一定幅度的调整，但同期沪深两市日均成交额 1.01 万亿元，高于年初至 2 月 20 日的日均 7 844 亿元。同期，上证

图 5-2-5：2020 年上半年中国货币市场利率走势

（单位：%）

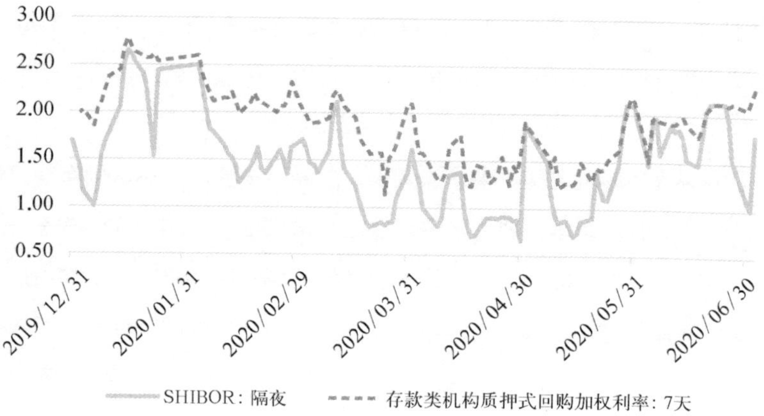

资料来源：全国银行间同业拆借中心；中国货币网；WIND

图 5-2-6：2019 年初以来中国的市场利率与泰德利差

（单位：%；个百分点）

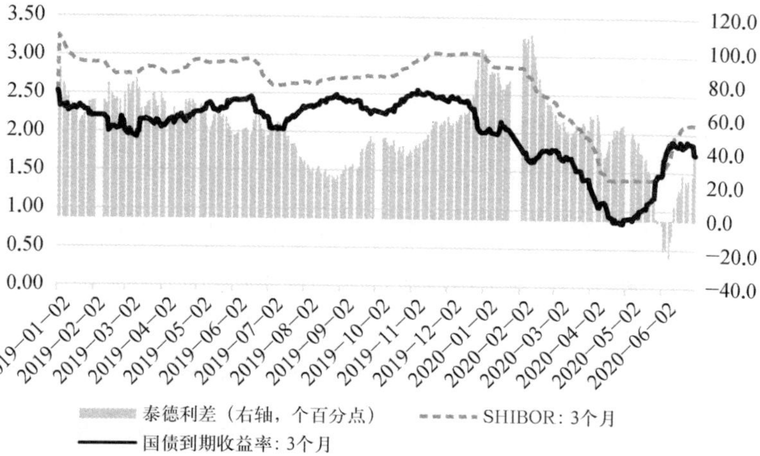

资料来源：全国银行间同业拆借中心；中债估值中心；WIND

综指跌幅 3% 以上的交易日仅占到 17.4%，远低于道指该项占比 47.8% 的水平。而且，即便国内股市出现较大幅度的波动，却未像 2015 年股市异动时期那样出现大面积跌停，股市流动性枯竭。

再次，外汇市场运行平稳。自 1 月底爆发疫情以来，人民币兑美元汇率震荡加剧，围绕 7 比 1 上下波动。尽管如此，一季度反映境内主要外汇供求关系的银行即远期（含期权）结售汇顺差合计 480 亿美元，远超 2019 年同期的顺差 166 亿美元。3 月 10 日（美股第一次熔断次日）以来，美元指数飙升，非美货币兑美元大幅贬值，带动人民币汇率由升转跌，重新跌破"7"，但市场预期基本稳定。3 月 10 日至 3 月 24 日，境外一年期无本金交割远期（NDF）隐含的人民币汇率贬值预期平均为 0.42%，仅略高于 2019 年 10 月 11 日至 2020 年 1 月 20 日日均 0.38% 的水平，但低于 2019 年全年日均 1.0% 的水平（见图 5-2-7）。

图 5-2-7：2019 年初以来 1 年期 NDF 隐含的人民币汇率预期
（单位：元人民币 / 美元；%）

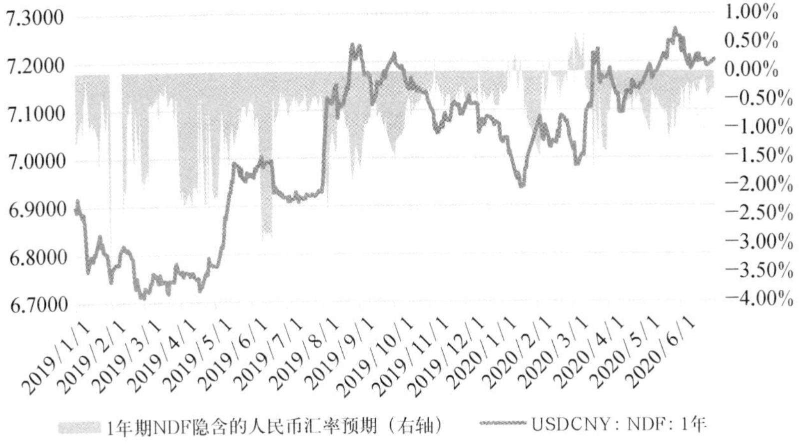

数据来源：中国外汇交易中心；WIND
注：汇率预期为正值，代表升值预期；为负值，代表贬值预期。

中国金融市场之所以表现出一定的韧性，主要原因有三：一是中国1月底就出台了严格的社交隔离措施，这是对经济金融运行影响最大，但也是阻断疫情传播有效的措施。后面再出的财政货币政策，都是经济对冲措施，是给市场“糖”吃。二是抗“疫”之初适逢春节长假，中国得以用较低成本实现了居家隔离和停工停产，同时也给了金融市场较长时间的冷静期。故股市以2月3日复市首日一次性大跌，基本完成了对疫情第一波冲击的风险定价。三是全国上下一盘棋，从中央层面统筹规划疫情防控、民生保障和复工复产，各项政策整体配套推出，各级政府和各个部门工作协调配合，形成了政策合力。这又给国内金融稳定进一步提供了基本面、流动性和信心的支持。

三、中国央行这次本已领跑全球疫情应对

（一）两国货币政策的节奏不同

由于疫情在中国开始爆发，故中国央行从2月3日起（春节假期之后）就进入了抗“疫”状态。而美联储直到因疫情海外加速扩散，才在美股2月底七连跌之后，于3月初开始进入疫情应对状态。

3月15日（周日），美联储宣布二次紧急降息到零，国内市场预期中国央行次日将跟随降息。但当天，中国央行MLF操作的政策利率没有下调（20日LPR利率也没有下调），这似乎令市场略感失望。其实，3月13日，中国央行已先于美联储宣布了金融普惠定向降准措施，于16日正式实施。16日，DR007应声跌破2%，到24日最低跌至1.14%（见图5-2-5）。在现有政策有效果的情况下，没必要进一步加码的政策逻辑有其合理性。

（二）两国所处的疫情发展阶段不同

目前，中国本土疫情传播已基本阻断，进入经济社会活动恢复正轨的阶段。而美国疫情扩散正处于高峰期（见图5-2-8）。

现阶段，美联储主要是要避免市场流动性危机，维持企业和家庭资

图 5-2-8：2020 年上半年中美两国新冠肺炎感染者
（单位：人）

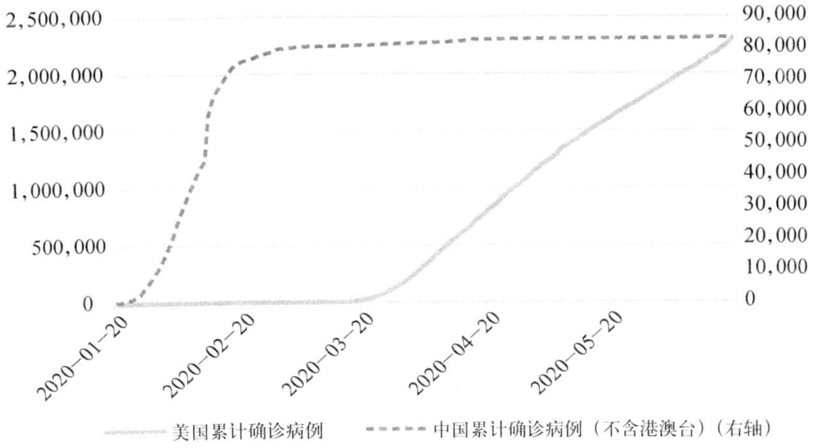

资料来源：国家卫健委；WIND

金链不断。而这是 2 月份中国央行所做的工作。当时，中国央行出台 30 条金融支持政策措施，保持市场流动性合理充裕，支持金融市场如期正常开市，确保金融服务不间断。

当前，中国央行主要是疏通货币政策传导，引导资金流向实体经济，降低企业融资成本，支持企业全产业链供应链复工复产，帮助企业渡过难关。人民币汇率破“7”之后，市场化程度提高、弹性增加，给了货币政策更大空间，也给了中国央行更多底气（详见第四章第二节“中美利差扩大并非因为汇率政策掣肘”的讨论）。

四、中美两国货币政策的传导效率不同

从银行信贷角度看，中国的货币政策传导效率要高于美国。据人民银行在 2020 年第一季度金融数据发布会上介绍[1]，从量上看，一季度中国

---

1 中国人民银行，2020.2020 年第一季度金融统计数据新闻发布会文字实录［EB/OL］. 2020-04-10，http://www.pbc.gov.cn/goutongjiaoliu/113456/113469/4005810/index.html。

央行通过降准、再贷款这些工具释放长期流动性 2 万亿元，新增人民币贷款 7.1 万亿元，是 1 比 3.5 的乘数效应；从价上看，3 月份国内一般贷款利率比上年的高点下降了 0.6 个百分点，2020 年以来下降了 0.26 个百分点，明显超过了 MLF 中标利率和 LPR 的降幅。

相比之下，从量上看，一季度美联储投放了 1.6 万亿美元流动性，贷款增长是 5 000 亿美元，大概是 3.3 比 1；从价上看，美联储 2020 年以来降息 1.5 个百分点，代表融资成本的非金融企业票据利率比 2019 年年末只下降了 0.17 个百分点，降幅远远小于降息的幅度。显然，从银行信贷的角度看，中国的货币政策传导效率要高于美国，有“四两拨千斤”之效。

然而，从资本市场角度看，美国的货币政策传导效率要高于中国。

3 月 24 日至 6 月 30 日，美国道琼斯工业平均指数、标普 500 指数和纳斯达克综合指数分别反弹了 38.8%、38.6% 和 46.6%。同期，中国上证综指、深成指和创业板指数分别仅反弹了 12.2%、23.7% 和 33.4%（见图 5–1–4 和图 5–1–5）。当然，前期中国股市跌幅也较浅。

鉴于资本市场在美国的重要性，股市回暖的意义不言自明。6 月 30 日，泰德利差较 3 月 27 日高点回落了 90.0%，标普 500 波动率指数（VIX）较 3 月 16 日高点回落了 63.2%，显示市场恐慌情绪和流动性紧张状况明显改善（见图 5–1–2 和图 5–1–3）。这阻止了股灾滑向流动性危机，促进了其他金融市场的正常运转。如 6 月 30 日，穆迪 AAA 级企业债收益率较 3 月 20 日（无限 QE 宣布前一交易日）回落 178 个基点，穆迪 BAA 级企业债收益率回落 156 个基点，BBB 级企业债收益率回落 280 个基点，高收益企业债有效收益率回落 394 个基点。

五、两国货币政策传导效率不同源于金融结构差异

全球金融市场结构分为直接融资与间接融资两种。从全球平均水平

来看，这两种金融市场结构的占比基本是各占一半，但美国与中国属于两个极端（见表 5-2-1）。

表 5-2-1：2013 年世界主要经济体的金融市场构成

（单位：%）

	股票市场价值	债务证券价值	银行资产
世　界	22.1%	35.3%	42.6%
欧　盟	14.4%	34.3%	51.2%
欧元区	12.1%	36.0%	51.9%
法　国	14.2%	31.6%	54.3%
德　国	13.8%	29.7%	56.5%
英　国	20.0%	29.0%	51.0%
加拿大	26.0%	26.7%	47.3%
美　国	29.6%	49.2%	21.2%
日　本	16.3%	43.3%	40.4%
亚洲新兴工业化国家	44.5%	18.3%	37.2%
新兴市场	20.7%	20.7%	58.6%
亚　洲	17.5%	16.8%	65.7%
中　国	14.7%	18.5%	66.8%
亚洲新兴市场及新兴工业国	25.3%	17.3%	57.4%

资料来源：国际货币基金组织；WIND

注：(1) 金融市场规模 = 股票市值 + 债券市值 + 银行资产；(2) 中国为 2016 年底数据。

间接融资为主的好处是便于集中决策，利于逆周期调节政策的传导。2008 年金融危机，中国通过银行体系实施刺激政策，实现了中国经济的“V”形反弹、率先复苏。当然，一个很重要的原因是，中国赶在危机之前，抓住时间窗口，在21世纪初完成了对国有银行的资产重组和股改上市。但问题是容易导致风险过于集中。如中国经济新常态中所谓“前期政策刺激的消化期”，其中之一就是“强刺激”留下的高负债后遗症。再如，在亚洲金融危机期间，由于银行体系陷入瘫痪，在亚洲地区酿成了广泛的经济和社会危机。

直接融资为主的好处是分散决策、分散风险。上次危机期间，美联储实施“零利率 +QE”的非常规货币政策，改善了市场风险偏好，推升了资产价格，通过正财富效应催生了美国战后最长时期的经济景气。但问题是容易导致市场顺周期的羊群效应，放大资产价格和市场情绪波动，增加逆周期调节政策传导的复杂性。

这次正是因为以四次熔断、发生股灾为标志的美国资本市场过激反应，很快将美联储逼到了墙角，不得不采取超预期的果断措施，阻止股灾酿成广泛的信心危机、信用紧缩的流动性螺旋。相比之下，中国央行的应对就要从容得多。这一定程度上反映了不同金融结构的政策约束大相径庭。

在间接融资为主的金融结构下，中国央行货币政策传导的枢纽是银行体系。这次疫情应对中，中国央行既管货币投放，又管货币投向。1月21日至6月30日，MLF中标利率和LPR仅各下调了30个基点。与此同时，央行还通过定向降准、3 000亿专项再贷款、15 000亿普惠性再贷款再贴现、3 500亿政策性银行专项信贷额度、下调超额存款准备金利率等措施，引导银行加大对抗疫工作和企业生产的信贷支持。

到3月末，中国银行体系的超额存款准备金率为2.1%，较上年末低了0.3个百分点；M2同比增长10.1%，增速较上年底快1.4个百分点，为2017年4月以来新高；社会融资规模存量增长11.5%，增速较上年底高0.8个百分点，为2018年9月以来新高。这为企业在疫情恢复与重建阶段复工复产提供了资金保障。

在直接融资为主的金融结构下，美联储货币政策传导在银行信贷渠道遭遇了梗阻。3 月 15 日，美联储除宣布零利率政策外，还将法定存款准备金率降至零。但截至 4 月 8 日，美国商业银行的存款准备金达到 2.65 万亿美元，较 3 月 11 日增加 8 588 亿美元，相当于同期美联储总资产增幅的 48%。也就是说，这一轮美联储的 QE 操作，有将近一半没有转为高能货币进入实体经济。

这其实是个老问题。2008 年 9 月之前，美国银行体系的准备金几乎 100% 是法定存款准备金，2008 年 9 月 17 日（雷曼公司申请破产次周三）骤降至不到 40%，其后低至不足 5%，2020 年 2 月底也仅有 12.4%。美国的 M2 货币乘数从 2008 年 9 月之前的 9 倍左右最低降至不到 3 倍，2020 年 2 月份也只回升至 4.48 倍（见图 5-2-9）；M2 的货币流通速度也从 2008 年第三季度的 1.90 次一路下行，到 2019 年末降至仅有 1.43 次。

图 5-2-9：中美 M2 的货币乘数对比

（单位：倍）

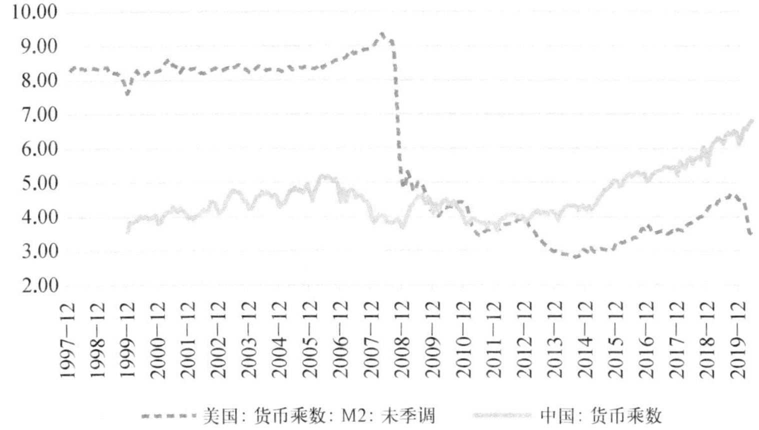

资料来源：中国人民银行；美联储；WIND

2020 年第一季度，美国商业银行新增 1.98 万亿美元总资产中，新增现金资产占到 47.4%。可见，美联储扩表大都变成了金融体系的空转。巨额流动性不能进入实体经济，就只好在金融市场快进快出，造就了美股大起大落的“过山车”行情。

第三节
央行不宜同股市走得太近

本次疫情应对，美联储不可谓不拼，连一直杯葛鲍威尔的美国总统特朗普对此也是赞不绝口。如 2020 年 7 月 1 日，特朗普接受福克斯商业频道采访时表示：“我得说，一开始我对他并不满意。我对他越来越满意了。我认为他已经开始行动了。他做得很好。”然而，在货币政策与股市的关系问题上，一方面，围绕股市表现来制定和实施货币政策，将是十分危险的；另一方面，也不应该用股市的短期表现来评判货币政策的成败。

一、股市更容易受到市场情绪的驱动

股票交易非常公开、透明，所以，分分秒秒都能够产生价格，成为反映市场情绪变化、影响市场信心的风向标。但也正因如此，反而有可能放大市场情绪的波动，产生所谓“羊群效应”。特别是现在高频交易、算法交易盛行，进一步放大了股指的波动，加剧了市场情绪的顺周期变化。3 月 9 日至 18 日，美股十天四次熔断，就是这种情形的极端反映。

股票价格是一种资产价格，天然具有超调的特性。而情绪驱动的

股票市场，使得股价表现容易出现多重均衡，即在给定的条件下，当在市场情形偏多时股价可能涨得过高，市场情形偏空时股价可能跌得过多。

“股神”巴菲特就往往在人们贪婪的时候离场，人们恐惧的时候进场，尽管不一定是买在最低、卖在最高。索罗斯提出所谓“反身理论”，其实质就是在预期自我强化、自我实现的行情中，当资产价格偏离价值较远时，选择买入或卖出的机会，赚得超额利润。

二、保持金融稳定不等于天天盯市

2008 年金融危机以来，国际上对于物价稳定至上的单一目标进行了深刻反思，将金融稳定也纳入了央行的货币政策目标。实践中，央行对于包括股票在内的资产价格波动，形成了事后收拾残局和事前逆风干预的两种策略。但无论哪种策略，央行不可能也不应该像交易员那样天天盯市，据此制定和实施货币政策。

首先，资产价格具有超调特性，而商品价格具有黏性，后者调整慢于前者。股市上是以盈亏论英雄，需要的政策特别是短期政策，显然就是让大家赚钱（至今还有很多学者批评当年日本央行主动刺破泡沫的政策有误）。如果货币政策过多考虑资产价格，则可能影响物价稳定目标。后者涉及更多公众的切身利益，货币政策作为公共产品，肯定要将照顾绝大部分人的利益置于优先级。

其次，股市表现是顺周期的，货币政策则是逆周期的，二者天然属性相冲。即便二者处于同一个周期，也通常是货币政策出于稳经济考虑采取的措施，具有抑制股价过快上涨，或者阻止股市过快下跌的副作用。当然，秉持事前干预派的央行还会主动逆周期干预股价的涨跌。

再次，政策风险是市场面临的外生系统性风险，根据波动较大的股市来制订货币政策势必缺乏稳定性，这很可能成为市场动荡之源。况且，央行过度看重股市，还容易滋生道德风险，成为资产泡沫的催化剂。尽管泡沫事前难以识别，但所有股灾都是因为前期上涨过多、估值过高，大国小国概莫能外。

第四，如果政策总是跟着股市走，央行将总是落后于市场，既损害其独立性，更伤害其权威性。2020 年 2 月 20 日至 3 月 2 日，道琼斯工业平均指数才跌了 9%，反倒是 3 月 3 日起美联储紧急降息并重启量化宽松，美股迅速滑入技术性熊市。尽管现在还不能说美联储政策已然失败，但至少可以说是美联储被政治和市场绑架所造成的不良后果。2019 年 8 月，四位美联储前主席联名发表文章，呼吁美联储保持独立性。

第五，越成熟的股市越是经济晴雨表，除非央行能够笃定自己比市场更懂得经济基本面，判定股价明显偏离价值。否则，货币政策不论旨在推升还是打压股价，都可能是徒劳的。正是因为意识到央行不一定比市场更聪明，故以美联储为代表的央行才主张事后干预。

三、不要以股市短期表现来评判货币政策效果

21 世纪以来，美联储分别有两轮降息周期。一次是 2001 年 1 月至 2003 年 6 月，一次是 2007 年 8 月至 2008 年 12 月，分别是为了应对股市 IT 泡沫和房地产泡沫破灭给美国经济造成的负面冲击，本意是为了救经济而非救股市或者救楼市。

在这两轮降息周期中，美联储既非股市一跌就出手。如 2000 年 3 月中旬纳斯达克综合指数见顶回落，到 2001 年 1 月初美联储第一次紧急降息时，纳指已经从高点回落了一半。同时，也非一出手就能给股市止跌。如 2008 年 9 月中旬，美国因房地产泡沫破灭引发的次贷危机演变成全球金融海啸，美联储第四季度连续三次降息，但股市一直跌到

2009 年 3 月初经济企稳，其间又跌了 20% 多。

可见，对于央行政策不要有太功利的想法，以为它是万能的。同时，经济稳才能金融稳，央行不能舍本求末，即便不要故意同市场作对，也不应刻意去迎合市场。央行要了解市场状况和运行规律，才能更好保障政策沟通和传导效果。但央行不能离市场太近，被市场带节奏，而是要留有一定的距离，保持独立和理性。

美联储在伯南克和耶伦时代，正是因为有了那份基于学术素养的坚持，所以无论降息加息、扩表缩表，都进退自如，催生了美股长牛行情。但放水容易收水难，耶伦正是因为她的坚持，罕见地失去了连任的机会。而鲍威尔时代，在放弃基于数据驱动的前瞻性指引后，一度被视为向政府和市场投降。

第四节
无限量宽、美元与人民币

2020 年 3 月以来，美联储采取了“零利率 + 无限量化宽松（QE）”的政策，短短两三个月时间就扩表近三万亿美元。有人预言，美联储放水，美元对内通胀、对外贬值，美元资产缩水，全球将会加速去美元化，这对人民币国际化将是巨大的机遇。剧本果真能照此发展吗？

一、2008 年金融危机受损最多的是欧元而非美元

2008 年金融危机，美联储也采取了“零利率 +QE”的应对措施，也曾引发了世人类似的担忧。十年过后的真实情况如何呢？

根据国际货币基金组织（IMF）对特别提款权（SDR）篮子货币的评估标准，一国货币是否属于广泛交易和使用的货币，关键看该货币在国际支付、外汇交易、外汇储备和国际债权债务中的份额[1]。故我们可以从这四个维度来考察后危机时代美元国际地位的变迁。

据环球同业银行金融电讯协会（SWFIT）统计，2020年前5个月，国际支付中，美元排名第一，月均占比42.2%，较2012年月度平均值上升10.7个百分点；欧元排名第二，占32.3%，回落9.5个百分点；英镑排名第三，占6.7%，回落2.1个百分点。同期，人民币和日元是最大受益者，分别排名第五和第四，上升1.4和1.2个百分点（见图5-4-1）。

图5-4-1：主要货币在国际支付中的份额

（单位：%）

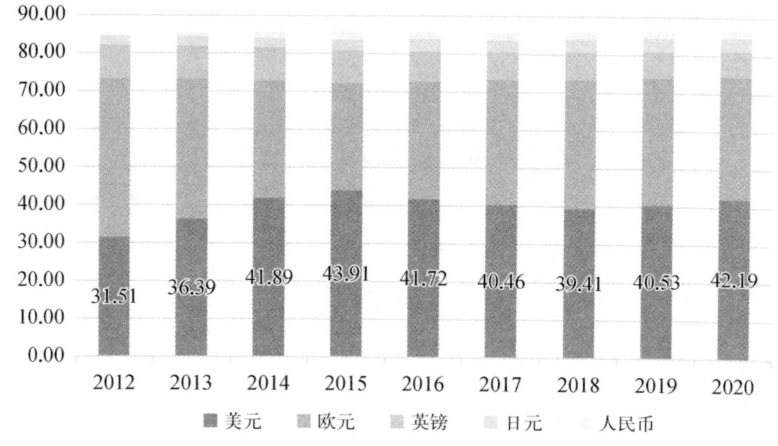

资料来源：环球同业银行金融电讯协会；WIND

注：(1) 各年月平均值；(2) 2020年为前5个月月平均值。

---

1 IMF, 2015. Review of the Method of Valuation of the SDR［J］. Policy Papers, 2015-11-13, https://www.imf.org/en/Publications/Policy-Papers/Issues/2016/12/31/Review-of-the-Method-of-Valuation-of-the-SDR-PP5002.

据国际清算银行（BIS）三年一次的抽样调查结果显示，2019 年，全球外汇交易中，美元排名第一，占 88.3%，较 2007 年回落 0.3 个百分点；欧元排名第二，占 32.3%，回落 2.7 个百分点；日元排名第三，占 6.8%，上升 1.0 个百分点；英镑排名第四，占 12.8%，回落 2.1 个百分点。人民币是最大受益者，占 4.3%，上升 4.1 个百分点。

据 IMF 统计，截至 2019 年末，全球已分配外汇储备中，美元排名第一，占 60.9%，较 2008 年第三季度末回落 3.3 个百分点；欧元排名第二，占 20.5%，回落 4.8 个百分点。日元是最大受益者，超越英镑，排名第三，占 5.7%，上升 2.2 个百分点；英镑排名第四，占 4.6%，回落 0.1 个百分点。人民币也是受益者，排名第五，占 2.0%。其间，人民币储备资产从无到有，自 2016 年第四季度起开始单列（见图 5-4-3）。

据 BIS 统计，截至 2019 年末，在未偿国际债权（包括信贷和债券）中，美元排名第一，占 48.4%，较 2008 年第三季度末上升 6.6 个百分

图 5-4-2：主要货币在全球外汇交易中的份额
（单位：%）

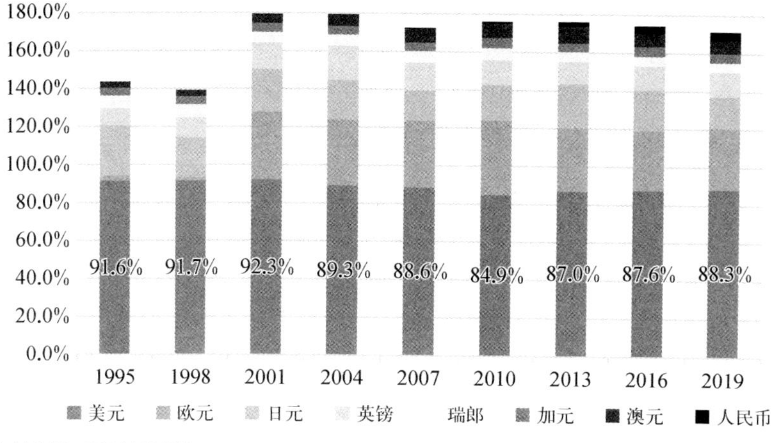

资料来源：国际清算银行；WIND

图 5-4-3：主要货币在全球外汇储备中的份额

（单位：%）

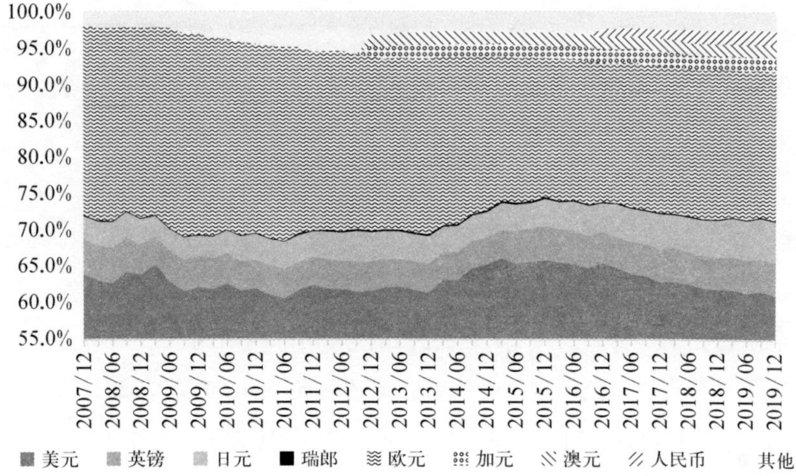

资料来源：国际货币基金组织；WIND

点；欧元排名第二，占 28.8%，下降 10.3 个百分点；英镑排名第四，下降一位，占比 4.7%，回落 1.8 个百分点。同期，日元和其他货币是最大受益者，日元排名第三，提高一位，占 5.9%，上升 1.1 个百分点；包括人民币在内的其他货币占 4.1%，上升 2.9 个百分点（见图 5-4-4）。

据 BIS 统计，截至 2019 年末，在未偿国际债务（包括信贷和债券）中[1]，美元排名第一，占 49.4%，较 2008 年第三季度末上升 2.8 个百分点；欧元排名第二，占 29.4%，回落 4.7 个百分点；英镑排名第三，占 5.0%，回落 3.2 个百分点。同期，包括人民币在内的其他货币是最大受益者，占 6.4%，上升 4.6 个百分点（见图 5-4-5）。

---

1 国际清算银行的外债统计实施了债务人和债权人报告两套口径，中国全口径的外债统计监测属于债务人报告口径。由于债务人和债权人报告的数据不一定吻合，故两套口径的外债数据不尽相同，但可以用作交叉核对。

图 5-4-4：主要货币在未偿国际债权中的份额

（单位：%）

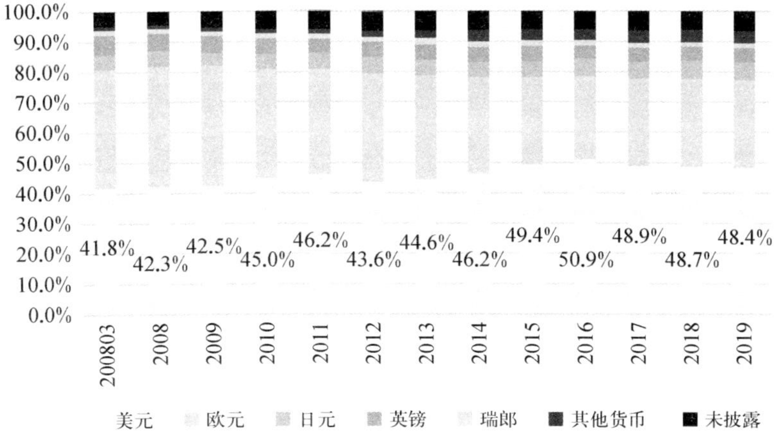

资料来源：国际清算银行；WIND

图 5-4-5：主要货币在国际未偿债务中的份额

（单位：%）

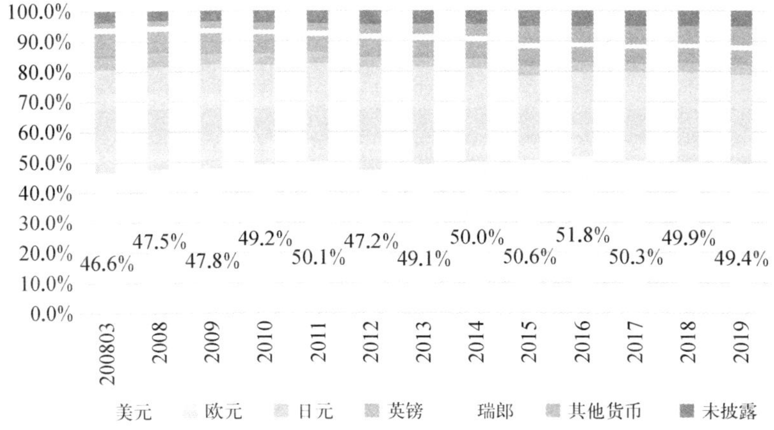

资料来源：国际清算银行；WIND

综上，如果说上次危机中美元国际地位受损的话，最多也只是在公共部门（外汇储备），私人部门的美元交易和使用则更为频繁，美元整体国际化水平甚至有增无减。

之所以如此，主要是因为上次危机应对时，主要国家的央行均先后采取了非常规货币政策，欧央行与日本央行甚至还引入了负利率政策。若在金本位下，这些货币的含金量都会被稀释，也都会贬值，主要货币早进入了“比丑”时代。同时，过去十年，美国并未出现通胀压力，美元汇率在 2011 年之后也进入升值周期。更为关键的是，美国经济自 2009 年起处于战后最长扩张周期，而欧洲日本经济陷入了长期停滞。

二、威胁美元地位的不是美联储

疫情期间也是全球货币放水，而非美联储独美于前。这次疫情应对，欧洲与日本央行都没有动利率工具，但在扩大资产购买上较美联储不遑多让。4 月 27 日，日本央行也宣布实施无限量宽。

从国际支付、外汇储备、国际借贷的统计看，美元、欧元、英镑、日元这四种货币的市场份额合计通常在 90% 左右（见图 5–4–1、图 5–4–2、图 5–4–4 和图 5–4–5）。即便全球外汇交易的币种构成更加多元化，前述四种货币的市场份额合计仍高达 150%（总份额为 200%）（见图 5–4–3）。其他货币剩余的市场份额较小，尤其与美元、欧元相比，远不在一个量级。可见，即便出现新兴国际化货币，但因为网络效应、路径依赖的限制，市场短期内可选择的余地不大。

预计新兴市场仍将是美元流动性的主要需求者。本国货币大都不可自由兑换，只能用硬通货而非本币对外支付，因此，存在国际清偿力的硬约束是新兴市场的“原罪”之一。亚洲金融危机以来，新兴市场吸取教训，纷纷积累外汇储备，增强自保能力。本次新冠疫情再度引发了新兴市场大规模资本外流，仅 3 月份单月组合投资就净流出近千亿美元。

预计随着市场恐慌和流动性危机缓解，有些新兴市场可能会重新面临全球流动性泛滥、国际资本回流。但它们大概率仍会借机增加外汇储备，增强自保能力。无疑，美元资产（包括美债）仍将是其重要资产配置。

2020 年前 5 个月，美元国际支付份额同比上升了 2.2 个百分点，就与美联储大放水，拯救全球美元荒有关。3 月 18 日至 5 月 27 日，美联储与外国央行货币互换余额从 4 500 万美元增至 4 489 亿美元，之后才开始下降。同期，美联储扩表 2.43 万亿美元，央行货币互换新增额相当于美联储扩表的 18.5%。

然而，美国政府以"让美国再次伟大"之名，积极推行"美国优先"，或正在逐渐侵蚀美元的地位。近年来，美国政府在全球范围内对主要经济体包括盟国挑起经贸摩擦，滥用经济金融制裁，掀起逆全球化潮流，加速推动美国经济金融与世界脱钩。

试想，既然与美国经贸交往减少了，大家何苦要用美元计价结算？要忍受美方的长臂管辖，天天担心美元资产被冻结，担心公司、个人甚至国家被制裁呢？

在此背景下，近年来美元已颓势渐显。2017 年初至 2019 年末，全球已分配外汇储备资产中，美元份额回落了 4 个多百分点，而在 2016 年末，其份额还高于 2008 年第三季度末全球金融海啸爆发之初的水平；国际借贷中，美元份额回落了 2 个多百分点；国际支付中，2017 至 2019 年美元的月平均份额较 2016 年回落了 1 个多百分点（见图 5-4-1 至图 5-4-5）。

此次疫情爆发前，美国还在国际上任性"退群"，成为现有国际秩序的搅局者。特别是这次本被认为能够很好应对疫情的美国政府表现大失水准。美国政府不仅未反躬自省，反而对外甩锅，并与盟国在各地争夺医疗物资，美国国家治理的不足与短板暴露无遗。这有损美国全球前领袖地位，进而可能对美元地位造成更加长远的伤害。

三、央行货币互换的那些事儿

在新冠疫情全球加速蔓延的背景下，2020 年 3 月 19 日，美联储与澳大利亚、巴西、韩国、墨西哥、新加坡、瑞典、丹麦、挪威和新西兰 9 家中央银行建立了临时的美元流动性互换安排，总计 4 500 亿美元。该互换持续时间至少为六个月，旨在确保全球依赖美元的金融体系继续运转。此前，美联储与欧洲、英国、日本、瑞士和加拿大央行 2013 年 10 月签订的无限额、无条件、无期限的多边货币互换协议，据说已经投入使用。

3 月 31 日，美联储又宣布建立了一项新的临时性政策工具，为外国央行和国际货币当局提供回购便利（FIMA Repo Facility），目前该工具的存续时间为六个月。也就是说，在未来六个月内，各国央行和国际货币当局可以用美国国债作为抵押品，向美联储借取美元[1]。

中央银行之间的货币互换（又称货币掉期，currency swap）借用了商业概念，是指央行之间相互以本币或者可自由兑换货币，按约定的汇率、期限和利率进行互相调换的操作。双方的事先约定就是货币互换协议。两家央行之间的货币互换称为双边互换，多家央行之间的称为多边互换。

中国不在美联储牵头的货币互换体系内，但中国央行与 30 多家境外央行签订了总额近 3.5 万亿元人民币的双边互换协议。实际上，与美联储有协议的如英国、日本、瑞士、加拿大、韩国、新加坡、巴西、新西兰、澳大利亚等国外央行，与中国央行也都有双边货币互换安排，总

---

1 这是基于央行自愿基础上的临时性融资安排，到期后互相换回本金（解冻美债）、支付利息，而非美方冻结外国央行持有的美债。中国央行虽没有参加美联储主导的货币互换协议，但理论上可以选择使用 FIMA 回购安排，满足临时性的美元流动性需求。

额达 2 亿多元人民币（约合 3 000 亿美元）。此外，亚洲金融危机爆发后，在东盟 10+3 框架下的清迈倡议多边化协议（CMIM）中，东盟与中日韩、中国香港之间还有一个总额 2 400 亿美元的货币互换协议。

大部分协议，特别是与美联储签订的协议，都是救急不救穷的流动性支持。这类似于银行体系的存款保险制度，有助于遏制市场恐慌性挤兑美元流动性。鉴于金融动荡具有溢出效应，如果货币互换安排的这个作用确实能够发挥的话，则不仅对协议成员有利，也对非成员有利。

有人担心中国没有加入美联储牵头的央行货币互换体系，可能会发生美元流动性风险。这是基于挤兑外汇储备在中国很可能发生的假设。但因为中国经济有韧性、人民币资产估值有优势、资本流动管理有经验，发生这种情形的概率极低。

此外，中国央行虽与美联储没有货币互换协议，但如前所述，与主要境外央行签订了约合 3 000 亿美元的互换额度。如有必要的话，可临时提取互换额度。当然，我们并不认为中国有这方面的现实需要。

只要市场不发生极度恐慌，依法合规的正常用汇需求完全有保障。至于因海外疫情蔓延引发的金融动荡肯定不会一直持续，反倒是市场调整速度越快、幅度越大，越意味着恐慌情绪集中释放，市场也就越快见底。恐慌过后，外汇市场将会回归经济基本面。中国经济有望在疫情过后率先复苏，这将是吸引外资流入和支持人民币汇率稳定的重要支撑。

四、疫后人民币国际化机遇与挑战并存

（一）2020 年以来人民币国际贮藏与支付功能均有所提升

2020 年初，新冠肺炎疫情在中国爆发。2 月底以来，中国境内疫情控制持续向好，但境外疫情却加速扩散，美欧成为重灾区。受疫情蔓延叠加油市崩盘的影响，2 月底以来，以美股“七连跌”“四熔断”为代表，全球发生了股灾。

尽管同期中国股市跌幅较小，展现了相当的韧性，但全球金融动荡依然通过信心和金融渠道对中国产生了传染效应。1 月 21 日至 2 月 20 日（美股“七连跌”前夕），陆股通项下北上资金净流入 224 亿元，2 月 21 日至 3 月 31 日转为净流出 983 亿元人民币。第一季度，陆股通项下北上资金累计净流出 179 亿元人民币。据外汇局统计，同期国际收支口径的外来股票投资项下净流出 106 亿美元，同比扩大了 310 亿美元。第二季度，随着全球金融市场企稳，陆股通重现净流入，上半年累计净流入达 1 182 亿元人民币（见图 5-4-6）。

图 5-4-6：2020 年上半年中国陆股通项下买入成交净额

（单位：亿元人民币）

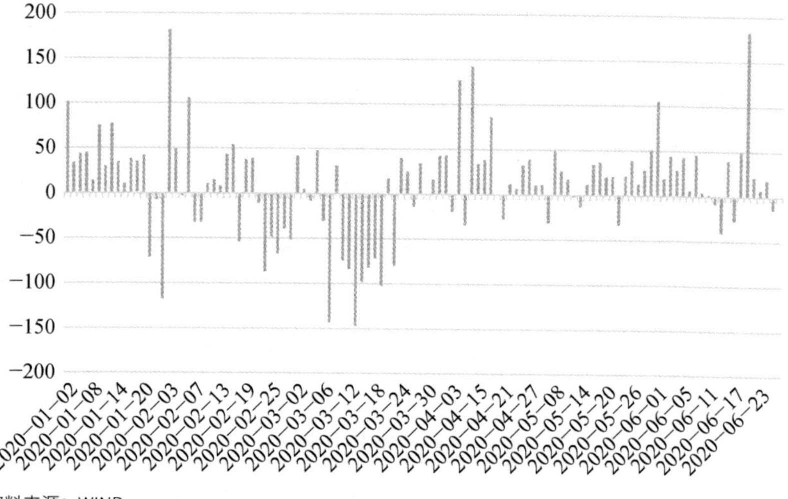

资料来源：WIND

不过，境外投资者在中国债市的表现却要好于在股市。2020 年第一季度，境外投资者净增持境内人民币债券 710 亿元，超过陆股通项下资金净流出额较多。据外汇局统计，同期，国际收支口径的外来债券投资项下净流入 89 亿美元，同比仅下降 63 亿美元。这主要是因为境外持有的境内人民币债券资产主要配置国债、政策性金融债和银行同业存单等高信用等级债券，与人民币股票资产相比，风险资产属性较低，故外来债券投资的波动性相对较小。第二季度，境外投资者进一步净增持境内人民币债券，上半年累计净增持人民币债券 3 078 亿元，其中净增持国债 1 856 亿元、政策性金融债 1 045 亿元，净减持银行同业存单 278 亿元。

由此可见，2020 年上半年，境外持有境内人民币金融资产的规模总体将趋于上升，人民币作为世界货币的贮藏功能进一步增强。

从支付功能来看，据 SWIFT 统计，2020 年前 5 个月，人民币在全球支付货币中的占比平均为 1.81%，与上年同期基本持平。据外汇局统计，2020 年前 5 个月，境内非银行部门跨境收付中，人民币占比 35.5%，较上年同期提高了 10.5 个百分点，较 2019 年全年提高了 9.0 个百分点，为 2009 年推出跨境人民币计价结算试点业务以来新高（见图 5-4-7）。

图 5-4-7：2010 年非银行部门跨境人民币收付占比
（单位：%）

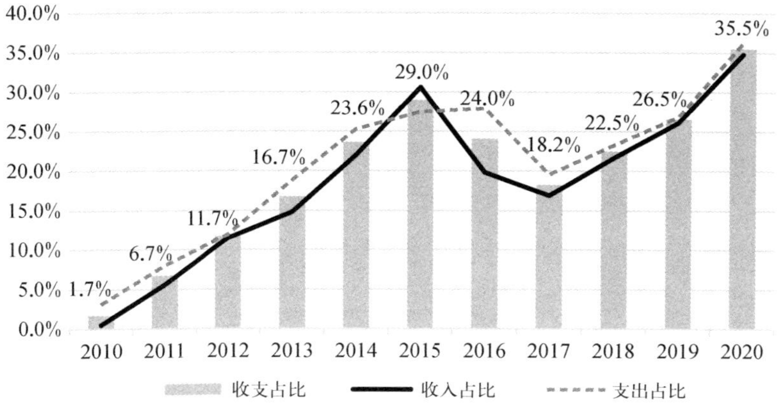

资料来源：WIND

注：2020 年为前 5 个月数据。

（二）美联储放水对人民币国际化短期有正外部性

为应对疫情全球蔓延的冲击，3 月份，美联储陆续祭出了“零利率 + 无限量化宽松”的“王炸”。3 月底，随着卫生政策、货币政策、财政政策一揽子疫情应对措施逐步到位，美股反弹、美指回落、黄金和美债价格回升，全球市场恐慌情绪和流动性紧张局面有所缓和。同时，这也促进了中国资本市场企稳，缓解了中国资本外流压力。

一方面，股票通项下北上资金重新回流。3 月 24 日（美联储宣布无限量化宽松次日）至 6 月 29 日，中国陆股通项下北上资金日均净流入 25 亿元，3 月 10 日（美股第一次熔断次日）至 23 日日均净流出 69 亿元人民币（见图 5–4–6）。同期，股票通项下陆股通与港股通轧差后北上资金日均净流入 10 亿元，3 月 10 日至 23 日为日均净流出 147 亿元人民币。

另一方面，人民币汇率贬值压力有所减轻。3 月 24 日至 6 月 30 日，境内人民币汇率中间价和下午四点半收盘价均值较 3 月 23 日分别升值了 0.16% 和 0.40%。同期，1 年期 NDF 隐含的人民币汇率贬值预期日均为 0.54%，略高于 3 月 10 日至 23 日日均 0.44% 的水平，但低于 2019 年全年日均 0.95% 的水平（见图 5–2–7）。

（三）中长期看量宽背景下人民币国际化机遇与挑战并存

人民币国际化的机遇在于中国经济具有率先走出疫情冲击的多重优势。一是中国较早进入疫情应对状态，出手早、措施准、效果好，现在境内疫情已经得到基本控制，经济社会秩序正在加速回归正轨。二是中国在主要经济体中经济政策空间大，且国内产业门类齐全、市场潜力广阔，应对外部冲击的回旋余地大、韧性强。三是新冠疫情大流行之际，中国公共卫生相对安全、复苏前景相对确定，有助于增强各界对中国经济和货币的信心，进一步释放中国金融市场成为全球避风港的潜力。

在上述情形下，人民币国际化将会有更大空间。特别是疫情过后，市场恐慌情绪消退、流动性危机警报解除，美国将在相当长时期内消化吸收这次疫情应对财政货币刺激产生的后遗症。而处于财政货币政策正常状态的中国，自然会对国际资本产生吸引力，这将助推人民币国际化，特别是进一步提升人民币国际化的金融功能。

当然，人民币国际化面临的挑战也是前所未有。一是尽管本土疫情控制取得战略性成果，但仍有可能要陪着全球走完下半场，这将制约中国经济复苏的进程。二是国际上清算中国的舆情甚嚣尘上，将本国疫情应对不力的责任甩锅中国，有可能导致“去中国化”。三是如果海外疫情持续时间较长，则不排除全球由股灾、衰退陷入金融乃至经济危机，则中国也难独善其身。

如果发生后一种情形，在危机初期，美元将继续扮演传统避险货币的角色，所有非美元货币都将承压，资本大量外流。受累于此，人民币国际化将会再次步入调整期。

（四）对策建议

鉴于中国危机应对的体制机制优势，预计发生后一种情形将会是小概率事件。但我们必须树立底线思维，按照 2020 年 4 月 8 日中央政治局常务会议精神，做好较长时间应对外部环境变化的思想和工作准备[1]。

第一，对于人民币国际化少说多做。高调的人民币国际化，有可能授人以柄且口惠而实不至。况且，只要人民币资产的安全性、盈利性、流动性有比较优势，自然就会有市场吸引力，投资者会不请自来。在 2020 年 4、5 月份国家印发的《关于构建更加完善的要素市场化配置体

1 共产党员网，2020. 中共中央政治局常务委员会召开会议 习近平主持［EB/OL］. 2020-04-08，http://www.12371.cn/2020/04/08/ARTI1586344009156783.shtml。

制机制的意见》和《关于新时代加快完善社会主义市场经济体制的意见》的纲领性文件中，一再强调“稳步推进人民币国际化”，相信就体现了这方面的政策意图。

第二，扩大金融开放要稳中求进。近年来人民币国际化进展较快，同人民币国际化与可兑换同步推进、离岸市场主导转向在岸市场主导，即加快国内金融市场开放密不可分。然而，所有资本流动冲击都是流入开始的。为此，要进一步消化吸收前期金融开放的成果，做好“家庭作业”。继续推进利率汇率形成市场化，健全财政货币政策框架，进一步完善宏观调控能力。落实金融服务业开放路线图和时间表，推动国内多层次金融市场体系建设，完善金融基础设施，增强金融供给能力，提高金融竞争的软实力。在加强跨境资本流动监测和部门政策协调信息共享的基础上，拟定应对预案，有备无患。

第三，努力保持经济运行在合理区间。人民币国际化能够走多远，取决于中国经济韧性有多强。中国政府这次领跑全球疫情应对，既保持了政策定力，又留有了政策余地，将在应付复杂严峻的形势中处于更加有利的位置。为对冲国内经济下行压力，下一步要在内防反弹、外防输入，疫情防控常态化的前提下，按照全产业链供应链的要求推动企业复产复工。要深化供给侧结构性改革，充分发挥中国超大规模市场优势和内需潜力，逐步形成以国内大循环为主体、国内国际双循环相互促进的新发展格局[1]。要按照十九届四中全会的部署，加快推动国家治理体系和治理能力现代化。

1 共产党员网，2020. 中共中央政治局常务委员会召开会议　习近平主持［EB/OL］.2020-05-14，http://www.12371.cn/2020/05/14/ARTI1589456962744308.shtml。

CHAPTER 6

改革比刺激更重要

近年来，受内外部因素影响，中国经济下行压力加大。2019 年底，国内更是掀起了经济增速保六的大讨论。2020 年新冠疫情爆发，一季度中国经济负增长，生产生活秩序受到冲击。在 5 月底“两会”正式召开之前，市场对于宏观经济政策也有诸多猜测。本章是我对于这些问题的观察和思考，也是我从外汇专业研究跨向宏观领域的初步转型。

第一节
宏观调控的逻辑："以静制动"还是"先发制人"？

2019 年下半年，在对外经贸摩擦、外部需求疲软等外部冲击叠加的背景下，是否应当加强财政货币政策刺激力度，引起了各界的广泛讨论。7 月 30 日中央政治局会议在肯定经济运行延续总体平稳、稳中有进的同时，指出当前经济发展面临新的风险挑战，国内经济下行压力加大，必须把握长期大势，抓住主要矛盾，善于化危为机，办好自己的事[1]。显然，这次中央政治局会议开出的经济药方是，凝心聚力调结构、促改革，而不是指望新刺激。

一、中国经济运行的韧性明显增强

经过二十年的经济结构调整和发展模式转变，中国经济逐渐走向了消费投资净出口协调拉动的发展道路。

亚洲金融危机时期，首次提出扩大国内需求作为应对之策。此后，"十五"规划提出要把扩大内需作为经济发展的基本立足点和长期战略方针，扩大内需由短期经济政策上升为基本国策。在"十二五"规划中，扩大内需首次单独成章，表明其已被提升至新的战略高度。

随着新旧动能转换和产业结构升级，中国经济逐渐形成了内外需均衡协调发展的格局。2018 年，中国经济增长 6.6%，其中，消费对经济

---

1 共产党员网，2019. 中共中央政治局召开会议　中共中央总书记习近平主持会议［EB/OL］.2019-07-30，http://www.12371.cn/2019/07/30/ARTI1564480052769599.shtml。

增长的贡献率达到 76.2%；在外需的拉动作用较上年回落 1.2 个百分点的情况下，消费的拉动作用回升了 1.1 个百分点（见图 6-1-1）。

图 6-1-1：季度中国经济增长贡献率构成（支出法）
（单位：%）

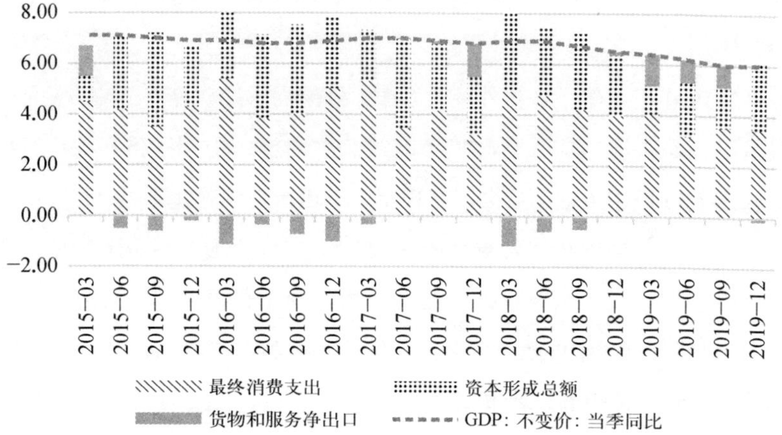

资料来源：国家统计局；WIND

2019 年初则是内需不行外需补。上半年，经济增长 6.3%，同比回落了 0.5 个百分点。其中，消费和投资对经济增长的拉动作用分别同比回落了 1.6 和 0.9 个百分点，但外需的拉动作用回升了 2.0 个百分点（见图 6-1-1）。

中美经贸关系是中国重要的对外双边关系。2018 年底，中央经济工作会议在充分肯定成绩的同时，强调要看到中国经济运行稳中有变、变中有忧，并直言外部环境复杂严峻，经济面临下行压力[1]。

2018 年 12 月初，中美两国元首在布宜诺斯艾利斯二十国集团

1　共产党员网，2018. 中央经济工作会议在北京举行　习近平李克强作重要讲话［EB/OL］.2018-12-21，http://www.12371.cn/2018/12/21/ARTI1545386181641879.shtml。

（G20）峰会会晤达成共识，重启经贸谈判。但 2019 年 5 月份，形势急转直下，美方执意将对 2 500 亿美元中国进口商品加税，税率从 10% 提高到 25%，并威胁要对剩余进口商品加征关税。虽然 2019 年 6 月底大阪 G20 峰会上，两国元首再次会晤，再度重启经贸谈判并暂停新的关税措施，但 8 月份美方又对 3 000 亿美元中国进口商品宣布了新的关税措施。

受累关税冲突，2019 年中美双边贸易往来趋缓。2019 年上半年，据中方统计，中国对美出口和进口分别同比下降 8.5% 和 29.8%；据美方统计，美国对华出口和进口分别下降 18.8% 和 12.3%。关税负担增加以及可能的进一步提高，无疑对两国投资和消费都有负面影响。

据国际货币基金组织 2018 年 10 月发布的研究报告显示，考虑了包括对所有中国进口商品加征关税的情形后，中美贸易争端对中国经济的负面影响大概有 0.5 到 1.5 个百分点。这是国内有人呼吁财政、货币政策进一步加码的主要考虑。

二、应对外部冲击不宜过度反应

当年日本应对日美贸易摩擦和中国应对 2008 年全球金融海啸的做法对于今天都有重要的借鉴与启示的意义。

1985 年 9 月广场协议后，日元兑美元大幅升值。仅 1986 年，日元年平均汇率就较上年升值了 40% 多（相当于所有日本输美产品都被加征了 40% 的关税），造成日本经济增速由上年的 6.2% 骤降至 3.2%。为此，日本政府采取财政和货币刺激。1986 年至 1987 年，连续 5 次下调贴现率，从 5% 降至 2.5%（见图 6–1–2）；广义货币供应增速在 1987 年由 8% 上升至 12%，并连续 4 年保持在 10% 或以上。日本政府 1987 年还推出了 4 万亿日元的财政刺激，日本政府债务与 GDP 之比由上年的 52% 升至 56%。1987 年至 1989 年，日本中央政府一般预算支出每年较上年增长 6.5% 到 7.6%，1984 年至 1986 年间该增速只有 1.2% 到 3%。

图 6-1-2：日本季度经济增长及季末日本银行贴现率

（单位：%）

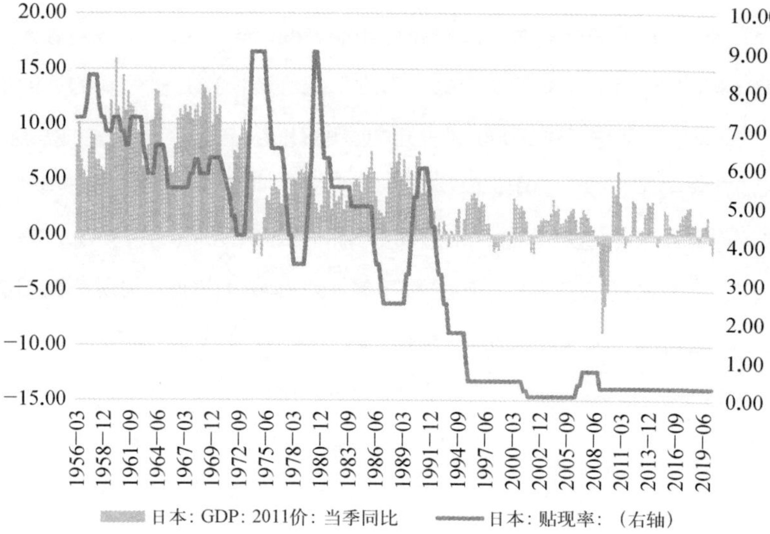

资料来源：日本内阁府；日本银行；WIND

然而，日本经济增速短暂冲高到 1988 年的 7.1% 以后开始回落，1991 年（房地产泡沫破灭前夕）降至 3.4%。大量的流动性流入房地产和股票市场，助推了资产泡沫（见图 6-1-3）。日经指数从 1986 年初至 1989 年末，四年上涨了近两倍，股市总市值上涨了 3.2 倍；1986 年至 1991 年，日本城市住宅土地价格上涨 148%，六大主要城市上涨 245%，鼎盛时期国土面积狭小的日本地产总值相当于美国的 4 倍。

由于国内物价涨幅较低，日本政府未能对资产价格飙升引起重视，直至 1989 年意识到资产泡沫的风险而采取行动，导致流动性骤然收紧。1989 年至 1990 年，连续五次提高贴现率，由 2.5% 升至 6.0%。这刺破了资产泡沫。日经指数自 1989 年 12 月的高点下跌，到 1992 年中跌幅超过 60%（见图 6-1-2 和图 6-1-3）。之后，日本地价也开始下跌，较最

图 6-1-3：日元汇率与日本股市走势

（单位：日元 / 美元）

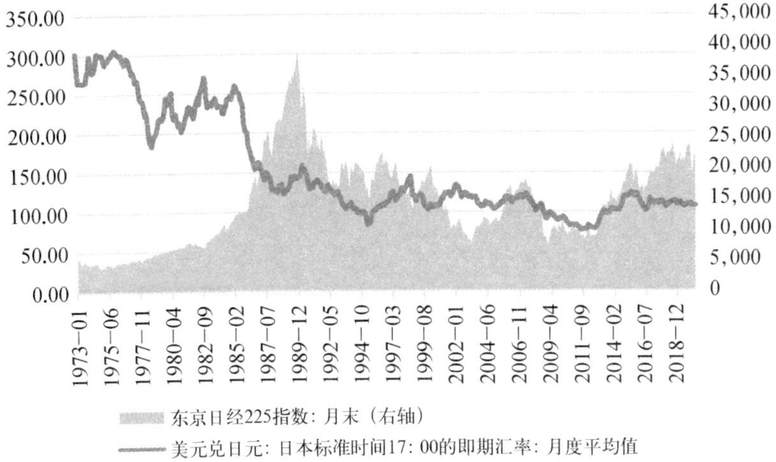

资料来源：日本银行；WIND

高点时也下降了一半多。受此影响，日本企业资产负债表急剧恶化，引发倒闭潮，银行坏账攀升，日本经济因此陷入了长期停滞。

事后看来，日本经济增长从 1970 年代起减速，由年均增长 9% 的高速发展期进入中高速增长期，外部冲击只是加速了这一进程。而日本政府试图通过财政货币刺激，使经济增速维持在之前的高位，反而造成经济泡沫。在泡沫破灭后，由于日本自身经济体制的原因未能及时清理资产负债表，形成了大量僵尸机构，陷入了资产负债表衰退。

中国应对 2008 年金融海啸的经验也弥足珍贵。目前中国经济处于“三期叠加”的特定阶段，即“经济增长换挡期”“结构调整阵痛期”及“前期刺激政策消化期”重合，其中“前期刺激政策消化期”就是指 2008 年政府为应对全球金融危机而采取天量信贷和财政刺激政策的延续效应。

2008 年 9 月，由于“雷曼倒闭”“两房接管”，美国次贷危机最终演变成全球金融海啸、世界经济衰退。这对中国经济运行也造成了较大冲击。2008 年第四季度，中国经济增速骤降至 6.8%，2009 年第一季度更是滑落到 6.2%（见图 6-1-4）。同时，通缩趋势显现，出口大幅下滑，劳动密集型产业和沿海加工贸易企业受到严重冲击，大量农民工返乡。

图 6-1-4：中国季度经济和外贸进出口同比变动

（单位：%）

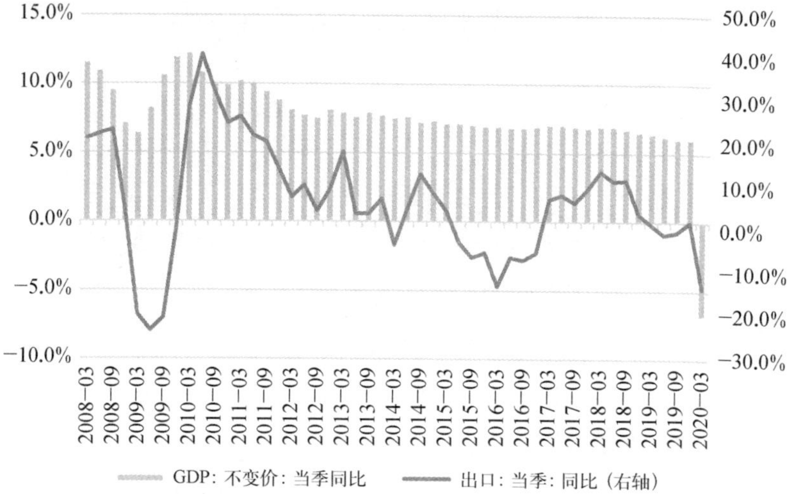

资料来源：国家统计局；海关总署；WIND

注：外贸进出口以美元计价（下同）。

面对经济全球化以来前所未有的挑战，当时中国政府强调信心比黄金重要，采取积极的财政政策和适度宽松的货币政策，并明确要求扩大投资出手要快、出拳要重、措施要准、工作要实。财政政策方面，实施“4 万亿投资”一揽子计划；货币政策方面，央行连续 4 次下调存贷基准利率，3 次下调存款准备金率，2009 年新增信贷投放 9.6 万亿元人民币，增长近一倍。

强力刺激政策的效果显著，中国经济增速迅速“V”型反弹，自 2009 年第二季度起连续四个季度回升，投资对经济的贡献率提升至 87.6%。然而，短暂回升过后，中国经济增速从 2010 年第二季度起有所回落，2011 年更是呈逐季回落态势（见图 6–1–4）。

2006 年中国经济已经出现放缓迹象，产能过剩问题开始显现。2007 年政府工作报告中提出“要推进部分产能过剩行业调整”；“十一五”规划强调要推进经济增长方式的转变，去产能、调结构成为主要任务；2008 年上半年的调控基调还依然是“两防”（即防止经济过热和防止通货膨胀），实施紧缩政策，人民币汇率加速升值。而金融海啸来袭直接干扰了中国经济规划的安排，政府不得不转向全力保增长。

强劲的政策刺激对于应对金融危机、稳定国内经济发挥了重要的作用，但也产生了一些遗留问题。以信贷驱动和投资驱动的经济增长模式造成新一轮产能过剩，地方政府和非金融企业的债务风险进一步加大。2015 年底中央经济工作会议提出的“三去一降一补”的供给侧结构性改革，部分就是针对解决这些遗留问题[1]。

三、本轮宏观调控不同以往

早在 2018 年 7 月底，中央政治局会议就指出当前经济运行稳中有变，面临一些新问题新挑战，外部环境发生明显变化。会议强调要坚持实施积极的财政政策和稳健的货币政策，提高政策的前瞻性、灵活性、有效性，并首次提出要做好稳就业、稳金融、稳外贸、稳外资、稳投

---

1 共产党员网，2015. 中央经济工作会议在北京举行　习近平李克强作重要讲话［EB/OL］.2015–12–31，http://news.12371.cn/2015/12/21/ARTI1450693867270300.shtml。

资、稳预期的“六稳”工作[1]。

始于2018年下半年的本轮宏观调控不同以往，主要有以下几个特点：一是相较于此前仅靠货币政策“单打独斗”，积极的财政政策在本轮调控中发力更加明显。二是这轮财政政策的重点不是扩大支出而是减少收入，减税降费规模进一步扩大，预计2019年总规模达到2万亿元人民币，有利于进一步引导消费、扩大内需。三是财政支出结构中，基建投资类项目增速降低，而在精准扶贫、生态环保等“补短板”领域，财政支出增速强劲。四是货币政策调控一直坚持精准滴管而非大水漫灌，强调使广义货币M2与名义GDP增速大体匹配，同时也要更加关注实际利率而非名义利率的变化。五是货币政策调控的重点是理顺货币传导机制而非降息降准。也就是在保持流动性总体适度的同时，优化流动性的投向和结构，进一步加强对经济社会发展重点领域和薄弱环节的支持力度。比如在解决中小微企业融资难融资贵问题时，央行强调在信贷、债券和股权方面“三箭齐发”的体制机制创新。

此外，本轮调控更加注重与结构性政策的协调。2019年4月，中央政治局会议在重申逆周期调节、稳定总需求的基础上，强调通过深化改革、扩大开放，激发市场活力。深化改革主要是坚持供给侧结构性改革，加快转变政府职能，不断提高行政效能，优化营商环境。在国内外经济环境复杂、企业经营压力加大的背景下，建立稳定公平、可预期的营商环境，降低制度性交易成本，对于激发市场和企业活力、增强经济发展动力具有重要意义。扩大开放主要是指高水平的对外开放，包括针对外商投资实施的准入前国民待遇加负面清单管理模式，推动现代服务

---

1 共产党员网，2018. 中共中央政治局召开会议 分析研究当前经济形势和经济工作［EB/OL］.2018-07-31，http://news.12371.cn/2018/07/31/ARTI1533035524938765.shtml。

业、制造业和农业全方位对外开放，推动金融市场和金融服务业的全方位对外开放，推动自贸区建设向全国范围推广，从而为高质量的经济发展提供基础[1]。

四、“以静制动”“先发制人”各有利弊

这次应对外部冲击对中国经济运行带来的挑战，宏观调控无非有两种政策选择。一种是“以静制动”，即保持 2018 年下半年以来宏观调控政策的连续性和稳定性，配合供给侧结构性改革，以不变应万变；另一种是“先发制人”，即针对贸易摩擦对中国经济运行的压力进一步加大，财政和货币政策现在就进一步加码。这两种选择各有利弊。

首先来看“以静制动”的政策。

如前所述，早自 2018 年下半年起，宏观调控政策已经开始了预调微调。比起当时内部紧缩叠加外部摩擦，2019 年主要是应对外部摩擦，不少市场主体反映，现在远没有上年那么悲观。特别是抓住当前美联储降息[2]、全球流动性收紧趋势放缓的时机“晴天补漏”，按照“巩固、增强、提升、畅通”的八字方针，进一步推进以“三去一降一补”为主要内容的供给侧结构性改革，更有利于推动中国经济转向可持续的高质量发展。

2019 年 6 月初，世界银行和国际货币基金组织在中美贸易谈判受挫后，先后发布了最新中国经济增长展望。两家国际组织均预测，2019 年中国经济增长仍有可能达到 6.2%，并强调中国现有政策能够支持经济今明两年趋稳，而无须采取额外的刺激措施。

任何政策的实施都需要一定的时间才能显现效果，保持政策的稳定

---

1 共产党员网，2019. 中共中央政治局召开会议　中共中央总书记习近平主持会议 [EB/OL] .2019-04-19，http://www.12371.cn/2019/04/19/ARTI1555665486508593.shtml。

2 美联储 2019 年 8 月 1 日起至 2019 年 10 月 31 日连续三次降息，直至 2020 年 3 月 3 日和 15 日两次闪电降息至零。

性和连续性，本身也能够给市场信心。如果过早转向，将导致前功尽弃。同时，政策老变来变去，也不利于稳定市场预期。

当然，采取“以静制动”的最大风险在于，一旦外部冲击的强度超出预期，紧急调整宏观政策将会比较被动。特别是现在中国经济体量已经较大，宏观调控的边际效用已开始下降，可能存在更长的政策时滞。

另一种选择就是“先发制人”。

经济可能会在刺激政策支持下获得更强的反弹。然而，如果高估外部冲击的严重性，实施过度刺激的政策，去杠杆、去产能进程可能会出现倒退。另一个顾虑是，要不要为更坏的情形预留“弹药”。国际货币基金组织已多次预警，现在最大的尾部风险是，如果再次遭遇全球经济或金融危机，则各国不论财政还是货币政策，与上次危机相比，空间均大大收窄。

从 2019 年 7 月中央政治局会议的精神看，中国这次选择了“以静制动”的宏观调控政策。如前所述，宏观调控无论“以静制动”还是“先发制人”，都是有利有弊，没有无痛的政策选择。关键是要厘清各种方案的利弊，排出政策目标的优先次序。

不确定就是最大的确定性，预案远比预测重要。政府具有一定信息优势，有助于及时做出研判和政策响应。当然，研判经济形势，需要结合接地气的现场调研和可信赖的总量数据，做到有数据、有情况、有分析、有判断。无论采取哪种政策选择，政府都应该在情景分析、压力测试的基础上，拟订应对预案，有备无患。

做好市场预期沟通与引导，对于政策传导也至关重要。2019 年年初，政府工作报告已将 2019 年经济增长预期目标调降至 6.0% 至 6.5%，为应对各种内外部不确定、不稳定因素预留了空间。这符合中国政府在中共十九大提出的经济由高速增长转为高质量发展的新理念。这一理念还需要通过知行合一的实践，逐步深入人心。

第二节
不宜将经济下行等同于经济停滞

中国经济下行是不争的事实。按照国际货币基金组织、世界银行和经济合作与发展组织的 2019 年 10 月份的最新预测，2019 年中国经济增长预测值将略高于 6%，而 2020 年将略低于 6%。有人预言未来中国经济增速还会下台阶，不久就可能见到 5%、4% 甚至 3%。这加剧了市场看空情绪，“滞胀”或“类滞胀”的说法甚嚣尘上。

一、潜在 GDP 与潜在经济增长的基本概念

GDP（即国内生产总值）是一个经济体一定时期内生产的最终商品与劳务的市场价值总和。潜在 GDP 则是指一个经济体充分利用其生产资源能够生产出的 GDP。由于机器、设备、土地等生产要素是否被充分利用难以测算，相对而言，计算生产要素中的劳动力被利用状况较为容易，因此，潜在 GDP 也被定义为充分就业条件下所实现的产出。

当劳动力资源被充分利用即实现充分就业以后，也意味着其他生产要素被充分利用，而如果经济中存在严重失业，也一定意味着其他生产要素有着大量闲置。潜在 GDP 的增加就是潜在经济增长。

潜在 GDP 与实际 GDP 的偏离反映了经济周期：如果实际 GDP 大于潜在 GDP，那么经济高涨（正产出缺口），就会有通胀的压力；如果实际 GDP 小于潜在 GDP，那么经济衰退（负产出缺口），就会有失业的压力。潜在 GDP 是由资本投入和技术水平决定的，增长趋势比较稳定；实际 GDP 则随商业周期而波动，当实际 GDP 偏离潜在 GDP 的程度较深时就会出现经济波动。

据国际货币基金组织2019年10月预测，2019年美国经济增长将从上年的2.9%降至2.4%，回落0.5个百分点（中国从6.6%降至6.1%，也是降0.5个百分点）。当我们还在谈论中国6%的增长、3%的通胀是不是滞胀，要不要进一步刺激之时，美国政府仍在为其经济表现四处炫耀，美股也是屡创新高。因为尽管经济下行，但美国潜在经济增长约为2%，实际增长与之相近，且实际GDP自2017年第四季度起持续高于潜在GDP；当前失业率不到4%，且自2017年第二季度起持续低于短期自然失业率；核心通胀不到2%，低于美联储的通胀调控目标。

二、中国经济增速放缓有其必然性

从日本和亚洲"四小龙"的经验看，这些国家和地区都在经济起飞、人均GDP进入中等收入阶段后，实际GDP增速从10%左右下滑。从高速增长向中高速增长转变，正是中国经济"新常态"的一个重要特征。在这种"新常态"下，由于基数效应，经济增速虽然放缓，但实际增量依然可观。据国际货币基金组织预测，未来5年中国仍将是世界经济增长的重要引擎。

分析中国经济放缓的主要原因有：经济增长动能从制造业和投资驱动转向服务业和消费主导，后者劳动效率较低、技术进步较慢；人口老龄化，劳动力供给的数量和成本优势的人口红利消退；前期投资率较高，国内资本存量增多，也拖累经济增长，等等。这些因素实质都事关中国潜在GDP及潜在经济增长。也就是说，由于上述情况的发生，中国潜在经济增长本身就已开始下行。此时，实际GDP增速的下行不一定意味着就业不足、经济衰退。

厘清这个问题很重要。1985年广场协议后，日元汇率大幅升值。在此背景下，1986年日本实际GDP增长从上年5.2%降至3.3%。1987年，日本政府采取了财政货币刺激，当年增长4.7%，次年增长6.8%，但此后重新下行，到1991年降至3.4%。当时，日本在人均GDP步入高收入阶段后，潜在经济增长下台阶，正从中高速增长转向中低速增长。“强刺激”加剧了制造业产能过剩，延缓了日美贸易再平衡进程（故资产泡沫破灭后，美国继续施压日元汇率升值，1995年兑美元一度升至80比1）。同时，流动性过剩推高了资产价格，1980年代末1990年代初日本股市和楼市泡沫先后破灭，陷入了资产负债表衰退和长期经济停滞（详见本章上节的讨论）。

三、分析中国经济下行相对潜在经济增长的偏离状况很关键

中国没有公开的对中国潜在GDP及潜在经济增长的官方估算和预测。从学术界的研究看结果差异较大，如：社科院陆旸和蔡昉2015年估算的2019和2020年的中国潜在经济增长分别为6.0%—6.5%和5.8%—6.4%；社科院数量所李平等2017年的研究表明，“十三五”期间（2016—2020年）年均增长6.4%—7.2%，“十四五”（2021—2025年）期间年均增长5.7%—6.6%；清华大学白重恩和张琼2017年的研究显示，“十三五”期间为6.36%，“十四五”期间为5.57%，“十五”期间（2026—2030年）为4.86%，“十六五”期间（2031—2035年）为3.97%，到“十九五”期间（2046—2050年）降至2.85%[1]。

如果按照国际货币基金组织的预测，2019和2020年分别增长6.1%和5.8%，则2016—2019年间中国经济将年均增长6.4%。这较“十二五”期间（2011—2015年）的7.9%低了1.5个百分点，但仍处于

---

1 陆旸、蔡昉：《从人口红利到改革红利：基于中国潜在增长率的模拟》，《世界经济》，2016年第1期，第3—23页。
李平、娄峰、王宏伟：《2016—2035年中国经济总量及其结构分析预测》，《中国工程科学》，2017年第2期，第13—20页。
白重恩、张琼：《中国经济增长潜力预测：兼顾跨国生产率收敛与中国劳动力特征的供给侧分析》，《经济学报》，2017年第12期，第1—27页。

前述专家预测的潜在经济增长区间。果真如此，则当前经济放缓就不是大问题。

以下事实可以为前述判断提供支持。例如，国际货币基金组织与中国 2019 年第四条款磋商的结论是，人民币汇率的表现与中期经济基本面相一致，既没被高估也没被低估，也就是说汇率处于均衡水平。均衡汇率是指经济对内与对外同时处于均衡状态时所对应的水平。所谓经济对内均衡是经济增长、充分就业和物价稳定，对外均衡就是国际收支平衡。再如，中国央行在《2019 年第三季度中国货币政策执行报告》专栏分析指出，当前国内总供求大体平衡，不存在持续通胀或通缩的基础[1]。

由此不难理解，面对经济下行压力持续加大，中国政府为何一直强调避免大水漫灌，而是一再重申要坚持供给侧结构性改革和高水平对外开放，经济由高速增长转向高质量发展，宏观调控的预调微调只是着眼于逆周期调节、稳定总需求。这方面，中国应对 2008 年国际金融危机冲击的教训殷鉴不远。当时，宏观调控从“防过热、防通胀”突然转向危机应对的“强刺激”模式，短期内极大提振了市场信心，促成了经济回升。中长期看，则加剧了经济结构扭曲，滋生了“前期刺激政策消化期”的后遗症。

鉴于债务和投资驱动的经济发展模式已经难以持续，政府在守住风险底线（稳就业和稳金融）的同时，对于进一步经济刺激更加谨慎乃是情理之中。当外界将信贷增长受控理解成为中国经济增长更加可持续，纷纷增持人民币资产配置时，国内市场情绪却一直偏空，可能是因为习惯了高增长的预期差所致。

---

1 中国人民银行货币政策分析小组，2019.《中国货币政策执行报告 2019 年第三季度》[EB/OL]，2019-11-16，http://www.pbc.gov.cn/zhengcehuobisi/125207/125227/125957/3830536/3922261/index.html。

第三节
稳就业比稳增长更重要

“保六之争”无疑是2019年岁末的经济热点之一。对于国内经济下行压力加大，各界均无异议。年底中央经济工作会议明确提出，要坚持稳字当头，保持经济运行在合理区间。本节是笔者对于经济增速是否要保六的一些初步思考[1]。

一、应对经济下行改革优先

“保六之争”背后反映的是政策与市场之间的预期差。2018年，国内经济增速较上年回落0.2个百分点，中国央行顶住美联储四次加息的压力，全年三次普遍降准累计达2.5个百分点，到年底中美国债收益率差大幅收敛甚至倒挂。2019年前三季度中国经济增速同比回落0.5个百分点，且第三季度经济增速已降至6%，中国央行在美联储三次降息并重启扩表情况下，却仅仅两次普遍降准累计达1.5个百分点（1月份为一次宣布、分两次实施）。2019年底，中美国债收益率差在上百个基点以上。过去一年来，关于降息降准的市场传闻总是不绝于耳。

从2019年12月召开的中央经济工作会议精神看，2020年仍将是坚持稳中求进工作总基调，坚持新发展理念，坚持以供给侧结构性改革为主线，坚持以改革开放为动力，推动高质量发展，加快建设现代化经济

1 管涛:《稳增长的市场信心与政策定力》[N/OL],《第一财经日报》，2020年1月2日，A11版。

体系，坚决打赢三大攻坚战，全面做好“六稳”工作，确保全面建成小康社会和“十三五”规划圆满收官[1]。

之所以2020年经济工作依然保持了改革比刺激重要的战略定力，主要是因为政府认识到，中国正处在转变发展方式、优化经济结构、转换增长动力的攻关期，结构性、体制性、周期性问题相互交织，“三期叠加”影响持续深化。经济下行压力加大有其必然性、合理性。

为此，中央经济工作会议总结了对经济工作的四个重要认识：一是必须科学稳健把握宏观政策逆周期调节力度，增强微观主体活力，把供给侧结构性改革主线贯穿于宏观调控全过程；二是必须从系统论出发优化经济治理方式，加强全局观念，在多重目标中寻求动态平衡；三是必须善于通过改革破除发展面临的体制机制障碍，激活蛰伏的发展潜能；四是必须强化风险意识，牢牢守住不发生系统性风险的底线。

同时，前期稳增长采取的宏观调控措施效果正在逐步显现。如随着基建投资发力，2019年前三季度投资对经济增长的拉动作用较第一季度提高了0.43个百分点（见图6–1–1）。再如，11月份经济运行出现了“两加快”（工业服务业增长加快、市场销售加快）、“两稳定”（就业形势稳定、外贸外资形势稳定）、“两改善”（经济结构改善、市场预期改善）的积极变化。

二、潜在产出是理解当前稳增长选择的出发点

2019年9月份，李克强总理在访俄前夕接受媒体采访，在回答中国

1 共产党员网，2019. 中央经济工作会议在北京举行 习近平李克强作重要讲话［EB/OL］.2019–12–12，http://www.12371.cn/2019/12/12/ARTI1576148359199968.shtml。

政府有没有 GDP 增速的红线问题时指出："稳增长主要是为保就业。只要就业比较充分，收入持续增加，环境质量不断改善，增速高一点低一点都是可以接受的"[1]。12 月份，易纲行长在阐述稳健货币政策的具体内涵时表示，所谓总量适度，就是要"保持货币条件与潜在产出和物价稳定的要求相匹配"[2]。

潜在产出，就是生产资源得到充分利用时的经济产出水平。其中一个显性的衡量指标是，充分就业条件下所实现的经济产出或增长水平。当然，这是一个理论的概念，定性易、定量难。不同的研究方法或前提假设，会得出大相径庭的结论。但实际增长不能偏离潜在增长太多，否则就可能产生经济的周期性波动，这仍是基本经济规律。

正如大家对于均衡汇率的具体水平各执一词，但均衡汇率决定市场汇率，同时市场汇率又围绕均衡汇率上下波动，仍是外汇市场的价值规律体现。如果政策上采取了稳汇率操作，并最终取得成功，就说明当时的市场汇率接近合理均衡的水平，哪怕这一判断曾经倍受市场质疑。否则，即便美国 20 世纪六七十年代经济体量第一、黄金储备第一，也不得不因美元危机不断，而放弃了"双挂钩"的布雷顿森林体系。

由于人均收入提高、资本形成增多、技术进步放缓和人口结构变化等原因，中国潜在增长下行是大多数人的共识。这是中国经济迈入"新常态"，从高速增长转向高质量发展的应有之意。然

1 新华网，2019. 李克强接受俄罗斯塔斯社书面采访 [N/OL]，2019-09-15，http://www.xinhuanet.com//2019-09/16/c_1125000889.htm。

2 中国人民银行，2019. 坚守币值稳定目标 实施稳健货币政策 [N/OL]，2019-12-01，http://www.pbc.gov.cn/goutongjiaoliu/113456/113469/3931017/index.html。

而，因为2008年危机应对造成“三期叠加”影响尚未消除，一定程度制约了现在的宏观调控空间，或者说透支了现在的经济增长潜力。

2009至2018年中国经济年均增长8.6%。如果不是2009至2011年每年10%以上的高速增长，那么今天达到目前的经济实力，经济增速仍将维持在8%以上。果真如此，大家当下或许就不会这么焦虑了。有鉴于此，在潜在产出的分析框架下，当前宏观调控“托而不举”也就不难理解了。

三、稳信心恐不在于短期稳增速

主张保六的理由之一是，如果经济增速破六，有可能恶化经济下行的预期，进一步打击投资者、消费者的信心。显然，这只是一部分人，而不代表所有人的看法。因为对于微观主体来讲，无论在怎样的增速下，都是机会有好有坏、投资有赚有赔。即便现在主张保六，未来情绪转向乐观时，也可能认为6%左右的增长是好事，因为这减轻了当前资源错配的压力，中长期看有助于中国经济可持续发展。

即使要保住某个增长红线，笔者倒是更加倾向于基于科学严谨的分析，而不是拍脑袋拍出一个整数关口。比方说，为了维持某个新增就业水平，实际经济增速不得低于多少；为了维持某个宏观杠杆率水平，名义经济增速不得低于多少，等等。因为从2019年人民币汇率破“7”的经验看，整数位很可能就是一个心理关口，破了也就破了。纠结于某个整数关口，很可能是自己吓自己。

相信，稳预期的关键不在于保住某个经济增长数值，而在于市场化的改革和高水平的开放进一步推进。这才是民心所向。

我们经常讲，汇率改革，机制比水平重要。通常，表面看到的人民币破“7”，是汇率贬值。但更深层次的是，破“7”之后人民币汇率的上下空间打开，汇率市场化程度进一步提高。所以，境外投资者并未因为破“7”而紧张，反而更加放心地买入人民币金融资产，因为增加汇率弹性与扩大金融开放具有内在的逻辑一致性。

制度是长期的、稳定的，政策是短期的、易变的。近年来对企业家信心影响较大的，更多是因为政策的左右摇摆、忽冷忽热。2019年，政府在完善市场准入（包括外商投资企业市场准入）负面清单管理、颁布优化营商环境条例、完善市场主体退出机制改革方案、改革完善知识产权保护体系、颁布新的外商投资法、加快推进修订证券法、深化利率和汇率市场化改革、建设全国统一开放且竞争有序的商品和要素市场、实现养老保险全国统筹等方面采取或研究采取一系列措施。这些措施短期内对经济增长没有直接效果，但长远看有助于落实十八届三中全会精神，推进中国现代经济体系和国家治理现代化建设。这些举措才有助于从源头提振市场包括外国投资者对中国经济的信心。

而且，潜在产出和增长是动态而非静态的。这次中央经济工作会议强调，推进高质量发展和高水平开放，加快高标准市场体系建设等，才是更为根本和长远的，才能真正减缓中国潜在增长下行速度，甚至还可能推高潜在增长，使得中国经济能够维持更长时期的中高速增长的战略机遇期。

当然，任何政策选择都是排他的，都是有利有弊的。对此，中央经济工作会议，一方面要求遵循客观规律，重大政策出台和调整要进行综合影响评估，坚决杜绝形形色色的形式主义、官僚主义；另一方面强调全球动荡源和风险点显著增多，要做好工作预案，在多重目标中寻求动态平衡。

第四节
结构性失业与更加积极有为的财政政策

2020 年 4 月 17 日中央政治局会议（以下简称“4.17”会议）指出，为应对境外疫情加速扩散蔓延态势，要加大宏观政策调节和实施力度，抓紧研究提出积极应对的一揽子宏观政策措施，积极的财政政策要更加积极有为，稳健的货币政策要更加灵活适度。其中，财政政策更加积极有为包括：适当提高财政赤字率、发行特别国债、增加地方政府专项债券规模、落实好各项减税降费政策，以及合理增加公共消费等[1]。市场上有人将“4.17”会议精神直接等同于财政刺激加码，扩大基建投资。然而，姑且不说扩大基建投资的钱从哪里来？谁来投资？刺激作用有多大？仅就解决当前最大的民生——就业问题而言，可能也是值得商榷的[2]。

一、疫情全球加速蔓延令中国“稳就业”任务更加艰巨

2008 年金融危机对中国主要是世界经济衰退产生的总需求冲击，表现为外贸出口大幅滑坡、农民工大量返乡。这次新冠肺炎疫情是从供需两端对中国经济运行形成冲击。尽管境内已取得阻断本土疫情传播的阶段性胜利，但疫情海外扩散的回溢效应仍将制约国内复工复产进程，并将影响中国的国际市场需求和金融环境。显然，反映到劳动力市场上，

---

1 共产党员网，2020. 中共中央政治局召开会议　习近平主持［EB/OL］，2020-04-17，http://www.12371.cn/2020/04/17/ARTI1587121500545171.shtml。

2 管涛，2020. 将有限的财政资源用在刀刃上是稳就业的关键［N/OL］.2020-04-02，http://finance.sina.com.cn/zl/bank/2020-04-02/zl-iimxxsth3330626.shtml。

将会加大中国就业压力。

据统计，2020 年 2 月份，中国城镇调查失业率为 6.2%，同比上升 0.9 个百分点，是该项数据发布以来的新高；31 个大城市城镇调查失业率为 5.7%，25—59 岁就业人员调查失业率为 5.6%，各上升了 0.7 个百分点；平均工作时间为每周 40.2 个小时，减少 10.5%。

这还只是反映了上半场内防疫情传播，限制人员流动和生产商务活动造成的冲击。相信进入下半场，前述情况虽会有所好转，但低于正常年景的情形还会持续，直至海外疫情得到基本控制。

人在经济活动中既是生产者，又是消费者，连接着供需两端。3 月 20 日，统筹推进疫情防控和稳就业工作电视电话会议在京召开。会议指出，就业事关基本民生、经济发展和社会稳定大局。受新冠肺炎疫情影响，2020 年稳就业任务十分艰巨繁重。会议强调，各地区、各部门要统筹推进疫情防控和经济社会发展工作，将稳就业放在做好“六稳”工作首位，更大力度实施就业优先政策。

二、上次危机应对显示扩大投资可能抑制就业创造能力

有一种失业叫作“结构性失业”，它是指经济产业的每次变动都要求劳动力供应能迅速适应变动，但劳动力市场的结构特征却与社会对劳动力需求不吻合，由此而导致的失业。结构性失业，主要是由于经济结构（包括产业结构、产品结构、地区结构等）发生了变化，现有劳动力的知识、技能、观念、区域分布等不适应这种变化，与市场需求不匹配而引发的失业。

2013 年以来，中国每年新增就业岗位 1 300 多万，主要是因为持之以恒地推动经济结构调整和转型升级，经济发展模式逐渐从投资、外需和制造业拉动转向消费和服务业驱动。到 2019 年底，中国第一、二、三产业就业占比分别为 25.1%、27.5% 和 47.4%，分别较 2008

图 6-4-1：中国三大产业就业占比

（单位：%）

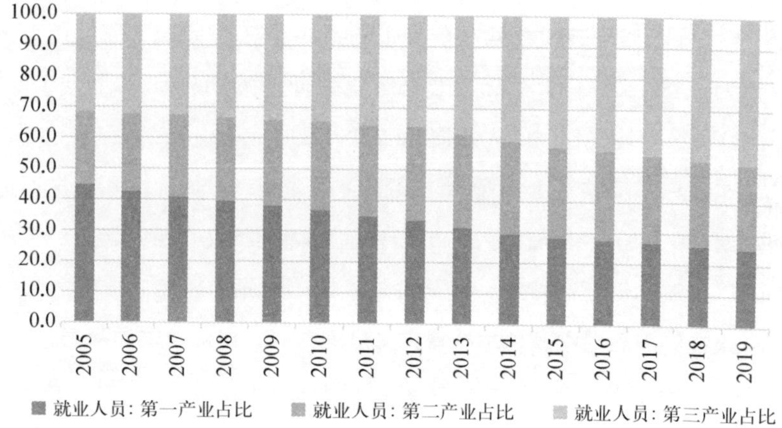

资料来源：国家统计局；WIND

年底下降 14.5 个百分点、上升 0.3 和 14.2 个百分点（见图 6-4-1）。可见，过去十多年，中国第一产业劳动力转移，主要是通过第三产业消化吸收的。

从 2008 年危机应对的经验看，以扩大投资来拉动经济增长，可能会抑制服务业的就业创造能力，产生结构性失业的矛盾。

2008 年 11 月，国务院常务会议针对美国次贷危机引发的国际金融危机，推出了两年“四万亿投资”的一揽子计划[1]，实现了中国经济率先触底回升，就业状况有所改善。但是，投资对消费形成了挤出效应，延缓了产业升级步伐。第三产业对经济增长贡献率由 2007 年的高点 47.3% 降至 2010 年的 39.0%，直到 2014 年才恢复到 49.9%，高于危机前的水平（见图 6-4-2）。受此影响，2008 至 2010 年，第三产业

1　中国政府网，2008. 国务院常务会议部署扩大内需促进经济增长的措施［EB/OL］，2008-11-09，http://www.gov.cn/ldhd/2008-11/09/content_1143689.htm。

图 6-4-2：中国经济增长贡献率的构成

（单位：%）

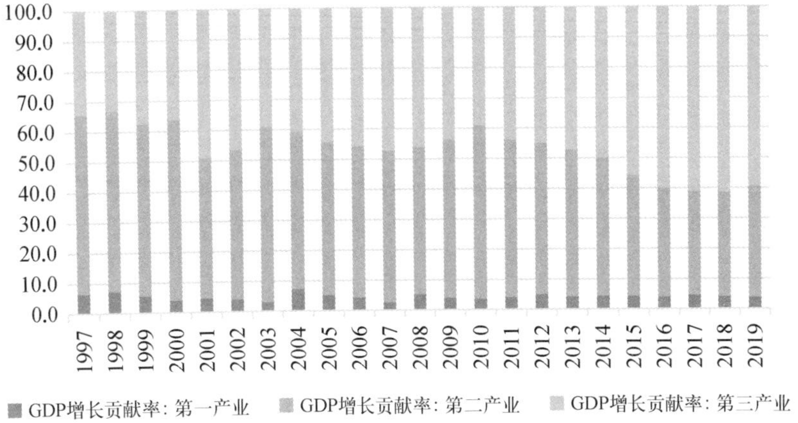

资料来源：国家统计局；WIND

就业占比仅上升了 2.2 个百分点；2011 至 2014 年，占比上升 6.0 个百分点（见图 6-4-1）。2009 至 2010 年，平均每年新增就业 1 135 万人；2011 至 2019 年，平均每年新增就业 1 312 万人。

如果这次疫情应对依然以基建投资为抓手，可能令中国产业结构有所退化，这不利于解决企业生存、劳动就业普遍饱受疫情冲击的问题。那么，前述结构性失业问题就会进一步凸显。

三、将有限的财政资源用在刀刃上是稳就业的关键

目前，各国采取了一揽子的疫情应对政策。除了采取越来越严厉的社会隔离的卫生政策防控疫情扩散外，还采取了财政货币政策措施提振经济。其中，货币政策主要是缓解市场流动性风险，避免企业出现资金链断裂，掉入股价下跌—流动性危机的紧缩螺旋；财政政策才是缓解现金流问题，让企业在短暂停摆后能够活下来的关键。

将前述政策称之为刺激措施恐有失严谨，倒是称作经济对冲政策，以降低疫情带来的负面影响或许更为恰当。一旦企业能够度过这个停摆期，生产经营活动就可能迅速重启，就业问题也就迎刃而解了。从美国 2020 年 3 月底通过的 2 万亿财政应对计划看，除给医疗机构提供 1 117 亿，为国家战略药品和医疗用品储备提供 160 亿美元资金外，其他支出基本都是给受疫情影响较大的家庭、企业和行业纾困[1]。

此前，国办下发了《关于应对新冠肺炎疫情影响强化稳就业举措的实施意见》，从更好实施就业优先政策、引导农民工安全有序转移就业、拓宽高校毕业生就业渠道、加强困难人员兜底保障、完善职业培训和就业服务等方面做了安排部署，并强调要压实就业工作责任，加大就业补助资金和稳岗补贴投入力度，在确保疫情防控到位的前提下，毫不放松抓紧抓实抓细稳就业各项工作。

各方对于提高财政赤字率、发行特别国债、增加地方专项债发行、减税降费等有基本共识，但对于财政的钱该怎么花分歧却很大。扩大有效投资自然是稳增长、保就业的一部分，但应该占多大比重却是大有文章。将更加积极有为的财政政策理解为扩张投资的政策，很可能是一种各取所需的市场解读。

实际上，党中央、国务院根据境内外疫情形势发展召开了很多会议、下发了很多文件，每个会议或文件的主题不尽相同，研究部署的工作各有侧重。为更好把握政策全貌，宜将这一系列会议和文件结合起来看，才能避免以偏概全、断章取义。

---

1 2020 年 5 月 28 日，李克强总理在“两会”记者招待会上明确表示，这次规模性政策是用于纾困和激发市场活力，而不是靠上基建项目，70% 左右的资金是比较直接地去支撑居民收入，以促进消费、带动市场。

第五节
市场对政策的三个预期差

新冠肺炎疫情是 1949 年以来中国遭遇的传播速度最快、感染范围最广、防控难度最大的公共卫生事件。两会之前，市场普遍对于政府加大宏观政策对冲力度，拉动投资、稳定增长有较多期待。2020 年 5 月 22 日，李克强总理在第十三届全国人民代表大会第三次会议上作的政府工作报告（以下简称《报告》），正式揭晓了下阶段统筹推进疫情防控和经济社会发展工作的总体部署。这基本符合我们对于近年来改革比刺激更重要、就业比增长更重要的政策观察。但于市场总体而言，当前与政策之间仍然存在三个预期差。

一、市场高估了扩张的惯性，低估了政策的定力

2020 年“两会”召开之前，市场一度热议《报告》要不要设定 2020 年经济增速目标，甚至有观点认为《报告》仍会强调实现 2020 年底 GDP 较 2010 年翻一番的目标。但《报告》开篇就提出，要努力把疫情造成的损失降到最低，努力完成 2020 年经济社会发展目标任务。在 2020 年经济社会发展的主要预期目标部分，《报告》淡化了 2019 年底中央经济工作会议关于“确保全面建成小康社会和‘十三五’规划圆满收官”的提法，而是强调“确保完成决战决胜脱贫攻坚目标任务，全面建成小康社会”，但没有提及 2020 年经济增速目标。这就定调了 2020 年经济政策重心是对冲疫情造成的经济损失，而非强行刺激。

之所以没有提出全年经济增速具体目标，李克强总理解释到，主要因为全球疫情和经贸形势不确定性很大，中国经济面临一些难以预料的影响因素。5 月 22 日，习近平总书记在参加内蒙古代表团审议时进一步指出，世界经济衰退已成定局，但对中国经济的影响不确定性很大，如果硬性设定经济增长目标，着眼点就会变成强刺激、抓增长率，这样不符合我们经济社会发展的宗旨；我们追求的是经济的科学发展、是贯彻新发展理念，追求的是广大人民群众的幸福美好生活。实际上，2017 年底党的十九大就已提出，中国经济已由高速增长阶段转向高质量发展阶段。自此，推动高质量发展成为中国经济发展的根本要求。

2020 年 4 月 8 日中央政治局常务会议强调，面对严峻复杂的国际疫情和世界经济形势，要坚持底线思维，做好较长时间应对外部环境变化的思想和工作准备[1]。5 月 14 日中央政治局常务会议首次提出，要深化供给侧结构性改革，充分发挥中国超大规模市场优势和内需潜力，构建国内国际双循环相互促进的新发展格局[2]。5 月 23 日，习近平总书记参加政协经济界委员的联组会时进一步强调，要努力在危机中育新机、于变局中开新局，把满足国内需求作为发展的出发点和落脚点，加快构建完整的内需体系，逐步形成以国内大循环为主体、国内国际双循环相互促进的新发展格局，培育新形势下中国参与国际合作和竞争新优势。这应该是未来中国政府就应对内外部新挑战做出的重要战略部署，需要持之以恒、久久为功。

二、市场高估了投资的角色，低估了就业的意义

上次金融危机对外需造成巨大冲击。为减缓危机对国内经济影响，2008 年 11 月，国务院常务会议推出了两年“四万亿投资”的一揽子计

1 共产党员网，2020. 中共中央政治局常务委员会召开会议　习近平主持［EB/OL］. 2020–04–08，http://www.12371.cn/2020/04/08/ARTI1586344009156783.shtml。

2 共产党员网，2020. 中共中央政治局常务委员会召开会议　习近平主持［EB/OL］. 2020–05–14，http://www.12371.cn/2020/05/14/ARTI1589456962744308.shtml。

划，并要求扩大投资出手要快、出拳要重、措施要准、工作要实。2020年以来，全球疫情蔓延同样对外需造成巨大冲击，扩大内需成为国内经济政策重点。在此背景下，新、旧基建话题引发市场广泛讨论，有市场观点认为政府会按照过去的做法依靠投资刺激经济。但从近期政府表态来看，当前政策思路与市场预期并不一致。

在2020年经济社会发展主要目标部分，《报告》将稳就业保民生放在优先位置，强调集中精力抓好“六稳”“六保”。在稳定市场主体部分，《报告》提出要通过加大减税降费力度、推动降低企业生产经营成本、强化对稳企业的金融支持、千方百计稳定和扩大就业等措施，尽力帮助企业特别是中小微企业、个体工商户渡过难关。在实施扩大内需战略部分，《报告》强调要突出民生导向，通过稳就业促增收保民生，提高居民消费意愿和能力，重点支持既促消费惠民生又调结构增后劲的“两新一重”建设，但对于投资的总体支持力度有限。

之所以投资不再是当前经济政策的主要发力点，一方面，正如5月28日李克强总理在两会记者招待会上所提到的，由于国内经济结构发生很大变化，消费在经济增长中起主要拉动作用，而且中小微企业在吸纳就业中占90%以上，因此政府推出的规模性政策注重的是稳就业、保民生，而不是依赖基建项目，其中70%左右的资金比较直接地去支撑居民收入。另一方面，从上次危机应对的经验看，投资大幅增长有可能延缓产业升级，进而影响就业情况（详见本章上节的讨论）。

三、市场高估了刺激的效果，低估了改革的决心

2008年金融危机时期，政府采取了一系列财政货币刺激措施，短期成效显著，但强刺激措施并未阻止经济长期下行趋势。2019年底中央经济工作会议明确提出，中国正处在转变发展方式、优化经济结构、转换增长动力的攻关期，结构性、体制性、周期性问题相互交织，“三期叠加”影响持续深化。其中，“三期叠加”之一就是“前期刺激政策的消化期”（详见本章第一节的讨论）。

2020年以来，受新冠疫情影响，国内经济进一步遭受重创，一季度GDP同比下滑6.8%。但疫情是暂时的，政策是短期的，唯有制度是基础的、长久的。这次疫情应对，中国政府充分汲取了上次金融危机的教训，除了传统的纾困政策外，还强调坚持用改革开放的办法对冲疫情影响。

4月17日，中央政治局会议做出了当前中国经济发展面临的挑战前所未有的重要判断，在指出要以更大的宏观政策力度对冲疫情影响的同时，也强调要不失时机地推动改革，善于用改革的办法解决发展中的问题，完善要素市场化配置体制机制[1]。

在下阶段工作总体部署部分，《报告》提出坚持以供给侧改革为主线，以改革开放为动力推动高质量发展；要用改革开放办法走出一条有效应对冲击、实现良性循环的新路子。《报告》提出深化“放管服”改革、推进要素市场化配置改革、提升国资国企改革成效、优化民营经济发展环境、提高科技创新支撑能力、推进更高水平对外开放、加强公共卫生体系建设等七方面改革开放措施。

现实中的改革开放红利也在不断释放。例如，2020年以来《土地法》和《证券法》已经正式实施；基础设施公募REITs开始试点；《民法典》获得通过等。4月9日和5月18日，中共中央、国务院先后联合印发了《关于构建更加完善的要素市场化配置体制机制的意见》和《关于新时代加快完善社会主义市场经济体制的意见》，对党的十九大和十九届四中全会相关决策部署做了进一步细化实化（见表6–5–1）。

1 共产党员网，2020. 中共中央政治局召开会议　习近平主持［EB/OL］，2020–04–17，http://www.12371.cn/2020/04/17/ARTI1587121500545171.shtml。

表 6-5-1：2020 年上半年中国的改革开放红利

时　间	政策文件	相关改革措施
1 月 1 日	《土地管理法》正式实施	允许农村集体经营性建设用地进入市场；完善土地征收程序，政府征地前要与被征地农民协商，同时明确规定地方政府不能强迫农民退出宅基地。
2 月 14 日	《关于进一步加快推进上海国际金融中心建设和金融支持长三角一体化发展的意见》	从积极推进临港新片区金融先行先试、在更高水平加快上海金融业对外开放和金融支持长三角一体化发展等方面提出 30 条具体措施。
3 月 1 日	《证券法》正式实施	从证券发行制度、股票发行注册制改革、大幅度提高证券违法成本、强化投资者保护、强化信息披露等方面进行了全面完善。
4 月 9 日	《关于构建更加完善的要素市场化配置体制机制的意见》	推进土地要素市场化配置、引导劳动力要素合理畅通有序流动、推进资本要素市场化配置、加快发展技术要素市场、加快培育数据要素市场、加快要素价格市场化改革、健全要素市场运行机制。
4 月 27 日	《创业板改革并试点注册制总体实施方案》	全面推出以信披为核心的股票发行注册制；明确板块新定位；优化发行上市条件；完善投资者适当性管理；完善发行交易和退市制度；制定负面清单。
4 月 30 日	《关于推进基础设施领域不动产投资信托基金（REITs）试点相关工作的通知》	对基础设施公募 REITs 的试点范围、基本原则、项目要求、融资用途、产品设计等方面做出明确规定。
5 月 7 日	《境外机构投资者境内证券期货投资资金管理规定》	落实取消 QFII 和 RQFII 额度审批，简化境外机构投资者跨境汇兑管理。
5 月 8 日	《全面推进中国（上海）自由贸易试验区临港新片区金融开放与创新发展的若干措施》	全面落实金融业对外开放；强化开放型经济制度创新和风险压力测试；培育具有较强国际国内金融资源配置能力的金融及相关机构体系；建立和完善金融支持重点产业发展的生态体系；强化个性化的综合服务保障。

续 表

时 间	政策文件	相关改革措施
5月14日	《关于金融支持粤港澳大湾区建设的意见》	围绕促进跨境贸易和投融资便利化提出多项重点举措；加大内地与港澳金融合作支持力度；进一步促进金融资源跨区域服务实体经济；加强特色金融业态发展；加快金融市场和金融基础设施互联互通。
5月18日	《关于新时代加快完善社会主义市场经济体制的意见》	坚持公有制为主体、多种所有制经济共同发展；夯实市场经济基础性制度；构建更加完善的要素市场化配置体制机制；创新政府管理和服务方式；坚持和完善民生保障制度；建设更高水平开放型经济新体制；完善社会主义市场经济法律制度；坚持和加强党的全面领导。
5月19日	《非上市公众公司股票公开发行并在新三板精选层挂牌承销业务规范》	对证券公司开展新三板股票承销行为的自律要求整体上与科创板规则保持一致，并针对拟进入精选层企业的特点及新三板发行方式不同，集中制定了差异化的承销行为规范。
5月27日	发布11条金融改革措施	涉及资本市场、中小银行、非标认定、信用评级、金融开放等多个领域。
5月28日	《民法典》获得通过	加强对民事权力的尊重和保护。
6月1日	《海南自由贸易港建设总体方案》	明确总体要求和制度设计，并对不同阶段的主要任务做出安排。
6月29日	发布“跨境理财通”业务试点公告	落实《粤港澳大湾区发展规划纲要》关于“扩大香港与内地居民和机构进行跨境投资的空间，稳步扩大两地居民投资对方金融产品的渠道”的要求。
7月1日	《关于公司信用类债券违约处置有关事宜的通知》	《通知》的发布是构建市场化、法治化债券违约处置机制、推动债券市场规则统一的一项重要制度安排，有利于完善债券市场的基础性制度，补齐市场发展短板，促进市场长远健康发展。
7月3日	《标准化债权类资产认定规则》	明确标债资产和非标准化债权类资产（以下简称“非标资产”）的界限、认定标准及监管安排，引导市场规范发展。

资料来源：中国政府网；中国人民银行

上述改革措施为推动经济高质量发展提供了强大动力和体制保障。然而，由于改革措施属于结构性政策，需要慢工出细活，而市场更关注短期政策的对冲力度。这就导致了市场与政策之间的预期差。

四、主要结论

与 2008 年金融危机时期的政策应对不同，当前国内经济政策不再依赖大规模投资刺激计划，追求经济增速快速反弹，而是坚持推动经济高质量发展，将政策重心从促投资转为稳就业，并推出多项改革开放措施释放制度红利。这与市场预期之间存在较大差距。

对于市场而言，需要及时调整预期，从中长期角度把握中国市场的结构性机会。第一，在疫情应对过程中，政府既保持了政策定力，又留有了政策余地，有助于我们在应对复杂严峻的形势中处于更加有利的位置；第二，降低对过度刺激的预期，当前政府推动的结构性改革有助于释放制度红利，提升潜在产出水平，进而提升资本市场的中长期估值中枢；第三，与以往不同，当前政府应对疫情的经济政策是“纾困 + 改革”的组合拳，市场需要对此建立新的评估体系，如果政策效果明显，经济形势向好，则有助于修复市场预期，提振市场信心。

对于政府而言，改革开放的制度红利能否落到实处，关键在于能否按照前期部署细化落实、稳步推进，消除各种“弹簧门”“玻璃门”。当然，任何政策选择都是有利有弊。坚持改革重于刺激原则，在长期有利于中国经济实现高质量、可持续的发展，但短期内无法促使经济快速反弹。为此，政府部门要利用信息优势，加强对国内外疫情发展和经济形势的监测分析。在此基础上，宏观调控和改革开放的节奏与力度应时而变、顺势而为，避免救助不及时、不充分，疫情冲击演变成长期影响、系统性风险。同时，还要形成、落实长远的制度安排，增强市场主体获得感，避免政策反复变动，影响市场预期和企业家信心。

第六节
新加坡国际收支调节的经验及启示

巨额货物贸易乃至经常项目逆差通常是几乎所有新兴市场和发展中国家的软肋，而新加坡货物贸易赤字占GDP比例最高将近50%、经常项目赤字占比持续10%以上，却何以能够逃出20世纪80年代的发展中国家债务危机陷阱呢？理解新加坡的制胜之道及其国际收支结构的演变，对于我们理解当今中国的债务问题也有着重要的启示。

一、20世纪80年代发展中国家债务危机

20世纪70年代，世界经济进入一个动荡的时代。布雷顿森林体系于1971至1973年间瓦解和1973年、1979年两次石油危机等事件，使得国际货币体系陷入无序状态，美元汇率大幅波动，石油等大宗商品价格急剧上涨。欧美国家经济普遍出现滞涨现象，而1975至1978年间的低利率和石油美元回流需求等因素促使国际资本大规模流向了发展中国家。1970年代末，欧美国家的宏观政策基础由凯恩斯主义转向新自由主义，美联储开始严格控制通胀，并于1979—1982年实行了紧缩的货币政策，许多发展中国家受到冲击。1982年，发展中国家外债总额达8 310亿美元，以墨西哥财长于同年8月宣告无力偿还约800亿美元外债为开端，拉开了拉美国家债务危机的序幕。

一些亚洲国家也受到影响。菲律宾的外债余额在1983年接近241亿美元，同年10月宣告外债延迟90天偿还。韩国也在1983年以400亿的外债总额成为继巴西、墨西哥、阿根廷之后的第四大债务国，虽然

韩国政府在经济调整措施下避免了外债偿付危机，但其债务增长之剧仍需引起警鉴。

值得注意的是，新加坡虽然在 1970 年代出现了较墨西哥和韩国更为严重的经常项目逆差，却免疫于外债问题等宏观风险。随着经济发展，新加坡国际收支情况在 1980 年代得到了根本性改善，经常项目和货物贸易先后转为顺差（见图 6-6-1），国内产业结构合理发展，并于 1996 年迈入发达国家行列。其中，有三个因素起到了关键性作用：一是新加坡采取了出口导向型工业化发展模式，而且政策制订遵循比较优势，顺应国际变化及时调整；二是对于发展阶段的经常项目长期巨额逆差，新加坡引入稳定性的、生产性的外商直接投资进行融资；三是新加坡的高储蓄等其他经济政策与其发展配合良好，保持了长期宏观目标的一致性。

图 6-6-1：新加坡货物贸易和经常账户差额与 GDP 之比
（单位：%）

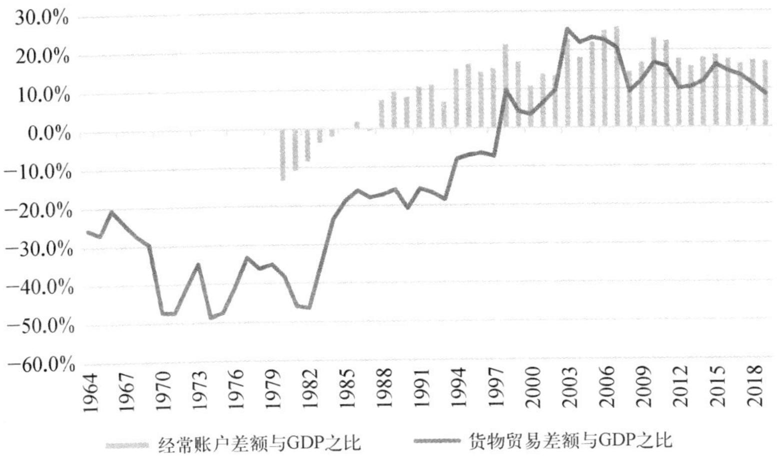

资料来源：新加坡统计局；WIND

二、成功实施出口导向型工业化发展战略

新加坡稳定发展的第一个因素是选择了出口导向模式，而且产业政策遵循比较优势，顺应国际市场环境波动及时调整。

一般而言，进口替代尤其是进入高级进口替代阶段，需要实施汇率高估和高关税、进口限额等贸易保护政策。该模式下，本国企业虽然受到保护，却也难以利用外国先进技术和资源；出口部门更受到抑制，国际收支状况长期难以改善。出口导向模式则强调自由贸易方针和鼓励出口的经济政策，常以出口补贴、汇率低估方案和利率调整等来配合产业政策。

受当时发展经济学界的主流理论影响，进口替代模式是许多发展中国家的首选，例如普雷维什—辛格的初级产品长期贸易条件恶化理论认为，发展中国家在农矿产品和劳动力密集型产品上具有比较优势，但在国际市场的贸易条件和出口购买力呈现长期恶化趋势，出口导向模式难以实现工业化[1]。然而 1965 年独立后，与马来西亚共同市场的后续谈判失败，由于缺乏本土市场，新加坡成为最早转向出口导向模式的国家之一。

新加坡在 1960 年代末确立了发展劳动密集型产业的阶段性目标，并施行了一系列出口导向型经济政策。首先，新加坡通过《1967 年经济发展激励法案》来为出口制造业提供财政鼓励，例如为产业扩张所带来的某些增量收入、外资和技术转让等提供税收减免。其次，通过《就业法》和《1968 年工业关系法（修正案）》两项措施，新加坡建立了政府对工会的实际管理，将核心制造业的工资水平降低到韩国、中国台湾和中国香港以下。在 1960 年代初，新加坡的工资水平较世界市场高出

1 R.Prebisch, *The Economic Development of Latin America and its Principal Problems* [R] .UN ECLA, 1950; also published in Economic Bulletin for Latin America [J] , 1962,vol. 7, pp.1–22.
H.Singer, *The distribution of gains between investing and borrowing countries* [J] . American Economic Review, Papers and Proceedings, 1950, vol.40, p.473.

20%—30%，香港的初期工资水平仅为新加坡的1/3至1/4[1]。最后，新加坡还通过为制造业提供优惠价格的工业园区设施和投入免税等方式进行出口补贴。电子电器、石油相关运输机械和纺织等行业迅速发展成为制造业的支柱性产业。到1979年，新加坡制造业直接出口占GDP比例已接近50%，该数字在1966年仅为12.7%。

特别的是，新加坡并未采取汇率低估方案以鼓励出口。由于高度开放的经济结构特征，新加坡难以通过货币政策来有效稳定物价，因此选择使用强势汇率政策来控制通货膨胀，抵消国际经济波动[2]。具体而言，新加坡在1973年以前采用固定汇率制，新加坡元随美元浮动而贬值。由于通胀难以管理，1973年起，新加坡以有管理浮动取代了固定汇率制度。1975年起，新加坡开始将新元盯住未公开的一篮子货币，一方面通过强新元政策来抑制通胀[3]，另一方面避免新元升值对出口竞争力产生根本性伤害。1975年底至1996年底，新元兑美元双边汇率累计升值78%，但新元国际清算银行口径的狭义有效汇率仅升值40%，由于通胀水平控制得力，新元的狭义实际有效汇率还贬值13%。

新加坡政府原本从1970年代中期起即开始尝试进行产业升级，希望通过提高工资、引进人才和税务假期等政策推动技术密集型产业的发展。但1975年世界经济衰退导致新加坡的GDP增长率同比下跌1.6%，

1 W. G.Huff, *What is the Singapore Model of Economic Development?* [J] .Cambridge Journal of Economics, 1995, Vol. 19, No.6, p.740.
W. G. Huff, *Patterns in the Economic Development of Singapore* [J] .The Journal of Developing Areas, 1987, Vol. 21, No. 3, p.310.

2 田晓韧、戎云飞：《新加坡汇率政策的宏观经济管理功能及其启示》，《国际金融研究》，1995年第2期，第10页。

3 R.Moreno, *Exchange Rates and Monetary Policy in Singapore and Hong Kong* [C] . In: Cheng HS. (eds) Monetary Policy in Pacific Basin Countries, Springer, Dordrecht, 1988, pp.173-200.

电子行业约 1/3 工人失业。新加坡政府迅速反应并搁置了产业升级计划，保持了低工资等有利政策，直至 1979 年才重启产业调整。

三、吸引外商直接投资为贸易赤字融资

新加坡的第二个成功因素是，以吸引稳定长期、具有生产性的外商直接投资政策来解决其发展阶段的资金缺口，为经常项目赤字融资。而韩国和墨西哥的外资政策具有结构或来源不稳定等问题，其高风险的特点在国际经济环境进入变动期后暴露。

1965 至 1987 年，新加坡的国际收支状况都呈现出严重的经常项目逆差，其中 1973 至 1983 年经常项目逆差占 GDP 比例的平均值高达 10.6%。同期，新加坡的金融账户以直接投资账户占据主导地位，其经常项目赤字基本依靠外商直接投资进行融资（见图 6–6–2）。

事实上，新加坡的经常项目逆差是源自私营部门的储蓄—投资缺口。由于新加坡政府谨慎的政府预算和高储蓄政策，这一时期的公共储

图 6–6–2：新加坡经常账户差额与外商直接投资流入
（单位：亿美元）

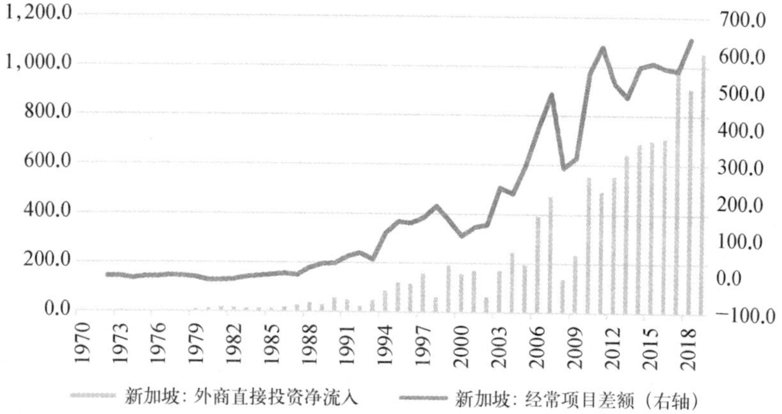

资料来源：世界银行；WIND

蓄—投资呈正值，其经常项目逆差是由私营部门的投资强劲增长造成的私人储蓄—投资缺口所决定的[1]。

除降低工资水平和提供税收减免等有利于吸引外商直接投资的经济政策之外，新加坡还通过了《1968 年（国际投资争端）仲裁法案》，使得新加坡政府接受世界银行国际投资争端解决中心（ICSID）的管辖权，为外资营造良好的法律与政策环境。流入新加坡制造业的外商直接投资迅速增长，1967 至 1973 年间流入新加坡制造业的外资共计达到 24.2 亿美元。其中，来自美国的直接投资约占三分之一，以石油精炼和电子产业为主[2]。外资对新加坡出口制造业发展的作用显著，1967—1973 年制造业直接出口（非转口、非石油产品）年均增长率达到 31.8%。新加坡的固定资产形成总额从 1960 年代末到 1990 年代初经历了高速积累，以私人部门占比为主，而且外国直接投资始终占据重要位置（见表 6–6–1）。

表 6–6–1：新加坡固定资产形成

（1985 年市场价格，年均）

	固定资产形成总额（亿新元）	私人部门占比（%）	IMF 统计 FDI 占比（%）	制造业 FDI 占比（%）
1967—1969	23.8	69.8	9.2	11.0
1970—1979	66.5	72.6	22.1	13.5
1980—1992	175.0	73.2	26.3	12.1

资料来源：Huff（1995）[3]。

1 J. Tay; S. Supaat; S. Tharmaratham; E. Robinson, *Singapore's Balance of Payments, 1965 to 2003: An Analysis* [R] , the Monetary Authority of Singapore, MAS Staff Paper No.33, 2004, p.5.

2 T.-W.Soon; W. A.Stoever, *Foreign Investment and Economic Development in Singapore: A Policy-Oriented Approach* [J] , The Journal of Developing Areas, 1996, Vol. 30, No.3, pp.321–325.

3 W. G.Huff, *What is the Singapore Model of Economic Development?* [J] .Cambridge Journal of Economics, 1995, Vol. 19, No.6, p.740.

在国际经济环境变动的情况下，配合以政府及时有效的政策调整，新加坡的外商直接投资流入始终保持在一定水平。在1973年发生石油危机后，当年流入新加坡的外商直接投资迅速从2019年的7.08亿美元下降到3.76亿美元。对此，新加坡迅速做出了暂停产业升级等计划调整并保持了低工资水平等有利外资政策。最终，新加坡的外商直接投资在1970年代维持在每年3亿美元的水平，制造业直接出口增长率虽有所放缓，但仍然保持在两位数。

四、其他经济政策

新加坡的第三个成功因素是，其他方面的经济政策也与发展配合良好，主要包括高储蓄、开放金融业和审慎的资本流动政策，其长期发展目标具有顶层一致性。

首先，新加坡在发展阶段推行了高储蓄政策，储蓄率从1970年的19.2%持续增长到1980年的38.1%。新加坡政府主要通过政府预算盈余和法定机构盈余的方式提高公共部门储蓄率，1980年公共部门储蓄约占总储蓄的41.1%。在私营部门，新加坡政府推行了中央公积金要求，其所占总储蓄比例在1980年达到了24.6%。高储蓄政策使得新加坡政策能以非通胀的方式来为公共部门投资进行融资，例如基础设施建设和房屋等公共项目都获得了低息贷款。得益于谨慎的政府预算和高储蓄率，新加坡的通货膨胀得到了较好控制，1970年代的年均CPI为7.9%，1980年代降至2.3%。从长期来看，高储蓄政策更帮助新加坡弥补了储蓄—投资缺口，使得经常项目逆差在1980年代后期转正（见图6-6-1）。借助有效的储蓄财政政策，新加坡的公共部门储蓄—投资正比比例在1980年代后期开始扩大，促使国际收支转向平衡。从贸易角度来看，新加坡的经常项目在1980年代后期转正，主要体现为货物贸易逆差收窄和服务贸易顺差扩大的共同效应。

其次，新加坡通过开放金融业来支持外国直接投资的流入，稳定外界信心，并促进经济的多元化发展。新加坡政府在 1968 年成功锁定了建立亚洲美元市场的机会，确定了金融业成为主导产业。在 1970 年代国际经济环境变动时期，新加坡又进一步深化金融业改革。1973 年，新加坡政府出台《所得税（修正）法》，将境外业务营利税由 40% 降至 10%，免除亚洲货币单位的 20% 存款准备金。1978 年，新加坡完全撤销外汇管制，取消了外汇批准手续和外汇交易限额。最终，金融服务业占新加坡 GDP 比例在 1979 年升至 18.9%，1992 年达到 26.1%，与制造业的 27.6% 几乎持平。

最后，作为开放程度非常高的经济体，新加坡政府有所为有所不为，对资本流入保持了审慎态度。1970 年代，新加坡政府允许新元随其他国家通胀而升值，以控制本国通胀。为避免升值预期带来的资本流入，新加坡对非居民持有新元的利息收入施加了预扣税，并且要求银行系统不为非居民或境外居民进行对外贸易以外目的的贷款，实施了限制新元国际化的政策措施。

五、主要结论及对中国的启示

综上所述，新加坡之所以能够在经济起飞、贸易赤字阶段，避免了货币危机、债务危机，关键在于实施了出口导向型和鼓励外商直接投资的政策，而且其他主要经济政策也帮助保持了长期发展的稳定性。通过出口导向型模式，新加坡以国际价格机制形成了资源的最佳配置，并顺应国际经济变动灵敏调整。而通过引入外商直接投资，新加坡以具备生产性的长期导向型外资为经常项目逆差融资。最终，新加坡的国际收支结构收敛于经常项目顺差、资本项目逆差，崛起为新兴工业化国家，迈入了发达国家的行列。

新加坡幸免于债务危机的制胜之道及其国际收支状况演变的经验，

对于今天理解中国的债务问题也有着重要的启示：

首先，债务用途比债务规模更加重要。在进行债务可持续性分析时，需要区别对待投资性支出和消费性支出。以韩国为例，虽然其 1983 年的债务总额规模与墨西哥相仿，但是部分外债的性质是以长期导向的低息国际贷款用于基础设施建设投资，这部分外债事实上对经济发展起到了铺垫性作用。如果未能充分考虑由外债融资的公共投资所可能产生的未来收益，可能造成过度悲观的风险评估[1]。当前，中国企业（包括政府融资平台）的加杠杆主要是用于投资而非消费。考虑到中国目前的人均资本积累水平依然偏低，如果能够解决投资效率问题，加杠杆并非是绝对的坏事情。

其次，债务融资结构比债务规模重要。1990 年代以前，新加坡的对外经济失衡问题也很严重，但因其是利用稳定的外商直接投资来进行赤字融资，所以逃出了债务危机陷阱，成为为数不多的没有发生过典型国际收支危机的新兴市场。有研究显示，应考虑到资金具有异质性，而如果以长期和短期导向来区分资金，那么外国直接投资或超长期债务等“耐心资本”常对经济发展做出比短期资金更明显的贡献[2]。今天我们看到的是，日本政府债务率超过 250%，但其债务的 90% 以上是本国机构和家庭持有，而南欧五国政府因其债务约 60% 是非居民持有，却在超过 100% 的债务率水平上出现了主权债务危机。中国的债务主要是稳定性较强的内债而非波动性较大的外债，这大大增强了中国债务问题的抗风险能力。

---

1 林毅夫、王燕：《超越发展援助》，北京大学出版社 2016 年版，第 74 页。

2 J. Y. Lin, Y. Wang, *The new structural economics: patient capital as a comparative advantage* [J] , Journal of Infrastructure, Policy and Development. 1. 4. 10.24294/jipd. v1i1.28., 2017, p.11.

最后，中国解决债务脆弱性的关键依然是杠杆率要趋于收敛。新加坡的国际收支结构最终还是要收敛于经常项目顺差，因为不论是借外债还是利用外商直接投资，都是要还本付息或者汇出利润的，经常项目顺差才意味着国际收支有正现金流。对于高杠杆问题，中国政府高度重视，“去杠杆”已成为十九大确定的三大攻坚任务中“防范化解重大风险”的重要内容，必须持之以恒、坚持不懈地做下去。中国经济增长从追求速度和规模逐渐转向追求质量和效益，也为下一步去杠杆工作创造了良好的宏观经济环境。

EVOLUTION OF CURRENCY POLICY

CHAPTER 7

还是外汇那点事儿

随着中国经济开放程度不断扩大，海内外对于人民币汇率、资本流动问题高度关注。本章收集了几个相关问题，结合政策与市场的逻辑，立足数据和事实进行探讨。

第一节
服务贸易逆差扩大是资本外逃还是经济再平衡?

自 2007 年起，中国经常账户顺差与 GDP 之比见顶回落。到 2017 年，中国经常账户顺差占 GDP 比重为 1.3%，较 2007 年的高点回落了 8.6 个百分点。从国际收支数据看，经常账户顺差占比下降的主要原因是服务贸易逆差扩大。1998 年以来，中国服务贸易持续逆差，2017 年逆差 2 654 亿美元，较 2007 年增加了 2 617 亿美元，相当于 2008 至 2017 年经常账户顺差降幅 1 883 亿美元的 139%。其中，旅游贸易逆差膨胀又是服务贸易逆差扩大的主要原因。2009 年起，中国旅游贸易持续逆差，2014—2017 年贡献了服务贸易逆差的 88%，远高于 2009—2013 年平均 56% 的水平；2017 年，旅游贸易逆差 2 251 亿美元，较 2007 年增加了 2 326 亿美元（见图 7-1-1），相当于 2008—2017 年服务贸易逆差增幅的 89%。

国际货币基金组织评价中国经常账户顺差占 GDP 的比重缩小是中国经济再平衡取得的积极成果，并预测该占比会在 2022 年降至 1% 以下，低至 0.2%[1]。但是，对于中国经济“再平衡”也存在质疑的声音。余永定认为，服务贸易逆差扩张中隐含着违规资本外流。[2] Setser 也认同由

---

1 IMF, *World Economic Outlook, October 2017 Seeking Sustainable Growth: Short-Term Recovery, Long-Term Challenges*. Washington DC: IMF, 2017.

2 余永定:《中国国际收支结构和资本外逃情况解析》,《武汉金融》，2017 年第 12 期，第 4—9 页。

图 7-1-1：中国服务贸易及旅游贸易差额

（单位：亿美元）

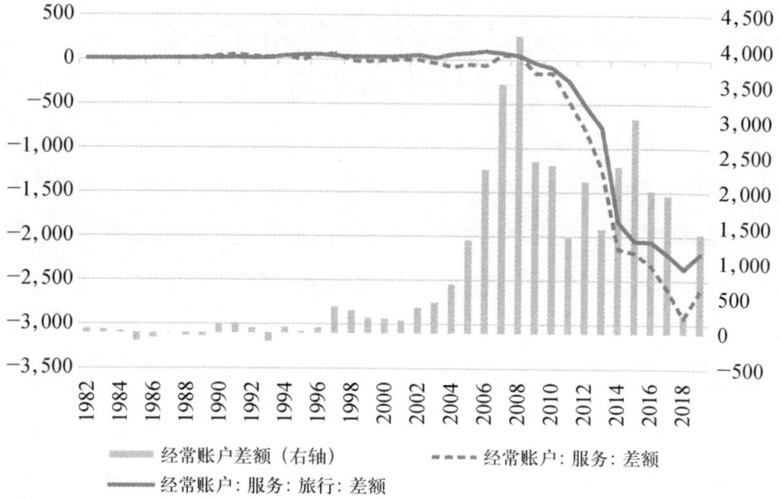

资料来源：国家外汇管理局；WIND

于服务赤字的高估，中国经常账户顺差可能高于官方数据。[1] 美联储的经济学家对此进行了定量分析。Wong 提出，2014—2016 年中国旅游项目逆差异常快速增长，存在以购买海外金融资产为方式的，隐藏在旅游项目下的资本外逃。如果修正了旅游进口中的资本外逃，经常账户顺差占 GDP 比重会比 2016 年中国官方报告高出 1% 左右。[2]

针对前述质疑，本文试图使用更加准确的数据，排除统计口径变化等影响，重新估算中国的服务贸易逆差，从而判断其是否存在异常的快速增长。

---

1 Setser, B., *The return of the East Asian savings glut.* Council on Foreign Relations Discussion Paper, October, 2016.

2 Wong, A., *China's Current Account: External Rebalancing or Capital Flight?* .International Finance Discussion Papers 1208, 2017.

一、美联储相关研究逻辑和方法可能存在的问题

（一）Wong 的研究逻辑可能存在的问题

研究逻辑方面，Wong 对比中国统计的国际收支数据以及贸易伙伴国统计的相关数据，认为 2014—2016 年中国旅游进口数据出现了异常的增加。一方面，这个增加是无法由统计因素或者经济基本面解释的。另一方面，中国 2014—2016 年的旅游进口的增加是与经济增长负相关，与人民币的贬值预期正相关，说明旅游进口的增加几乎不可能来自中国居民在海外服务消费的增加，而是来自在海外购买金融资产的增加，即存在隐藏在旅游进口中的资本外流。如果将这一部分隐藏的资本外流归为资本项目而非经常项目，2015 和 2016 年中国实际的经常项目顺差占 GDP 比重将比统计值多 1%。

然而，中国在 2016 年改变了旅游贸易的统计口径，将银行卡数据和国际旅行现钞花费比例调查数据纳入其中，并对于“以旅行之名，行投资之实”的交易，如境外购房和购买境外投资性保险产品，也尽可能在可获得的数据范围内进行了还原处理，同时追溯调整了 2014 年和 2015 年的数据。[1] 因此，仅仅考虑统计口径变化，2014 年必将出现旅游贸易进口的增加，即使存在 Wong 所说的资本外逃导致的虚假旅游进口增加，也无法剔除统计口径的影响。

（二）Wong 的研究模型可能存在的问题

Wong 的研究利用了两个模型。一个是贸易镜像模型，从中国旅游进口国的出口数据，镜像估算中国的进口数据。镜像估计依据的假设是：中国海外某国的旅游进口花销，从镜像的角度看就是该国的旅游

1 国家外汇管理局国际收支分析小组：《2016 年中国国际收支报告》，中国金融出版社 2017 年版，第 28 页。

出口数据。而如果存在一国的误报，即旅游项目下隐藏的资本外逃，则中国的旅游进口和贸易对手国的旅游出口数额将不同，差值即为资本外逃规模，Wong 就是利用此方法来估算中国 2014—2016 年资本外逃规模的。

然而，大多数国家的统计数据并没有双边的数据，旅游项目下只有针对全世界的进出口数据。因此在利用贸易镜像模型时，Wong 使用的是中国几个贸易大国向全世界旅游出口数据而非向中国的旅游出口数据。但中国处于经济较高速发展阶段，消费结构加速升级，海外旅游快速增加，用全世界的海外旅游平均水平来估计中国，显然会低估，从而形成所谓的镜像数据和中国官方数据不符合，得出中国有大量旅游项目下隐藏的资本外流的结论。

另一个是贸易理论中的引力模型，将主要适用于货物贸易的引力模型用于旅游贸易规模的估算。Wong 使用了世界银行构建的双边旅游贸易数据，包含全球 199 个国家，最早追溯到 1985 年，回归分析引力方程，得出经济规模、地理距离、语言等因素对旅游贸易的影响大小。中国的双边数据只更新到 2011 年，Wong 利用引力方程得到的估计系数，对中国 2014—2016 年旅游贸易进行了估算，得到的估算规模小于中国官方统计数据。

但是，引力模型这个方法也存在诸多问题。一是模型回归得到的各因素影响系数是多年的平均值，无法具体反映中国近几年的经济高速增长以及旅游贸易快速扩张。二是引力模型一般是用于货物贸易的分析，而非服务贸易，影响服务贸易的因素不一定与货物贸易一致，如地理距离和语言因素等，因此对于旅游贸易的适用性也有待验证。如据国家外汇管理局统计，2017 年，中国服务贸易前十大伙伴国（地区）依次为中国香港、美国、日本、英国、澳大利亚、德国、韩国、加拿大、新加坡和中国台湾，其中，除对新加坡为小额顺差外，中国对其余九个主要贸易伙伴国（地区）的服务贸易均呈逆差，逆差规模由大到小依次为对美国、中国香港、澳大利亚、加拿大、日本、英国、德国的逆差。[1] 显然，中国对外服务贸易逆差的国别分布与地理距离关联不大。三是 Wong 在利用引力模型时，使用 1980—2000 年的数据估算出了相应的系数，再用该系数对 2000—2016 年进行估计，这种简单的“反事实”检验的科学性值得商榷，因为通过“简单回归”得到的系数仅仅适用于样本年限，对于其他年份系数很可能会变化。

二、利用代客数据重新估算中国的服务贸易进出口数据

Wong 的文章最重要的问题，就是利用了前后时间不可比的数据，并且在统计口径变化的时间点指出有突变。如前所述，从 2016 年外汇局开始“全面采用旅行支付渠道数据来编制旅行收入和支出数据。旅行支付渠道涵盖信用卡和借记卡、汇款和现钞”，并且追溯调整 2014 年、2015 年数据。[2] 因此，国际收支数据在 2014 年相较于 2013 年将有一个突变，即使实际有巨大变化，也无法将此影响与统计口径变化的影响分离出来。鉴于国际收支数据统计口径的变化，本文将利用银行代客跨境收付数据来得到旅游贸易更好的估计数据。

不同于国际收支数据，一方面，银行代客跨境支付数据没有发生过统计口径的重大变化，不存在统计口径变化带来的干扰；另一方面，银行代客跨境支付数据与真实的旅游贸易数据范围较为一致，旅游贸易中包含信用卡、借记卡、汇款和现钞，而银行代客数据包括除了现钞之外

1　国家外汇管理局国际收支分析小组：《2017 年中国国际收支报告》，中国金融出版社 2018 年版，第 29 页。

2　国家外汇管理局国际收支分析小组：《2016 年中国国际收支报告》，中国金融出版社 2017 年版，第 28 页。

的所有数据。

当然，代客数据和国际收支数据还不完全一样。代客数据只有非银行部门（包括非银行金融部门、公司部门和住户部门）通过银行办理的服务贸易收支，不含银行部门自身的服务贸易收支。另外，还有一个最主要的区别就是进口的运费和保费的计算，在代客收支数据中将运费和保费根据从大原则，记在货物贸易下，而在国际收支统计中，运费和保费则会被记在服务贸易下。按照惯例，运费大约是进口价值的 4%，保费大约是 1%。为了让银行代客跨境收付数据更好地与国际收支数据具有可比性，本文将把代客数据中货物贸易的 5% 记在服务贸易下。因此，本文计算了在对运费和保费进行调整的情况下，银行代客跨境支付中的服务贸易进口数据。同时，由于旅游贸易占比整个服务贸易高达 50%—90%，可将银行代客服务贸易数据作为中国旅游贸易进口的一个代理变量。

由图 7–1–2 可知，一方面，2014 年国际收支数据中服务项目逆差占 GDP 比重明显增加，即 Wong 所谓的旅游项目的异常变化，但是银行跨境支付数据统计下的服务项目逆差，对比来看一直呈现增速稳定的增长。另一方面，在 2014 年之前，代客数据显著大于国际收支数据，而在 2014 年统计口径调整之后，国际收支数据与代客数据趋于收敛。这两点都说明，调整了运费和保费的银行代客数据，将是时间上统一的对于旅游贸易描述更好的数据（2014 年之前服务贸易支出的低估，可能是导致 2009—2013 年中国国际收支平衡表中“净误差与遗漏额”持续负值的一个主要原因）。另外，比对美国统计的向中国旅游贸易的出口和进口占比（见图 7–1–3），特别是美国旅游出口中占比，2014 年增长并没有出现异常，而是自 2005 年开始就持续快速增长，这符合中国经济 21 世纪以来的高速发展特征。

图 7-1-2：中国银行代客服务和国际收支口径旅行差额与 GDP 之比

（单位：%）

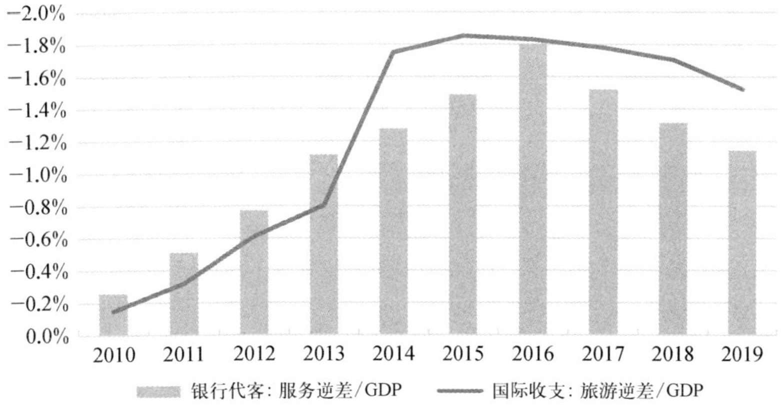

资料来源：国家外汇管理局；国家统计局；WIND

图 7-1-3：美国统计的向中国旅游出口及进口占比

（单位：%）

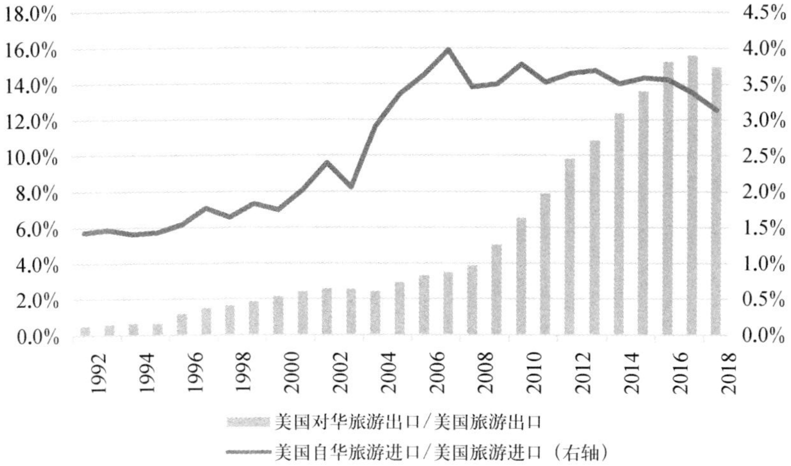

资料来源：美国经济分析局；WIND

三、宏观数据的因果分析不支持中国旅游项下有异常资本外逃

（一）近年来中国服务及旅游贸易逆差的变化符合经济发展规律

根据世界各国的经济发展规律，随着人均 GDP 的提高，一国经济结构会发生转变，从制造业转向服务业；与此同时，对于服务业的需求也增加，包括旅游、教育等，对于发达国家的服务贸易进口随之增加，从而呈现服务贸易逆差和旅游贸易逆差。

下文将分析人均 GDP 对于旅游贸易进口占比服务贸易的影响，并且除了人均 GDP，还加入了文献中通常会影响资本流动的变量：GDP 增速、外汇储备数量、利率差（与美国通胀率），回归方程如下：

$$TravelShare_{it}=\alpha+\beta_1*GDPCapita_{it}+\beta_2*GDPGrowth_{it}+\beta_3*Reserve_{it}+\beta_4*RateDiff_{it}+\varepsilon_{it} \quad (1)$$

其中，因变量 TravelShare 为各国旅游进口占总服务贸易进口的比重，在（1）—（2）列的回归中，由国际收支数据计算而得；在第（3）列的回归中，此比重由银行代客跨境收支数据计算而得。自变量 GDPCapita 为各国的人均 GDP，本文主要关注 GDPCapita 的回归系数，若其他亚洲新兴工业国家在高速发展阶段的系数的符号和显著性，与中国在相应发展阶段可比，则说明中国的旅游进口增加是符合经济发展规律的。本文还控制了其他可能影响旅游进口的因素，包括经济增速（GDPGrowth）、外汇储备量（GDPGrowth）、与美国利率差（RateDiff）。以上的所有变量，除了由银行代客跨境支付数据计算的旅游进口占比，其余均来自世界银行的 WDI 数据库，因此各国的变量的定义方式和统计口径是一致可比的。

表 7-1-1：变量定义

变　量	变　量　含　义
TravelShare	旅游进口占比服务贸易进口。两种统计方式，一种直接来自 WDI 数据库；另一种由 WDI 数据中的服务贸易进口值比上银行代客跨境收支数据得到，年度。
GDPCapita	人均 GDP。WDI，美元现价，年度。
GDPGrowth	GDP 增长率。WDI，名义值，年度。
Reserve	外汇储备。WDI，总外汇储备减去黄金，美元现价，年度。
RateDiff	与美国利率差。WDI，各国通胀率减去美国通胀率，年度。

表 7-1-2：亚洲新兴工业国家人均 GDP 与旅游进口占比

	（1）	（2）	（3）
样本	亚洲新兴国家 1982—1996 年	中国 1982—2016 年	中国 1982—2016 年
变量	TravelShare 国际收支	TravelShare 国际收支	TravelShare 银行代客
GDPCapita	0.003 4***	0.007 4***	0.002 9***
	(0.001 3)	(0.002 0)	(0.001 5)
GDPGrowth	0.001 4	−1.099 0	−0.966 0
	(0.307 0)	(0.976 0)	(0.740 0)
Reserve	−0.003 4	−0.000 9**	−0.000 6**
	(0.014 5)	(0.000 4)	(0.000 3)
RateDiff	−0.535 0***	−1.196 0	−1.228 0
	(0.157 0)	(1.182 0)	(0.896 0)
Observation	60	16	16
R-Squared	0.467	0.861	0.666

资料来源：WDI

"亚洲四小虎"是指马来西亚、泰国、印尼和菲律宾，在1990年代左右（1997年亚洲金融危机之前），都像1960年代的亚洲四小龙一样突飞猛进，因而得名，是亚洲的新兴工业国家，并且相较于"亚洲四小龙"人均收入与中国更为相近，更适合与中国进行比较。"亚洲四小虎"在经济高速发展的时期，曾经历过与中国现在类似的变化，即：随着人均GDP增加，旅游进口增加，旅游逆差扩大。本节检验了马来西亚、泰国、印尼和菲律宾四个国家，在1982年至1996年之间，人均GDP和旅游逆差占服务贸易逆差的关系，从而得到通常状况下的国际经验。结果如表7–1–2第（1）列，人均GDP增加会显著提高旅游项目占服务贸易的比例，系数为0.0034，即对于"亚洲四小虎"国家，人均GDP每增加一单位，旅游进口占服务贸易进口比例平均提高0.0034个百分点。

聚焦中国，本文利用国际收支数据以及银行代客跨境支付数据，研究了中国人均GDP和旅游相对服务贸易占比的关系。如前文所述，由于中国在2016年对于国际收支的统计口径做出了调整，并追溯到了2014年，银行代客跨境支付数据可以更好地反映服务贸易进口情况。银行代客跨境支付数据从2010年可得，为了验证中国旅游逆差是否在2014年发生异常增加，本文分别使用国际收支以及银行代客的服务贸易数据，计算旅游贸易的占比，对人均GDP进行回归。对比表7–1–2第（2）和（3）列：第（2）列表明，1982—2016年，中国人均GDP提高一单位会提高旅游占服务进口比重0.007 4个百分点，可以看出中国的系数是"亚洲四小虎"国家的两倍多，但是这里的数据是包含了2014年统计口径调整的国际收支数据，可能存在误差。第（3）列表明，1982—2016年，利用银行代客数据计算的旅游进口占比，中国人均GDP对旅游项目占比的促进作用为0.002 9

个百分点，与“亚洲四小虎”系数基本一致，说明在更好地衡量了旅游和服务贸易后，中国旅游进口的增加是符合以往长期趋势的，从而说明并没有大量的旅游项目伪装下的资本外逃，中国经常账户收支基本平衡是切实可信的。

同时，根据统计数据，中国服务贸易进口的快速增长是由海外旅游支出以及其中包含的留学支出大幅增长所支撑的数额，反映了中国居民的消费升级需求。中国居民购买更多海外教育是中国在旅游和教育禀赋上与发达国家的差距所决定的，而这也反映在旅游支出数据的快速增长上。近期发布的《中国留学发展报告（2017）》显示，[1] 中国向全球输送了最多留学生，2016 年中国出国留学人员总数为 54.45 万人，同比增长 3.97%。中国是世界八大留学目的地国最主要的留学生生源国，中国留学生占美国、加拿大、英国、澳大利亚的留学生比例分别为 41%、55%、23% 和 54%，在韩国、日本中国留学生比例高达 57.3% 和 49.3%。同时，中国留学生呈现低龄化趋势。根据国际经济研究所（IIE）报告数据，[2] 2016 年在美留学的中学生中有 41% 来自中国，达到 33 275 人，较 2012—2013 学年增长了 48%；中国留学生在加拿大、澳大利亚国际中学生的数量占比已过半。特别是，美国作为世界国际学生最多的国家，对中国留学生意义重大。2016 年，美国吸纳了全国 25% 的国际学生，而中国留学生占到在美国际学生的 31.5%。自 2003—2004 年起，中国留学生比例连续 13 年持续攀升，从 10.79% 增长到 31.5%，增长近 3 倍。在 2009—2010 学年度首次超过印度，之后连续七年都为美国最大国际学生来源国。

---

1 王辉耀、郭娇：《2017 年中国留学发展报告》，社会科学文献出版社 2018 年版。

2 Farrugia, C. A., & Villarreal, A., *International student mobility in the United States*. Center for International Higher Education, 13–15, 2015.

（二）中国服务或旅游贸易逆差的变化与境外资产价格变动的关联不大

除了从正面说明，中国服务贸易逆差及旅游贸易逆差符合经济发展规律外，下文将从反面证伪，中国可能的隐藏在旅游进口中的资本外逃，没有严重到影响境外股市和房市，从而说明，即使有可能的资本外逃，也是规模有限、影响有限的。回归方程如下：

$$Stock_{it} = \alpha + \beta_1 * Travel_{it} + \beta_2 * Exchange_{it} + \beta_3 * Inflation_{it} + \beta_4 * GDP_{it} + \beta_5 * Confidence_{it} + \varepsilon_{it} \quad (2)$$

$$House_{it} = \alpha + \beta_1 * Travel_{it} + \beta_2 * Loan_{it} + \beta_3 * Index_{it} + \beta_4 * Supply_{it} + \varepsilon_{it} \quad (3)$$

以上（2）式为中国旅游进口对于主要服务贸易进口国及地区（美国、中国香港和欧盟）股市的影响。其中，因变量 Stock 为各国及地区股市指数；自变量 Travel 是中国的旅游贸易进口量，本文主要关注 Travel 的回归系数，若系数并不显著，则说明中国即使有隐藏在“旅游进口”项目下的资本外逃，资金规模也不大，不足以影响流入国的股市及房地产（通常的资金流向）。同理，以上（3）式为中国旅游进口对于主要服务贸易进口国及地区（美国、中国香港和欧盟）房地产的影响，具体的变量含义如下。

表 7-1-3：变量含义

变　量	变　量　含　义
回归（2）式	
Stock	股市指数。WIND、CEIC，美国 SP500 指数，香港恒生指数，欧盟斯托克指数，季度。
Travel	中国旅游进口量。外管局银行代客跨境收付数据，美元现价，季度。

续 表

变 量	变 量 含 义
Exchange	对人民币汇率。WIND，季度。
Inflation	通胀率。WIND，CPI，季度。
GDP	实际 GDP 增速。WIND，不变价当季同比，季度。
Confidence	投资信心指数。WIND，Sentix 投资信心指数，季度。
回归（3）式	
House	房价指数。WIND、CEIC，季度。
Travel	中国旅游进口量。外管局银行代客跨境收付数据，美元现价，季度。
Loan	贷款利率。WIND、CEIC，季度。
Index	房地产市场指数。WIND、CEIC，季度。
Supply	国内房地产销售。WIND、CEIC，季度。

本文研究了 2013 年第二季度至 2018 年第二季度，使用银行跨境代客支付数据表示的旅游进口数据，与美国、中国香港和欧盟股市（标普 500 指数、恒生指数和欧洲斯托克指数）以及三个国家地区房价指数之间的关系。表 7-1-4 结果表明，对于美国、中国香港和欧盟国家的股市，在控制了通常影响股市的因素，如汇率、通胀率（CPI）、实际 GDP 增速以及投资信心指数后，中国旅游进口对于各国股市指数都没有显著影响。同样，对于美国、中国香港和欧洲的房地产价格指数，无论控制其他变量与否，即通常会影响房价的因素，从供需角度的国内房地产销售量、房地产市场信息指数，以及从金融角度的贷款利率，中国旅游进口对三个国家地区的房价指数都没有显著影响。从而证伪了中国有大量资本通过旅游项目外逃至海外市场，对海外金融和房地产市场产生重大影响。

表 7-1-4：中国旅游逆差与主要海外投资国
（美国、中国香港、欧盟）股市房市

变量	(1) Stock	(2) Stock	变量	(3) House	(4) House
Travel	0.908	0.965	Travel	0.113	1.377
	(2.780)	(0.594)		(1.258)	(0.992)
Exchange		0.721***	Loan		0.115***
		(0.0525)			(0.0394)
Inflation		0.240***	Index		−2.398***
		(0.0452)			(0.320)
GDP		0.498***	Supply		0.531
		(0.0524)			(0.529)
Confidence		−5.661***			
		(0.264)			
常数	1.591	23.31***		4.331	3.224
	(19.48)	(4.155)		(8.814)	(6.290)
Observation	63	63		63	63
R-Squared	0.002	0.967		0.000	0.516

资料来源：WIND；CEIC

四、国内外宏观经济数据印证中国经济再平衡进展的真实性

首先，中国与美国经常账户收支状况改善是同步发生的。长期以来，中国经常账户顺差与美国经常账户逆差互为镜像[1]。2017 年，

1 Mann, C.L., *Perspectives on the US current account deficit and sustainability*. Journal of Economic Perspectives, 16(3), pp.131−152, 2002.
Dekle, R., Eaton, J. and Kortum, S., *Unbalanced trade*. American Economic Review, 97(2), pp.351−355, 2007.

中国经常账户顺差占比较2007年的高点下跌了8.6个百分点；同期，美国经常账户逆差占GDP的比重下降了2.6个百分点，2017年降至2.4%。2008年国际金融危机以来的全球经济再平衡，实际上就是美国增加储蓄、降低消费，减少经常账户逆差，而中国降低储蓄、增加消费，减少经常账户顺差的过程。自2000年以来，美国经常账户逆差占比与中国经常账户顺差占比的相关性为-0.649，而2007年以来相关性高达-0.951。也就是说，如果说美国经常账户收支逆差的改善是真实的，那么中国经常账户收支顺差的减少也一定是实实在在的。

其次，近年来中国经济增长的稳定性大大增强。从需求端来看，消费成为经济增长新动力。在2015和2016年，世界经济复苏缓慢，中国出口负增长，外需对经济增长贡献为负的情况下，消费对经济增长的贡献达到60%左右，维持了中国经济整体6.8%的增长。2003—2011年，当中国外贸依存度稳步上升时，中国经济增速的方差为2.69个百分点；2012—2017年，当中国外贸依存度稳步下降时，中国经济增速的方差仅为0.26个百分点。与此同时，中国经济增长初步形成了消费、投资、净出口协调拉动的局面。2017年，中国经济增长6.9%，其中，消费、投资和外需对经济增长的拉动分别比上年回落0.2、0.6和上升1.0个百分点，外需表现强劲是当年中国经济增长超预期的主要推动力；2018年前三季度，经济增长6.7%，其中，消费、投资和外需拉动分别同比上升0.83和回落0.27、0.76个百分点，外需成为经济增长的拖累，但消费形成了稳经济的支撑。从供给端看，中国经济产业升级初见成效，第三产业成为拉动经济增长的第一大动力，缓解了经济下行给就业造成的压力。2018年前三季度，中国经济增长同比回落0.2个百分点，但新增就业 1 107 万人，同比多增 10 万人，提前一个季度完成了全年目标任务。[1]

再次，中国经常账户收支趋于平衡与国内储蓄投资关系的改善保持一致。2007 年，中国的国内储蓄率达到 49.9%，远高于投资率（资本形成总额占 GDP 的比重）41.2%，货物和服务贸易净出口与 GDP 之比达到 8.7% 的历史高点，经常账户顺差与 GDP 之比为 9.9%。但自 2010 年起，国内储蓄率和投资率均见顶回落，到 2017 年分别跌至 46.4% 和 44.4%。因为储蓄率下降快于投资率，货物和服务贸易净出口与 GDP 之比降至 2.0%，经常账户顺差占 GDP 之比也降至 1.3%，中国经济趋于再平衡。期间，中国国内储蓄率的下降源于政府、公司和住户部门的储蓄率持续回落。[2] 居民消费率（居民最终消费占 GDP 比重）上升从而储蓄率下降，这源于劳动收入占比的持续上升以及家庭部门杠杆率的快速扩张。[3]

五、主要结论

为了回应美联储研究员 Wong 的文章，并对中国“再平衡”做出客观评价，本节利用银行代客跨境收付数据，克服了国际收支数据 2016 年统计口径变化带来的 2014 年前后数据不可比的问题，重新估算了中国服务贸易数量，发现中国服务贸易进口量在 2014—

---

1 中国金融新闻网，2018. 人社部举行第三季度新闻发布会表示就业形势总体稳定脱贫攻坚稳扎稳打［EB/OL］，2018-10-31，http://www.financialnews.com.cn/hg/201811/t20181101_148617.html（2018 年 11 月 1 日下载）。

2 Blanchard, O. and Giavazzi, F., *Rebalancing growth in China: A three-handed approach*. China & World Economy, 14(4), pp.1–20, 2006.
Lardy, N.R., *Toward a consumption-driven growth path, Policy Brief 06–6*. Peterson Institute for International Economics, Washington, DC, 2006.

3 田国强、黄晓东、宁磊、王玉琴：《警惕家庭债务危机及其可能引发的系统性金融风险》，2018 年，http://www.sohu.com/a/246055974_481466。

2016 年并未出现异常增加。同时，本文利用重新估算的服务贸易进口量，从正反两方面反驳了“中国旅游逆差隐藏大量资本外逃”的论断。

从正的方面，本节发现旅游进口扩大是符合经济发展规律的。一方面，亚洲新兴工业国家和地区（亚洲四小龙和亚洲四小虎）在 1997 年亚洲金融危机之前，均经历了人均 GDP 提高，旅游进口占服务贸易进口比例增加的过程；另一方面，中国 1982—2009 年人均 GDP 对于旅游进口占比的影响系数大小，与中国 2010—2016 年人均 GDP 对于使用银行代客数据计算的旅游进口占比的影响系数大小是相近的，说明中国近几年并没出现偏离长期趋势的旅游进口异常增加，而使用国际收支数据计算旅游进口占比，对于人均 GDP 回归的系数确实有翻倍的增加，说明 Wong 得出中国旅游项目异常增加的结论，主要是因为使用了不恰当的数据。

从反的方面，本节发现中国旅游进口量对于美国、中国香港和欧洲的股市和房市并没有显著的影响，境外股市和房市的变化可以被自身的经济发展、供求关系、金融市场流动性等很好的解释。从而证伪了中国有大量资本外逃流入海外市场的论断。

此外，中美双方经常账户收支状况的改善，供需两端中国经济增长稳定性的增强，以及中国国内储蓄率的变化均表明，中国经济再平衡的进展是实实在在且有目共睹的。

最后，需要指出的是，本节并非要完全否认服务及旅游贸易项下存在违规资本转移的渠道。甚至因为中国的对外贸易规模较大和跨境人员往来较多，相关项目下隐藏的资本外流绝对规模可能也是比较可观的。只是基于实证而不是猜测或者故事，我们不能过分夸大其对中国经济对内和对外运行的总体影响。

第二节
“货币超发”会令人民币必有一跌吗?

2015年“8.11”汇改之后的一年多时间里，人民币汇率持续下跌，到2016年底距离破“7”仅一步之遥。这引发了市场较为浓厚的看空预期，其中有种较有代表性的观点认为，中国存在着严重的“货币超发”现象，因此，人民币必有一跌。其主要逻辑包括：一是中国货币供应（M2）总量超过美国，如果不贬值，可以“买下美国”；二是中国外汇储备与M2的比值下降，这会削弱对人民币的信心[1]；三是M2/GDP显著高于其他国家平均水平，股票、房地产等市场资产价格泡沫严重，人民币购买力下降；四是非金融部门杠杆率过高，可能引发系统性风险，造成货币危机[2]。

前述逻辑有其合理性。如第一代货币危机模型指出，在一国货币需求处于稳定状态的条件下，国内信贷膨胀会带来外汇储备的流失，从而导致对固定汇率的冲击而产生危机[3]。另外，通货膨胀、信贷膨胀、资产泡沫也都是国际收支危机早期预警机制中的重要指标[4]。

那么，中国是否存在因“货币超发”，人民币一定会大幅贬值呢?

---

1 Bass JK. *The $34 Trillion Experiment: China's Banking System and the World's Largest Macro Imbalance, Hayman Capital Management, L.P.* 2016.

2 Bass JK. *The $34 Trillion Experiment: China's Banking System and the World's Largest Macro Imbalance, Hayman Capital Management, L.P.* 2016.

3 Krugman P. *A Model of Balance-of-Payments Crises, Journal of Money Credit & Banking* 11.3(1979): 311–325.

4 Kaminsky G, Lizondo S, and Reinhart C M. *Leading Indicators of Currency Crises, Staff Papers* 45.1(1998): 1–48.

本节将以理论分析为基础，结合历史经验进行深入分析。

一、M2 高并不意味着中国可以“买下美国”

主张中国存在“货币超发”的最主要论断，在于比较中美两国 M2 的发行量情况。2007 年以前，按照人民币兑美元中间价折算后的中美两国 M2 比值一直呈现缓慢上升的态势，但由于中国经济发展速度显著快于美国，因此，并未引起较大的关注。2007 年以来，次贷危机的爆发使得中国推出了“四万亿”财政刺激政策，中国 M2 快速扩张，于 2009 年 7 月超过了美国，至 2019 年底两国 M2 比值已经接近 185%（见图 7-2-1）。“货币超发”问题由此受到广泛关注。

图 7-2-1：中国与美国 M2 之比

（单位：亿美元；%）

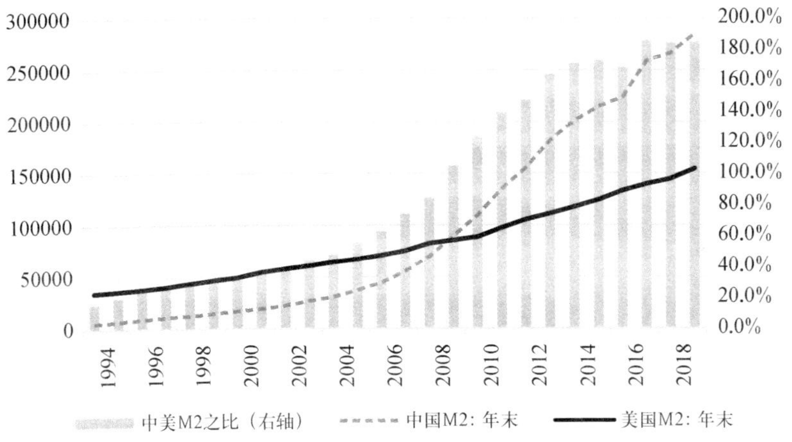

资料来源：中国人民银行；中国外汇交易中心；美联储；WIND

根据费雪方程式 MV=PT，无论是从 GDP 还是其他经济发展指标衡量，中国的经济体量都小于美国，因此，在货币流通速度相当的情况下，两国货币量之间理论上不应该存在这样的对比关系。唯一的解释只能是人民币汇率远高于均衡汇率水平，以目前汇率计算得到的中国 M2 值实际上被高估，所以，人民币必然贬值，否则“超发”的人民币将“买下美国”。

但是，简单比较两国 M2 并得出“货币超发”、人民币必然贬值的结论存在以下问题。

（一）中美两国 M2 的口径存在差异，并不完全可比

中美两国的货币计量虽然都用 M0、M1、M2 等表示，但两者之间存在较大的差异（见表 7-2-1）。

表 7-2-1：中美两国货币统计量口径比较

	中　国	美　国
M0	流通中的现金	流通中的现金
M1	M0+ 单位活期存款	M0+ 旅行支票 + 活期存款 + 其他支票存款
M2	M1+ 单位定期存款 + 居民存款 + 非银金融机构存款 + 非银部门持有的货币市场基金	M1+ 储蓄存款 +10 万美元以下小额定期存款 + 零售货币市场基金
M3		M2+ 欧洲美元 + 机构持有的货币市场基金 + 大额定期存款

资料来源：中国人民银行；美联储

由此可见，以美国的 M3 与中国 M2 进行对比似乎更加合理。虽然美国 M3 自从 2006 年停止统计，无法确切得知目前的精确数据，但可以从历史数据进行估算，自 2000 年以来，美国 M3 约相当于 M2 的一倍半。按此比例测算，中美两国 2019 年末货币总量的比值约为 123%，远小于两国 M2 的比值 185%。

（二）融资结构的差异是两国 M2 总量差距的主要原因

从中国新增社会融资规模占比来看，人民币贷款一直是最重要的融资方式，而其他融资方式占比都较小，只有企业债券在 2015 年公司债放开后占比达到 20%，但之后两年快速下降。而美国自 20 世纪 90 年代起直接融资占比就常年维持在 80% 以上，即使在金融危机前后也没发生太多变化[1]。

直接融资和间接融资的区别在于是货币创造还是货币转移创造了信用。间接融资是通过创造货币来创造信用，而直接融资在货币的转移中提高了其使用效率[2]。中美两国融资结构的差异导致货币的利用效率不同，即费雪方程式中的 V 存在结构性差异，因此，直接比较两者的 M2 并不合理。

（三）比较基础货币而非 M2 可能更有参考意义

不同于 M2 绝大部分为银行的负债，只有基础货币完全是央行的负债，才能真正代表国家信用。中美两国基础货币的比值在 2012 年前维持在缓慢上升的态势，只有在 2006 到 2008 年间由于应对危机措施推出的时间点不同有较大的波动。2019 年末，两国基础货币数量之比为 136%（见图 7–2–2），远小于两国名义 M2 之比。

同时，在央行资产端，中国不存在与美国相似的央行大量持有本国国债的情况，人民银行资产中仅有 1.53 万亿特别国债，因此，不存在购买国债发行基础货币的债务货币化导致本币币值快速贬值的可能。

1　祁斌、查向阳:《直接融资和间接融资的国际比较》,《新金融评论》，2013 年第 6 期。

2　孙国峰、贾君怡:《中国影子银行界定及其规模测算——基于信用货币创造的视角》,《中国社会科学》，2015 年第 11 期。

图 7-2-2：中国与美国基础货币比较

（单位：亿美元；%）

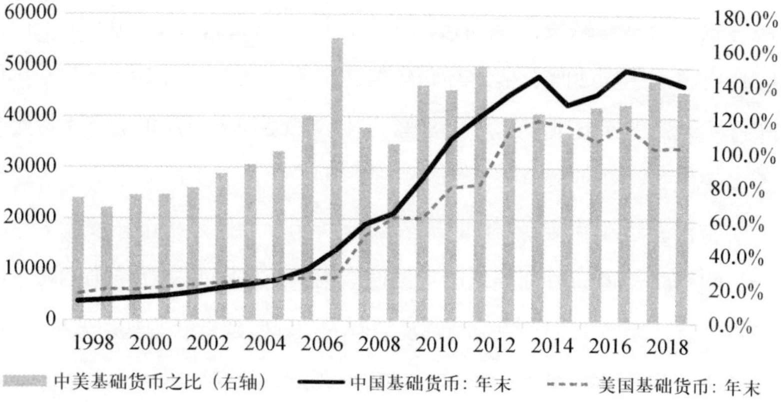

资料来源：中国人民银行；中国外汇交易中心；美联储；WIND

（四）历史经验与常识判断表明“买下美国”的说法缺乏依据

“买下美国”最早的说法源自“广场协议”签订后，日元在两年内升值一倍，日元购买力的提升引发了对外资本输出热潮，1986 年到 1991 年内日本海外投资总额高达 4 000 亿美元，并且由于高调购买美国标志性建筑及企业，形成了“买下美国”的印象。中国目前与 1980 年代的日本有相似之处，都面临着对美国的贸易顺差从而积累大量外汇储备，货币被迫升值以及海外投资热潮的情况。

但是，当年“买下美国”的说法更多是媒体炒作并被美国利用来打击和削弱日本的政治宣传策略。实际上，除英国外，主要国家的海外资产在金融资产中的占比大多在 10%—20% 之间，不存在将本币全部换成外币投资海外资产的情形[1]。

1　管涛：《一个硬币的两面：辩证看待中国的货币存量》，《新金融评论》，2017 年第 2 期。

一方面，本币作为国家的法定货币，承担着税收支付等用途，因此，必定是资产配置的主要选择。以港股通为例，2014 年 11 月互联互通开放以来，虽然港股整体估值较低且存在大量 A+H 折价股票，但港股每日成交净额远低于当日投资额度。

另一方面，大量购买外国资产必然会受到被收购国政治因素所干扰，不完全是经济或价格问题，近来美国、欧洲纷纷以国家安全名义加强对外来直接投资的审查，成为中国资本“走出去”的巨大阻力。

再一方面，国家之间货币量比值存在较大变动的情况较为常见。日元在“广场协议”升值后，围绕 100 日元比 1 美元上下震荡，日本 M2 与美国 M2 的比值也由 2003 年的 105% 逐渐下降到 2019 年底的 62%。

图 7-2-3：日本与美国 M2 比

（单位：亿美元；%）

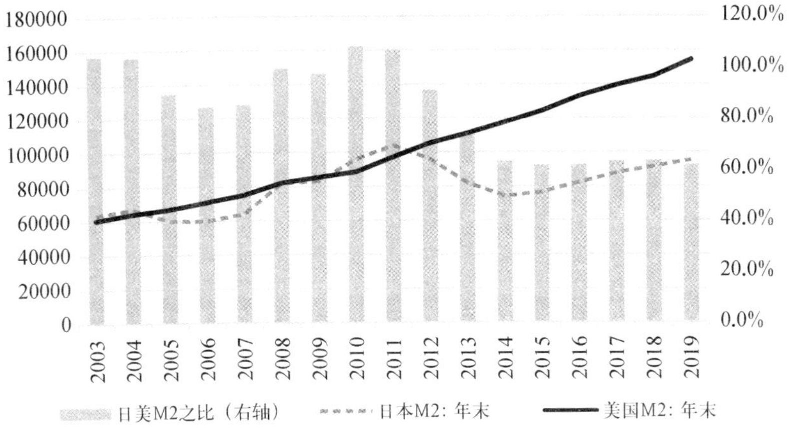

资料来源：日本央行；美联储；WIND

（五）“1 美元 =19.77 元”是不着边际的忽悠

2018 年，中美贸易摩擦正酣，人民币汇率承压。当时，网上有个帖子流传甚广，断言“人民币‘破“7”’不可怕，可怕的是：1 美元等于 19.77 元（人民币）”。这种说法实际是“中国货币超发，人民币必有一跌”的变体。

其基本逻辑是：2017 年底，美国的 M2/GDP 之比为 0.719。2017 年，中国的 GDP 折美元为 12.24 万亿，如果与美国的 M2/GDP 之比相同的话，中国的 M2 应该是 8.8 万亿美元。但 2018 年一季度末，中国的 M2 是 173.99 万亿元人民币，也就意味着美元兑人民币汇率应该是 19.77 元。

照此推理 1994 年以来的强势人民币根本就是一个大错误。因为 1994 年初官方汇率（5.80）与外汇调剂市场汇率（8.70）并轨以来，人民币汇率较前述方法推算的隐含汇率每年都“高估”了 1 倍以上，2005—2007 年人民币汇率更是“高估”了 2 倍多（当前为“高估”了 2 倍左右）。其中，2005—2007 年正是中国经常账户收支失衡严重的时期。这才有了 2005 年“7.21”汇改以来，在国际收支“双顺差”的驱动下，人民币汇率长期单边升值。到 2013 年底，人民币汇率中间价较 2004 年底累计升值了 36%，外汇储备余额累计增加了 3.21 万亿美元，剔除估值影响后累计增加了 3.24 万亿美元。

按照前述逻辑，2005—2007 年，隐含的人民币汇率分别是 1 美元 =25.52、24.55 和 21.97 元人民币，实际的市场汇率与之相比明显“高估”。如果相信该理论并一直做空人民币，那么，过去十多年甚至二十多年，其战绩也就可想而知了。

而有意思的是，恰恰是 1994 年以前，人民币汇率“高估”水平较低的时候，却是人民币汇率弱势时期。当时，美元兑人民币官方汇率无论固定还是有管理浮动，长期呈现螺旋式贬值态势，一路从改革开放初期的 1 比 1.58 跌至 1994 年汇率并轨初期的 1 比 8.70。

该理论也解释不了主要货币汇率变动的原因。因为交易壁垒少、成本低，实证研究的结果显示，基于“一价定律”的（绝对）购买力平价，能够解释中长期的主要货币汇率走势。考虑到新兴市场的外汇市场体制机制不完善，现实中还存在汇率浮动恐惧，汇率可能不存在完全市场意义上的自由浮动或清洁浮动，所以，有理由怀疑，货币发行决定汇率水平之说有可能在发达国家市场更为有效。有鉴于此，本着负责任的态度，有必要检测一下“货币发行决定说”对主要货币汇率走势的解释力。然而，结果也是大失所望。

美国洲际交易所（ICE）推出的美元指数（ADXY）含有六个权重货币：欧元、日元、英镑、加拿大元、瑞士法郎和瑞典克朗，六种货币的权重分别为57.6%、13.6%、11.9%、9.1%、4.2%和3.6%。2008—2017年间，除加拿大元和瑞典克朗偏离程度较低外，其他四种货币兑美元汇率（合计占到美元指数权重的86.7%）相对按前述逻辑推算的隐含汇率均为高估。但如果据此制定做空日元、欧元、瑞士法郎和英镑兑美元的外汇交易策略，显然属于疯狂之举。例如2017年，日元、欧元、英镑和瑞士法郎分别较美元高估154%、41%、61%和141%，当年，这些货币兑美元汇率却分别升值了3.8%、14.1%、9.3%和4.6%，美元指数下跌了9.9%。

二、外汇储备/M2与汇率升贬值没有必然联系

国际货币基金组织认为，M2通常可以用来表示在货币危机中会被出售并转换为外国资产的流动性国内资产，为了应对资本外逃冲击，外汇储备/M2的合意比例为20%[1]。近年来随着中国M2的不断增加，外汇储备从2014年开始出现了显著下降，外汇储备/M2

1 IMF. *Assessing Reserve Adequacy, IMF Policy Paper*, February 2011.

这一指标也由此引发了关注，部分观点认为快速消耗的外汇储备将使得中国央行丧失外汇管理能力，人民币将有 30% 以上的贬值空间[1]。

通过研究中国外汇储备与 M2 之间关系可以发现，这两者是通过“外汇储备→外汇占款→基础货币→ M2”的链条建立联系的，两者比值的变动应该从这个链条中寻找原因。

1994 年汇率并轨以来，中国国际收支经常项目与资本项目持续“双顺差”，外汇储备大幅增加，通过外汇储备形成的外汇占款成为央行向银行投放基础货币的主要手段，2006 年以来外汇占款占基础货币的比例甚至超过 100%，央行货币投放类似于港币的联系汇率制度。央行甚至需要发行央行票据来对冲外汇占款，因此，这段时间中国基础货币的发行实际上是以外汇储备作为基础的。

而 2014 年以后，外汇流入放缓，央行通过新型货币政策工具来投放基础货币，外汇占款与基础货币的比值不断下降，至 2017 年末下降至 67%。与此同时，央行也一改从 2003 年以来“加准”的操作，法定准备金率由 2011 年最高的 21.5% 下降到 2016 年的 17%，并通过“定向降准”等方式降低中小银行的准备金率。货币乘数因此由 2011 年的 3.61 提高到 2018 年 2 月的 5.43，单位基础货币创造 M2 的能力显著提升。这两种因素是造成外汇储备与 M2 比值在 2017 年底下降到 12.2% 的主要原因。

另外，人民币的持续升值自然也导致主要以美元计价的外汇储备折算为人民币后名义“缩水”。按 1994 年的汇率估算，人民币升值对外汇

---

1 Bass JK. *The $34 Trillion Experiment: China's Banking System and the World's Largest Macro Imbalance, Hayman Capital Management, L.P.* 2016.

储备 /M2 比值的影响在 2006 年快速增加，在 2011 年达到近 8% 的最高值，而近三年来在 5% 以下。

直接比较外汇储备与 M2 的关系，忽略了其中外汇占款、基础货币、法定存款准备金率等因素的传导作用。两者的比值只是反映了多重均衡状态下的市场情绪波动，没有实际意义。浮动汇率国家的这一比例普遍偏低，而新兴市场国家则有较大差异。例如外汇储备 /M2 较高的俄罗斯、印度等国货币就长期处于弱势地位[1]。

在人民币并未完全实现自由浮动的情况下，“货币超发”导致汇率贬值的压力在于外汇储备的快速消耗，但正常的与中央银行交易的换汇行为会导致央行资产负债表收缩，基础货币减少，法定存款准备金率制度下 M2 会成倍减少，使得真正能够用于购买美元的人民币远低于 M2 总量，因此，使用 M2 作为可以转化为国外资产的最具流动性的国内资产作为替代变量的方法并不合适。

根据国际货币基金组织的最新研究，对于无资本管制的固定和浮动汇率国家，外汇储备 /M2 的合意比值被调整为 10% 和 5%，而有资本管制时则被进一步下调为 5% 和 2.5%，说明其也认为对这一指标“一刀切”进行的规定并不合理[2]。在 2017 年,为了应对盲目的海外投资，中国加强了对跨境资本流动管理，为人民币汇率调整争取了时间。最终，在人民币汇率止跌回升的背景下，境内外汇供求失衡明显改善，这说明在可信的价格信号支持下，中国的外汇管理是有效的（详见本书第一章第三节“反思中国跨境资本流动管理问

1 管涛:《一个硬币的两面：辩证看待中国的货币存量》,《新金融评论》，2017 年第 2 期。

2 IMF. *Assessing Reserve Adequacy—Further Considerations*, IMF Policy Paper, February 2013. IMF. *Assessing Reserve Adequacy—Special Proposals*, IMF Policy Paper, April 2015.

题”的讨论）。

此外，对于具有货币政策独立性的大国而言，以外汇储备作为货币发行的基础是不正常的，随着人民币国际化的推进，未来这一比值还有继续下降的空间，但这种下降与汇率的强弱无关。

三、资产价格与汇率走势也没有必然联系

伴随着中国 M2 的持续较快增长，中国的 CPI 指标一直处于相对较低水平，M2 增速与 GDP 和 CPI 增速之和存在显著差额，尤其是在 2003 年之前和 2008 到 2010 年（见图 7-2-4）。因此，部分观点认为由于房地产和金融资产价格并不纳入 CPI 中，M2 高于 GDP 和 CPI 增速的原因为超发的货币流入房地产市场及股票市场，这两个市场成为“蓄水池”，房地产价格的持续上升及股票市场的大幅波动就是例证。

图 7-2-4：中国 M2 与 GDP、CPI 增速缺口

（单位：%；个百分点）

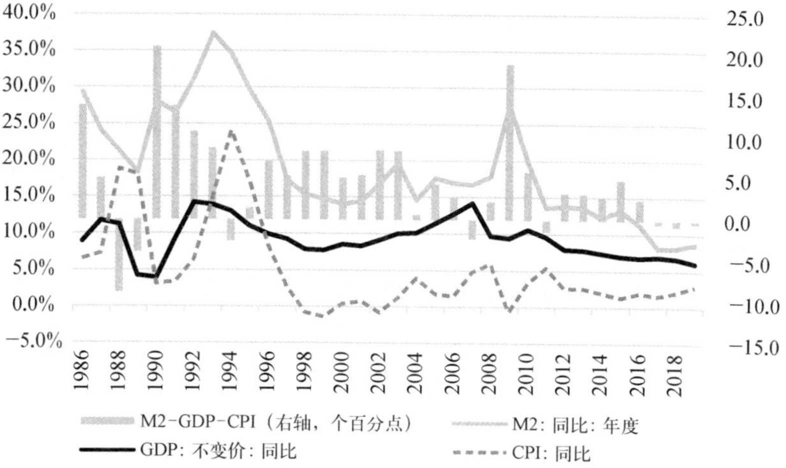

资料来源：中国人民银行；国家统计局；WIND

根据财富效应，国内资产价格上升后，居民国内资产占比超过合意水平，因此，会选择出售国内资产以兑换外币购买外国资产，“蓄水池”中的 M2 一旦流出，本币就会面临贬值压力[1]。部分研究认为存在“保汇率”和“保房价”的二选一难题[2]。但是，这一观点也存在一些问题。

（一）房地产并非货币的“蓄水池”

从 2004 年到 2017 年，房地产行业贷款年平均增速为 22.9%，远超过 GDP 及其他行业贷款增速，房地产贷款余额占比也由 13.5% 提高到了 26.8%，在 2017 年达到 32.2 万亿元。2016 年和 2017 年，房地产贷款增加额连续两年占贷款余额增加额的 40% 以上，成为最主要的货币创造渠道。因此，部分观点认为高房价的背后存在着巨大的“蓄水池”，一旦房地产价格出现波动就可能导致大量换汇需求冲击汇率。

但是，房地产在整个开发过程中，有多个环节涉及 M2 的创造与减少。在土地出让过程中，房地产企业存款转化为政府存款，M2 减少；房地产建造、按揭购房过程中，申请贷款会创造 M2。住房价格越高，土地价格越高，M2 创造与回收的数量越多；偿还贷款时 M2 随之减少。而全款买房对应的只是 M2 的转移而非创造。房地产总价对应的是市值而非 M2，通过房地产产生的 M2 已经脱离了这个市场，因此，不存在 M2 在房地产市场内的淤积，也就没有 M2 从房地产市场流出的压力（见图 7-2-5）。

从另一个角度可以明确由房地产贷款产生货币的去向。从 2009 年到 2017 年，全国土地出让收入为 31.3 万亿元，与 2017 年末房地产贷款

1 彭文生：《渐行渐近的金融周期》，中信出版集团 2017 年版。

2 任泽平：《俄罗斯、日本和东南亚的启示：保房价还是保汇率》，《股市动态分析》，2016 年第 39 期。

图 7-2-5：房地产行业与 M2 的关系

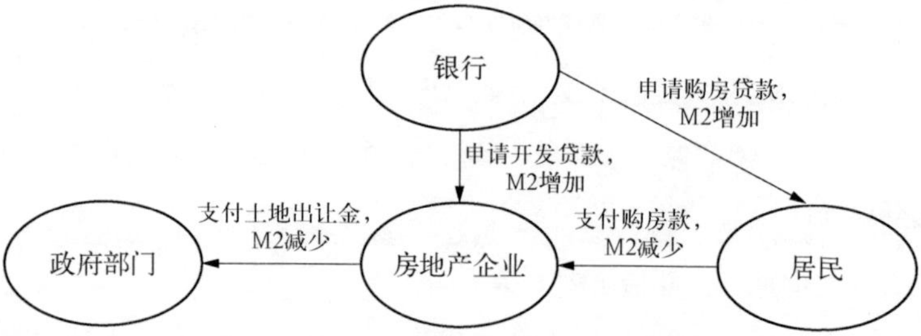

余额相当，相当于房地产行业信贷创造的 M2 几乎全部被政府部门吸收。当然，这部分货币又通过征地拆迁补偿、城市建设支出等回到经济体系中，但这已经与“蓄水池”无关了。

综上可见，房地产价格的波动不会直接对汇率产生冲击，但较高的房地产价格所引发的进一步货币发行压力值得警惕（关于汇率与房价的关系，详见本章下节的讨论）。

（二）股票市场同样不是“蓄水池”

与房地产市场相似，股票市场的总价同样不对应 M2，构成 M2 并可能流向其他市场或转换为外币资产的只有“其他存款”中的“证券公司存放银行同业款项”。由于央行未公布“证券公司存放银行同业款项”这一单项数据，因此，可以从“证券市场交易结算资金”来进行大致估计。证券市场交易结算资金与 M2 的比值常年维持在 1% 以下，可见，股票市场资金对于 M2 影响极小。

（三）资产价格与汇率走势的关系——理论与历史经验

除了财富效应之外，资产价格与汇率的关系还可以用资产组合理论、一价定律和利率平价理论来解释。一价定律指出，同样的货物在不同国家以同一货币来表示的价格都相同，所以，当以人民币计价的某种资产在中国价格上涨而在美国价格不变时，人民币必然是贬值或存在贬值压力的，此时资产价格与汇率反方向变动。而资产组合理论指出高涨的国内资产价格会吸引境外投机资本，导致汇率升值，此时资产价格与汇率同方向变动。利率平价理论的结论也与之类似。可以发现，不同理论在解释资产价格与汇率之间关系时存在着截然不同的结论。同时，具有商品和资产两种属性的房地产又是非贸易品，更增大了解释难度。

从实证角度看，资产价格与汇率走势并不存在明显的相关关系。例如，2004 年以来人民币的持续升值与国内房价的持续上涨同时存在，期间经历了股票市场的两次大幅度波动。而 2017 年道琼斯工业指数屡创历史新高的过程中美元指数一路走低。

四、杠杆率的上升并非汇率贬值的充分条件

近年来，中国杠杆率持续上升，这被认为是不可持续的[1]。IMF 甚至预测，到 2022 年中国杠杆率将会达到近 300%[2]。非金融部门过高的杠杆率会引发系统性金融风险，可能导致货币危机。因此，高杠杆率也成为“唱衰”人民币的重要论据。

信贷过快增长确实是金融危机、国际收支危机的重要预警指标，尤其应该警惕短时间内债务杠杆大幅攀升[3]。中国自 2012 年开始杠杆率快速提升，但 2016 年以来杠杆率有企稳态势，尤其是企业杠杆率下降明显（见图 7-2-6），风险得到初步控制。

刘莉亚和任若恩的研究表明，货币危机与高杠杆引发的银行危机之

---

1 BIS. *International banking and financial market developments, BIS Quarterly Review*, September 2015。

2 IMF. *People's Republic of China: 2017 Article IV Consultation-Press Release; Staff Report; and Statement by the Executive Director for the People's Republic of China, Imf Staff Country Reports* 2017.

3 徐忠:《去杠杆的标本兼治之策》,《金融经济》，2017 年第 11 期。

图 7-2-6：中国宏观杠杆率及非金融企业杠杆率状况

（单位：%）

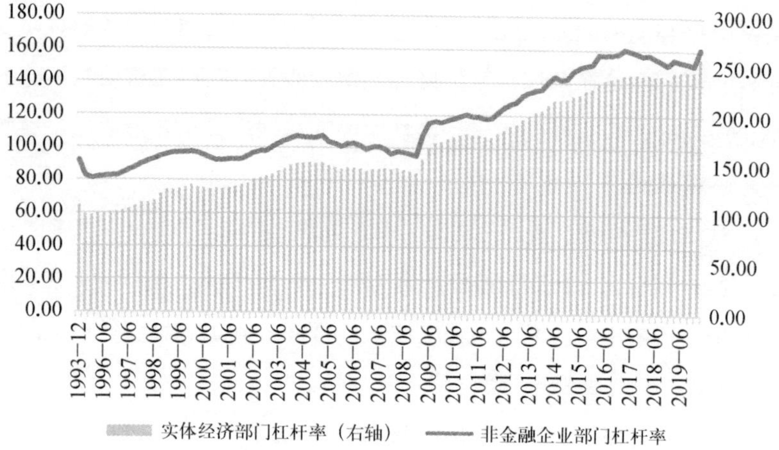

资料来源：社科院国家资产负债表研究中心；WIND

间确实存在相关关系，但银行危机只是同步指标而非领先指标[1]。这表明银行信贷资产质量是观察货币危机发生概率的重要指标。在经历了2014、2015年不良贷款率的快速上升后，2017年银行不良贷款率一直保持在1.74%，且关注类贷款占比显著下降，说明银行资产质量稳中向好，银行危机发生的可能性较小。

此外，中国的杠杆率问题有着特殊性，主要体现为政府部门和居民部门杠杆率偏低，非金融企业杠杆率较高的特征（见图7-2-7），这是由于中国居民的高储蓄率以及国有企业、融资平台的预算软约束造成的。但得益于中国经济的平稳快速增长和地方债务置换的延续，还本付息压力将会得到缓解，杠杆率有望稳定甚至回落。

---

1 刘莉亚、任若恩：《银行危机与货币危机共生性关系的实证研究》，《经济研究》，2003年第10期。

图 7-2-7：中国与 G20 宏观杠杆率构成的对比

（单位：%）

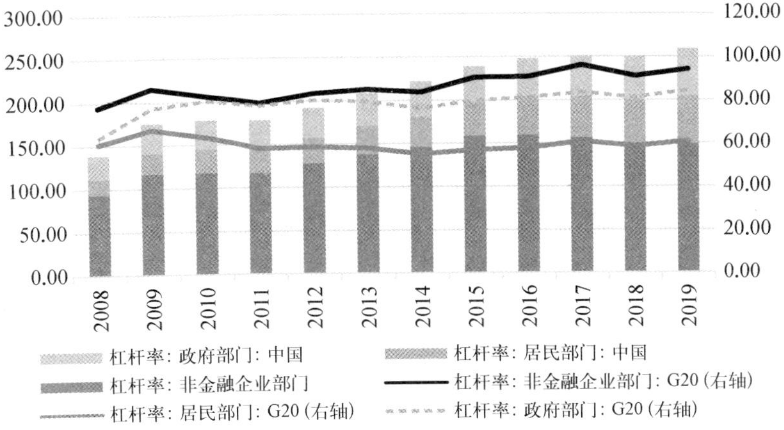

资料来源：国际清算银行；WIND

五、主要结论和建议

中国较高的 M2 绝对值和与 GDP 的比值是由经济快速增长引致的货币需求以及融资结构差异下较低的货币使用效率造成的，不能简单得出“货币超发”的结论。当然，较高的货币存量背后隐含的国内金融体系脆弱性对人民币汇率稳定依然是巨大挑战，需要进一步推动改革开放的进程。

第一，发展是关键。防范化解各种金融风险，关键在于发展，不发展才是最大的风险。一国货币币值的坚挺与否，最根本的影响因素为经济的发展状况。根据“巴拉萨–萨缪尔森”效应，即使高速成长的经济体暂时存在货币“超发”、币值高估的现象，也会随着经济发展被吸收。当年，新加坡的高经常账户赤字，就是通过引进外商直接投资、培育本国产业竞争力，最终转为经常账户盈余解决的，而不是以国际收支危机收场（详见第六章第六节“新加坡国际收支调节的经验及启示”的讨论）。

第二，预期很重要。在有管理的浮动汇率制度下，汇率稳定是“刀刃上的平衡”，国际收支逆差与人民币汇率存在着相互促进、互相加强的关系[1]。相信“货币超发”必然导致人民币贬值与相信其他做空人民币理由一样，都是在看空情绪下市场选择性相信坏消息的行为，由此引发了“恐慌性贬值”。因此，应管理好公众预期，阻断汇率贬值预期的自我实现、自我强化，加强汇率政策透明度，增强其公信力，避免冲击市场信心至关重要[2]。

第三，金融要稳健。实证研究表明，金融体系稳定是金融开放和汇率转型成功的重要条件[3]。虽然由经济增长引致的贷款需求是中国货币供应量快速增加的主要原因，但国有企业及地方政府融资平台等预算软约束部门的贷款占了很大的比重，尤其是在2008年“四万亿”经济刺激计划下其贷款需求激增。因此，应对其借贷行为进行规范，严格区分政府信用与企业信用，推动信贷发放真正反映经济发展需要。同时，应进一步提高直接融资尤其是股权融资占比，提高货币利用效率。只有这样，真正消除由于过度信贷带来的金融风险，实现金融体系稳健发展。

第四，开放宜审慎。第五次全国金融工作会议明确提出，要扩大金融对外开放，合理安排开放顺序。其中，与汇率形成机制改革和资本项目可兑换相互配合、共同推进，以及加强金融监管是下一步中国扩大金

---

1 连平、刘健、鄂永健：《国际收支逆差与人民币贬值》，《新金融》，2017年第2期。

2 管涛：《汇率选择“中间解”的中国样本》，《国际金融研究》，2017年第12期。

3 Mancini-Griffolio T, *Transitions and Financial Stability,* PBC and IMF Fifth Joint Conference on "Strengthening Financial and Exchange Rate Frameworks International Experience and Relevance for China"(April, 2017)。

融业开放的两个重大原则[1]。因此，开放不是一放了之，而是既要同其他改革相配套，又要加强监测与监管，避免不成熟的开放导致的资本大进大出、汇率大起大落的涉外金融风险。

第三节
保汇率与保房价是不是“二选一”的选择题？

一直以来，关于房价和汇率关系的探讨是市场关注的热点话题。随着国内房价不断走高，市场对于中国房地产泡沫风险加剧的担忧一直存在。那么，应该如何认识中国的高房价问题？房价和汇率之间是否存在必然联系？本节试图回答上述问题。

一、中国高房价的原因

近年来，中国房地产价格上涨较快。根据全球城市数据库网站 Numbeo 的统计，2018 年中国房价收入比为 28.20，高于新加坡（22.20）、韩国（14.05）、日本（12.64）、德国（8.05）和美国（3.34）的水平。为抑制房价过快上涨，政府已经实施了多轮房地产调控政策，但房价依然居高不下。究其原因在于，GDP 是交易、流量，资产是财富、存量，经济高成长必然伴随着财富大增长，而置业成为中国居民财富积累和传承的一个重要载体。

1 易纲：《四大举措打好防范化解重大风险攻坚战》，《证券时报》，2018 年 3 月 26 日，A02 版。

（一）从国际上看，在经济快速增长阶段，房价上涨是普遍现象

房地产兼具商品和投资的双重属性，其价格水平主要由供求决定，但需求因素可能更为重要[1]。王弟海等利用中国跨省面板数据进行的实证研究表明，经济增长率会通过提高人均收入水平而对房价具有显著正效应[2]。2010—2018 年主要国家名义人均 GDP 增速和房价增速的横截面图显示，人均 GDP 增速和房价增速之间存在正相关关系（见图 7–3–1），相关系数为 0.457 3，且在统计上显著。1976—2018 年期间主要国家名

图 7–3–1：主要国家人均 GDP 增速与房价增速均值

（单位：%）

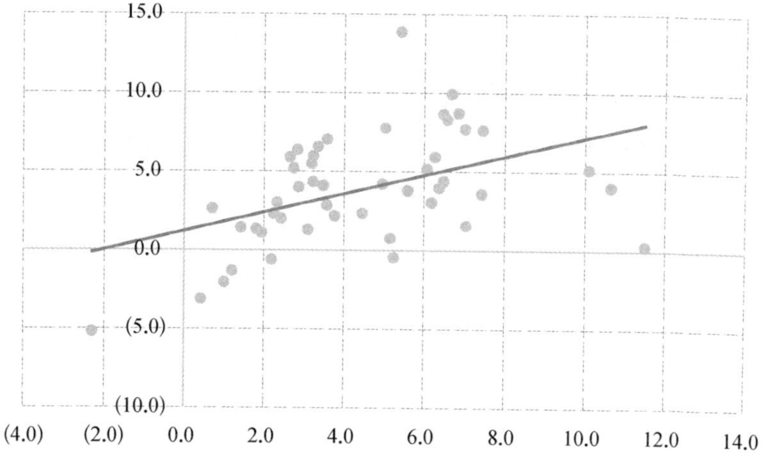

资料来源：世界银行；BIS

注：横轴为名义人均 GDP 增速，纵轴为名义住房价格增速。

1 梁云芳、高铁梅：《中国商品住宅销售价格波动成因的实证分析》，《管理世界》，2006 年第 8 期。

况伟大、李涛：《土地出让方式、地价与房价》，《金融研究》，2012 年第 8 期。

2 王第海、管文杰、赵占波：《土地和住房供给对房价变动和经济增长的影响》，《金融研究》，2015 年第 1 期。

图 7-3-2：主要国家人均 GDP 增速与房价增速

（单位：%）

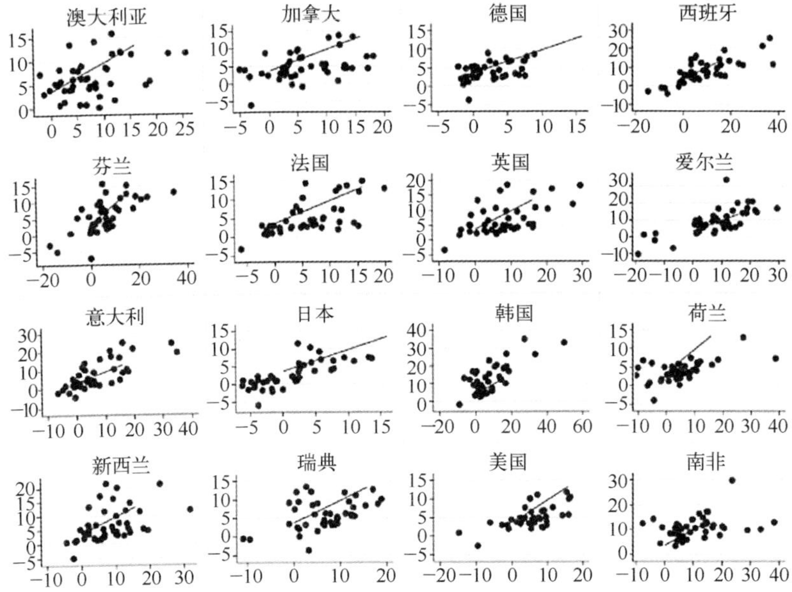

资料来源：世界银行；BIS

注：横轴为名义人均 GDP 增速，纵轴为名义住房价格增速。

义人均 GDP 增速和房价增速的时间序列图显示，各国人均 GDP 增速和房价增速之间存在显著的正相关关系（见图 7-3-2）。

近年来，越南、印度经济整体表现强劲。作为越南金融中心，胡志明市经济增速显著高于其他地区。亮眼的经济表现带动居民财富快速积累，有效刺激了当地购房需求。受豪华公寓价格持续上涨影响，2019 年 3 季度胡志明市公寓平均售价同比增速高达 15%[1]。同样，伴随

1 CBRE, Inc: Ho Chi Minh City MarketView Q3 2019, https://www.cbre.com/research-and-reports/Ho-Chi-Minh-City-MarketView-Q3-2019（2019 年 12 月 4 日下载）。

国内经济快速增长，印度多数大城市的房价近年来一直在以两位数的速度上涨，孟买房价在近 7 年的时间里上涨了约 70%，新德里房产自 2009 年以来升值迅猛，最高增幅达 70%—90%[1]。

从中国的经验看，自 1998 年住房体制改革以来，伴随国内经济高速发展，房地产价格也取得了较快增长。2000—2010 年期间，中国名义人均 GDP 增速均值和商品住宅销售价格增速均值分别为 9.11%、14.17%。2010 年之后，中国经济增速和房价增速均有所放缓。2011—2018 年期间，中国名义人均 GDP 增速均值和商品住宅销售价格增速均值分别降至 7.73%、9.76%（见图 7-3-3）。

图 7-3-3：中国人均 GDP 增速和住宅销售价格增速

（单位：%）

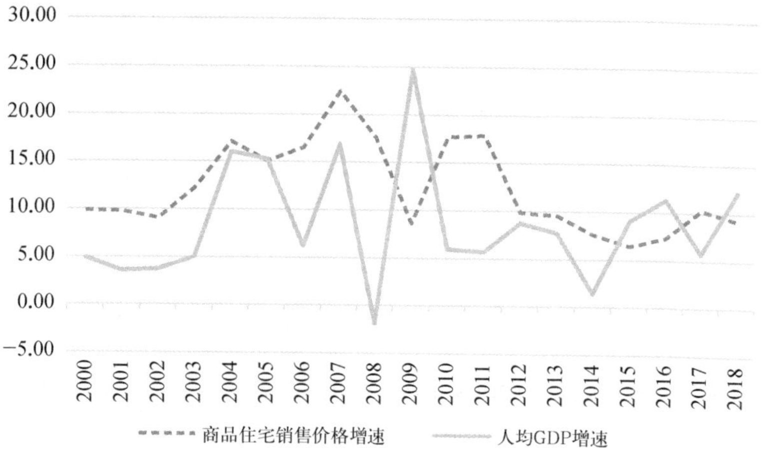

资料来源：国家统计局；WIND

1 新华网，2019. 印度大城市房价攀向世界之巅［EB/OL］.2019-03-08，http://www.xinhuanet.com/globe/2019-03/08/c_137868304.htm。

（二）住房消费观念及金融供给不足是推高中国房价的特殊原因

从居民住房消费观念来看，受传统文化影响，中国人十分注重拥有属于自己的房子。根据第六次人口普查数据计算得到中国住房自有率为 88%，显著高于欧美国家的住房自有率。在欧洲国家中，由于根深蒂固的租房文化存在，瑞士、德国的住房自有率排名最低，分别为 44% 和 53%（见图 7–3–4）。

图 7–3–4：各国住房自有率数据对比

（单位：%）

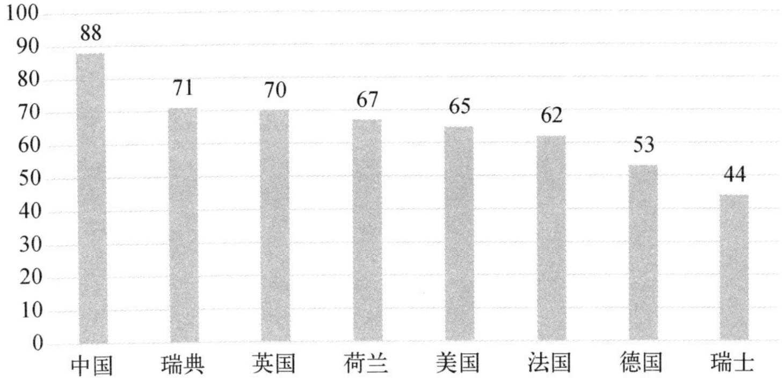

资料来源：国家统计局；欧盟统计局；WIND

注：中国住房自有率数据的具体计算方法参考余秋梅等人的文章（2014）[1]；欧洲国家住房自有率数据来自欧盟统计局；美国住房自有率数据来自 Wind 数据库，为 2019 年数据。

从居民资产分布情况来看，由于中国金融市场不发达，金融投资渠道匮乏，导致居民将其积累的大量财富投资于房地产领域。尤其是 1998 年住房制度改革以来，中国房价经历了大幅上涨，持有房屋的居民实现了财富的大幅增值，快速增长的房价又进一步刺激了居民购房需求。因此，住房资产成为中国居民部门持有的主要资产类型，占到总资产的近

1　余秋梅、孙伟增、郑思齐：《住房自有率与经济发展水平——基于中国 31 个省和地区的经验分析》，《中国房地产》，2014 年第 14 期。

一半份额（见图 7-3-5）。而由于美国金融市场十分发达，该国居民将其积累财富的 70% 以上用来配置各种类型的金融资产，证券类资产又在金融资产中占据了主导地位（见图 7-3-6）。

图 7-3-5：2016 年中国居民部门资产分布情况

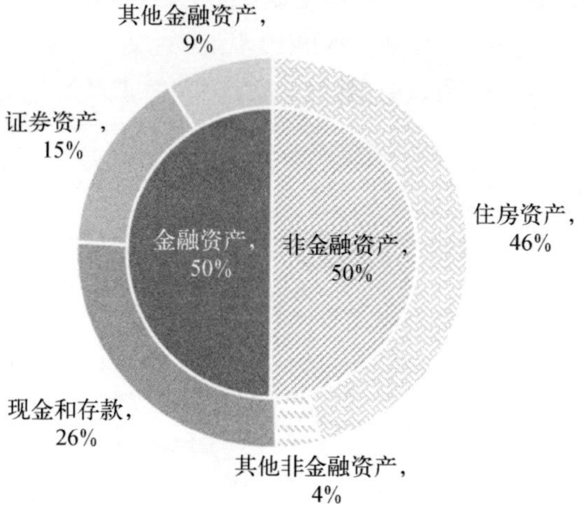

资料来源：社科院；WIND

图 7-3-6：2016 年美国居民部门资产分布情况

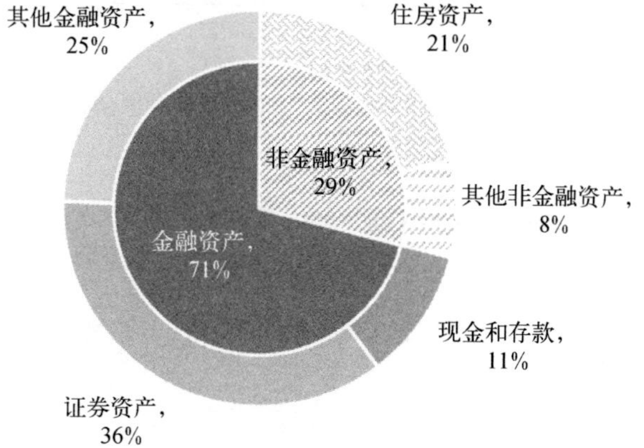

资料来源：美联储

当然，除上述因素外，还有很多其他因素会影响房价走势。例如，Smith 和 Ohsfeldt 的研究结果表明，政府的公共品投入越多，房屋价格上涨速度越快[1]；Ahearne 等的研究表明，货币供应量增加会导致房屋资产价格上涨[2]；张涛等的研究表明，中国银行房地产贷款和房价水平存在较强的正相关关系，住房按揭贷款利率的提高可以有效抑制房地产价格上涨[3]；蔡继明和程世勇认为中国地方政府对土地的高价垄断导致房价上涨[4]；徐建炜等通过考察 OECD 国家以及中国的历史经验发现，人口抚养比与房价之间具有密切联系[5]；陆铭等的研究表明，由城市化带来的住房需求及其对未来城市化进程的预期也是推高中国房价的重要因素[6]。

二、从房地产的双重属性看房价和汇率的关系

（一）商品属性："一价定律"不成立

购买力平价理论是经典的汇率决定理论之一。该理论以"一价定律"为基础，认为用同一货币表示同一种商品在不同地区的价格应该相等，因此根据购买力平价理论，一国商品价格（或通胀水平）和汇率之间存在正相关关系（在直接标价法下，本国货币升值意味着一单位外国

---

1 Smith, B. A. and Ohsfeldt, R. *Housing-Price Inflation in Houston,1970–1976*. Policy Studies Journal,1982, 8(2): 257–276.

2 Ahearne, A. G. ; Ammer, J.; Doyle, B. M. ;Kole,L.S. and Martin, R. F. *House Prices and Monetary Policy : A Cross Country Study*. International finance discussion papers, 2005, Series 841.

3 张涛、龚六堂、卜永祥：《资产回报、住房按揭贷款与房地产均衡价格》，《金融研究》，2006 年第 2 期。

4 蔡继明、程世勇：《地价双向垄断和土地资源配置扭曲》，《经济学动态》，2010 年第 11 期。

5 徐建炜、徐奇渊、何帆：《房价上涨背后的人口结构因素：国际经验与中国证据》，《世界经济》，2012 年第 1 期。

6 陆铭、欧海军、陈斌开：《理性还是泡沫：对城市化、移民和房价的经验研究》，《世界经济》，2014 年第 1 期。

货币可换取的本国货币数额减少）。然而，一价定律成立的前提条件是商品为可贸易品，即当交易成本为零时，消费者的跨国套利行为会导致这种商品在不同国家间的价格最终趋向一致。但从房地产的商品属性来看，由于房屋具有不可移动性和消费区域性，这决定了不同地理区域的房价水平存在较大差异，即“一价定律”对于房地产而言并不成立。

从中国城市内部不同区域的房价水平来看，中心城区房价要明显高于郊区。Numbeo的统计数据显示，中国中心城区平均房价约为4.6万元/平方米；郊区平均房价约为2.4万元/平方米（见图7–3–7）。从中国主要城市房价水平来看，一线城市的房价水平要明显高于二线和三线城市，并且不同类型城市之间的房价差距在逐步增大（见图7–3–8）。

正如同样为耕地，却存在级差地租一样，影响中国不同城市和区域间房价差异的主要原因在于，伴随城市不断扩张，大城市和中心城区的

图7–3–7：中国各大城市中心城区与郊区房价

（单位：元/平方米）

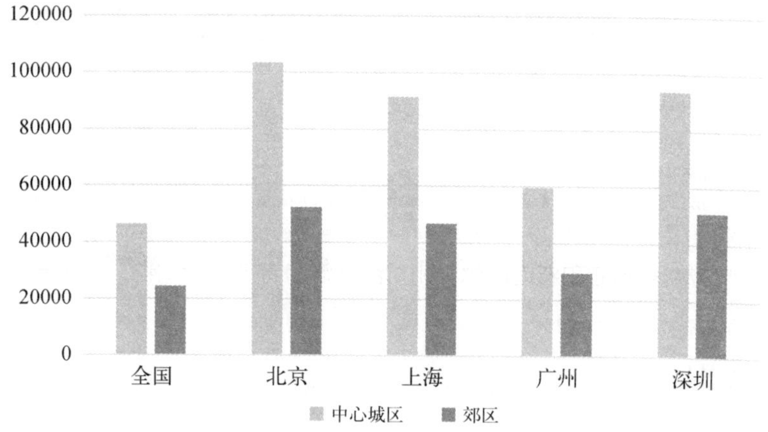

资料来源：Numbeo

注：数据下载时间为2019年11月28日。

图 7-3-8：中国一、二、三线城市房价

（单位：元 / 平方米）

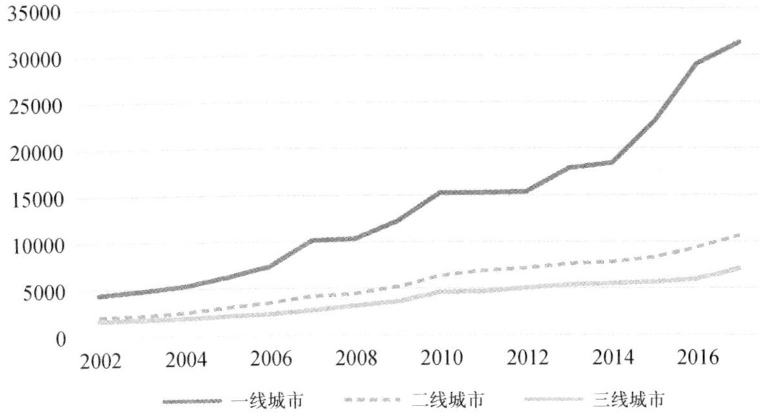

资料来源：国家统计局

经济发展速度往往较快，公共产品投入（如交通、教育、医疗）更多，高端产业也相对集中。这些区位条件差异为级差地租的产生创造了条件，因而导致不同区域的房价水平存在较大差异。

更何况，在不同国家之间，由于部分国家对居民跨境购房存在外汇管制，且多个国家也在税费等方面增加了对外国人投资房地产的限制，这进一步削弱了国家间房价水平的趋同性。根据国际货币基金组织《2018 年汇兑安排与汇兑限制》，澳大利亚、加拿大和新西兰均对海外购房者实施了新的限制措施，以应对本国不断上涨的房价问题。例如，澳大利亚维多利亚和新南威尔士州对海外购房者征收附加税，澳大利亚联邦政府对海外购房者征收空置税，限制房地产开发商向外国业主的销售，并取消了对外国纳税居民征收资本利得税的豁免等。即便欧盟市场内实现了商品、资本、服务和人员的自由流通，不同国家之间的房价水平依然存在较大差异（见图 7-3-9）。

图 7-3-9：2018 年部分欧盟国家新房成交价格

（单位：欧元 / 平方米）

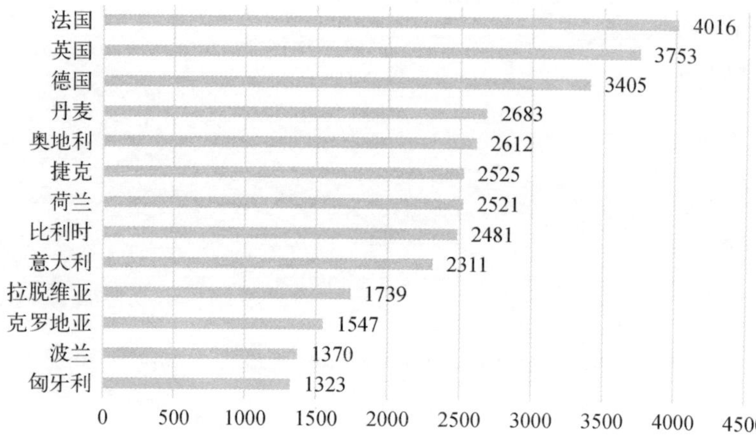

资料来源：Deloitte Property Index 2019

（二）投资属性：取决于投资者风险偏好

从投资属性来看，房地产的投资需求主要分为出租需求和投机需求。前者是指投资者采用以租养房的方式获取房屋租金收益；后者是指投资者通过转手出售的方式获取房屋增值收益。从股票市场看，由于中国投资者偏好在股价波动中赚取价差，投机行为较为普遍，导致中国股票交易换手率明显高于其他国家和地区（见图 7-3-10）。同样，中国的房地产投资市场也存在较强的投机需求，这主要表现为中国住房租金收益率很低但住房空置率很高。

所谓租金收益率，是指年租金与购买房屋总价的比值，类似于股票市场的红利收益率。在健康、成熟的房地产市场里，由于租房需求代表真实的居住需求，因此作为住房服务价格的租金和作为住房资产价格的购价之间应当存在一定的相关关系[1]。国际上合意的租金收益率通常为

1　吴艳霞：《投机性房地产泡沫预警指标的构建及实证分析》，《预测》，2008 年第 1 期。

图 7–3–10：主要国家和地区股票交易换手率

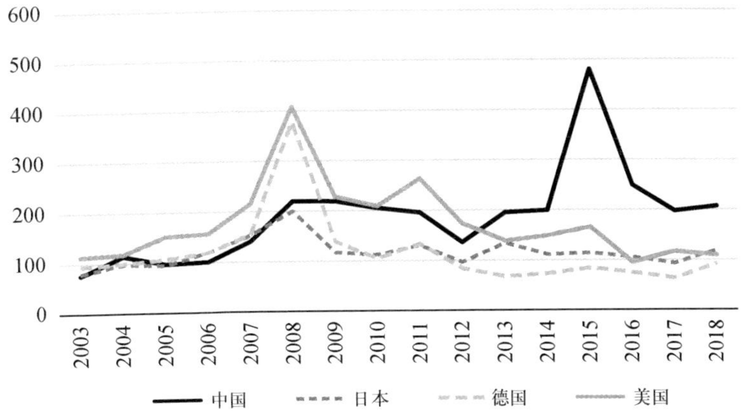

资料来源：World Bank

4%—6%，但 Numbeo 的统计数据显示，中国住房租金收益率显著低于其他国家：2018 年中国中心城区和郊区的租金收益率分别为 1.8% 和 2.1%，而美国中心城区和郊区的租金收益率则高达 10.8% 和 11.8%（见图 7–3–11）。

此外，在投资性购房者中存在一部分人是以空置的方式等待获利空间，因此，可以通过对比各国住房空置率来大致反映房地产市场的投机程度。根据西南财经大学的调查数据，中国住房空置率为 22%，远高于日本（14%）、美国（13%）、德国（8%）等大多数国家的住房空置率以及中国的自然空置率（9.8%）[1]。

中国房地产市场投资者风险偏好较高，与国内房地产价格波动较大、上涨趋势明显密切相关。本文利用 HP 滤波模型提取中美两国住房价格指数的周期项和趋势项。从周期项可以看出，美国房价波动频率

1 甘犁：《2017 中国城镇住房空置分析》，西南财经大学中国家庭金融调查与研究中心，2018 年。

图 7-3-11：2018 年各国租金收益率情况

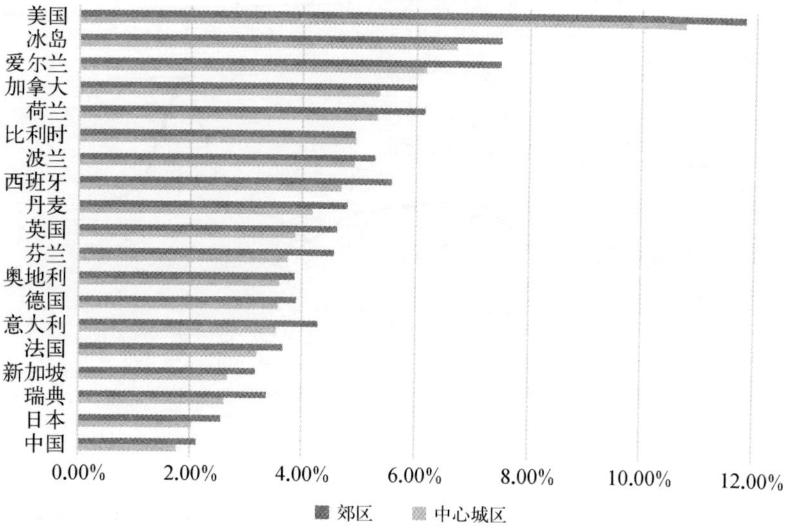

资料来源：Numbeo

注：数据下载时间为 2019 年 11 月 28 日。

低、波动周期长，整体表现较为稳定；相反，中国房价波动频率高、波动周期短，适合高风险偏好的投资者（见图 7-3-12）。从趋势项可以看出，在 1999—2018 年期间，美国房价表现出“上升—下降—再上升”的趋势；中国房价则一直处于上升态势，持续上涨的房价进一步刺激了中国房地产市场投资者的投机需求（见图 7-3-12）。

鉴于中国房地产投资的高风险偏好，即使作为资产多元化配置的考虑，境内投资者也不必然会因为境外房价便宜而清空境内房产转向海外置业。这可以从股票市场双向开放的结果找到旁证。2014 年底开始，中国内地与香港陆续建立了沪港通、深港通的互联互通机制。理论上，因为内地 A 股估值普遍贵于港股，内地投资者应该更多卖掉 A 股而配置港股。但实际上，港股通每日 840 亿元的投资额度使用率并不高：除了

2015 年初期使用率达到 100% 之外，其他时间的使用率均低于 60%，2018 年初至 2019 年 11 月期间均值更是低至 3%（见图 7-3-13）。港股

图 7-3-12：中美住房价格指数周期项和趋势项

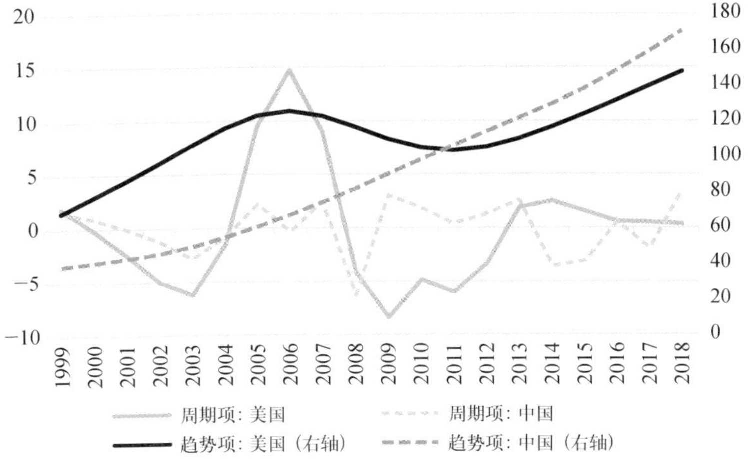

资料来源：BIS；WIND

图 7-3-13：港股通每日投资额度使用情况

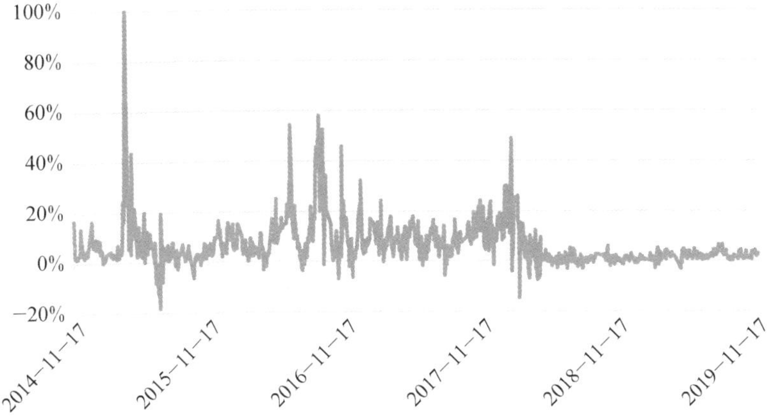

资料来源：香港交易所；WIND

通投资额度使用率长期偏低，一方面是由于本土投资偏好，影响了分散化投资行为；另一方面是由于两地投资者存在的风险偏好差异，削弱了大陆投资者在港股市场的投资意愿。

三、从国际经验看房价和汇率的关系

为探讨房价和汇率之间的关系，本文首先观察不同国家的不同时期，名义住房价格指数和各国货币兑美元汇率（直接标价法）的大体走势。从图 7-3-14 和图 7-3-15 可以看出，就单个国家而言，伴随房价上涨，汇率往往呈现时涨时跌的走势，例如美国和马来西亚；在不同国家之间，房价和汇率的线性趋势方向也存在较大差异，例如发达国家中，日本、德国的房价和汇率大致为负相关关系，英国、瑞典则为正相关关系；在发展中国家，泰国的房价和汇率大致为负相关关系，哥伦比亚的房价和相关关系。因此，总体来看，在不同国家的不同时期，房价和汇

图 7-3-14：1971—2018 年主要发达国家房价和汇率关系

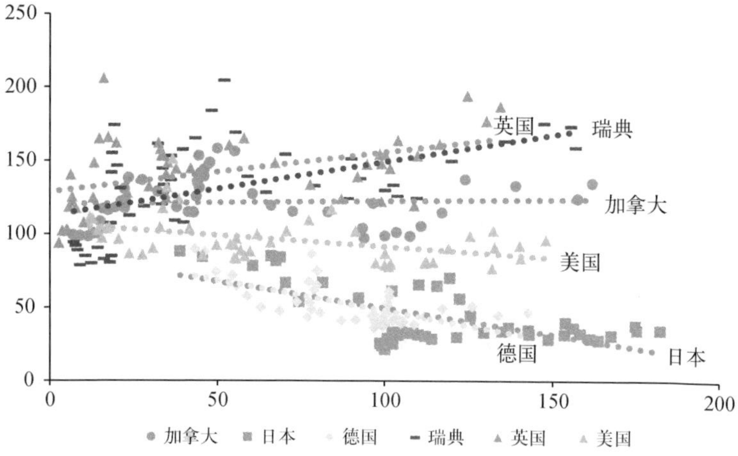

资料来源：BIS；WIND

注：横轴是名义住房价格指数（2010=100），纵轴是各国货币兑美元汇率指数（1970=100，直接标价法），包括美元指数。上述国家的选择主要基于 BIS 数据可得性。

图 7-3-15：1998—2018 年主要发展中国家房价和汇率关系

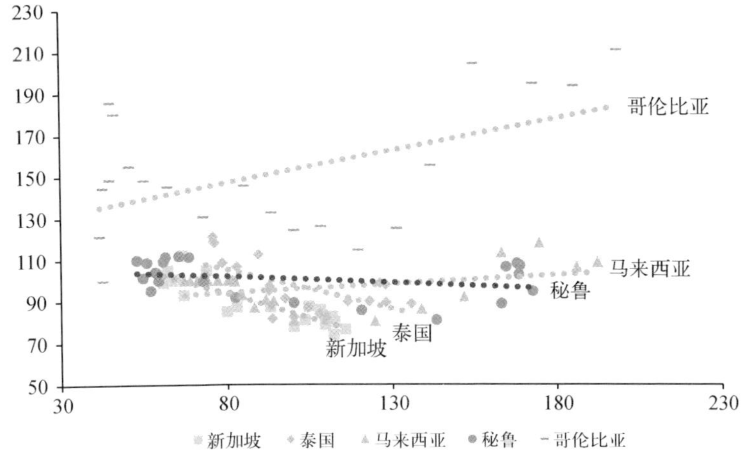

资料来源：BIS

注：横轴是名义住房价格指数（2010=100），纵轴是各国货币兑美元汇率指数（1998=100，直接标价法）。上述国家的选择主要基于 BIS 数据可得性。

率的相关关系并不稳定。

进一步，下文通过分析房地产泡沫危机时期或汇率剧烈波动时期，日本、瑞典、泰国以及俄罗斯的案例可知，汇率作为一种资产价格，由于受到很多不确定性因素影响，其走势与房价表现时而同向、时而背离。即便房价下跌和汇率贬值之间存在相互影响机制，各国政府也并没有面临“保汇率”还是“保房价”的问题。

（一）日本 1990 年代初期房地产泡沫破裂后汇率先涨后跌

1985 年广场协议签署之后，日元兑美元汇率开始大幅升值。为抵消日元过度升值对经济造成的不利影响，日本央行在 1987—1989 年期间将贴现率接连下调至 2.5% 的低位。低利率导致大量流动性进入房地产和股票市场，资产价格泡沫日益积聚。1989 年之后，为抑制泡沫经济膨胀，日本央行多次上调贴现率，同时日本政府开始实施房地产信贷数量限制措施，导致房地产泡沫破裂。在 1991—2000 年的十年时间里，日本名义住房价格指数下跌了 22%（见图 7-3-16）。

图 7-3-16：1970 年代以来日本住房价格和日元汇率表现

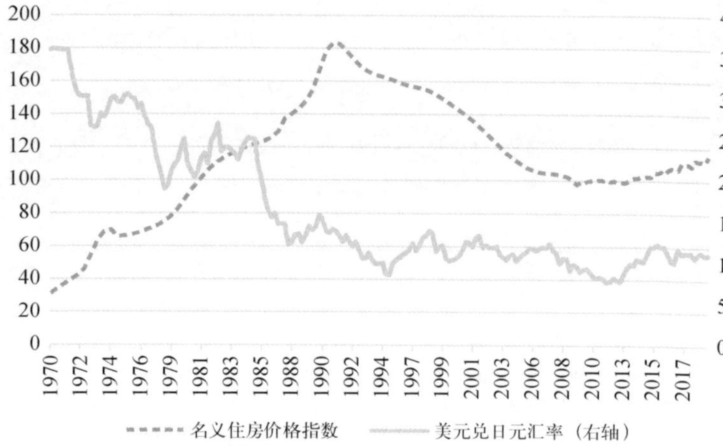

资料来源：BIS

泡沫经济破裂后，日本政府开始实行宽松的货币政策，将贴现率自 1991 年开始连续下调至 1995 年的 0.5%，但低利率政策并未阻止日元升值。1990 年代前期，日美贸易失衡问题没有得到根本改善，1991—1994 年期间日本在美国货物贸易逆差中的占比仍然在 40% 以上。迫于美国压力，日元处于持续升值态势，1995 年 4 月日元兑美元汇率最高升至 80 : 1。之后，受美国推行强势美元政策的影响，叠加 1998 年亚洲金融危机爆发，日元开始转为贬值，1998 年 8 月日元汇率跌至 147 : 1 的低位（见图 7-3-16）。

从日本经验看，1990 年代初期房地产泡沫破裂的主要原因在于宏观政策应对不当，而非政府为了稳汇率有意为之。而房地产泡沫破裂后，1990 年代期间日本房价持续下跌，但日元汇率有涨有跌。

（二）瑞典 1990 年代初期房价大跌后汇率承压并最终崩盘

1980 年代中后期至 1990 年代初期，部分北欧国家如瑞典、芬兰、挪威出现了严重的房地产泡沫，并由此引发了金融危机。

以瑞典为例，1980 年代初期便开始推行金融自由化改革，银行贷款的诸多管制被取消，随着竞争压力加剧，部分银行开始竞相追逐信贷业务。在高通胀预期下，实际利率水平为负以及抵押贷款利息可以抵税的优惠政策，刺激了居民的贷款需求。信贷快速扩张推动瑞典房价持续走高，而不断上涨的房价又反过来刺激信贷进一步扩张。1986—1990 年期间，瑞典名义住房价格指数上涨了 87%（见图 7-3-17）。

1990 年代初期，受两德统一后德国紧缩货币政策的影响，瑞典面临利率上升压力。为防止克朗贬值，瑞典货币当局不得不提升国内利率，并将抵押贷款利息抵扣比率从 50% 降至 30%，再加上 1992 年瑞典通货膨胀率由上年 9.44% 迅速降至 2.37%，结果是实际税后利率大幅上升，这导致资产价格尤其是房价出现大幅下跌。1991—1993 年期间，瑞典名

图 7-3-17：1980—2000 年瑞典住房价格和瑞典克朗汇率表现

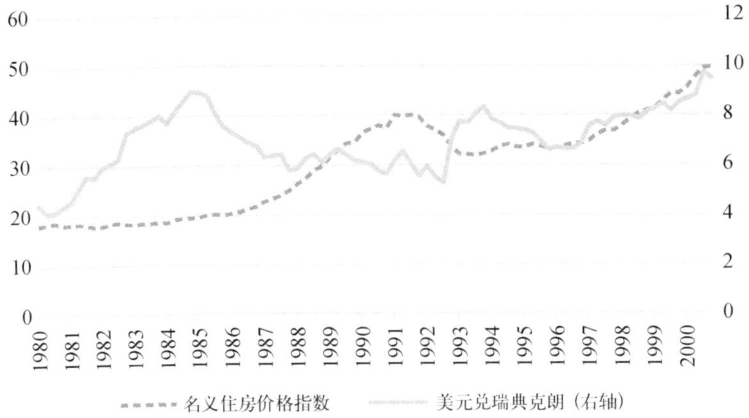

资料来源：BIS

义住房价格指数下跌了 14%（见图 7-3-17）。同时，股票市场也大幅震荡，最终演变为系统性金融危机，瑞典经济也陷入全面衰退。

在瑞典金融危机爆发期间，1992 年同时爆发了欧洲货币危机。继 9 月 8 日芬兰马克开始自由浮动，9 月 16 日和 17 日英国与意大利分别退出欧洲货币体系之后，国际投机资本开始加大对瑞典克朗的攻击。为了稳定克朗汇率，瑞典央行不得不多次上调隔夜利率。而利率上升会进一步加剧银行负担，这提高了投机资本的成功概率。进入 11 月之后，随着投机资本的攻击活动再度加剧，瑞典被迫于 11 月 19 日放弃盯住汇率制，允许克朗自由浮动。当天，克朗兑美元汇率贬值 6.3%，截至 1992 年底贬值幅度达 13%（见图 7-3-17）。

从瑞典经验看，为了稳汇率抬高利率，刺破了包括房地产在内的资产泡沫，而资产破裂以及由此引发的金融和经济危机，又给了国际投机资本做空克朗的可乘之机，令瑞典克朗汇率持续承压，最终在 1992 年欧洲货币危机的大背景下汇率崩盘。这与 1990 年代初期日本房市崩盘、日元汇率升值不同，说明即便在相似的时期，由于各国金融状况不同，外部环境存在差异，房价和汇率的数量关系也可能大相径庭。

（三）泰国 1990 年代中期房市泡沫破裂后汇率承压并最终崩盘

1990 年代初期，为竞争区域性金融中心地位，泰国开始实行金融自由化改革。由于对外资缺乏有效的控制和监管，加上银行对抵押贷款的偏好，大量资金开始进入泰国的房地产市场，房地产泡沫日益积聚。1994—1996 年期间，金融机构对房地产行业的贷款年均增速达 35%（Paul et al, 2001）[1]。随着房地产泡沫破裂，银行和金融机构坏账开始大幅增加。1997 年初，泰国办公楼的空置率达 21%，位于曼谷商业区的房屋

1 Paul Hilbers, Qin Lei, Lisbeth Zacho. *Real Estate Market Developments and Financial Sector Soundness*. IMF Working Paper.NO.01/129.

价格下跌了 22%，泰国金融机构在 3 月 3 日至 5 日两天内更是遭遇了严重的挤兑事件（余永定，2007）[1]。

1996 年，受美元升值和半导体市场不景气影响，泰国持续多年的经常项目逆差进一步扩大，经济增速由上年 8.1% 下滑至 5.7%。资产价格下跌、银行坏账增加以及经济增速下滑，助长了国际投机势力。为维护泰铢兑美元汇率稳定，泰国央行进行了大规模外汇市场干预，但外汇储备很快消耗殆尽。同时，由于银行和金融机构坏账问题存在，使得泰国缺乏足够的政策空间提高利率。终于，在国际投机资本的持续攻击下，1997 年 7 月 2 日，泰国被迫放弃联系汇率制度，泰铢兑美元汇率一次性贬值 19%。7 月 28 日，泰国向 IMF 发出救助请求。为获取 IMF 救助，泰国开始实施紧缩的财政和货币政策，导致大批金融机构倒闭，加重经济衰退程度，名义住房价格指数继续大幅下跌，跌势一直持续至 1999 年（见图 7-3-18）。

图 7-3-18：1991 年以来泰国住房价格和泰铢汇率表现

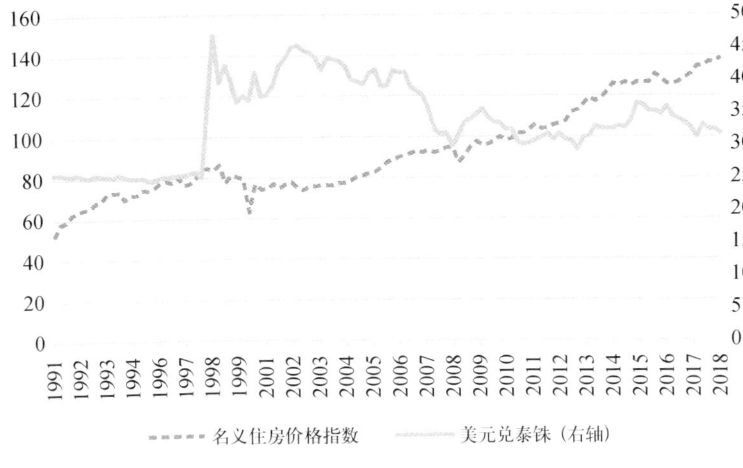

资料来源：BIS

1 余永定：《泰国如何走向危机深渊》，《第一财经日报》，2007 年 5 月 24 日。

与瑞典类似，泰国在1990年代出现房价下跌、货币贬值情况。从影响机制来看，泰国房地产泡沫破裂在先，房价大幅下跌导致银行和金融机构不良债权增加，金融体系脆弱性暴露。为了维护国际收支平衡，泰国央行面临提高利率或让泰铢贬值的两难选择，而不是在稳定房价和稳定汇率之间做出选择。

（四）俄罗斯2014年下半年卢布大幅贬值后房价不跌反涨

2008年国际金融危机后，俄罗斯央行实行美元和欧元双货币联系汇率区间制度。2013年，受原油价格大幅下跌，以及西方国家的大规模经济制裁影响，俄罗斯经济出现严重下滑，资本外流压力加大。为防止卢布大幅贬值，俄罗斯央行进行了大量外汇干预，同时自2014年3月开始上调基准利率，但收效甚微。2014年11月10日，俄罗斯央行宣布取消与美元和欧元的一揽子联系汇率机制，允许卢布自由浮动。随后卢布兑美元汇率在一个月内迅速贬值40%以上（见图7-3-19）。

图7-3-19：2001年以来俄罗斯住房价格和卢布汇率表现

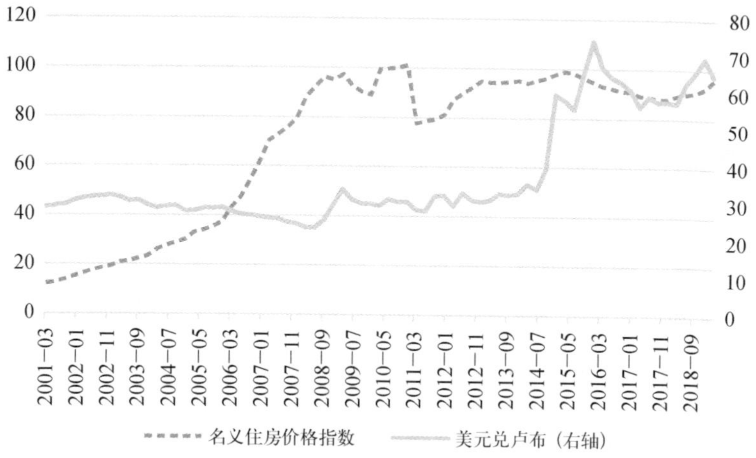

资料来源：BIS

在卢布大幅贬值期间，俄罗斯名义住房价格指数并未下跌，反而延续了2011年以来的升势（见图7-3-19）。从结果来看，虽然卢布贬值和房价上涨同时出现，但并不代表这就是政府“弃汇率”“保房价”的有意选择。在通胀高企、卢布贬值促使央行加息背景下，俄罗斯房价之所以出现上涨，是由于居民担心财富缩水以及信贷成本进一步上升从而争相购房所致[1]。

四、从国内经验看房价和汇率的关系

（一）中国房价和人民币汇率之间不存在稳定的线性关系

自1998年住房制度改革以来，中国经济高速增长以及旺盛的住房需求，带动国内商品住宅销售价格持续上涨。从长期趋势来看，由于经济强、货币强，人民币汇率在1994年汇率并轨之后的大部分时间里处于单边升值态势。因此，中国房价和人民币汇率之间呈现负相关关系，计算得到1999年至2018年期间中国商品住宅销售价格和人民币汇率中间价相关系数为−0.808 4（在直接标价法下，人民币升值意味着美元可换取的人民币数额减少）。但在不同时期，中国房价和人民币汇率之间并不存在稳定的线性关系。

其中，1998年亚洲金融危机爆发，东亚各国纷纷对本国货币贬值，中国政府采取了稳定人民币汇率的政策。2005年7月21日，人民币开始实行以市场供求为基础、参考一篮子货币调节、有管理的浮动汇率制度，当天人民币兑美元汇率一次性升值2.1%，之后开始持续升值。2005年至2007年期间，房价和汇率大致呈负相关关系。这一时期，人民币汇率升值表面的原因是国际收支“双顺差”，外汇供大于求，人民币兑

1 环球网，2019. 担心借款成本进一步飙升 俄罗斯人争抢房贷［EB/OL］.2019-11-28，https://world.huanqiu.com/article/9CaKrnJGcnP。

美元汇率渐进升值伴随着外汇储备的大幅积累。2005 年初至 2007 年底，人民币汇率中间价累计升值 13%，剔除估值影响的外汇储备资产累计增加 9 987 亿美元。而深层次原因是强势的经济、强势的货币，这与同期国内房地产价格上涨逻辑一致。

2008 年国际金融危机爆发，为减缓危机对国内经济冲击，中国重新主动收窄人民币兑美元的波幅。2010 年 6 月 19 日，中国宣布重启人民币汇率改革，人民币汇率开始持续升值。金融危机时期，中国商品住宅销售价格出现回落，但自 2009 年开始，受宽松货币政策以及经济率先企稳影响，国内房价止跌上涨。2010 年至 2013 年期间，房价和汇率大致呈负相关关系。

2014 年 3 月 17 日，人民币汇率日波幅由 ±1% 扩大至 ±2% 后，人民币汇率转为双向波动。2015 年 8 月 11 日，货币当局启动人民币汇率中间价形成机制改革。当时经济下行压力较大，汇改叠加国内股市异动导致市场预期突然逆转，人民币汇率出现单边下跌行情。2016 年底，人民币汇率跌至 7 比 1 附近。在 2015 年和 2016 年期间房价出现快速上涨，商品住宅销售价格同比增速分别为 9.1% 和 11.3%。2014 年至 2016 年期间，房价和汇率大致呈正相关关系。

2017 年，受国内经济企稳以及美元指数走弱影响，人民币汇率企稳回升。进入 2018 年，受美元指数波动以及贸易摩擦的不确定性影响，人民币汇率双向波动趋势明显。同期，中国房价仍然保持上升态势。房价与汇率之间不存在稳定的相关关系（见图 7–3–20）。

房价与汇价同涨时期，市场经常炒作国际热钱流入，其中房地产市场被认为是一个重要的热钱流入渠道。但是，这方面缺乏实证分析的支持。笔者和马昀运用资产负债比例法间接测算结果表明，外资在房地产市场上的总体规模并不大，2003 年至 2005 年一季

图 7-3-20：1999 年以来中国住房价格和人民币汇率表现

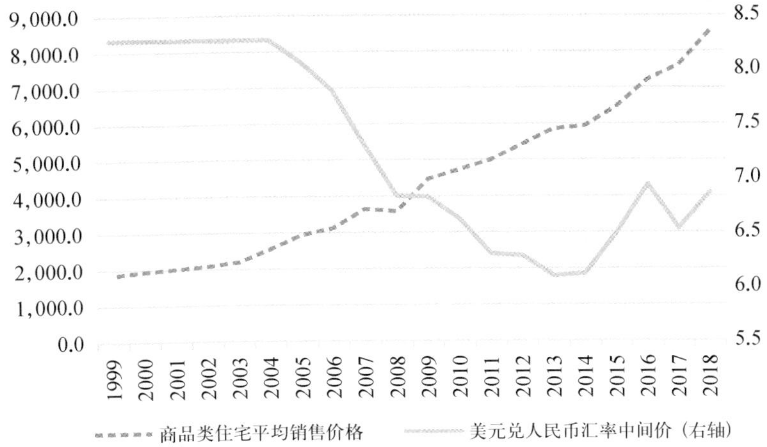

资料来源：国家统计局；中国人民银行；WIND

度，外资流向房地产开发和销售市场的资金总规模（包括直接流入的外汇资金及其撬动的人民币信贷资金）分别占全国房地产资金总规模的比重为 14.8% 和 14.7%[1]。同时，从住宅类别看，由于外资购买的通常是高档住宅，因此国内房价上涨不能完全归因于外资推动。另外，从 2015 年和 2016 年人民币汇率单边下跌时二者关系看，这既不是因为房市崩盘引起的市场恐慌性挤兑外汇，同时也没有出现因汇率走弱引发的房市震荡。相反，如前所述，同期房价不跌反涨。

（二）于中国而言，"保汇率"还是"保房价"也是个伪命题

从中国情况来看，"保汇率"还是"保房价"的舆论渲染经常发生在人民币汇率承压之时，反映了市场看空情绪。例如，当 2016 年底人

1 管涛、马昀：《对外资流入境内房地产市场规模的测算》，《国际金融研究》，2006 年第 5 期。

民币汇率离破“7”一步之遥时，市场开始热议“保汇率”还是“保房价”。而实际上，居民增加购房投资，反倒成了对冲汇率贬值风险的一个工具。当2018年底人民币汇率第二次逼近“7”这个心理关口的时候，又引发了相关讨论。

2019年8月初，人民币汇率交易价和中间价先后破“7”。首先，这次人民币汇率破“7”不是因为“保房价”而“弃汇率”的选择，而是受到中美经贸磋商进程的影响。其次，破“7”后市场预期稳定、外汇供求平衡，汇率重现双向波动走势，目前政策上不存在汇率与房价“二选一”的选择题。8月9日，IMF发布中国年度第四条款磋商报告，重申人民币汇率水平符合中国经济基本面，不存在明显高估或低估。2020年1月15日中美正式签署第一阶段经贸协议，其中汇率章节明确了坚持汇率机制灵活和避免竞争性贬值等基本共识，主张通过磋商解决分歧。

五、主要结论

自住房制度改革以来，中国房地产价格增长较快。随着房价持续攀升，市场对于中国房价泡沫风险的担忧在日益加剧，但同时也应该认识到，过去十多年，伴随中国经济的高速增长，国内居民财富的不断积累，居民对自有住房的特殊偏好，同时金融投资渠道匮乏，均成为推动国内房价持续走高的重要因素。这也是理解目前中国高房价成因的关键所在。缓解这方面的泡沫化压力，除了坚持“房住不炒”外，关键还在于深化金融供给侧改革，增加金融产品供给，给居民更多实现财产性收入增长的选择。

房地产兼具商品和投资的双重属性。从商品属性看，由于房地产具有空间固定性和消费区域性，是不可贸易品，“一价定律”对于房地产而言并不成立；从投资属性看，中国房地产市场与股票市场类似，具有明显的投机特征，境内外投资者风险偏好差异决定了中国的高房价不必然增加居民的境外置业需求。因此，即便中国房价相对偏高，也不必然导致人民币汇率承压。

从国际经验看，汇率作为一种资产价格，会受到多种不确定性因素影响，与影响房价走势的因素不尽相同。在不同国家的不同时期，不断变化的汇率走势与房价之间不存在稳定的相关关系。即使在房地产泡沫危机时期或汇率出现剧烈波动时期，房价下跌和汇率贬值之间存在相互影响机制，各国政府也并没有面临“保汇率”还是“保房价”的问题。

对中国来讲，“保汇率”还是“保房价”本身也是个伪命题。这种舆论渲染经常发生在人民币汇率承压之时，反映了市场看空的情绪。当然，如果房地产市场不能够实现良性发展，将加剧中国经济金融体系的脆弱性，这将掣肘中国利率政策和汇率政策空间。从瑞典和泰国的经验看，如果发生房地产市场崩盘，届时可能不是保汇率还是保房价的选择题，很可能是两者均难保。对此，需要按照打好三大攻坚战的具体部署，防患未然、精准拆弹。

第四节
净误差与遗漏为负值是资本外逃吗？

中国国际收支平衡表中的“净误差与遗漏”长期为负且规模较大问题引起了市场热议。有观点认为，这反映了中国存在较为严重的资本外逃现象，近年来国家外汇储备的减少不能简单理解为“藏汇于民”。然而，争议净误差与遗漏负值是不是资本外逃，其实际政策涵义不大，更重要的工作应该是提高国际收支统计质量，更好为宏观决策和市场分析服务。

一、中国净误差与遗漏负值较大主要是因为持续单方向积累

各国国际收支平衡表中都设有“净误差与遗漏”项目。根据国际标准，国际收支平衡表采用复式计账原则编制，为使平衡表在借贷两个方向上始终能够保持平衡，平衡表中设置了“净误差与遗漏”项。但是，“净误差与遗漏”项目是轧差出来的，不是统计出来的，只是国际收支平衡表的平衡项目。

净误差与遗漏既可能是由于统计原因产生的，也可能是由于经济原因导致的。如中国国际收支平衡表编制以国际收支统计申报数据为基础，综合利用海关、商务部、人民银行、旅游局等其他相关数据，来自多个部门和不同统计系统的数据，与国际收支统计在概念、口径、记录原则上不尽相同，同时，在各部门的数据中，某些交易也难以全面记录，因此，将这些数据汇总在国际收支平衡表中就可能会形成误差与遗漏。至于经济原因，净误差与遗漏则可能反映了未被记录到的跨境资本流动，俗称热钱流入或者资本外逃。

理论上讲，如果净误差与遗漏主要是由统计原因所致，那么其方向应该是随机分布，即时而为正、时而为负。

如美国国际收支平衡表中高频的季度净误差与遗漏数值通常较大，但低频的年度数值通常较小。因为在一年四季中，其数值有正有负，全年轧差后净值就会大为缩小。例如，2000 年，美国各季的净误差与遗漏与国际收支口径的货物贸易进出口总额之比分别为 +12.4%、−8.6%、−10.7% 和−6.6%，均远超出该比例不应超过正负 5% 的国际警戒标准，但年度之比却为−3.6%；2005 年，季度比例分别为 +11.1%、+15.0%、

−7.5% 和−12.0%，年度之比却为 +1.3%。2000 年一季度至 2019 年四季度的 80 个季度中，美国有 42 个季度上述比例超出国际警戒标准，但在 2000—2019 年的 20 年间，美国只有一年该比例超出 5%（2009 年，+5.5%）（见图 7-4-1 和图 7-4-2）。

然而，2009 年以来，中国国际收支平衡表中的“净误差与遗漏”年度数值一直为负，而 2002 至 2008 年则连续为正（见图 7-4-3）。特别是从季度数据看，一旦净误差与遗漏为负或者为正，就会持续这个方向，以致负值或正值不断累加（见图 7-4-4）。2000 年一季度至 2019 年四季度的 80 个季度中，中国只有 21 个季度上述比例超出国际警戒标准，远低于美国同期的水平。但从年度数据看，在 2000 至 2019 年的 20 年间，中国有 3 年该比例超出 5%，分别是 2015 年（−5.7%）、2016（−6.6%）年和 2017 年（−5.4%）（见图 7-4-3）。

图 7-4-1：美国季度净误差与遗漏 / 货物贸易进出口额

（单位：%）

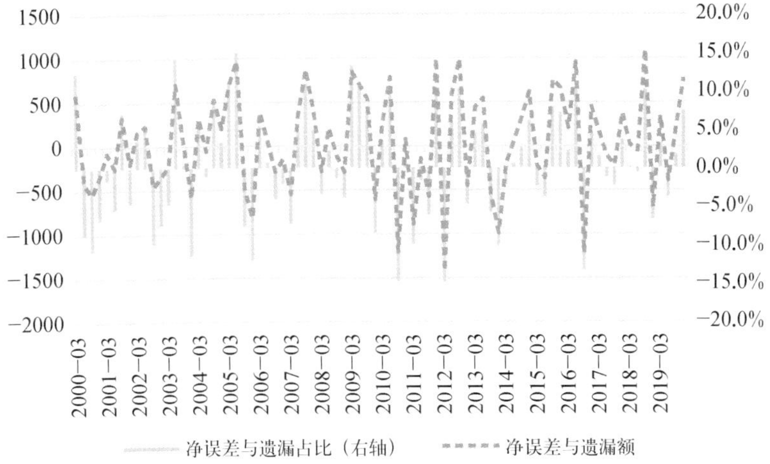

资料来源：美国经济分析局；WIND

图 7-4-2：美国年度净误差与遗漏 / 货物贸易进出口额

（单位：%）

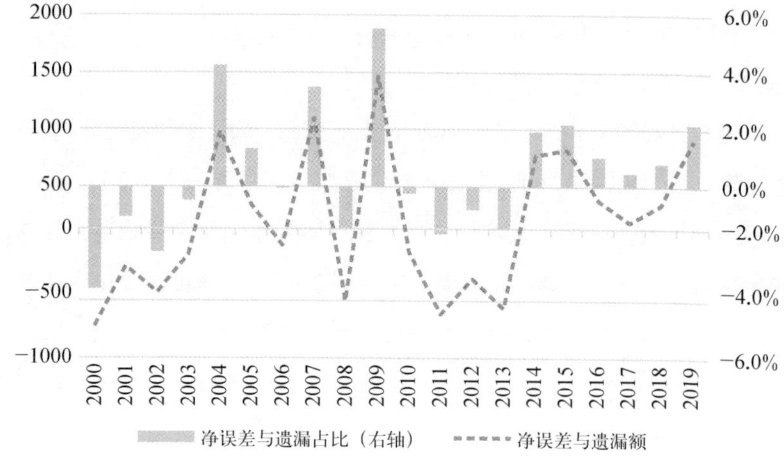

资料来源：美国经济分析局；WIND

图 7-4-3：中国年度净误差与遗漏 / 货物贸易进出口额

（单位：%）

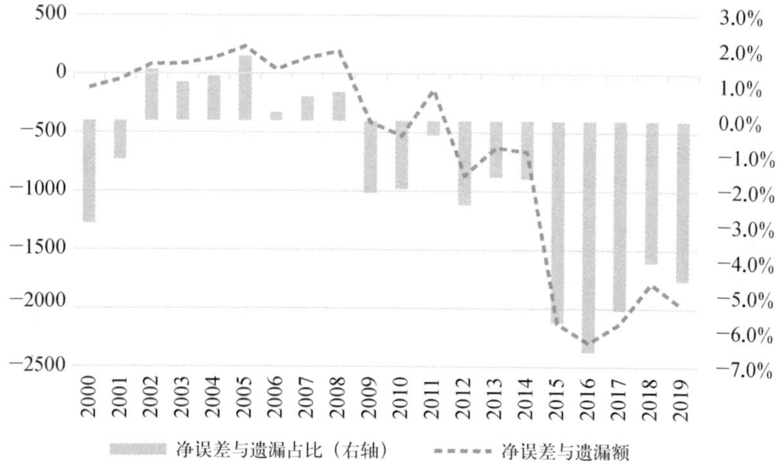

资料来源：国家外汇管理局；WIND

图 7-4-4：中国季度净误差与遗漏 / 货物贸易进出口额

（单位：%）

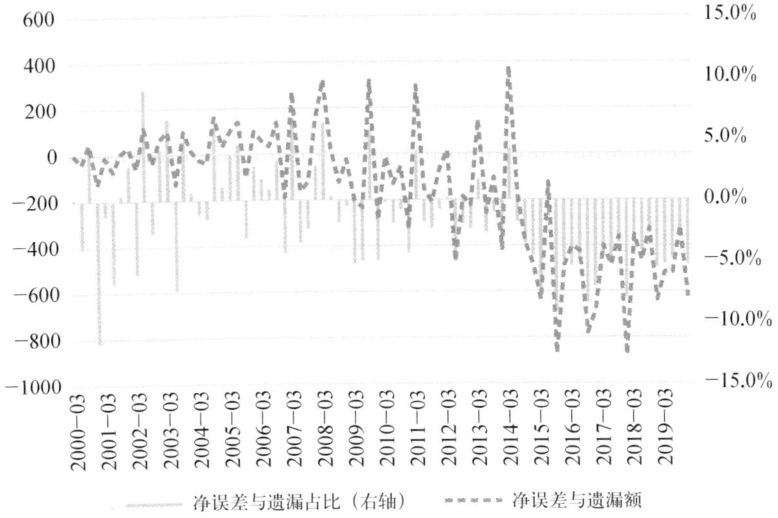

资料来源：国家外汇管理局；WIND

二、从政策涵义看“资本外逃”并非讨论净误差与遗漏问题的关键所在

将净误差与遗漏等同于资本外逃，肯定可以从统计或者经济的角度找到很多理由予以辩驳[1]。同时，“净误差与遗漏”中，究竟多少应该归为统计原因，多少应该归为经济原因，在经济原因中，又多少应该归为经常项目收入高估原因，多少应该归为资本流出低估原因，这在理论和实践中并无统一的量化标准。这导致资本外逃成了一个公说公有理、婆说婆有理的“黑箱”。更为关键的是，这种争论最多只有学术意义，而缺乏实操价值。

1 国家外汇管理局国际收支分析小组：《2014 年中国国际收支报告》，中国金融出版社 2015 年版。

首先，无论净误差与遗漏为负是不是资本外逃，都不能改变近年来中国资本外流状况一度较为严峻的客观现实。其实，判断一国资本外流情况，只需将国际收支平衡表中的非储备性质的资本与金融账户（简称“资本项目”）差额同净误差与遗漏额相加即可。据此，我们可以清楚地知道，2015 年，中国经常项目顺差 3 042 亿美元，资本项目逆差（含净误差与遗漏）6 471 亿美元，由于资本外流超出了经常项目盈余，外汇储备资产减少 3 423 亿美元；2016 年，经常项目顺差 2 022 亿美元，减少 35%，资本项目逆差 6 459 亿美元，与上年基本持平，外汇储备资产减少 4 487 亿美元，较上年多减 31%（见图 7-4-5）。这时，要想同时实现保汇率和保储备目标，唯有对跨境资本流动实行一定管理，它们是不是资本外逃都不重要。

图 7-4-5：中国年度国际收支状况
（单位：亿美元）

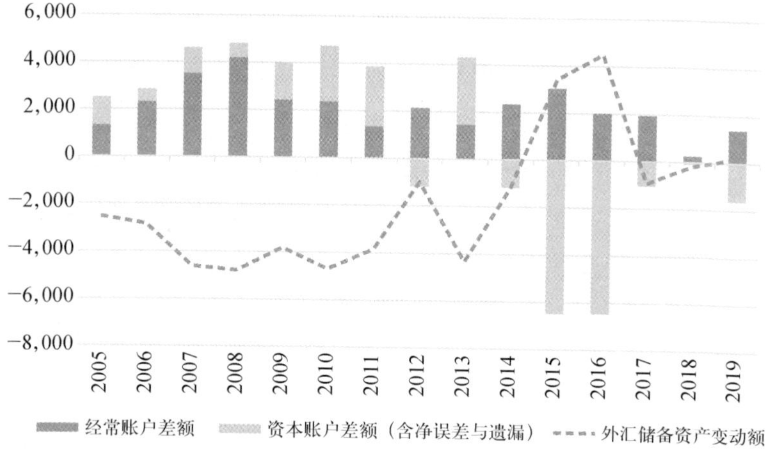

资料来源：国家外汇管理局；WIND
注：外汇储备资产增加为负值，减少为正值。

其次，无论净误差与遗漏是不是资本外逃，必须对短期资本流动冲击风险采取果断措施也已毋庸置疑。理论上，通常将净误差与遗漏同国际收支平衡表中的证券投资和其他投资均归入短期资本流动（又称非直接投资形式的资本流动）。据此测算，从 2014 年起，中国短期资本持续净流出，它与基础国际收支顺差（即经常项目与直接投资顺差之和）之比，2014 年为 69%，2015 年为 192%，2016 年为 376%（见图 7-4-6）。无疑，短期资本流动已成为导致前期中国储备下降、汇率贬值的主要原因。而短期资本流动主要受情绪驱使，往往会偏离经济基本面，在市场普遍看空的情绪下，多重均衡容易出现坏的结果。一方面加强跨境资本流动管理，抑制资本集中流出，另一方面改进汇率调控，提高汇率政策公信力，显然是对症下药的“药方”。

图 7-4-6：中国年度短期资本流动情况

（单位：亿美元；%）

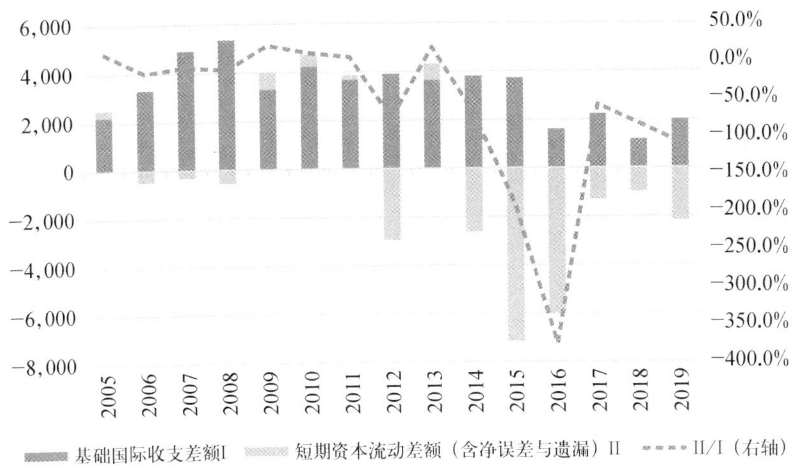

资料来源：国家外汇管理局；WIND

再次，试图管理“净误差与遗漏”项下的资本外逃，是进入不可知的领域，管理无处着力，针对可监测和可监管的交易实施管理则更易事半功倍。2013 年初，通过虚构内地与香港之间的转口贸易进行套利套汇行为盛行，引发了海关、商务、外汇等部门的联合行动、协同监管，及时遏制了由此渠道的热钱流入，而当年的净误差与遗漏仍为负值 629 亿美元。2016 年，由于对外直接投资异常增长，长期资本流动呈现短期化趋势，使得国际收支口径的直接投资由顺差转为逆差，导致当年在短期资本净流出减少的情况下，因基础国际收支顺差下降增多，以致外汇储备资产降幅扩大。2016 年底开始规范国内企业走出去行为，2017 年国际收支口径的跨境直接投资由逆差重新转为顺差，同期经常项目顺差减少 4%，基础国际收支顺差增长 39%，短期资本流动差额与基础国际收支顺差之比由 376% 降至 59%。这是 2017 年剔除估值效应后外汇储备资产由降转升的主要原因，表明防化跨境资本流动冲击风险取得了超预期成功。另外，资本外逃既可能隐藏在净误差与遗漏中，也可能披着合法的外衣进行，只关注净误差与遗漏而不管披着合法外衣的资本外逃（如跨国公司通过内部定价转移利润的做法）显然是顾此失彼。

最后，贴上“资本外逃”的标签实际是对资本外流做出了主观的道德判断，而做出相关判断是见仁见智，难以取得共识。站在不同的立场，判断资本流出究竟是好的资本外流还是坏的资本外流，结论通常不同。而且，现在净误差与遗漏为负问题重入公众视野，很大程度与市场情绪有关。如前所述，这种情况早在 2009 年就开始出现，但在 2013 年之前，对此问题的关注度并不太高。当前，只不过是在看空人民币的情绪下，大家又将这个问题当作一个负面新闻来炒作罢了（亚洲金融危机时期也发生了类似的情况）。而前些年人民币汇率面临单边升值压力时，大家炒作的焦点则是热钱流入。

三、减少净误差与遗漏应成为进一步完善国际收支统计的方向

国际收支平衡表（流量统计）和国际投资头寸表（存量统计）构成的国际收支账户是宏观经济的四大账户之一，为国家宏观调控决策和市场分析判断跨境资本流动风险提供重要依据。所以，国际收支统计的质量至关重要。

如前所述，“净误差与遗漏”是编制国际收支平衡表的平衡项目，又称为平衡表的“线下项目”，经常项目、非储备性质的资本和金融项目、储备资产变动等则称为“线上项目”。一国经济越开放，净误差与遗漏额有可能越大，所以，国际上通常取“净误差与遗漏额”与国际收支口径的“货物贸易进出口额”之比的正负 5% 以内作为控制标准。只要该比例在这个警戒指标以内，国际收支账户的“线上项目”就越发全面和准确。

自 1996 年 1 月 1 日起，中国正式按照国际标准实施国际收支统计申报制度，国际收支统计的质量不断提高。进入 21 世纪以来，净误差与遗漏同货物贸易进出口额之比在−2.9% 到 +1.8% 之间，只是 2015 和 2016 年该比例突然出现了较大跃升，分别达到−5.7% 和−6.6%（见图 7−4−3）。这影响了国际收支账户分析结果的可信度，也是引起学界质疑外汇储备减少是否是“藏汇于民”的主要原因。改进国际收支统计方法，提高统计质量已迫在眉睫。

第一，进一步完善对外金融资产负债及交易统计制度。货物贸易是经常项目的主要科目，中国相关统计已经较为健全，所以对于经常项目的统计数据质量总体有信心。随着金融开放不断扩大，对于跨境资本流动的统计越来越重要，在这方面尤其是对外投资或债权统计方面，中国统计基础较为薄弱。自 2016 年 9 月开始实施的对外金融资产

负债及交易统计制度，既有负债（即利用外资）又有资产（对外投资）的统计，同时区分了对外资产的交易变化和货币折算等非交易变化。但是，该制度刚刚开始运行，还需要尽快磨合，实现数据的稳定、可靠采集。

第二，进一步丰富国际收支统计方法。中国国际收支统计制度是以间接申报为主，即企业和个人通过银行报送数据。其好处是，只要通过银行办理的、现金收付形式的业务，基本可以全口径采集数据，但是数据采集的成本较高，而且不通过银行办理的业务往往容易形成数据缺口，特别是权责发生制的业务数据缺失较为严重，因为它们有些当期没有现金流。为此，建议除继续依靠基于企业调查制度，逐笔交易数据采集外，还应研究更多运用抽样调查和估算的方法，以更低的成本、更可靠的方式，确保国际收支统计的全面性和准确性。

第三，进一步加强对于现有数据的加工和发掘。例如，中国仍是一个有大量现金收付的社会，购汇以后直接提取现钞携带出境是一个较为普遍的现象。携带外币现钞出境，既可能用于旅游消费支出，也可能用于个人资本转移。现在海关对于 5 000 美元以上的携钞出境要求申报，但实践中可能申报的不多，而且即便申报了，海关也较少与外汇局进行数据交换，这部分缺失的数据就有可能体现为净误差与遗漏的负值。建议可通过与海关携钞申报数据交换、银行抽样调查，或者提取外汇局居民个人结售汇管理信息系统数据的方式，对此加以测算。再如，借鉴外汇局编制国际收支口径的货物贸易数据时，将海关查获的进出口走私数据还原到进出口中的做法，结合近年来查获的地下钱庄和货币走私案件，区分资金流入还是流出方向，加工相关数据，弥补数据缺口。统计就是统计，它主要职责是对经济活动的客观反映；统计不是监管，无须对经济活动做出价值判断。

四、克服资本流动恐惧和国际收支“双顺差”的执念

新兴市场普遍存在既害怕本币汇率升值，又害怕汇率贬值的现象，理论上称之为“(汇率)浮动恐惧”。其实，除此之外，新兴市场还存在资本流入一多就喊“热钱流入”，资本流出一多又嚷“资本外逃”的现象，笔者称之为“资本流动恐惧”。出于后一种情形，令中国跨境资本流动现状成为一个各花入各眼的罗生门。

按照官方公布的国际收支数据，2019年，经常项目呈现顺差，跨境资金呈现净流入，国际收支保持基本平衡。其中，经常项目顺差1 413亿美元，资本项目顺差375亿美元，储备资产下降198亿美元。然而，外界坚持认为中国面临资本外流压力，其主要依据是中国国际收支平衡表的“净误差与遗漏”项下持续为较大负值，这被认为是反映了未被监管或记录到的“资本外逃”。2019年该项负值1 981亿美元，较上年增长11%，相当于国际收支口径货物贸易进出口总额的4.5%。

官方解释“净误差与遗漏”持续负值，不完全是监管的原因，还有统计的问题。然而，统计就是统计，只是对经济活动的客观反映，而不论此项经济活动是否合法合规。那么，只要“净误差与遗漏”为负值，逼近真相的结果，无非是经常项目顺差高估、资本流出规模低估，或者兼而有之。

更进一步地，这无论反映的是统计抑或监管问题，都不能违背在央行基本退出外汇干预情况下，经常项目顺差、资本项目逆差（除非外汇储备增加较多）的基本逻辑。况且，国际收支“双顺差”合计1 788亿美元，储备资产还降了上百亿美元，这也恐难让人感到心安。

当然，即便尊重统计的客观结果，将所有“净误差与遗漏”负值都记为资本外流，2019年达到1 606亿美元，远大于上年净流出66亿美元的规模（这忽略了统计问题，故很可能是高估了资本外流规

模），也不一定值得过分担心。“双顺差”实质也是一种对外经济失衡，因为两个正数相加永远不可能等于“零”。而正是经常项目由上年顺差 255 亿美元增至上千亿美元，才加大了 2019 年资本流出对冲的压力（见图 7-4-6）。

人民币汇率破“7”是中国汇率市场化改革的进一步深化。随着市场对汇率的决定性作用进一步发挥，社会各界需要像克服“(汇率）浮动恐惧”一样来克服“资本流动恐惧”，以平常心看待资本流入和流出。

在汇率“稳定器”作用正常发挥的情况下，一定是经常项目顺差、资本项目逆差，经常项目逆差、资本项目顺差的镜像关系。2018 年第一季度，中国就是经常项目逆差 403 亿美元，资本项目顺差 665 亿美元，剔除估值影响后的外汇储备资产不减反增 266 亿美元[1]。这不用人为去操心和匹配。

笔者常会被问及，如果中国资本账户开放，将会出现资本流入还是流出？对此，笔者的回答很干脆，即：如果资本账户开放、汇率自由浮动，则中国一定是经常项目顺差、资本项目逆差，经常项目逆差、资本项目顺差。但是，如果问开放以后人民币汇率是升值还是贬值，则我的回答却是不确定。因为经常项目顺差不意味着人民币汇率必然升值，资本净流出也不意味着人民币汇率必然贬值。现实中，谁也不会简单用贸易顺差解释或预测美元升值，用资本流入解释或预测美元贬值。

---

1 2020 年第一季度，中国出现了经常项目逆差 337 亿美元，非储备性质金融账户逆差 139 亿美元，储备资产减少 251 亿美元的所谓国际收支“双逆差”。然而，如果将同期净误差与遗漏正值 226 亿美元一并考虑后，非储备性质金融账户实为顺差 87 亿美元。

EVOLUTION OF CURRENCY POLICY

CHAPTER 8

事非经过不知难

2018 年是中国改革开放四十周年。2019 年是新中国成立七十周年。这两年里，笔者被邀请写了一些回忆亲历或见证中国外汇管理体制变迁的文章。这里摘录四篇，以志纪念。

第一节
亲历 1994 年外汇管理体制改革

笔者于 1992 年大学毕业后分配到国家外汇管理局总局工作。到苏州实习一年后回京，就赶上了 1994 年初的外汇管理体制改革，见证了新旧两个差异巨大的体制如何完成顺利接轨。

一、改革主要背景与内容

（一）改革的主要背景

一是 1993 年底党的十四届三中全会通过的《中共中央关于建立社会主义市场经济体制若干问题的决定》提出，要发挥市场机制在资源配置中的基础性作用。其中，在“建立健全宏观经济调控体系，加快金融体制改革”中，明确要“改革外汇管理体制，建立以市场供求为基础的有管理的浮动汇率制度和统一规范的外汇市场，逐步使人民币成为可兑换货币”。

二是中国恢复关税及贸易总协定（GATT）缔约国身份的谈判（GATT 是 1995 年成立的世界贸易组织［WTO］的前身）进入关键时期。当时，“复关”谈判的一个重要障碍是，中国存在官方汇率与外汇调剂市场汇率并存的双重汇率制度，这不符合国际货币基金组织成员第八条款的一般义务（即避免歧视性的货币安排）。

三是中国经济开始过热，1993 年外贸进出口出现较大逆差，人民币汇率面临较强贬值压力。尽管人民币兑美元官方汇率基本稳定在 5.80 左右的水平，但外汇调剂市场汇率已由 1992 年的 6 块多一路跌至 7、8 块钱。1993 年初重新采取了限价措施，这导致外汇调剂市场有行无市，场外加价盛行，个别地区甚至出现了11块以上的调剂价。同年7月中旬，国家首次直接入市抛售外汇储备，采用经济手段调控市场，平抑汇价，初步将调剂汇率稳定在8.70左右的水平[1]。

（二）改革的主要内容

1993年12月28日，中国人民银行发布《关于进一步改革外汇管理体制的公告》(以下简称《公告》)，宣布自1994年1月1日起实施一系列外汇体制改革的重大措施。这奠定了中国以银行结售汇和全国统一规范外汇市场为基础，以有管理浮动的市场汇率为核心的现行外汇管理体制基本框架。

根据《公告》精神，1994年外汇体制改革包括：一是取消双重汇率安排，人民币官方汇率与外汇调剂市场汇率并轨，实行以市场供求为基础的、单一的、有管理的浮动汇率制度。二是取消外汇留成和上缴，实行银行结售汇制度，中资企业所有经常项目外汇收入实行强制结汇，进口及与进出口有关的从属费用（包括进出口运费、保费和佣金等）可以持商业单证和有效凭证直接到银行柜台购买，实现人民币经常项目有条件可兑换，外商投资企业仍维持现行外汇管理办法。三是建立全国统一规范的银行间外汇市场，改进汇率形成机制。四是境内禁止外币计价结算和流通，外汇兑换券停止发行、继续使用、逐步回收、退出流通。五是取消外汇收支的指令性计划，国家主要运用经济和法律的手段对外汇收支和国际收支实施宏观调控[2]。

改革开放以来，与金融、外贸体制改革相配套，中国外汇体制也进行了一系列改革，打破了外汇统收统支，实行了外汇留成与上缴制度，

1 吴晓灵:《中国金融体制改革30年回顾与展望》，人民出版社2008年版。
2 郭树清:《整体的渐进》，经济科学出版社1998年版。
国家外汇管理局:《外汇体制改革专辑（一）》，中国金融出版社1994年版。

在此基础上建立了外汇调剂市场，实行了官方汇率与外汇调剂市场汇率并存的双重汇率制度，计划分配与市场调节相结合的外汇分配双轨制。汇率并轨前夕，外汇留成的比例已达到80%，官方汇率和外汇调剂市场汇率分别为5.80和8.70元人民币/美元，官方汇率由固定转为有管理浮动，市场汇率一度实行过自由浮动。这些改革对于当时的中国外向型经济发展发挥了重要作用[1]。

1994年实施的前述一系列改革与之相比，可谓是翻天覆地的变化。所以，外汇体制改革既要促进实现新旧外汇管理体制的平稳接轨，减少社会震荡，又要圆满完成“汇率稳定、储备增加”的工作任务，促进外向型经济健康发展，挑战前所未有。

二、注意新旧体制衔接

《公告》中宣布的外汇体制改革措施非常繁杂，既有汇率水平的调整，也有制度安排和市场建设的内容。有的措施一宣布就开始实施，有的措施还需要时间准备。这样，在新旧体制之间存在一个时间差。为此，当局采取了一些过渡性的安排。

1994年1月1日起，取消了汇率双轨制，开始实行以市场供求为基础的、单一的（这是相对之前的双重汇率而言，而不是指单一盯住美元）、有管理的浮动汇率制度。从此，官定汇率退出了中国经济的历史舞台，境内统一使用市场交易形成的汇率。但是，支持汇率有管理浮动的银行间市场和结售汇制度尚需时间筹备，后者分别于4月4日和4月1日才正式运行或实施。在这一个季度的过渡期内，沿用了18个主要外汇调剂公开市场的加权平均汇率作为汇率中间价的做法。当银行间市场正式运行后，改为以上日银行间市场交易的加权平均价作

1　庞继英、吴富林：《中国外汇市场变革与发展》，中国金融出版社1997年版。

为汇率中间价[1]。

根据新体制的要求，银行对企业和个人办理结售汇业务必须使用自有的本外币资金，结售汇的差额部分根据结售汇头寸管理的规定在银行间市场买卖，平补资金余缺。但在过渡期内，保留外汇调剂市场或者中心，继续为企业和个人提供外汇调剂服务。银行结汇收入按规定办理移存，进入国家外汇储备，所需人民币由央行支付。在银行做好售汇准备工作之前，企业符合规定的购汇需求由央行售汇解决。具体来讲：有外汇调剂市场的地区，由央行通过市场售汇；没有外汇调剂市场但有外汇移存业务的地区，从移存的外汇中提取，通过外汇调剂中心售汇解决；没有外汇调剂市场又没有开通外汇移存业务的地区，由当地外汇局核准，委托银行从央行外汇账户提取售汇[2]。

三、操作兼顾各方利益

改革取消了外汇留成制度，中资企业的经常项目外汇收入都必须卖给银行。但为减轻贬值预期下出口企业的顾虑，对于原有的现汇留成，没有要求立即结汇，对原有的留成额度也未一笔勾销，强行买断，仍然允许继续使用，逐步消化。为方便中资企业用汇，过渡期内，还对出口企业结汇按其结汇额的 50% 建立台账。

为照顾外商投资企业的实际利益，保持政策连续性，维持了老办法，允许其继续全额保留外汇收入，在外汇调剂市场买卖外汇，不纳入银行结售汇体系。直到新体制运行两年多时间，人民币汇率稳中趋升，外汇储备持续大幅增加，各界对于外汇新体制已经建立较强信心以后，才于 1996 年下半年将外商投资企业纳入了银行结售汇体系，与

---

1 国家外汇管理局：《外汇体制改革专辑（一）》，中国金融出版社 1994 年版。
2 国家外汇管理局：《中国外汇管理改革与发展三十年》，内部发行，1995 年。

中资企业同等待遇，取消外汇自求平衡的要求（即使用自有外汇对外支付，不受国家计划管理，国家也不予以供汇），实行限额结汇（即在核定的额度内可以保留经常项目外汇收入），用汇可以到银行柜台购买[1]。至于外汇调剂市场，作为备用的市场基础设施，直到 1998 年才彻底关闭。另外，尽管当时外汇形势严峻，对中资企业实行了强制结汇，但对个人外汇不要求结汇，允许其继续在银行开立外汇账户，外汇存取自由、存款有息[2]。

1996 年 7 月将外商投资企业纳入银行结售汇体系，中国消除了经常项目汇兑限制的主要障碍，于年底致函国际货币基金组织，自 12 月 1 日起正式接受《国际货币基金组织协定》第八条款义务，实现了人民币经常项目完全可兑换。这是中国先于 2001 年底加入全球多边贸易体系——世界贸易组织之前，在外汇管理体制方面率先与国际惯例接轨[3]。

中间有个小插曲。本来在 1996 年年中会议布置下半年将外商投资企业纳入银行结售汇体系的工作时，领导曾经考虑对外宣布实现人民币经常项目完全可兑换。后来，为慎重起见，延后了半年时间。为此，我们在会议前夕对局长讲话进行了修改，整个报告基调都做了大的调整。

1994 年外汇体制改革还涉及对外汇兑换券这一遗留问题的处理。汇率并轨以前，人民币汇率长期螺旋式下跌，人民币弱势特征明显，境内企业和个人持汇意愿较高，货币替代或者美元化现象较为严重。为维护人民币在境内唯一法定货币的地位，1994 年改革重申禁止境内外币计价、结算和流通，而只能用人民币作为计价和支付结算货币。当时，措

1　国家外汇管理局办公室：《1996 年外汇管理文件选编》，内部发行，1997 年。

2　庞继英、吴富林：《中国外汇市场变革与发展》，中国金融出版社 1997 年版。

3　国家外汇管理局：《外汇体制改革专辑（二）》，中国金融出版社 1996 年版。

施之一是停止外汇兑换券（简称外汇券）的发行。外汇券是1980年4月由中国银行发行的，在中国境内流通、特定场合使用，面额与人民币等值的特种货币。外汇券一定意义上就等同于外汇。初期，主要是外商投资企业、来华人员（包括外国人、华人华侨）持有，可以在特定的商店、宾馆、饭店使用。后期，持有群体扩大到了境内居民个人，他们用外汇券可以在保税商店买到一些境内紧缺的商品包括进口品[1]。

1994年1月1日外汇券停止发行以后，允许其继续使用、逐步收回、退出流通；1995年1月1日起停止使用、限期兑换，允许其在1996年6月30日之前按5.80元的原官方汇率兑换成外汇。自此，与千家万户联系紧密的外汇券逐渐平稳退出了历史舞台，成为社会收藏品。在限期兑换的过程中，国际货币基金组织曾经质疑中国涉嫌恢复了双重汇率的做法（所谓“双重汇率”，是指境内存在两种汇率且这两种汇率之间的差价超过2%以上）。但我们对其解释，这只是用于解决历史遗留问题的临时性措施，涉及面窄、持续期短。最终，国际货币基金组织采信了我们的说法。这一安排在1996年底正式接受《国际货币基金组织协定》第八条款义务时已经终止，不影响人民币实现经常项目完全可兑换[2]。

四、制度设计充满智慧

1979年以来，为调动企业和地方的出口创汇积极性，实施了外汇留成制度，企业出口创汇的一定比例可以现汇或者额度形式持有，且留成比例不断提高。留成外汇可用于计划外的外汇支出，也可以在外汇调剂

---

1 中国人民银行：《中国人民银行六十年：1948—2008》，中国金融出版社2008年版。
周小川：《国际金融危机：观察、分析及应对》，中国金融出版社2012年版。

2 国家外汇管理局办公室：《1994年外汇管理文件选编》，内部发行，1995年。
国家外汇管理局办公室：《1995年外汇管理文件选编》，内部发行，1996年。

市场上卖出。按照以往改革的路径依赖，外汇体制本应走向意愿结汇、全额现汇留成。但 1994 年改革采取了有进有退、有保有压的做法。

一是实行强制结汇，结汇的范围更宽、要求更严了。除外商投资企业、个人和几项经过特殊允许的外汇收入外，其他外汇收入都要求结汇，这样就把大部分外汇集中了起来。

二是银行结汇取代了中央银行结汇，银行用自有人民币资金办理结汇，加快了企业资金周转。

三是取消外汇留成和上缴后，实行银行售汇，用汇统一由银行售出，同时取消了用汇的计划审批，用汇手续简化，用汇也更加方便了。

四是按照人民币经常项目有条件可兑换的原则，中资企业进口及与进出口有关的贸易从属费用的用汇需求，持有效凭证和商业单证就可直接在银行购买，没有额度限制，经常项目外汇管理进一步放宽，人民币从不可兑换货币向可兑换货币迈出了重要的一步。

此外，在企业进口用汇没有额度限制的情况下，能否保证供汇的关键在于结汇的数量。为此，除鼓励企业努力扩大出口外，国务院还特别要求外经贸部门对督促企业收汇、结汇负起责任来：（1）将出口结汇与出口额挂钩，考核企业出口效益，真正做到货出去钱收回来，使出口增长与出口收入增长保持同步；（2）将出口结汇与企业人民币信贷挂钩，对于企业出口不结汇的，银行可以减少对其人民币放款，对于那些出口不结汇还大量占用人民币贷款的，银行可回收其贷款；（3）将出口结汇与出口退税挂钩，把出口结汇与鼓励出口的政策结合起来；（4）将出口结汇与出口企业工资奖金挂钩，使结汇与职工切身利益结合起来，提高其自觉性[1]。

1 国家外汇管理局办公室：《1994 年外汇管理文件选编》，内部发行，1995 年。

第二节
“7.21”汇改重归真正的有管理浮动

2005年7月21日晚，人民银行发布公告，宣布开始实行以市场供求为基础、参考一篮子货币调节、有管理的浮动汇率制度。这意味着亚洲金融危机时期采取的人民币不贬值的临时性政策结束，重归1994年汇率并轨之后确立的有管理浮动安排。

一、一波三折的人民币汇改

1994年初，汇率并轨，中国确立了以市场供求为基础的、单一的、有管理的浮动汇率安排。其中，“单一的”并非指人民币单一盯住美元，而是相对于并轨前境内官方汇率与外汇调剂市场汇率并存的双重汇率而言，并轨后境内所有外汇交易都使用市场汇率。这满足了国际货币基金组织和关贸总协定（现为世界贸易组织）关于汇率制度安排的一般要求，为1996年底实现人民币经常项目完全可兑换和2001年底中国加入世贸组织扫清了重要障碍。

1994年汇率并轨取得了超预期成功。并轨后，人民币兑美元汇率不仅没有像当时市场大多数人预期的那样继续大幅贬值，反而稳中趋升，外汇储备持续大幅增加。到1997年底，人民币汇率较1994年并轨之初累计升值5.1%，外汇储备较1993年底累计增长5.6倍。

然而，1997年7月2日，泰铢失守引爆东南亚货币危机，逐渐演变成为席卷全球新兴市场的亚洲金融危机。1998年3月，时任总理朱镕基上任伊始，就代表中国政府对外承诺“人民币不贬值”。自此，人民币兑美元汇率基本保持在8.28左右的水平，为避免竞争性贬值，阻止信心危机传染，维护亚洲乃至国际金融稳定做出了重要贡献，赢得了国际社会的广泛赞誉，并奠定了人民币新兴世界强势货币的地位。但是，人民币随美元对主要贸易伙伴货币升值，影响了中国产品的出口价格竞争力，加剧了国内通货紧缩趋势。

随着亚洲金融危机逐渐平息，人民币摆脱单一盯住美元，重归有管理浮动汇率安排提上议事日程。2001 年 3 月，郭树清同志从贵州省副省长调任中国人民银行副行长、国家外汇管理局局长（现为中国人民银行党委书记、副行长，中国银行保险监督管理委员会主席）。他上任后的“三把火”之一就是研究拟订人民币汇率形成机制改革方案。

国务院领导对于汇率改革非常慎重，方案几易其稿，并广泛征求意见。记得有一次，我们受郭局长委托，邀请了清华大学钱颖一教授、北京师范大学李翀教授到中南海参加座谈。那次会议由朱镕基总理亲自主持，专门讨论汇率改革方案。完善有管理的浮动汇率制度被列入 2001 年下半年的经济体制改革工作计划。

但世事无常。2001 年美国发生“9.11”恐怖袭击事件，美联储大幅降息，2002 年美元走势逆转，酝酿中的人民币汇率改革被搁置。2002 年底，时任日本财务省主管国际事务的副财长黑田东彦（现为日本银行行长）发文，称中国通过低估人民币向全球输出通货紧缩。人民币汇率问题由此被国际化，美日联手施压人民币升值，中国国内也引发了关于广场协议后日元升值与日本经济长期停滞之间关系的激烈争论。2003 年爆发伊拉克战争和中国非典疫情，内外部不确定性依然较多，人民币汇率机制改革再被延迟。自 2004 年 10 月起，人民币兑美元汇率中间价稳在 8.276 5 的水平。

正当各方对于人民币汇率改革争执不休之际，2003 年底，中国政府用外汇储备给中国银行和中国建设银行注资，启动了国有独资商业银行的财务重组和股份制改革，大大提高了国内金融体系稳健性。加上 2004 年国内经济逐渐走出通缩的阴影，人民币汇率改革的时间窗口再次被打开。2005 年初“两会”记者招待会上，时任总理温家宝在回答路透社记者提问时表示：“我可以告诉大家，这项工作我们正在制定方案，何时出台、采取什么方案，可能是一个出其不意的事情”[1]。

二、重归真正的有管理浮动

2005 年 7 月 21 日晚，人民银行发布公告，宣布启动人民币汇改。改革内容主要体现在两个方面。

首先，人民币兑美元汇率交易价升值 2%，从 8.276 5 升至 8.11 作为第二天的汇率中间价，开始实行以市场供求为基础、参考一篮子货币调节、有管理的浮动汇率制度。人民币不再单一盯住美元，从而形成更富弹性的人民币汇率机制。但是，央行一再强调，参考篮子不是盯住篮子，未来将逐渐加大市场决定汇率形成的作用。事实上，“7.21”汇改以后，人民币双边和多边汇率同时出现了大幅升值。这均反映了外汇供求的影响，而不是参考篮子货币调节的结果。2008 年新修订的《外汇管理条例》再次明确：人民币汇率实行以市场供求为基础的、有管理的浮动汇率制度。

其次，人民币汇率中间价由“参考上日银行间市场加权平均价确定”，改为“参考上日收盘价确定”，但维持人民币汇率日浮动区间 0.3% 不变。2006 年 1 月 4 日，中间价改为由做市商在开市前向中国外汇交易中心（CFETS）报价，去掉最高价和最低价，加权平均形成。2015 年 8 月 11 日，又改为主要参考上日收盘价、综合考虑国内外汇供求关系和

---

1 中国政府网，2005.《温家宝总理答中外记者问——在第十届全国人民代表大会第三次会议记者招待会上》[EB/OL].《国务院公报》，http://www.gov.cn/gongbao/content/2005/content_63194.htm。

国际主要货币汇率走势报价形成。2016 年 2 月，外汇市场自律机制秘书处披露汇率中间价报价公式（即中间价 = 上日收盘价 + 一篮子货币汇率变化），并不断优化。银行间市场人民币兑美元汇率相对中间价的日浮动区间也是逐步扩大，2007 年 5 月 21 日扩大到正负 0.5%，2012 年 4 月 16 日扩大到 1%，2014 年 3 月 17 日进一步扩大到 2%。

在人民币升值压力下推出的“7.21”汇改是比较成功的。

从短期来看，汇改后中国外汇形势基本可控。一方面，人民币汇率没有出现异常波动。“7.21”汇改到 2005 年底，人民币汇率中间价仅升值了 2.6%（含一次性 2% 的重估）；而 2015 年“8.11”汇改到 2015 年底，人民币汇率中间价下跌了 5.8%。另一方面，跨境资本流动也没有急剧恶化。2005 年下半年，国际收支口径的资本净流入（含净误差与遗漏）362 亿美元，较上年同期减少 40%，较上半年减少 56%，剔除估值影响后的外汇储备资产增加 1 167 亿美元，较上年同期下降 3%，较上半年减少 14%；而 2015 年下半年，资本净流出 4 275 亿美元，较上年同期骤增 131%，较上半年增加 95%，外汇储备资产减少 2 757 亿美元，较上年同期猛增 827%，较上半年增长 314%。

就长期而言，“7.21”汇改后，人民币汇率走上了一条渐进升值的道路，逐渐趋于均衡合理水平。2012 年起，国际货币基金组织修改了关于人民币汇率显著低估的结论。但值得注意的是，尽管 2006 年底中央经济工作会议就指出，中国国际收支的主要矛盾已经从外汇短缺转为贸易顺差过大、外汇储备增长过快，并提出把促进国际收支平衡作为保持宏观经济稳定的重要任务，此后数年外汇储备规模却依然连创新高，2014 年 6 月底最高时达到 3.99 万亿美元，较 2006 年底多出近 3 万亿美元。

三、反思“7.21”汇改的经验与教训

“7.21”汇改之所以成功，除了本身资本流入、储备增加问题相比于

资本外流、储备下降更好处理外，汇改方案在具体操作、细节设计上所体现的智慧也至关重要。

一是牢牢把握舆论宣传的主动权。“7.21”汇改的一个重要背景是，2002 年美元开始走弱后，人民币汇率已经积累了较长时间的升值压力，2003 年和 2004 年外汇储备每年都是新增一两千亿美元。这招致了国际上要求人民币币值重估的压力。当时，国内盛行关于美国正在发动针对中国的第二次广场协议的阴谋论观点。所以，“7.21”汇改宣传上淡化了汇率水平的调整，主要强调是从中国经济发展和改革开放的客观需要出发，按照主动、渐进、可控的“三性”原则进行的改革。公告后，中办、国办联合发文，布置加强宣传引导，把各界思想统一到中央的决策部署上来，同时分头向国际组织和主要央行通报。这里有两个小插曲。一个是 7 月 21 日人民银行公告发布当晚，笔者正在武汉出差。结果，笔者连夜准备，在武汉就地开始了第一场关于“7.21”汇改的讲解。另一个插曲是，到部队去讲解“7.21”汇改。接待人员告诉笔者，首长过去连美金是什么都不知道，为此还专门找了几张美钞给首长看。讲解过程中，我一直观察那位首长，不停地举例子、讲故事，深入浅出地解释汇改的“三性”原则。直到他会意了，才接着往下说。

二是注意新旧体制的平稳过渡。“7.21”汇改是要从亚洲金融危机时期事实上的固定汇率重归真正的有管理浮动。如此大的调整，必须增加新体制的透明度，才能消除不确定性造成的市场情绪波动。“7.21”汇改初期，中间价按照上日收盘价确定，就解决了这个问题。2006 年 1 月 4 日以后改变中间价定价方式，主要是为了更好发挥做市商在汇率形成中的作用，但由此导致了中间价形成的“暗箱”，市场把中间价的任何变化都解读为汇率政策信号，增加了汇率调控的被动性。2015 年“8.11”汇改之初，中间价形成机制的改革也曾存在政策沟通问题。2016 年 2 月外汇市场自律机制秘书处披露人民币汇率中间价公式后，创造性地解决政策透明度。2016 年下半年，人民币汇率又出现了一轮急跌，但没有对海内外市场产生溢出影响，因为市场理解这是由于国际市场美元走强，而不是中国竞争性贬值。

三是注意汇率改革的整体推进。汇率改革从来就是一项“三位一体”的系统工程，既包括改进汇率调控方式（包括中间价报价机制和汇率浮动区间的调整），也包括发展外汇市场（如增加交易主体、放宽交易限制和丰富交易产品），还包括理顺供求关系（即放松对外汇收支活动的行政干预）。只有培育起真正的外汇市场，才可能有真正的市场化汇率。“7.21”汇改及其后的改革都是外汇市场大发展的重要契机。迄今为止，中国已推出了即期、远期、掉期、货币掉期、期权等基础外汇交易产品；既有基于集中报价、集中清算的竞价交易模式，也有基于双边授信、双边清算的询价交易模式；引入了国际上先进的中央对手方清算和差额清算方式；银行间市场增加了非银行机构和境外机构参与者；取消了银行对客户办理结售汇业务的挂牌汇率浮动区间限制。另外，只有对外汇供求关系干预越少，市场决定的价格信号反映才越真实。伴随着汇率形成市场化，外汇管制也趋于放松。如对中资企业逐渐由强制结汇，转向中外资企业公平待遇，逐步提高保留外汇收入的限额，并自 2007 年 8 月起允许全额保留经常项目外汇收入。此后的外汇储备增长与强制结汇制度无关，而是单边升值趋势下的市场自然选择和结果。同时，逐步提高个人用汇限额，自 2007 年 2 月起对居民个人实行 5 万美元年度结售汇总额管理；引入了境内合格机构投资者制度（QDII），不受个人年度购汇总额限制；对企业境外投资由事前核准转为事后备案，取消购汇额度限制和利润强制汇回要求，支持国内企业“走出去”，等等。

四是客观认识汇率对国际收支的调节作用。主管部门在“7.21”汇改的答记者问中曾经解释，2% 的一次性调整是基于对汇率合理均衡水平的测算，这主要是根据中国贸易顺差程度和结构调整的需要来确定的，同时也考虑了国内企业进行结构调整的适应能力。照此说，汇改后中国贸易收支应该实现基本平衡或者失衡状况趋于改善。但事实是，中国经常项目顺差与 GDP 之比 2007 年最高达到 9.9%，远超过 4% 的国际认可的合理水平。实事求是地讲，这与汇率调节的时滞性有关，同时也说明了汇率调节作用的局限性，经济再平衡根本上还是取决于“扩内需、调结构、减顺差、促平衡”的一揽子改革与调整。由于经济再平衡进展缓慢，国际上要求人民币汇率升值的呼声甚嚣尘上。2007 年 6 月，国际货币基金组织通过《对成员政策双边监督的决定》，直指汇率根本性失调问题，施压贸易顺差国调整包括汇率政策在内的经济政策。

五是汇率维稳成功的关键在于政策可信度。如前所述，“7.21”汇改一次性升值 2% 以后到 2005 年底，人民币汇率保持了基本稳定，这抑制了资本过快流入的势头。但此后人民币汇率步入渐进的单边升值通道，2006 年到 2013 年年均升值 3.6%。2009 年以后，在全球低利率、宽流动性背景下，人民币成为最佳的利差交易货币。到本轮人民币汇率升值的尾声，尽管经常项目与 GDP 之比大幅回落显示人民币汇率趋于均衡合理，但资本净流入规模居高不下，甚至 2011 年和 2013 年成为储备增加、汇率升值压力的主要来源。这实际触及了有管理浮动的汇率“中间解”的核心问题，即政策公信力。只是单纯口头上强调保持人民币汇率基本稳定，但市场汇率却在可预期地渐进升值，并不足以阻止套利资本的流入。

六是机会总是给有准备的人。如前所述，面对内外部各种不确定、不稳定因素，重归真正有管理浮动其实经历了很长时间的争议和犹豫。但磨刀不误砍柴工。在退出单一盯住美元的汇率政策早已确定的情况下，中国政府启动了国有独资商业银行股份制改革，增强了金融体系稳健性。一待2004年经济企稳回暖，2005年汇改就是顺势而为。2012和2014年，汇率双向波动、市场预期分化、外汇供求平衡，也都曾为中间价市场化改革提供了机会，但当时因为准备不足，痛失良机。

第三节
中国特色外汇市场体系建设回顾与展望

中华人民共和国成立七十年来，中国外汇市场从无到有、从小到大、从封闭走向开放，形成了既有中国特色又与国际规范接轨，开放包容、功能完善的多层次外汇市场体系。合适的就是最好的。这个外汇市场体系既满足了涉外经济发展需要，又服务于金融外汇监管需求。

一、外汇调剂市场——中国外汇市场发展的雏形

计划经济时期，中国外汇资源短缺，实行统收统支、高度集中的外汇管理体制。当时，企业所有外汇收入都要卖给国家，用汇则由国家计划分配，因此，国内没有外汇交易的市场。

改革开放以来，中国打破外汇统收统支，实行外汇留成与上缴制度，引入计划分配与市场调节相结合的外汇双轨制，并逐渐加大市场调节的比重。在此背景下，人民币汇率逐渐由核算工具转为价格杠杆，由官定汇率走向市场决定，由固定汇率走向有管理浮动，中国外汇市场应运而生。

在外汇留成制度基础上，持有现汇和外汇额度留成的企业与计划外用汇的企业之间出现了外汇余缺调剂的需求，由此诞生了外汇调剂业

务。刚开始，该项业务由银行中介办理，后由外汇管理部门居中调剂，并对外汇调剂价格有限价，与官方汇率形成了双重汇率安排。自 1988 年 9 月在上海成立首家外汇调剂公开市场，取消限价、随行就市后，逐渐在全国范围内复制推广，形成了中国外汇市场的初级形态。到 1993 年，外汇留成的比例普遍提高到了 80%。

不过，外汇调剂市场（或中心）是外汇零售市场，符合外汇调剂资格的企业和个人是市场主要参与者。由于外汇调剂市场按行政区划设置，各地市场之间缺乏余缺调剂的渠道，基本是一地一价。国家外汇管理局对外公布的外汇调剂市场汇率，是按照 18 个主要外汇调剂市场（或中心）的汇率加权平均出来的，而不是真正统一的汇率。而且，外汇管理部门每年都要颁布外汇调剂用汇指导序列，只有符合条件的企业才能进场买卖外汇。如果当地外汇供不应求，企业用汇即便符合规定，仍有可能得不到满足。

二、外汇交易中心——中国外汇市场发展的新框架

根据十四届三中全会精神，1994 年初中国外汇管理体制进行了一系列重大改革，确立了市场配置外汇资源的基本框架，开启了中国外汇管理的新纪元。（外汇调剂）市场汇率与官方汇率并轨，人民币实行以市场供求为基础的、有管理的浮动汇率制度，取消外汇留成与上缴，实行银行结售汇制度，人民币实现经常项目有条件可兑换。建立全国统一规范的外汇市场，即中国外汇交易中心系统（英文缩写 CFETS），是 1994 年汇改的重要内容，也是新型外汇管理体制的重要载体。

中国外汇交易中心成立之初，采取了有形的组织架构。在上海设立总中心，在主要地区设立分中心，总中心与分中心电子联网，实行集中竞价、集中清算，交易方式类似于股票的价格优先、时间优先的撮合交易。当时，有人说这种市场组织形式有别于国际外汇市场的无形组织架构、场外交易，落后于国际潮流。然而，考虑到当时中国发生了经济过热，1993 年下半年开始整顿财政金融秩序，完全依靠市场力量，建立以双边授信和双边清算为基础的、场外交易为主的无形外汇市场架构是几无可能的，有形市场、场内交易是现实的选择。

这种市场架构不仅很好满足了市场交易需求，还有效满足了外汇监管和调控的需要。例如，在无形市场体系下，国际清算银行每三年才能做一次全球外汇市场场外交易的抽样调查（上次是 2016 年，2019 年是最新一次，但尚未公布最新调查结果）。而中国外汇市场却能够通过中国交易中心系统实时采集外汇市场交易信息，每天央行和外汇管理部门都知道境内外汇市场交易情况，包括哪家银行买入外汇、哪家银行卖出外汇，外汇供求缺口是什么方向以及有多大规模。基于信息优势，中国的宏观调控和金融监管部门有能力实时作出政策响应。而数据缺失、信息不对称正是 2008 年国际金融危机的一个重要教训。

事后来看，中国外汇交易中心自 1994 年建立以来，始终坚持有组织交易平台的市场形态，可以兼容多种交易模式、适用不同的交易工具，打破了场内与场外的传统边界并形成了功能融合。得益于这一长期制度安排，使中国外汇市场于 2008 年国际金融危机后，在实施中央对手清算，交易后确认、冲销、报告等全球新的监管要求和发展措施方面，具有了独特的便利基础和先行优势。

关于中国交易中心为什么选择了有形外汇市场的组织模式，还有一个插曲：当时的国家外汇管理局局长任职之前，刚参加过上海证券交易所股票交易系统的开发设计，于是便把这套思路引入到了外汇交易。

需要指出的是，外汇调剂市场是外汇零售市场，是（外汇调剂）市场汇率形成的市场，外汇交易中心与之大相径庭。

首先，这是外汇批发的市场。1994 年汇改后，中国外汇市场形成了分层的市场架构。银行结售汇市场是外汇零售市场，中国外汇交易中心则被称之为银行间外汇市场，银行是主要的市场参与主体。银行同客户开展本外币兑换（即结售汇业务）后，根据结售汇综合头寸的管理规定到银行间市场调剂余缺、平补头寸。

其次，这是汇率形成的市场。银行到银行间市场买卖外汇，交易形成市场汇率，银行在此基础上加减点形成挂牌汇率，对客户办理结售汇业务。名义上，银行是价格决定者（price maker），客户是价格接受者（price taker）。

再次，这是汇率调控的市场。在有需要的情况下，央行通过人民币汇率中间价报价机制调整或买卖外汇储备，间接或直接调控人民币汇率走势。中间价的涨跌而非市场分析，决定了做空或做多人民币最终是赚钱还是亏钱，这事关有管理浮动的汇率选择“中间解”的市场透明度和政策公信力。

三、汇率市场化改革深化——中国外汇市场发展的催化剂

现行中国外汇市场建设起步于有形市场架构。但“磨刀不误砍柴工”。在保留中国特色的同时，中国外汇市场发展也逐步与国际规范接轨，2005 年“7.21”汇改后人民币汇率弹性增加是主要推动力。

1994 年初汇率并轨后，人民币汇率稳中趋升，到 1997 年底人民币汇率中间价累计升值了 5.1%，同时于 1996 年底实现了人民币经常项目完全可兑换。亚洲金融危机期间，中国政府承诺人民币不贬值，将人民币兑美元汇率基本稳定在 8.28 比 1 的水平，并加强和改进外汇管理，严厉打击出口逃汇和进口骗购外汇。一直到 2005 年“7.21”汇改，人民币汇率一次性升值 2% 以后，开始实行以市场供求为基础、参考一篮子货币调节、有管理浮动的汇率制度，人民币汇率弹性逐步增加。到 2014 年底，人民币汇率中间价较“7.21”汇改前累计升值 35%。期间，中国逐渐放松外汇和资本管制，不断提高境内机构及个人持汇和用汇便利化程度，稳步推进人民币可兑换和国际化。在此过程中，中国外汇市场也实现了跨越式发展[1]。

一是外汇交易品种增加。由 2005 年前仅有即期和远期两类产品，扩大至外汇和货币掉期、期权产品，具备了国际成熟市场的基础产品体系（目前仅缺外汇期货产品）。银行间市场可交易的人民币外币对超过 30 种，涵盖了中国跨境收支的主要结算货币。

二是外汇交易主体扩大。“7.21”汇改以来，积极创造条件，有序引导非银行金融机构和非金融企业入市，银行间市场多元化的分层结构逐步形成。随着境内人民币债券和股票市场扩大对外开放，外汇市场也从封闭走向开放，各类境外机构有序进入境内市场，外汇市场与债券市场、股票市场对外开放形成积极互动。

三是金融基础设施优化。经过多年发展，银行间市场从早期的集中竞价、撮合交易和集中清算模式，逐步发展为具有电子双边询价、双边授信下集中撮合、做市商制度和声讯经纪等多样化交易方式，集中清算、集中净额清算、中央对手清算业务等多样化清算方式。中国外汇交易中心作为交易主平台和定价中心、上海清算所作为中央对手集中清算机构，专业化服务功能日益成熟，交易后确认、冲销、报告等业务也广泛运用于银行间市场。

过去二十多年来，中国外汇市场体系经受了 1994 年底 1995 年初墨西哥金融风暴、1998 年亚洲金融危机、2008 年全球金融海啸、2011 年底 2012 年初欧美主权债务危机、2015 年中至 2017 年初跨境资本流向逆

1　孙杰：《以更好的服务不断拓展银行间市场广度和深度——银行间外汇市场发展回顾与展望》，《中国货币市场》，2018 年第 10 期。

转等多次内外部冲击的考验，未发生过由市场自身运行引发的重大风险事件。

四、整体推进、中西合璧——中国外汇市场改革发展的经验总结

坚持与汇改相协调。大力发展外汇市场与改进汇率调控方式、理顺外汇供求关系构成“三位一体”的汇率市场化改革。外汇市场发展要与汇率改革协调配套、整体推进。往往是汇率市场化改革推进、汇率弹性增加的时候，也是外汇市场大发展的重要契机。而当汇改节奏放缓时，则外汇市场发展步伐也会有所放慢。

坚持服务实体经济。中国境内所有外汇交易始终坚持实需原则，不论即期还是衍生品交易，都要基于依法合规的真实交易基础，抑制投机炒作，防止脱实向虚。同时，充分考虑微观经济主体的风险识别和管理能力，中国外汇市场发展循着由简到繁、由基础到衍生的路径，逐步推进。

坚持立足中国国情。中国外汇市场发展充分借鉴了国外成熟市场经验，但没有简单照搬和模仿，而是积极探索有中国特色、引领国际趋势的发展新路，并利用后发优势少走“弯路”。

坚持信息科技引领。中国外汇市场发展准确把握技术进步为金融市场发展带来的历史机遇，不拘泥于传统的交易模式。电子交易平台、撮合交易方式目前也成为国际市场外汇交易的一种重要形式。外汇交易中心的组织形式现在看来并不落伍，甚至在某些方面还领先潮流[1]。

五、高水平对外开放——中国外汇市场改革发展的新征程

改革开放四十年来，中国外汇市场体系建设的成就有目共睹，但问题也不容忽视，如：银行间市场作为汇率形成的市场，交易主体依然以风险厌恶型的银行为绝对主力，交易主体的同质性较高，容易形成单边

1　贾宁:《继续推动外汇市场的深化发展》,《中国外汇》，2019 年第 7 期。

的市场，影响市场自主出清；结售汇市场有严格的实需管理，这导致虽然银行间市场没有实需要求，但银行间市场交易主要受客盘驱动，影响市场价格发现功能；由于严格的实需原则，限制了外汇金融产品创新，不利于资源配置和风险规避；受制于交易规则和交易产品的约束，即便有一些非银行交易主体参与银行间市场交易，但不过是把零售业务拿到了同业市场，缺乏价格发现的主动性，等等[1]。

外汇市场的核心功能是资源配置、价格发现和风险规避。展望未来，通过深化供给侧结构性改革、扩大高水平对外开放，中国经济将由高速增长转为高质量发展，外汇市场发展也将迎来新机遇和新挑战。首先，随着汇率市场化改革逐步深化，市场决定性作用进一步发挥，人民币汇率双向波动成为新常态后，市场主体主动管理汇率风险的需求将进一步释放。其次，随着资本账户加快对外双向开放，人民币资本项目可兑换程度不断提高，将为外汇市场发展增加新的参与主体并释放新的交易需求。再次，随着人民币国际化进程稳步推进，人民币在全球范围内的流通和使用更加广泛，将促进全球人民币外汇交易，推动离岸与在岸市场的融合发展。

根据外汇管理部门的工作部署，下一步将贯彻十九大和第五次全国金融工作会议精神，坚持市场化改革方向，以拓宽交易范围、丰富交易工具、扩大市场主体、推动对外开放、健全基础设施、完善市场监管为重点，推动构建统一开放、竞争有序的多层次外汇市场体系[2]。

---

1 管涛、马昀、夏座蓉：《汇率的博弈：人民币与大国崛起》，中信出版集团 2017 年版，第 213—230 页。

2 潘功胜：《外汇管理改革发展的实践与思考——纪念外汇管理改革暨国家外汇管理局成立 40 周年》，《中国金融》，2019 年第 2 期。
王春英：《中国外汇市场的深化发展》，《中国外汇》，2019 年第 9 期。

一是拓宽交易范围，坚持服务实体经济至上，完善实需交易管理，满足实体经济和金融交易的套期保值需求，逐步扩大外汇市场的投资交易功能。

二是丰富交易工具，根据适当性原则，支持金融机构创新推出市场有需求、风险可管理的外汇衍生工具品种，便利金融机构为市场主体提供外汇服务。

三是扩大市场主体，继续推动非银行金融机构参与境内外汇市场，扩大和便利境外机构参与在岸市场。

四是健全基础设施，进一步完善健全高效的外汇市场交易和清算体系，继续推动以中国外汇交易中心和上海清算所为重点的交易、清算等金融外汇基础设施建设，更好满足多样化市场需求，理顺外汇市场价格形成和传导机制。

五是加强市场监管，坚持他律与自律相结合，完善外汇市场监测和风险防范，推动《中国外汇市场准则》的执行和落实，持续开展投资者教育，培育市场主体风险中性意识和风险管理能力。

第四节
香港个人人民币业务推出的台前幕后

说起人民币国际化，人们往往会将 2009 年底的人民币跨境贸易结算试点作为起点，但人民币国际化的试水实际可以追溯到 2003 年底国务院批准的中国人民银行（以下简称人民银行）为香港银行试行办理个人人民币业务提供清算服务的安排（以下简称“香港个人人民币业务”)。这一安排，使得人民币跨境流通和使用由暗变明，由民间自发纳入官方许可渠道。该项业务当时饱受质疑，但其平稳起步为扩大跨境人民币业务试点范围，推进人民币国际化进程奠定了良好基础[1]。细节决定成败。笔者当时参与了相关方案设计，其中许多技术细节，构思精巧，对于下一步扩大金融开放仍有重要的借鉴和启示。

一、推出香港个人人民币业务的始末原由

人民币在香港的兑换由来已久。1993 年初，人民银行颁布有关人民币出入境条例后，3 月 8 日中银集团成员宝生银行即率先开办人民币与港币的兑换业务。1995 年 12 月，香港金融管理局（以下简称香港金管局）颁布《1995 年货币兑换商（修订附表）公告》，将人民币列为该规定的适用范围。当时，人民币在境外就求大于供，原因是港澳前往内地的人数远大于内地前往港澳的人数，1993 年前者的用汇需求接近 200 亿元，而内地前往港澳的居民仅能提供 100 亿元的人民币供给。

1997 年香港回归后，内地与香港之间的经贸联系日趋紧密，人民币在香港的流通规模日趋扩大。由此带来的问题也比较突出：一是市场对发展人民币跨境业务的需求很强，特别是汇款、兑换和信用卡等零售业务在香港等地已自发开展起来。二是人民币兑换业务脱离银行体系监管，给洗钱、走私等提供了便利。由于没有汇路，人民币在港澳地区流通以现钞形式为主。在香港人民币业务正式推出前，银行和找换店办理人民币兑换在香港都属合法交易，找换店人民币兑换业务量占当地业务总量的 97%，甚至有的银行本身还要通过找换店平盘。找换店还通过在两地分设的港币和人民币账户，办理两地间地下汇款业务。人民币的境

---

1 霍颖励：《人民币走向国际化》，中国金融出版社 2018 年版。
中国人民银行国际司：《人民币加入 SDR 之路》，中国金融出版社 2017 年版。

外流通事实上处于非正式的区域化或地下状态。三是香港逐渐成为人民币业务中心。货币具有规模经济的特点，金融中心在货币国际化中具有天然优势。由于港澳地区没有资本管制，人民币的兑换具有公开性和合法性。随着内地与香港之间的经贸、人员往来日益频繁，香港迅速在人民币区域使用中独占鳌头。

2001 年 3 月，郭树清同志接替吴晓灵同志，从贵州省副省长调任中国人民银行副行长、国家外汇管理局局长。作为 1994 年外汇体制改革方案设计的主要参与者，以及既有扎实理论基础又有丰富实践经验的学者型官员，他来到外汇局以后，在全局范围内大兴调查研究之风。业务司主要负责与具体业务有关的改革规划，综合司则主要负责战略前沿问题的研究。

当时，郭局长亲自牵头了一个重大课题“关于人民币与港币实际可兑换程度及其影响的评估”。该课题的结论是：“虽然内地没有明确允许人民币境外流通、使用，但人民币已可以直接用于在香港购物消费，或在香港兑换后用于投资及进一步向外转移，从而形成实际可兑换。相对现钞流动而言，不涉及跨境交割的地下钱庄和货币互换形式是当前人民币与港币相互兑换的主要渠道。这首先是市场发展的选择，同时也是其他外力共同推动的结果。这种兑换关系有利于降低经济运行成本，提高资源配置效率，促进两地经济、金融发展和融合，但也使得内地金融外汇管理出现‘渗漏’。”

郭局长明确表示，香港市场事实上已经形成了人民币金融业务的雏形，但大都脱离银行中介，是市场自发行为。这些交易主要是出于经济活动自身的需要，并将随两地经济交往扩大而扩大，严格禁止是不现实的。但如果继续放任自流，无序发展，不利于两地经济、金融稳定。因此，由两地金融管理部门及时做出适当安排，引导香港银行开办正常化、规范化的人民币业务非常必要。

外汇局的这一想法得到了香港金管局的积极响应。2001年11月，时任香港金管局总裁任志刚带领香港银行业工会代表团与国家外汇管理局会谈，提出有关香港人民币的议题。他建议，让香港的银行经营人民币业务，利用银行妥善保存记录，提供有关这些人民币资金流向的整体资料，有助内地进行政策研究。

此后，人民银行、外汇局赴香港和广东进行专题调研，并与香港金管局多次磋商，召开了与银行和中国银联有关人员的座谈会，形成了规范和引导香港银行办理个人人民币业务的方案，于2002年中上报了请示。但当时领导认为，国内银行监管尚待加强，香港"一国两制"，监管不易，关键是人民币不能自由兑换，此口一开，后果难料。

2002年底2003年初，中国政府换届。2003年6月底，内地与香港签署《内地与香港关于建立更紧密经贸关系的安排》(以下简称"CEPA")，明确提出内地在金融改革、重组和发展中支持充分利用和发挥香港金融中介机构的作用。在此背景下，为香港个人人民币业务提供清算安排又被往事重提。这被认为有利于降低交易成本，便利香港与内地经贸和人员往来，促进两地建立更紧密经贸关系，实现两地共同繁荣；有利于方便内地居民赴香港旅游和消费，对于振兴香港的服务业、缓解香港面临的经济困难具有重要意义；有利于扩大香港银行业的利润来源，加强香港的国际金融中心地位；有利于改变人民币境外流通的无序状态，变暗为明，消除因政策因素造成的地下钱庄生存条件，规范外汇管理，维护人民币形象。

2003年底，经国务院批准，人民银行发布《公告》，宣布将为在香港办理个人人民币存款、兑换、银行卡和汇款业务的银行提供清算安排。鉴于金融是香港的重要支柱产业，时任人民银行研究局局长的谢平评价该安排是中央政府在 CEPA 中送给香港特区的一份大礼。

二、关于香港个人人民币业务安排的具体设计思路

支持香港个人人民币业务对内地金融监管能力和水平是重大挑战。香港实行“一国两制”，内地不能干预香港金融事务。理论上讲，香港银行能不能做人民币业务无须内地批准。但是，在缺乏内地清算支持的情况下，由于香港没有向内地平补外汇头寸和划转资金的渠道，所以，香港无法开展人民币存款业务，且大都是人民币现钞交易，两地人民币资金往来流量大、存量小，快进快出。选择由内地提供人民币清算渠道，就成了将香港人民币业务纳入监管和监测的突破口。同时，遵循 CEPA 提出的“先易后难、逐步推进”的基本原则，内地选择了将个人人民币业务作为第一步。

根据 2003 年 11 月 19 日人民银行发布的《公告》，香港个人人民币业务具体包括：（1）在存款方面，参加业务的香港持牌银行可为香港居民开设自由提存的人民币存款账户，存款期限及利率由银行自行厘定。（2）在兑换方面，参加银行可为存户办理人民币与港币的兑换，每人每天可兑换不超过等值 2 万元人民币。非存户现钞兑换每人每次不超过等值 6 000 元人民币。参加银行也可为提供购物、餐饮、住宿等个人消费服务的商户，就其在这些服务所收取的人民币现钞提供兑换港币的服务。（3）汇款方面，参加银行可为存户把人民币由香港汇入内地同名银行账户，每人每天汇款不超过 5 万元人民币。（4）人民币信用卡方面，内地居民可以持内地银行发行的人民币扣账卡和信用卡在香港消费。参加银行或其附属机构也可为香港居民发行人民币扣账卡和信用卡，方便他们在内地消费。

《公告》还宣布，人民银行将商香港金融管理局选择一家香港持牌银行，授权其作为香港有关银行办理人民币业务的清算行，包括：人民银行深圳市中心支行为清算行开立清算账户，接受清算行的存款，并支付利息；清算行可作为中国外汇交易中心的会员，办理人民币与港币兑换业务的平盘；内地居民可使用内地银行发行的个人人民币银行卡在香港用于购物、餐饮、住宿等旅游消费支付，以及在香港自动取款机上提取小额港币现钞；具有个人人民币业务经营资格的内地银行可以接受经由清算行汇入的香港居民个人人民币汇款，内地银行按有关规定办理汇款的解付。

人民银行新闻发言人答记者问时明确表示："支持香港银行办理兑换业务，主要是满足个人旅游消费需求。目前，暂不支持香港银行办理大额经常项下的交易，也不涉及资本项目交易"。时任香港金管局总裁任志刚评论说："香港银行办理人民币业务，开启了内地与香港之间人民币资金通过银行体系流动的新渠道，香港银行界在满足市场和大众需求的同时，还拓展了新的业务，巩固了香港银行业的优势并增进了它的竞争力。"

香港个人人民币业务是不完全可兑换情况下，推动人民币走向国际的大胆尝试。其要害是，如何将内地的监管要求，在遵循自由金融市场的原则下，在香港地区付诸实施。《公告》宣布，存、汇、兑、卡四项业务将于 2004 年 1 月 1 日起正式推出。时间紧、任务重。为此，郭树清局长亲自挂帅，外汇局成立了工作小组，包括胡晓炼（时任储备管理司司长）、邓先宏（时任综合司司长）、资本项目管理司和管理检查司的主要负责人，还有笔者。当时，我们五人都办理了一年多次往返香港的签证，以方便赴港调研考察，与当地监管部门和金融业界充分交流和沟通。同时，我们在内地也走访了许多机构，虚心求教。最终，如期拟订了切实可行、风险可控的实施方案。

首先是关于人民币业务清算行的遴选。清算行是在人民银行开立清算账户，集中办理香港人民币头寸的存取、人民币现钞运送，为与其签订人民币清算协议的其他香港持牌银行提供人民币存款的转存、兑换和平盘、人民币银行卡的清算和人民币汇款的转汇服务的香港银行。这是将香港人民币业务纳入可监控渠道的关键一环。无疑，如果能够选择一家中资银行作为清算行，将有助于监管政策沟通与传导。但我们被告知，在香港不能直接指定清算行，而只能采取市场遴选的方式。于是，经商香港金管局，确定了清算行的三条标准：一是银行要具有丰富的清算业务经验；二是在内地和香港拥有完备的系统网络；三是熟悉两地金融管理政策法律和能够提供优质的清算服务。其后有六家银行提交申请建议书，人民银行经过评审后，决定委任中国银行（香港）有限公司（以下简称中银香港）作为清算行。2003 年 12 月 24 日，香港金管局向市场宣布了这一遴选结果。

其次是关于个人人民币业务的具体操作安排。对于香港银行为个人办理的存款、兑换和汇款业务，内地有一系列监管要求，如每日限额、业务对象等。但是，一方面，内地没有域外管辖，不能直接管到香港的银行；另一方面，香港金管局也不可能违背自由金融市场原则，单独就当地人民币业务提出管理要求。这种情况下，我们经商香港金管局和当地市场机构，确定以市场化方式来传递内地的监管要求。起先，是香港人民币业务清算行（即中银香港）与人民银行签订清算主协议，规范双方权利义务，其中就包括了内地对于香港银行办理个人人民币业务的一系列监管要求。接着，清算行拿着这份主协议与香港人民币业务参加行签订协议，规范双方权利义务，其中也包括了参加行必须遵守前述内地的监管要求。当然，香港银行可以选择不签署这份协议，那么它们原来怎么做的就继续怎么做，清算行不为其提供清算服务；一旦签署这份协议，参加行则必须放弃以前的做法，按照协议规范的内容操作。然后，香港金管局遵照与人民银行签订的监管合作备忘录，监督香港人民币业务参加行履行相关义务，否则，金管局可以经营不审慎为由对参加行违反协议的行为进行惩戒。因为这是基于商业自愿原则签署的协议，参加行如果不履行义务，就有理由被认为经营不审慎。如此，就形成了香港人民币业务监管的闭环。

最后是关于银行卡业务的管理。经走访市场机构，我们确定将监管重点放在了内地收发银行和卡组织机构（即中国银联），而没有对香港的机构提出过多的要求。银联按照内地的监管要求，通过设定银联卡的特约商户代码和商品代码（剔除了股票、债券、不动产等资本项下的金融交易），将内地银联卡控制在旅游、购物等小额境外消费项下（香港居民持银联卡在内地消费也是类似的技术控制手段）。为便利中国内地居民个人赴港旅游消费，明确个人信用卡可以用人民币透支，回国后由银联统一购汇偿还。而且，由于这些消费支出都属于经常项目交易，所以，从一开始就没有额度限制（现在演变成不占用每人每年 5 万美元的购汇额度）。

三、主要结论及启示

第一，扩大金融开放是充满争议的事情，有人支持、有人反对，实属正常。在有争议的开放问题上，如果改革进展顺利，则有利于凝聚共识、继续推进；如果遭遇波折，则可能会助长反对意见、出现政策反复。正是因为香港个人人民币业务在风险可控的前提下平稳起步，才有了后来跨境人民币业务范围的不断扩大，从对私业务扩大到了对公业务，从经常项目扩大到了资本项目。为此，扩大金融开放，必须大胆设想、小心求证，减少失误特别是不能犯颠覆性的错误。

第二，跨境资本流动不是要不要管，而是怎么管的问题。人民币国际化与许多主要货币国际化的路径不同，是在货币不完全可兑换的情况下启动的，甚至十五年前人民币可兑换的程度还要远低于如今。但是，正是通过遴选清算行、签订清算协议等市场化的方式，将内地监管要求有效传导到了香港这样一个自由金融市场，开启了官方支持的人民币国际化的先河。党的十九大提出要坚持开放发展理念，推动形成全面开放新格局，发展更高层次的开放型经济，建设开放型世界经济。下一步，中国无疑将步入扩大金融对外开放的深水区。这时，不能够从上到下一般粗，都在讲战略，得有人负责战术，在技术细节上设计、把关，争取在风险可控情况下，稳步推进人民币国际化、稳步实现人民币资本项目可兑换、积极稳妥推动金融业对外开放。

第三，跨境资本流动管理可以多尝试市场友好型的管理措施。如前所述，遴选清算行的一个重要条件是，要求该行在内地和香港拥有完备的系统网络。有人开玩笑说，这基本就是为有的银行量身定制的。但玩笑归玩笑，其实这种安排也不无道理。2012 年，大陆和台湾地区也搞了一个关于新台币清算的安排，台湾选择台湾银行上海分行作为大陆地区提供两岸新台币清算服务的银行。这显然是受到了香港人民币业务清算行模式的启发。但由于台湾银行在大陆网点稀少，它基本不能起到归口两岸间新台币往来的通道作用。由此可见，当时确定的香港人民币业务清算行标准，不仅有政策的逻辑，也有市场的逻辑。

第四，随着人民币国际化稳步推进，需要进一步加强本外币跨境业务的监管协调。除携带人民币现钞出入境外，以前人民币跨境业务如外汇人民币账户、外汇兑换券、边贸人民币结算等，都是由外汇局进行规范和管理。甚至香港个人人民币业务的具体业务方案设计也是外汇局负责，只是后期由人民银行与香港金管局作为对等的主体（央行）签订合作备忘录，发布《公告》。1997 年 1 月修订的《中华人民共和国外汇管理条例》附则中，明确“边境贸易和边民互市的外汇管理办法，由国务院外汇管理部门根据本条例规定的原则另行制定”。直到 2008 年 8 月最新修订的《外汇管理条例》才删除了这一条款。在实践中，随着 2009 年底人民币跨境贸易结算试点的推出，基本形成了人民银行管跨境人民币流动、外汇局管跨境外币流动的格局。其好处是促进了监管竞争，便利了企业的贸易投资活动；但问题是，以结算币种区分监管主体和监管政策，造成了监管漏洞和监管脱节。其实，国际收支活动“认人不认钱”，只要是居民与非居民的交易就是国际收支行为，不管它是用人民币还是外币计价结算。即便用人民币结算，也不过是购汇或者结汇在离岸市场完成，相关外汇需求或供给要么通过银行购售渠道向境内直接平补，要么通过套取境内外汇差的跨市场套利行为向境内间接平盘。前些年境内外汇差扩大，以致最终不得不加强了对跨境人民币流出的管理，就已经说明了这一点。

后记：重新出发

新冠疫情令我不得不经常在家远程办公。一日，东方出版中心的李琳老师突然联系我，邀请我参加首席经济学家系列图书的出版计划，于是便有了这本书。

一

转眼，离开体制已五年多时间。中间赋闲了近一年时间，以武汉大学董辅礽经济社会发展研究院博导、讲座教授的身份行走江湖。直到2020年3月底，才正式加盟中银证券，任全球首席经济学家。这也算是半回归了。

中银证券是中国银行集团的下属子公司。中国银行是传统外汇银行。改革开放以前，中行曾经既做外汇业务，又搞外汇管理，与外汇局颇多渊源。在外汇局工作时，我结交了许多中行的领导和朋友。所以，加盟中银证券没有任何违和感。

中银证券的领导和同事给了我很多学术和业务上的支持，给我配备团队，让我有更多的精力能够投入研究，也有更多的机会能够接触市场。我又开始了从官员到学者再到首席的人生第二次创业。做学者，可以主要凭兴趣研究，做首席，则还要紧跟市场热点。这于我来讲，是新的挑战，我不得不开始转型和跨界。

二

我长期做政策研究，走的是政策与市场逻辑相结合的路子，试图给大家一个中立、平衡、客观的视角。这也算是我的一个研究特色。

近年来，研究领域从外汇政策扩展到了整个宏观经济领域，甚至加入了2019年底的经济增速“保六”之争和2020年“两会”之前的“财政赤字货币化”大讨论，突如其来的新冠疫情也成了我的研究对象。本书第五章“疫情应对与央行货币政策”和第六章“改革比刺激更重要”，就记录了我的一些跨界思考；第四章“2020年：迎接新冠疫情冲击的大考”，则是从汇率的视角记录了我对新冠疫情冲击的经济观察。

我研究宏观经济问题主要是借鉴外汇政策研究的经验。但好在万事同理、一通百通。迄今为止，我在一些大的判断上都没有出现失误。

正是立足于逻辑比结论重要、预案比预测重要，用数据和事实说话，而不是基于故事和猜测，我自2019年初起，就对当前应对国内经济下行的宏观经济政策取向，逐步形成了“改革比刺激更重要、就业比增长更重要”的判断。所以说，2020年全国“两会”确定的“纾困＋改革”的组合拳，尽管可能低于市场预期，却基本符合我的预期。

正是立足于政策与市场的逻辑，我早在美股年内第二次熔断前夕，就得出了新冠疫情应对必须是以公共卫生防控为主、财政货币对冲为辅的一揽子政策组合，只有经济刺激没有疾病防控是不够的。只要三大措施到位，金融市场就有可能在疫情和经济尚未触底之前见到拐点。虽然我一直高度质疑这种资产泡沫的可持续性。

三

本书重头戏仍是延续我的外汇政策研究。

冥冥之中似乎有定数。我换一次工作，人民币汇改就有一次大的动作。第一次是2015年4月底我辞职，然后有了“8.11”汇改。第二次是2019年4月底我离职，接着有了“8.05”人民币汇率破“7”。

本书第一章到第三章，按照2017至2019年的时间顺序，记录了2015年“8.11”汇改以来，我对人民币汇率三次遇7不过，直至2019年8月初破“7”的观察和思考。第七章是对资本外逃、汇率贬值、保汇率还是房价等外汇热点问题的讨论。这些话题经久不衰、常议常新。第八章则是作为亲历者，对部分重大外汇体制改革的回忆。魔鬼在细节之中。回想起许多技术细节的缜密设计，当知前人的成功来之不易。

1994 年汇改就确立了人民币汇率市场化改革的基本框架。我们一直强调汇改，机制比水平重要。应该说过去二十多年，改革有进有退、进退自如，汇率市场化程度不断提高。只是，“8.11”汇改之初遭遇了一些挫折，才有了人民币汇率三次遇“7”不过。

现在回过头来看这次“事不过三”的汇改，2016 年底第一次遇到 7 比 1 的重要心理关口，在没有解决汇率“中间解”的市场透明度和政策公信力问题的情况下，再考虑到民间货币错配的严重性，如果选择破“7”确实是一个不成熟的甚至可以说是非常冒险的决定。

正是因为这次的“一朝被蛇咬”，才有了 2018 年底的再次遇“7”未过，尽管当时的市场条件较两三年前已有了巨大改善。然后，2019 年 5、6 月份第三次遭遇“7”的关口，虽然当时政策上依然选择了守“7”，但相信应该已有了破“7”的考虑。实际上，在破“7”前夕，前任和现任央行行长都在外放过风，试探市场反应。之后不久第四次遇“7”，破“7”也就水到渠成了。至此，“8.11”汇改公告中确定的“增强人民币兑美元汇率中间价的市场化程度和基准性”目标，在汇改四周年之际才算是大功告成。

守“7”还是破“7”，是过去几年国内汇率政策争论的焦点。我一直坚信没有无痛的政策选择，“7”守还是不守各有利弊，政策选择就是取舍，关键是在情景分析、压力测试的基础上做好预案，有备无患。

破“7”之后，人民币汇率打开了可上可下的空间，汇率形成市场化程度进一步提高，汇率弹性进一步增加。我称之为“不叫改革的改革”，因为它并不涉及中间价报价机制和汇率浮动区间的任何调整。

2020年初新冠疫情爆发，对人民币汇率市场化改革又是一次大考。疫情以来，人民币汇率呈现双向波动，成为吸收内外部冲击的减震器和国际收支调节的稳定器，其积极效应在多方面开始显现。

关于最优汇率选择的国际共识是没有一种汇率选择适合所有国家以及一个国家所有时期，故任何汇率选择都有利有弊，汇率选择是以成败论英雄。任何汇率机制，只有能够经受坏的市场情形的考验，才能算得上是好的机制。应该说，破“7”至今，参考一篮子货币调节的人民币汇率有管理浮动机制运行基本正常，破“7”就是成功的政策选择。

四

我曾在三年前出版的《汇率的博弈：人民币与大国崛起》一书中建议，中国可考虑在2020年底以前实现人民币汇率的自由浮动，并提出了具体的路线图和时间表。现在看来，尽管人民币汇率尚未宣布实现自由浮动，但随着政府和市场对于汇率波动的适应性和容忍度提高，央行基本信守汇率政策中性，退出了外汇市场的常态干预，无疑距离由市场决定的汇率浮动更近了一步。

当然，这最终应该获得制度上的保障。正如中国香港政府在回应市场对于资本管制的疑虑时表示，“香港基本法”第121条规定：“香港特别行政区不实行外汇管制政策。港币自由兑换”“香港特别行政区政府保障资金的流动和进出自由”。中间价报价机制和浮动区间管理，仍是人民币汇率有管理浮动深深的烙印。

在逆全球化、“去中国化”浪潮面前，中国政府提出坚持以供给侧结构性改革为主线，坚持以改革开放为动力推动高质量发展。但如果人民币汇率不能够闯过市场化这一关，建设高水平开放型经济新体制就难以取得实质性进展，特别是人民币可兑换和国际化就难以真正取信于市场。当前，正是因为面对前所未有的挑战，中国坚持了汇率市场化改革方向，才有了经贸摩擦叠加疫情爆发后，北上资金继续源源不断地流入中国金融市场，人民币外汇储备市场份额节节攀升。

汇率市场化改革是一个系统工程，尤其重要的是健全货币政策框架和加强金融体系稳定。

汇率弹性增加以后，在不以名义汇率为锚、外汇占款作为货币投放主渠道的情况下，唯有建立一个清晰、可信的货币政策框架，才能充分享受汇率浮动带来的好处。十九届四中全会已明确把建设现代中央银行制度，完善基础货币投放机制，健全基准利率和市场化利率体系，作为加快国家治理体系和治理能力现代化的重要内容。

2018 年以来国内金融风险高位缓释，非金融企业部门货币错配大幅改善，是市场对于汇率波动承受力增强的重要原因，也是破“7”之后外汇市场有惊无险的重要保障。所以，在守住不发生系统性金融风险底线的同时，坚持用改革开放的办法解决前进中的问题，不断夯实金融稳定的基础，这需要持之以恒、久久为功。

五

本书能够得以出版，要感谢郭树清、易纲、楼继伟、吴晓灵、胡晓炼、潘功胜、朱民、张晓慧、刘世锦、李剑阁、李扬、王春英、孙国峰、孙天琦、王信、张漪、李继尊、叶海生、丁志杰、陈之为、贾宁、赵玉超、高铮、钱颖一、余永定、黄益平、白重恩、李稻葵、马骏、朱宁、陈东升、毛振华、郭敏、宋敏、何帆、钟伟、张斌、张明、徐奇渊、邓海清、宁敏、徐高、高谦、朱启兵、杨燕青、乔卫兵、刘喜元。

这些人有的是我领导，有的是我师友，还有的是同事，对于我的研究工作长期给予了悉心指导和支持。我们对于很多共同感兴趣的问题进行过有益的讨论，我受益良多。

要感谢刘立品、刘亚、王霄彤、张岸天和付昊天，本书的部分内容是同他们一起合作完成的。

同时，还要感谢东方出版中心的李琳等老师，为本书的出版做了精心的编辑和策划，给本书增彩不少。

最后，要感谢我的家人。新冠疫情期间的居家隔离，给了我难得的机会，能够同家人长时间地朝夕相处。他们的理解、支持和关爱，给了我不断进步的动力。

管涛于北京

2020 年 7 月